NEUROMANAGEMENT

Diseño de tapa
JUAN PABLO OLIVIERI

NÉSTOR BRAIDOT

Con la colaboración especial de
LIC. PABLO A. BRAIDOT
LIC. VIVIANA BRUNATTO

NEUROMANAGEMENT

La revolución neurocientífica en la conducción del management, del management al neuromanagement

GRANICA

ARGENTINA - ESPAÑA - MÉXICO - CHILE - URUGUAY

ARGENTINA
Ediciones Granica S.A.
Lavalle 1634 3° G / C1048AAN Buenos Aires, Argentina
Tel.: +54 (11) 4374-1456 Fax: +54 (11) 4373-0669
granica.ar@granicaeditor.com
atencionaempresas@granicaeditor.com

MÉXICO
Ediciones Granica México S.A. de C.V.
Valle de Bravo N° 21 El Mirador Naucalpan - Edo. de Méx.
53050 Estado de México - México
Tel.: +52 (55) 5360-1010 Fax: +52 (55) 5360-1100
granica.mx@granicaeditor.com

URUGUAY
Ediciones Granica S.A.
Scoseria 2639 Bis
11300 Montevideo, Uruguay
Tel.: +59 (82) 712 4857 / +59 (82) 712 4858
granica.uy@granicaeditor.com

CHILE
granica.cl@granicaeditor.com
Tel.: +56 2 8107455

ESPAÑA
granica.es@granicaeditor.com
Tel.: +34 (93) 635 4120

www.granicaeditor.com

ISBN 978-950-641-803-8
Hecho el depósito que marca la ley 11.723
Impreso en Argentina. *Printed in Argentina*

Braidot, Néstor Pedro
Neuromanagement : la revolución neurocientífica en las organizaciones, del management al neuromanagement . - 2a ed. - Ciudad Autónoma de Buenos Aires : Granica, 2014.
488 p. ; 23x17 cm.

ISBN 978-950-641-803-8

1. Management. 2. Organizaciones. 3. Dirección de Empresas. I. Título.
CDD 658

A mi hijo Pablo, con inmenso amor y gratitud,
por haberme hecho vivir por primera vez la experiencia
más hermosa de mi vida: ser padre;
por su espíritu inquieto, rebelde, y, a la vez,
sensible y generoso;
por su dedicación en el camino del estudio,
el trabajo y el crecimiento profesional y humano;
por su determinación para conseguir
lo que se propone.

Gracias, Pablo, por enseñarme a amar sin condiciones.

Índice

PARTE III. INTELIGENCIA APLICADA EN NEUROMANAGEMENT

Agradecimientos

Esta obra, en la que continuamos desarrollando las múltiples aplicaciones de las neurociencias a la gestión organizacional, no hubiese sido posible sin el aporte del equipo de Brain Decision Braidot Centre. Agradezco especialmente a Pablo Braidot por su valiosa colaboración en el eje conceptual del libro, a Viviana Brunatto por su compromiso con la investigación, redacción y corrección de estilo, y a María Paz Linares por la eficiencia con la que contribuyó a la realización de este proyecto.

Quiero dedicar un párrafo especial a quienes, sin saberlo, me han enseñado tanto a través de sus obras: Joseph Le Doux, Eric Kandel, Howard Gardner, Francisco Rubia, Michael Gazzaniga y Rodolfo Llinás. Escribir sus nombres en las últimas páginas, donde normalmente se cita la bibliografía consultada, sería desmerecer lo que ellos verdaderamente representan para mí.

Va también mi agradecimiento a David Rock, creador y especialista en neuroliderazgo, por la inspiración que me brindó a través de sus documentos de trabajo y de nuestras conversaciones.

A Ediciones Granica, en particular a Ariel Granica y Claudio Iannini, por haberme brindado tanto apoyo y afecto.

A Lucía, mi esposa, siempre atenta y colaboradora en tantas "trasnoches de trabajo" y a mi eterna y, por cierto, bellísima musa inspiradora: mi hija Natalia.

Prólogo

La idea de aplicar la neurociencia tanto al liderazgo como a la gestión empresarial ingresó formalmente al dominio público en el año 2007, cuando apareció un artículo en la revista *Business Week* de los Estados Unidos y otro en el diario *The Guardian* del Reino Unido, entre otros medios.

Sin embargo, en 2005, Néstor Braidot ya había publicado su libro *Neuromarketing, neuroeconomía y negocios*, una obra que atrajo a numerosos lectores en Europa e Hispanoamérica y lo convirtió en uno de los grandes referentes de esta innovación.

A nivel global, y tras el impulso generado por la primera conferencia sobre neuroliderazgo y las reuniones cumbre que se organizaron para debatir este apasionante tema, la bibliografía sobre gestión empresarial comenzó a prestar atención a este desafío aun cuando el desarrollo de un campo nuevo nunca resulta fácil, especialmente si este exige conexión con muchos otros.

Sin duda, para aplicar en forma sinérgica la neurociencia y la teoría de management, resulta de vital importancia que los especialistas en neurociencia piensen acerca del mundo de los negocios y, a su vez, que los hombres de negocios reflexionen acerca del mundo de la neurociencia.

Es sabido que muchos académicos prefieren permanecer en su propia área de estudio y son reacios a establecer conexiones fuera de ella; sin embargo, la realidad demuestra que han surgido interesantes desarrollos en ciencia y tecnología al establecerse estas uniones: así como la conexión entre el estudio de la electricidad y el magnetismo dio origen a la Revolución Industrial, la unión entre la neurociencia y la teoría de gestión empresarial encierra muchas promesas.

En la actualidad, el desarrollo del neuromanagement está en sus comienzos: si bien sabemos bastante sobre el funcionamiento del cerebro, todavía queda mucho camino por recorrer. Por ello, día a día se realizan nuevas investigaciones en el intento de descifrar cuáles son las piezas que encierran varios enigmas. De hecho, no utilizar estos avances en las organizaciones sería equivalente a no utilizar rayos láser por no haber comprendido el átomo en su totalidad.

Análogamente, en el campo de las neurociencias, los descubrimientos sobre las conexiones en el funcionamiento cognitivo-emocional resultan sumamente útiles, y no necesitamos comprender en su totalidad cómo funcionan las sinapsis o los neurocircuitos, para que estos conocimientos resulten beneficiosos para quienes participan en la toma de decisiones.

Por ello, en el mundo de los negocios los avances no se detienen: mientras se van sumando notables avances en el campo de la tecnología, los especialistas en management continuamos trabajando para mejorar las áreas que consideramos clave: cómo incrementar el compromiso de las personas, cómo implementar cambios con un mínimo de conflicto, cómo comprometer a otros para lograr un mejor desempeño o, simplemente, cómo reducir el estrés en el trabajo y evitar situaciones de conflicto.

Estos son los temas que necesitamos debatir y estudiar porque son, al mismo tiempo, urgentes e importantes. Para profundizar en ellos resulta imprescindible contar con un campo interdisciplinario, ya que actuando por separado ninguna disciplina ha logrado generar un progreso significativo, es decir, que sea útil para las organizaciones.

Como este desafío implica, por sobre todas las cosas, pensar, adquiere una enorme relevancia la incorporación del estudio del cerebro a las áreas clave de liderazgo y gestión empresarios.

Por eso, en el tiempo presente el management necesita gente como Néstor Braidot, con un amplio conocimiento en diversas disciplinas y, fundamentalmente, capaz de crear un nuevo campo de estudios y trazar un camino para que otros puedan continuarlo.

Sin duda, este libro tiene una base sólida para aquellos que deseen atravesar ese puente. Néstor ha realizado un excelente trabajo para simplificar y clarificar, brindando ejemplos concretos y relevantes sobre la aplicación de las neurociencias al mundo de los negocios. Espero sinceramente que su obra se convierta en la piedra angular tanto para estudiantes como para practicantes del neuromanagement.

DAVID ROCK PH. D.
Author, global consultant and
founder of the NeuroLeadership summit

NEUROMANAGEMENT

Las neurociencias aplicadas constituyen la llave maestra para la innovación en materia de liderazgo, conducción y gestión de organizaciones y empresas.

En el siglo XXI, las nuevas herramientas no están lejos ni fuera de nosotros mismos, sino adentro, en el infinito potencial de nuestro cerebro, en los neurocircuitos que alimentan la toma de decisiones y la inteligencia organizacional.

Esta es sólo una puerta de entrada, anímese a entornarla y lo ayudaremos a trasponer el umbral de un nuevo mundo de posibilidades y desafíos.

www.braidot.com
info@braidot.com

PARTE I

DEL MANAGEMENT AL NEUROMANAGEMENT

UN SALTO CUÁNTICO EN LA CONDUCCIÓN ORGANIZACIONAL

Capítulo 1

Cuando el cerebro asume el mando

La ciencia no es ya territorio exclusivo de los científicos: se ha convertido en una parte constitutiva de la vida y la cultura modernas.

La nueva ciencia de la mente no sólo nos ilumina sobre nuestro propio funcionamiento: cómo percibimos, aprendemos, recordamos, decidimos y actuamos, sino que, además, nos sitúa en perspectiva en el contexto de la evolución.

Eric Richard Kandel

Premio Nobel de Medicina en el año 2000, compartido con Arvid Carlsson y Paul Greengard

1. El nuevo desafío: la neurociencia como fuente de oportunidades

A fines de la primera década del siglo XXI, el punto del tiempo en que se escribe esta obra, el conocimiento sobre las estructuras, células y mecanismos del cerebro crece a un ritmo exponencial. Y lo más importante, con relación a los temas que abordaremos,

> **el enorme campo de aplicaciones de la neurociencia a las áreas fundamentales de gestión y conducción de organizaciones trae consigo la creación de nuevas disciplinas.**

Estamos transitando desde

- el management al **neuro**management,
- el liderazgo al **neuro**liderazgo,
- el marketing al **neuro**marketing,
- la economía a la **neuro**economía,
- el planeamiento al **neuro**planning.
- la selección de personas, a la **neuro**selección de personas,
- la investigación de mercado, a las **neuro**investigaciones de mercado,
- el aprendizaje al **neuro**aprendizaje,
- la educación a la **neuro**educación.

Se trata, sin duda, de un salto cuántico que comenzó a gestarse durante los años '90 y trajo aparejado el desarrollo de técnicas de análisis de imágenes (que evolucionan, también, a un ritmo sorprendente). Esta evolución está permitiendo no sólo confirmar empíricamente un conjunto de supuestos, sino también acceder a un campo de conocimientos de enormes posibilidades de aplicación en la gestión organizacional.

Hasta el presente, y buscando alcanzar el éxito en la toma de decisiones,

- **hemos estudiado el mercado,**
- **hemos analizado teorías, empresas, marcas y productos,**
- **hemos utilizado fórmulas y recetas.**

Sin embargo, no siempre hemos arribado a los resultados deseados. Para fundamentar esto último, comenzaremos por transcribir algunas de las preguntas que escuchamos con frecuencia en nuestros seminarios diseñados para gerentes y directivos.

¿Qué podemos hacer para ser más eficaces en la toma de decisiones, si la cantidad de datos que tenemos que analizar nos supera? ¿Cómo elegir la mejor alternativa sin equivocarnos, cuando la realidad cambia a una velocidad tan alta?

¿Existen mejores técnicas para seleccionar y capacitar a las personas? ¿Qué hay de nuevo para lograr que nuestros equipos de trabajo desplieguen todo su potencial? ¿En qué nos estamos equivocando cuando baja la productividad?

Y respecto del liderazgo... ¿qué hay de nuevo con el aporte de las neurociencias? ¿Cómo podemos ser más eficientes para implementar procesos de cambio? ¿Cómo comunicar mejor nuestras ideas? ¿Cómo planificar de manera más efectiva? ¿Cómo generar el compromiso de nuestra gente en los proyectos de la organización?

Estas preguntas evidencian que quienes tienen a su cargo la toma de decisiones relevantes para el desempeño y la construcción de futuro en una organización suelen encontrarse abrumados en momentos que se conocen como de *ceguera situacional*, momentos que plantean grandes dificultades para hacer una lectura rápida de los acontecimientos y actuar en consecuencia. ¿Qué hacer? Mejor dicho: ¡qué hacer!

Nuestra respuesta es la siguiente.

Estamos ante el desafío de un nuevo milenio...

con nuevas posibilidades,
con nuevos conocimientos,
con un nuevo mundo por explorar
y, fundamentalmente,
ante un nuevo tablero estratégico para descubrir.

La necesidad de dar respuesta a los interrogantes que caracterizan a la gestión de organizaciones en el siglo XXI nos convierte, inevitablemente, en exploradores de nuevas opciones.

Los "exploradores" del management tenemos la misión y la obligación de descubrir nuevos horizontes. Horizontes que no están lejos ni fuera de nosotros mismos, sino adentro, en el infinito potencial del cerebro, en los neurocircuitos que alimentan todas nuestras decisiones.

Por ello, y sin abandonar las ideas de quienes nos han alumbrado con sus conocimientos durante tantos años, es imprescindible abordar esta disciplina desde una nueva óptica, con un enfoque innovador acorde con un milenio que, como dijimos al comienzo, exhibe características que constituyen un auténtico desafío.

Hasta el presente –y si bien el reto principal de las organizaciones pasaba por convertirse en pioneras, gestoras de la transformación–, las ideas se buscaban "afuera", es decir, en modelos de gestión que habían sido pensados por otros y plasmados, muchas veces, en grandes tomos.

La actividad de management, tal como la hemos conocido hasta ahora, sostuvo su funcionamiento en modelos e instrumentos de "aplicación externa".

En la actualidad, esta disciplina necesita nuevos recursos y nuevas herramientas, porque las realidades empresariales y del mundo en su conjunto así lo demandan.

Estos recursos no se encuentran afuera, sino en el potencial cerebral de quienes integran las organizaciones: el líder y todo su equipo.

A partir de la *década del cerebro* y de sus descubrimientos, comenzó a relativizarse la importancia de la "biblioteca" externa y surgió el cerebro individual y colectivo como la mejor plataforma para la generación y puesta en práctica de la toma efectiva de decisiones.

En los tiempos que corren:

- **desaparece la separación entre el decisor y la plataforma decisional, entre el cerebro y las herramientas;**
- **desaparece el tiempo entre la decisión y el objeto decisional.**

Sin duda, un horizonte temporal completamente diferente sugiere la necesidad de contar con herramientas interdisciplinarias porque las "nuevas competencias" no están afuera, sino dentro de cada uno de nosotros. Afortunadamente,

> **las neurociencias nos permiten analizar los mecanismos físicos cerebrales que explican más eficientemente nuestras elecciones entre una decisión y otra, entre un camino y otro.**
> **Los scanners modernos registran y estudian la actividad cerebral de las personas durante el proceso de toma de decisiones para que pueda ser optimizado.**
> **Esto exige construir un puente entre la neurología, la psiquiatría, la psicología, la biología y las actividades de gestión para conducir a las organizaciones hacia el futuro deseado.**

2. Del management al neuromanagement

A fines de la primera década del siglo XXI, y dada la relevancia de los avances científicos, el management necesita ser redefinido de manera urgente, y sus variables críticas analizadas con una perspectiva diferente.

Ello exige una visión interdisciplinaria que permita estudiar y explicar los procesos clave de toma de decisiones y, al mismo tiempo, crear e implementar planes estratégicos que conduzcan exitosamente a las organizaciones hacia sus metas.

Si bien las nuevas tecnologías –como la microinformática, la robótica y muchas de las manifestaciones de la era digital– nos han situado en un contexto caracterizado por el vértigo que plantean los nuevos escenarios a nivel global, los avances producidos luego de la década del cerebro constituyen una herramienta extraordinariamente adecuada para pensar y diseñar nuevas formas de administración, organización y gestión en este nuevo contexto.

En función de lo expuesto, comenzaremos, entonces, por explicar qué significa *neuromanagement.*

- **El neuromanagement es la aplicación de las neurociencias cognitivas al gerenciamiento y la conducción de organizaciones.**
  Focaliza en:
  - **los procesos neurológicos vinculados con la toma de decisiones;**
  - **el desarrollo de inteligencia individual y organizacional (inteligencia de equipos);**
  - **la planificación y gestión de personas (selección, formación, interacción grupal y liderazgo).**

Como vemos, se trata de una disciplina que explora los mecanismos intelectuales y emocionales vinculados con la gestión de las organizaciones y personas a partir del desarrollo de la neurociencia cognitiva.

Apunta no sólo a mejorar las metodologías de investigación, sino también, y fundamentalmente, al diseño de técnicas destinadas a potenciar la capacidad de visión de negocios mediante el desarrollo de inteligencia personal y organizacional.

La aplicación de las neurociencias cognitivas a la conducción de organizaciones permite acceder a nuevos campos de conocimientos para liderar mejor los equipos de trabajo, tomar decisiones con un mayor grado de certeza, capacitar y formar a las personas con técnicas más eficaces, desarrollar acciones comerciales más efectivas y establecer una mejor relación con las personas y el mercado.

El siguiente recuadro sintetiza estos beneficios.

NEUROCIENCIA COGNITIVA ORGANIZACIONAL

BENEFICIOS

- **El desarrollo de habilidades de liderazgo se potencia.**
- **La capacidad para tomar decisiones eficaces aumenta.**
- **El riesgo de no elegir a las personas adecuadas disminuye.**
- **Los métodos para el desarrollo de creatividad se enriquecen.**
- **La investigación y la creación de nuevos productos y servicios adquieren nuevas dimensiones.**

Día a día, quienes tenemos en nuestras manos el destino de una organización (que involucra, a nivel social, nada menos que sostener y crear puestos de trabajo) debemos pensar y actuar en un contexto caracterizado por la instantaneidad en la toma de decisiones.

En un contexto como el actual, no tiene sentido preparar un conjunto de fórmulas y recetas para tomar decisiones a medida que se presenten los acontecimientos.

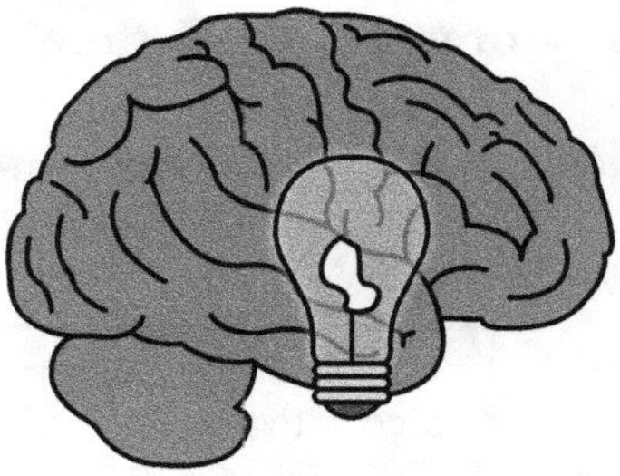

Lo que debemos hacer es trabajar para tener el "cerebro preparado", esto es, desarrollar el "entramado neural" necesario para inventar fórmulas permanentemente, ante cada caso y cada situación, ya que en ello consiste, precisamente, la toma de decisiones exitosas.

En este marco, donde los acontecimientos inesperados son cada vez más frecuentes, no sabemos sobre qué tendremos que decidir, lo cual nos obliga a cambiar las metodologías que hemos utilizado hasta el presente. ¿Cómo hacerlo?

Hasta aquí, lo que usted ha leído es una introducción teórica, conceptual, y varias preguntas que necesitan una respuesta.

Si bien a lo largo de esta obra iremos profundizando en cada tema, comenzaremos por responder una de esas preguntas, la que posiblemente se esté haciendo en este momento: *¿cómo se implementa toda esta teoría en la práctica?*

En el siguiente ejemplo, que hemos elaborado sobre la base de investigaciones científicas, podrá observar con claridad la aplicación de las neurociencias cognitivas a dos aspectos centrales del neuromanagement: la toma de decisiones, la neuroselección de personal y los procesos de cambio.

Comience por imaginar que usted es un consultor especializado en recursos humanos, y debe seleccionar un CEO para una multinacional.

Imagine también que su cliente le pide, entre un sinnúmero de especificaciones, "un individuo que tenga recursos intelectuales suficientes como para analizar a gran velocidad las relaciones entre los hechos, de manera tal que pueda seleccionar, en el menor tiempo posible, las opciones que garanticen una toma de decisiones eficaz"[1].

Si usted desea quedar bien con su cliente, le será de gran utilidad conocer el caso presentado por Antonio Damasio, ampliamente analizado en la bibliografía científica, debido a que amerita un replanteo de lo que tradi-

1 Extraído de las especificaciones recibidas de una empresa.

cionalmente se pensó sobre el rol de las emociones y la racionalidad en la toma de decisiones: el caso Eliott.

- **Eliott es un nombre de fantasía utilizado por Damasio para referirse a un empresario que fue su paciente a raíz de un tumor cerebral que afectaba la región ventromedial de su lóbulo frontal.**
  Luego de intervenirlo quirúrgicamente, se registró que Eliott tenía enormes dificultades para "sentir": no se inmutaba cuando le presentaban imágenes horrorosas, ni se conmovía ante situaciones extremas. Sin embargo, y a pesar de esa aparente "frialdad", al retomar su vida laboral, Elliot evidenció graves problemas para tomar decisiones acertadas. Al analizar las razones, se descubrió que lo que dificultaba considerablemente su capacidad para evaluar situaciones era, precisamente, la ausencia de emociones.

Este caso echa por tierra la idea, aún vigente, de que las emociones deben dejarse en la puerta, antes de entrar a la oficina y, más aún, evidencia que el papel de las emociones en la toma de decisiones exitosas es crucial.

> Es un hecho comprobado científicamente que la capacidad de sentir aumenta la eficacia del razonamiento, mientras que su ausencia la reduce.

El caso Eliott y otros similares analizados con posterioridad prueban que, para que un individuo sea efectivo en el rol de liderazgo y gerenciamiento de organizaciones, además de experiencia, conocimientos, inteligencia, creatividad y habilidades para generar contactos y relaciones, debe tener capacidad de *sentir*.

De nada sirve la selección de personas que sorprenden por su capacidad de razonamiento abstracto, de lenguaje y otras funciones consideradas parte del intelecto básico, si está afectado su cerebro emocional.

En definitiva, sea usted el dueño de una consultora especializada en selección de ejecutivos de alto nivel, o el responsable de encontrar al candidato ideal dentro de una organización, debe minimizar el riego de error.

¿Cómo hacerlo? ¿Puede ayudarlo el neuromanagement a instrumentar un método nuevo, acorde con el desarrollo que se está produciendo en los tiempos en que vivimos? La respuesta es: sí.

> **El error del paradigma cartesiano, que ha sido de amplia aceptación en las empresas, fue presentar al individuo principalmente como mente, como razón, dejando como "algo" separado el cuerpo y las emociones.**

Durante los últimos años surgieron nuevas metodologías que permiten trabajar con mayor rigurosidad en la búsqueda de personas. Podríamos decir, sin riesgo de equivocarnos, que se ha abierto una nueva dimensión en los procesos de selección e, incluso, en la reevaluación de quienes ya se encuentran trabajando.

Hoy es posible definir el **perfil neurocognitivo** requerido para cada puesto, evaluar a cada aspirante en sus fortalezas y debilidades al respecto, y, en el caso de las personas que integran la organización, implementar un programa de entrenamiento para desarrollar las habilidades que se han definido como necesarias.

Los avances en la neurociencia cognitiva y en la neuropsicología suministran información de enorme utilidad sobre el funcionamiento del cerebro y los neurocircuitos implicados en los procesos que subyacen a la conducta y la toma de decisiones.

El estudio de los lóbulos frontales, una zona que interviene en las funciones cognitivas más complejas y evolucionadas del ser humano, permite predecir con menor riesgo de error el desempeño futuro de un individuo dentro de una organización.

En las aplicaciones de neuroselección de personal se ha desarrollado una batería de tests que se correlacionan con los resultados de otros estudios por imágenes, de manera que obtenemos, con técnicas menos invasivas, resultados equivalentes.

Tal como se desprende de estos ejemplos, estamos ante un avance que nos permitirá trabajar de un modo que, muy pocos años atrás, hubiera parecido una elucubración a lo Julio Verne.

Como gerentes o directivos, sabemos que la conducción de organizaciones enfrenta todo tipo de problemas y que la construcción de futuro no es posible si no se comprende en profundidad el comportamiento de las personas que participan en ella.

Lo nuevo es que, durante las dos décadas últimas, la ciencia ha logrado una mejor visión de la naturaleza humana y del estudio del comportamiento a partir de la integración de la investigación sobre la anatomía del cerebro con los avances de la neuropsicología, y esto es particularmente relevante para los líderes organizacionales.

Más aún: si usted se pregunta la razón por la que muchos esfuerzos de cambio organizacional no tuvieron éxito en el pasado y si puede el neuromanagement suministrar una respuesta en el presente, estamos en condiciones de responderle que sí, siempre que el liderazgo y la transformación organizacional tengan en cuenta la naturaleza del cerebro y las maneras en que este predispone a las personas a resistirse a ciertas formas de liderazgo y aceptar otras.

Como consultores, más de una vez nos hemos preguntado por qué algunas personas se resisten a los cambios de manera tan obcecada, cuando es evidente que estos les aportarán beneficios.

> Los nuevos avances en neurociencia están encontrando las razones por las cuales implementar procesos de cambio es tan difícil, y ya se han hecho varios descubrimientos clave.

Si bien no hay una única respuesta para esta pregunta, sabemos que una de las causas tiene que ver con la naturaleza de la memoria humana y su relación con la atención conciente.

Ante cada estímulo, hecho o acontecimiento, la **memoria de trabajo** que, como veremos más adelante, contiene todo aquello en lo que estamos pensando en un determinado momento, compara los nuevos sucesos con información que está almacenada. Este trabajo conlleva una actividad cerebral que consume mucha energía.

También se ha estudiado ampliamente la función de los ganglios basales, que se concentran en las actividades rutinarias, como elaborar un informe en la computadora sin prestarle atención conciente al movimiento de las manos en el teclado.

> **Los científicos han observado que la memoria de trabajo activa la corteza prefrontal, considerada una parte del cerebro de energía intensiva.**

Este tipo de actividades que realizamos en forma automática permite al cerebro un ahorro de energía y explica, en parte, el porqué de la resistencia al cambio: al unir comportamientos simples de módulos cerebrales que ya han sido formados por experiencia y entrenamiento, el cerebro libera recursos de la memoria de trabajo. Más aún, los ganglios basales pueden funcionar perfectamente sin que medie ningún tipo de pensamiento conciente, en una especie de automatismo decisional.

Por lo tanto, todas nuestras rutinas –trabajar en cierto sector, para tal jefe, etcétera–, al ser conducidas por los ganglios basales al centro de hábitos del cerebro, alivian la tarea de procesamiento de la corteza prefrontal.

Y si bien hay un conjunto de razones, como también veremos al abordar el tema de la memoria emocional, por las cuales las personas se resisten a los cambios, cierto es que para cambiar no sólo hábitos, sino también patrones de pensamiento (mapas mentales), hay que desarticular mucho de lo que está incorporado en los ganglios basales.

Esto explica por qué cualquier movimiento estratégico, aun cuando fortalezca a la organización (como ocurre con los cambios de roles), genera tanta resistencia y estrés, y lo mismo suele ocurrir ante cambios menores.

Por ejemplo, cada vez que se contrata a un estudio de arquitectura para remodelar las oficinas, los mismos beneficiarios del cambio suelen protestar. Esto revela lo difícil que es modificar hábitos, aun cuando sean tan sencillos como aprender a manejar un nuevo sistema.

Si bien hay procesos de cambio que generan temor psicológico (en gran parte, debido a algunos resabios que subsisten de la vieja época de la reingeniería), se sabe que el principal motivo por el cual las personas se resisten a los cambios tiene que ver con el funcionamiento de los ganglios basales. De todos modos, no vamos a dejar de admitir que también hay responsabilidad en las organizaciones, sobre todo cuando no hay relación entre el discurso y la realidad.

Por ejemplo, la decepción que sentimos cuando una empresa anuncia el lanzamiento de un producto y luego no lo hallamos en las cadenas comerciales, o cuando promete beneficios por cumplimiento de objetivos a su gente, y luego no los otorga.

En ambos ejemplos se genera un procesamiento cerebral que los científicos denominan "error". A nivel neurológico, estos errores se producen por las diferencias percibidas entre lo que las personas esperan y lo que realmente acontece.

Durante los procesos de cambio ocurre lo mismo: si una empresa asegura que el cambio traerá beneficios para sus integrantes, y algunos observan que sus compañeros están siendo despedidos, el cerebro de los que estén sufriendo por este motivo emitirá señales que consumen mucha energía.

En las neuroimágenes, estos mecanismos se observan nítidamente como explosiones de luz en la corteza órbito-frontal y también se produce una activación de la amígdala.

Ambos sucesos quitan energía metabólica de la región prefrontal, que es la que sustenta las funciones superiores del intelecto.

Como vemos, también podemos explicar desde el enfoque neurobiológico el bajo rendimiento de las personas cuando el clima organizacional es adverso. Más aún: se espera que estos avances ayuden a liderar mejor los equipos de trabajo, tomar decisiones con un mayor grado de certeza, formar y capacitar a las personas, mejorar los procesos de planeamiento estratégico, desarrollar acciones comerciales más eficaces, establecer una mejor comunicación con el público objetivo y, sobre todo, comprender mejor a nuestro propio equipo de trabajo y a los clientes.

No dudamos en afirmar que los avances científicos imponen un replanteo de los métodos tradicionales de conducción y gestión que incorpore no sólo los conocimientos, sino también la metodología de investigación de las neurociencias.

Sin duda, la posibilidad de conocer cómo funciona el cerebro de un individuo en su rol como líder organizacional, integrante de un equipo de trabajo, vendedor, cliente o proveedor, por dar algunos ejemplos, no sólo constituye un desafío.

Es un tema que debe formar parte de la agenda de los ejecutivos de las grandes empresas, y fundamentalmente de quienes, en las etapas iniciales de sus proyectos, son verdaderos innovadores y, como tales, utilizadores a pleno de sus capacidades cerebrales.

3. Del planeamiento estratégico al neuroplanning

Lograr una visión compartida, es decir, el compromiso de las personas que integran una organización en la construcción de su presente y su futuro, así como también de las acciones para alcanzar sus objetivos, siempre ha sido un aspecto central de la estrategia.

Las organizaciones de este nuevo milenio exigen no sólo talento y disposición de sus líderes para que las conduzcan hacia el destino deseado, sino también una metodología de planeamiento acorde con esta nueva realidad.

De esto se desprende la importancia de la revalorización del planeamiento como enfoque y, a su vez, de su evolución como metodología.

En este sentido, y tal como anticipamos, en un mundo donde el cambio es hiperveloz no podemos anclarnos en las técnicas del pasado, aun cuando este sea reciente. Por lo tanto, todo aquello que antes plasmábamos en un documento denominado "Plan estratégico" para un año determinado, ya no existe.

- **El planeamiento actual no se caracteriza por proyectos y cursos de acción registrados en carpetas que luego se distribuyen entre los ejecutivos y gerentes clave de una organización.**

  Se caracteriza por el desarrollo de capacidades cerebrales que, en la práctica, se traducen en un conjunto de habilidades que posibilitan no sólo una veloz respuesta ante circunstancias no imaginadas, sino también, y fundamentalmente, la aplicación de la inteligencia de los líderes y de su gente para que una organización, más que reactiva, pase a ser creadora de futuro.

Este concepto explica por qué, a comienzos del siglo XXI, ya no hablamos de planeamiento estratégico, sino de *neuroplanning*.

El córtex prefrontal es la sede de las funciones neurocognitivas más elevadas

El neuroplanning es una nueva plataforma para la toma de decisiones en las organizaciones.
Se focaliza en el desarrollo de las funciones neurocognitivas más elevadas, cuya sede es el córtex prefrontal.
Su principal objetivo es preparar el cerebro de quienes tienen a su cargo las actividades relevantes de liderazgo y gestión para que puedan operar a una velocidad acorde con la velocidad del cambio.
Como disciplina, el neuroplanning promueve el pensamiento interdependiente, conciente y metaconciente, analítico e intuitivo, que potencia ampliamente los resultados del trabajo en equipo, al minimizar la posibilidad de pérdida del rumbo o la dispersión de esfuerzos típicas del planeamiento tradicional.

Si bien en todo plan está siempre presente la idea de futuro, subrayamos una vez más: **en la actualidad el futuro es hoy, porque ya no tenemos tiempo para planificar**. Los planes tradicionales, donde se consignaban las mejores ideas, los cursos de acción y los medios necesarios para llegar a las metas, están relativizados. Esto no significa que se recomienda dejar de lado los grandes temas, sino encararlos con nuevas y más modernas herramientas.

Afortunadamente, las neurociencias cognitivas organizacionales aplicadas nos permiten preparar nuestro cerebro para pensar y decidir en forma más eficaz, acorde con los requerimientos de la era en la que nos toca vivir.

3.1. Cómo crear y recrear continuamente el futuro: la nueva construcción de escenarios

Hasta no hace mucho tiempo, un aspecto sustancial del planeamiento estratégico era la elaboración de un conjunto de formulaciones conjeturales sobre situaciones probables, imaginando modelos de escenarios con determinada probabilidad de ocurrencia en el futuro.

> **El diseño de escenarios es una especie de ejercicio de imaginación acerca de futuros posibles, y se plasma en un conjunto de conjeturas sobre los fenómenos que pueden acontecer, con el fin de preparar a la organización para afrontarlos.**

Se buscaba, de este modo, reducir la incertidumbre ante los acontecimientos del porvenir simulando el comportamiento de determinadas variables a través del tiempo para que la organización pudiera responder ante las circunstancias que se consideraban posibles y más probables, y elaborando para cada uno de esos escenarios una serie de cursos de acción.

En el siglo XXI, la hipervelocidad de los cambios que se verifican en los mercados de todo el mundo convierte rápidamente en obsoletos todos los planes y trastoca, a veces de manera desconcertante, muchas de nuestras previsiones.

ANTES	**Imaginábamos los escenarios más probables y trabajábamos sobre esas opciones.**
HOY	**Es posible que el escenario más probable no ocurra.** **Es posible que el escenario más improbable ocurra.**

⇓

EL CAMBIO ES CUALITATIVO

Como vemos, es prácticamente imposible planificar como lo hicimos en el pasado. Más aún, la inmensa cantidad de opciones con probabilidad o no de ocurrencia dificulta, incluso, nuestra capacidad para imaginarlas y ordenarlas previamente. Simplemente ocurren y hay que decidir. Desde luego, si nos quedamos paralizados ante el desconcierto, también decidimos, porque no decidir también es decidir.

Por citar un solo ejemplo: ¿quién hubiera imaginado el impacto en los mercados estadounidenses, y su repercusión a nivel global, del atentado a las Torres Gemelas? ¿Cabría en la cabeza de algún ejecutivo la posibilidad de ocurrencia de alguna idea tan descabellada?

Este caso es uno de los más significativos para comprender que esta no es solamente una época de cambios: es un cambio de época cuya característica predominante es que el cambio (aquí vale la redundancia) es cada vez más cualitativo que cuantitativo y, al mismo tiempo, rupturista.

Por lo tanto, no podemos afrontarlo con las herramientas clásicas que conocemos y a las que estamos acostumbrados. La nueva época está marcada por saltos cuánticos que exigen contar con metodologías diferentes, que requieren una nueva generación de instrumentos y técnicas más sofisticadas.

La característica fundamental del mundo y las organizaciones de hoy es la complejidad. Esto hace que las antiguas soluciones mecanicistas, predecibles y lineales, propias de las metodologías tradicionales de respuesta originadas en el siglo XX, no sean apropiadas para esta nueva era.

La realidad de los sistemas socioeconómicos actuales es que cada momento es único porque en cada momento el sistema es único.

> **Los nuevos líderes deben estar en condiciones de decidir sobre la marcha, en el momento. Ya no hay tiempo para imaginar escenarios, porque la velocidad con que cambian las circunstancias no lo permite. Tampoco hay tiempo para estudiar el caso y, mucho menos, para aplicar una solución aprendida.**

Por un lado, porque se requieren decisiones de "generación instintiva", y, además, porque los casos de antaño, aquellos que nos permitían aplicar ciertas "recetas", ya no son ni siquiera similares. En consecuencia, no admiten soluciones parecidas.

Afortunadamente, se han desarrollado nuevas metodologías para afrontar estas situaciones, entre ellas, **las técnicas de planeamiento para escenarios no excluyentes, las técnicas de micromundos**, y **la detección de las realidades sistémicas subyacentes a cada organización**.

Estas técnicas, junto con el desarrollo de las neurociencias en el estudio del cerebro y su funcionamiento, nos proporcionan nuevas oportunidades para la generación de "inteligencia decisional" y, más aún, nos proveen recursos para desarrollar la inteligencia intuitiva que necesitamos para anticiparnos a estas situaciones de cambio que hemos descripto como veloces y rupturistas.

Al interactuar en forma sinérgica, todas ellas apuntan a potenciar las capacidades cerebrales de los integrantes de los equipos de neuroplanning y, al mismo tiempo, al desarrollo de inteligencia organizacional y personal.

Para finalizar, y retomando la idea de que, de un día para otro, podemos encontrarnos tanto ante el escenario más probable como ante el más improbable, necesitamos aplicar estilos decisionales de nueva generación. Comenzaremos, entonces, por una de las metodologías que mejor puede conducirnos a lograr este objetivo: el planeamiento por escenarios no excluyentes.

3.1.1. Planificación por escenarios no excluyentes

En la planificación por escenarios no excluyentes se utiliza el método de "supuestos if"[2] para el desarrollo de planes alternativos.

La utilidad de esta técnica no radica solamente en su eventual aplicación futura, sino en el entrenamiento cerebral del directivo, de su equipo y de la organización, para responder instantáneamente ante las distintas situaciones posibles, si es que se producen.

> **Trabajar con un solo plan de negocios atrofia la inteligencia de los equipos de trabajo para enfrentar las variaciones.**
>
> **Al ceñir las alternativas a un único plan, se rigidiza, consecuentemente, la capacidad de pensar la toma de decisiones acertadas.**

Cuando se trabaja en escenarios cambiantes y caóticos, el valor de los "planeamientos if" tiene su foco en una estimulación neuronal permanente, que hace al crecimiento de la inteligencia decisional y al entrenamiento del gerente y de su equipo en la toma de decisiones dentro de alternativas y escenarios múltiples.

Por lo tanto, más que de analizar e intentar prever circunstancias externas, se trata de enfocar las soluciones en el interior de la organización, es decir, en su estructura y funcionamiento, incorporando programas de trabajo que apunten al desarrollo de las capacidades cerebrales individuales para construir lo que denominamos "el cerebro organizacional", capaz de generar soluciones correctas en forma prácticamente instantánea.

Ahora bien, si decimos que la estructura de una organización no es su organigrama, no le estamos diciendo nada nuevo.

Tampoco si añadimos que la estructura no es únicamente la configuración de interrelaciones entre los componentes del sistema: flujos de procesos, jerarquías, actitudes, percepciones y reacciones, calidad de productos, estilos decisionales, etcétera.

Lo nuevo es que la incorporación y aplicación de las neurociencias nos habilita para realizar configuraciones mejores y, sobre todo, que contemplen la posibilidad de percibir con mayor claridad cómo son las estructuras que impulsan determinadas conductas.

---

2 *If*, en inglés, "si" condicional, que encabeza las construcciones "si... entonces".

La estructura de una organización no es el organigrama, tampoco el flujo de procesos.

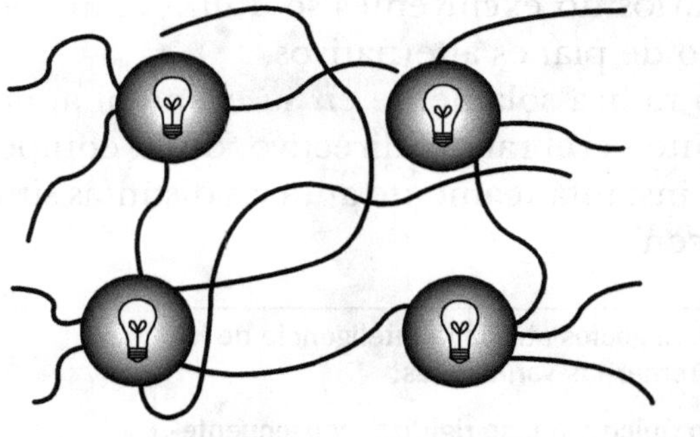

La estructura de una organización es la configuración de interrelaciones entre las redes neuronales de los cerebros individuales.

Esto supone un quiebre con los principios y también con la metodología planteada por los enfoques tradicionales, ya que las técnicas que se enfocan en el desarrollo de las capacidades cerebrales ayudan a captar el todo en extensión y profundidad.

Como las personas se organizan alrededor de una idea central que les proporciona identidad y sentido de pertenencia, se genera una conciencia de pensamiento libre y en equipo que potencia ampliamente las posibilidades de la interacción y del funcionamiento grupal.

En estas circunstancias, el grupo actúa cada vez más partiendo de una visión, de un espíritu de empresa, en vez de reaccionar ante determinados acontecimientos en función de lo que conviene o no para el puesto que se ocupa, o la ambición individual.

- **La planificación por escenarios no excluyentes apunta fundamentalmente a la generación de capacidades para decidir exitosamente en el momento en que se presenta un escenario determinado.**
- **Se concentra prioritariamente en que el equipo, el grupo o la empresa en su conjunto cuenten con el entrenamiento necesario para hallar las respuestas adecuadas ante cada circunstancia, y hacerlo de manera acorde con la velocidad de los acontecimientos.**

Como vemos, no se trata de tener un plan escrito, sino de generar las capacidades que hacen falta para llevar adelante un plan de acciones ante cada situación posible cuando esta suceda.

En este sentido, y en forma sinérgica con la que estamos describiendo, una de las técnicas más eficaces para lograr la preparación que se necesita para alcanzar los mencionados objetivos es la de "micromundos", ya que permite vivenciar las alternativas que se han imaginado como probables. En otros términos: se trata de un entrenamiento para la acción a partir de la vivencia anticipada de los acontecimientos.

3.1.2. Las técnicas de micromundos en el desarrollo de la interrelación organizacional

Las técnicas de micromundos[3] derivan de las herramientas utilizadas en el campo de la aviación, más concretamente, en los simuladores de vuelo que se emplean para el entrenamiento de pilotos.

Sin embargo, y a diferencia de estos simuladores, la "plataforma de prácticas" no depende de un programa de ordenadores, sino de un equipo intrínsecamente humano, ya que se facilita la natural interacción del manager y su gente ante los diversos acontecimientos probables.

A partir de esta interacción, se genera una multiplicidad de variantes y opciones de comportamiento ante cada situación. De esta forma, el manager y su grupo van experimentando y guardando en su memoria las diferentes acciones posibles y sus resultados. En otros términos, y jugando con las palabras: se trata de desarrollar neuroplasticidad para la acción estratégica, no de planeamiento de estrategias[4].

> **En el contexto actual, un minuto puede ser una oportunidad que ningún ejecutivo debe darse el lujo de dejar pasar.**
>
> **Es cierto que estas situaciones generan mucha tensión, pero también es cierto que esa tensión actúa como una especie de fuerza motivadora que evita que las organizaciones sucumban al caos y las impulsa hacia su desarrollo.**

Para obtener una mayor riqueza y efectividad, y, fundamentalmente, para posibilitar el desarrollo de un albedrío dependiente de la capacidad de las personas, esto es, no acotado al programa de un ordenador, el trabajo se plasma en **mapas dinámicos de inteligencia** que emulan las conexiones neuronales del cerebro.

En este caso, el objetivo de diseñar un plan es secundario, ya que, como apuntamos, todo plan puede deshacerse en horas. Lo que se busca es entrenar al cerebro para actuar velozmente ante los acontecimientos que pudieran presentarse.

---

[3] También conocidas por su nombre en inglés *management flight simulators* (administración de simuladores de vuelo).

[4] El juego de palabras tiene que ver con el hecho de que, históricamente, se ha entendido por "planeamiento estratégico" el resultado de la labor de análisis de escenarios y alternativas estratégicas desarrollada por un ejecutivo o grupo de personas en una empresa. Generar neuroplasticidad para la acción estratégica apunta, más que al resultado de una labor, al desarrollo de las capacidades cerebrales para tomar rápidamente decisiones acordes con la conveniencia de la organización.

Por último, uno de los grandes beneficios de las técnicas de micromundos es que también ayudan a desarrollar principios y métodos para la mejor interacción grupal, entrenando a los participantes para que, en conjunto, estén en condiciones de poner en práctica los planes en el momento adecuado.

3.1.3. Los mapas de inteligencia dinámicos y las realidades subyacentes

Un mapa de inteligencia es un gráfico con una red de relaciones que emula las conexiones neuronales del cerebro. Se va creando mediante un conjunto de asociaciones espontáneas y simultáneas que vamos realizando a partir de un concepto que suscita la fluidez de ideas.

Por ejemplo, en un equipo de trabajo focalizado en la generación de negocios vinculados con el servicio turístico, la palabra "placer" o una imagen que simbolice este concepto puede actuar como un estímulo inicial.

Desde allí, se produce una conexión neural que provoca una multiplicación de asociaciones. De esta capacidad de asociación se deriva el *pensamiento irradiante*, siempre presente en los procesos en los que es necesario "irradiar", es decir, moverse en diversas direcciones a partir de un centro determinado.

Lo que se pretende con esta técnica es trabajar con un sistema que reproduce la configuración de las redes neuronales en un ámbito que no dé lugar a comentarios críticos capaces de inhibir la fluidez de ideas.

Además de preparar el cerebro para el planeamiento y la toma de decisiones en forma rápida y con un reducido margen de error, los mapas dinámicos de inteligencia permiten desarrollar un conjunto de aptitudes que habilitan para percibir **lo que subyace a las estructuras de las organizaciones** e impulsa a los individuos hacia una determinada conducta.

Sin embargo, lo más importante, lo más rico de esta metodología, se relaciona con el desarrollo de un aprendizaje específico para decidir en forma rápida y con un mínimo margen de error.

Cuando se aplican junto con las técnicas de micromundos, los mapas dinámicos de la inteligencia,

- **ayudan a "ver" las estructuras que impulsan las conductas, no sólo las conductas;**
- **generan, más que una visión del entorno y de la organización, conciencia sobre la forma en que construimos esta visión;**

IMAGEN DE UN MAPA DE INTELIGENCIA

Observe cómo se asocian las ideas a partir de una fuerte imagen central.

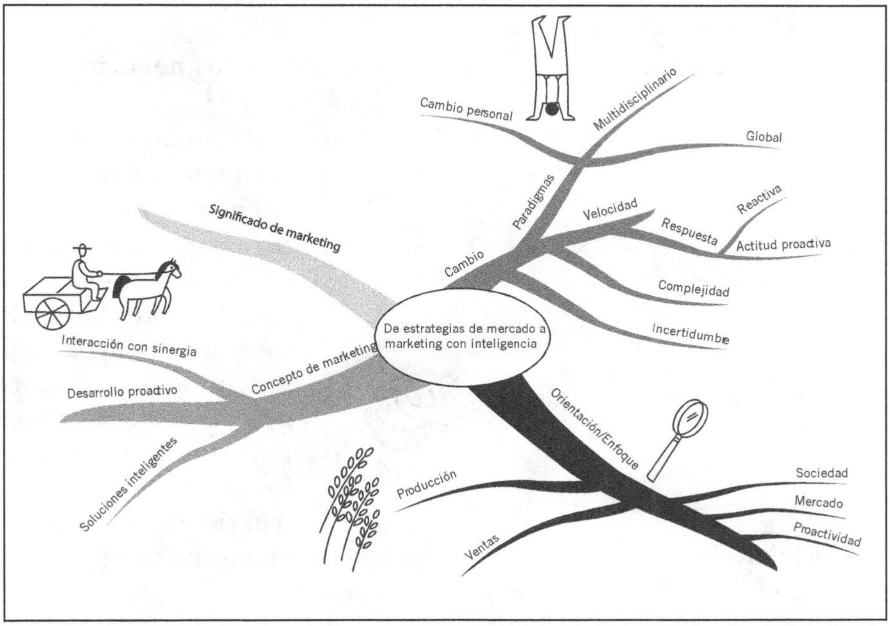

IMAGEN DEL ENTRAMADO NEURAL DEL CEREBRO

Observe las similitudes con la imagen de arriba.

- **permiten "captar el todo" generando conciencia de pensamiento grupal, potenciando las posibilidades de interacción;**
- **impulsan un espíritu de empresa que aleja a la organización de la simple reacción ante los acontecimientos;**
- **traen a la superficie la lógica subyacente de los negocios.**

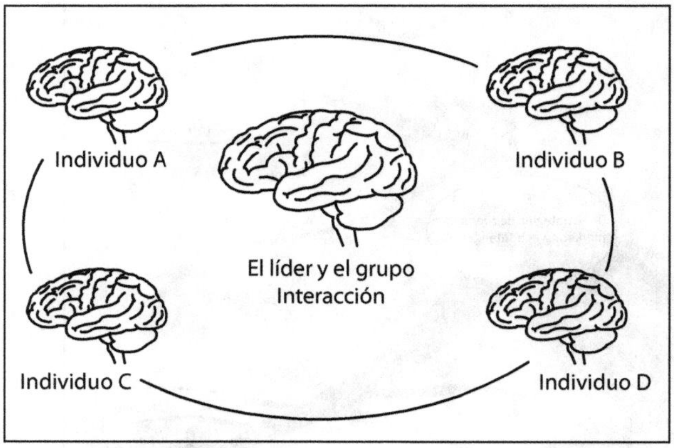

Al incorporar estas nuevas metodologías ya no escuchamos solamente nuestra propia voz o pensamos en lo que vamos a decir mientras otro habla. Prestamos atención a sentidos mucho más profundos que nos permiten descubrir, percibir, las expresiones de los otros, y aplacan la ansiedad de expresar la nuestra.

De este modo, se genera una conciencia de pensamiento grupal que favorece tanto la interacción como sus resultados.

En estas circunstancias, el grupo actúa partiendo de una visión consensuada, y muchas veces compartida, característica de un espíritu de empresa altamente motivado, en lugar de reaccionar en formas individuales ante determinados acontecimientos.

Así, las realidades subyacentes surgen a la superficie con la ayuda de los mapas dinámicos de inteligencia, que potencian resultados conjuntos a partir del aporte de cada uno de los integrantes; esto genera una mecánica de funcionamiento sinérgica que mejora sustancialmente los resultados de los equipos.

En este punto, aparecen como importantes dos propuestas de trabajo simultáneas: por un lado, la individual, que tiene que ver con la realidad de cada persona, y por el otro, el trabajo grupal (que con esta metodología tiene un fuerte efecto en lo individual).

3.2. Cómo mejorar el rendimiento cerebral

En neuroplanning, **el programa de trabajo individual** se focaliza, más que en el output que puede producir un individuo, en su capacidad cerebral para generarlo, pues apuntar al output significa haber optado por algún escenario de ocurrencia más probable y, como dijimos, en un entorno como el actual eso es prácticamente imposible.

El objetivo es equipar a los miembros de la organización con recursos neuronales para que, cualquiera sea la situación que se presente, puedan actuar rápidamente.
Esto exige evitar la memorización de respuestas, ya que no se sabe cual será la pregunta y mucho menos el desafío al que se deberá responder.

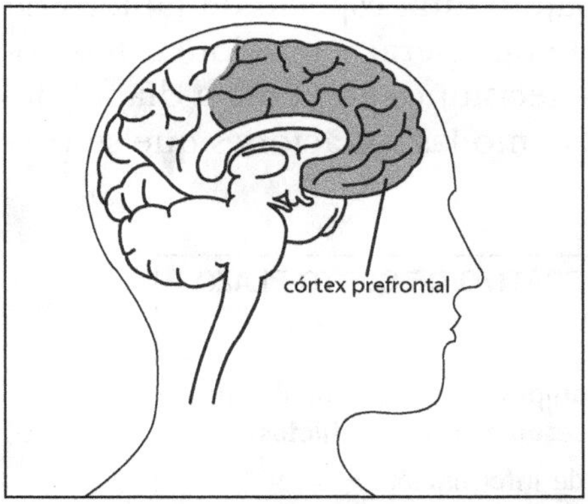

El neuroplanning es una nueva plataforma para la toma de decisiones en las organizaciones.
Ello exige conocer el funcionamiento del córtex prefrontal, que es la sede de las funciones neurocognitivas más complejas y evolucionadas.

Más aún: si las respuestas están archivadas en los almacenes de la memoria de largo plazo, normalmente en forma de recetas sobre lo que se debe hacer en cada caso, lo más probable es que el individuo trate inconcientemente de interpretar los acontecimientos a partir de esa información, con lo cual puede, incluso, distorsionar su percepción de la realidad para adaptarla a la respuesta que ya tiene incorporada en su cerebro.

Como en este siglo la elaboración y la implementación de planes se ha convertido, en la mayoría de los casos, en un proceso "simultáneo", es necesario que las funciones ejecutivas del cerebro trabajen utilizando su máxima capacidad.

Las funciones ejecutivas del cerebro incluyen las capacidades de planificación, automonitoreo, toma de decisiones, razonamiento, creatividad, flexibilidad, control de los impulsos y motivación.

Estas funciones dependen del córtex prefrontal y presentan las siguientes características.

- Cada función posee su correlato anátomo-funcional.
- Es posible explorarlas mediante tests avalados por estudios de neuroimagen.

- Estos tests permiten la confección de un perfil del funcionamiento neurocognitivo de cada individuo para cada puesto. En este punto se trabaja adaptando los requerimientos de la organización a los perfiles que se definen como los más apropiados para el lugar que cada persona va a ocupar en ella.

En el "cerebro gerencial" ubicamos dos plataformas de planeamiento y toma de decisiones. Por un lado, la que denominamos "**tablero de comando cerebral operativo**", por el otro, el "**tablero de comando estratégico cerebral de largo plazo**". Veamos en qué consisten estas denominaciones.

El tablero de comando cerebral operativo se relaciona con lo que en neurociencias llamamos "memoria de trabajo"[5], una especie de tablero de comando on line. Es un sistema responsable de operar y manipular temporalmente la información cuando tomamos decisiones en el día a día, es decir, cuando resolvemos tanto los conflictos como las situaciones que se presentan en el devenir cotidiano del trabajo.

TABLERO DE COMANDO CEREBRAL OPERATIVO DE CORTO PLAZO
MEMORIA DE TRABAJO

Es un sistema responsable de operar y manipular temporalmente información, facilita la toma de decisiones y la resolución de conflictos.

- **Es de capacidad limitada: 7 ± 2 grupos de información.**
- **Se satura con facilidad.**
- **Es un sistema de procesamiento bajo la supervisión de un sistema ejecutivo central.**
- **Permite mantener temporalmente información para comprender el lenguaje, hacer cálculos, razonar y solucionar problemas del día a día.**

Para entrenar el tablero de comando cerebral operativo se utilizan técnicas de última generación que permiten el desarrollo de "perfiles neurocognitivos elevados"[6], necesarios para la toma de decisiones en contextos de incertidumbre.

Como ejemplo, podemos mencionar el **entrenamiento para mejorar la eficacia decisional**.

---

5 Este sistema se conoce también como "memoria operativa".

6 Ver Brain Decision Gym Centre, Grupo Braidot, programa de entrenamiento cerebral, www.braindecision.com

- **Creando experticia en determinadas áreas, se aumenta la activación cerebral de zonas que facilitan el recuerdo y mejoran el procesamiento de datos.**

Esta técnica ha sido desarrollada sobre la base de investigaciones en neurociencia que demostraron que las personas conectadas de manera cotidiana con trabajos visuales activan un número mayor de áreas cerebrales durante ejercicios de codificación y mantenimiento de la información en la memoria de trabajo visual, en comparación con personas (integrantes de un grupo control) no expuestas en forma habitual a tareas de la misma modalidad perceptiva.

En un sentido más amplio y profundo (en comparación con el tablero de comando cerebral operativo), trabajamos para desarrollar el **tablero de comando estratégico cerebral de largo plazo**, que apelando a potenciar las funciones neurocognitivas más elevadas, constituye una verdadera plataforma de generación de ejecutivos y empresarios "intuitivos".

> En el siglo XXI el éxito no está en fórmulas y recetas escritas por otros, sino dentro de nosotros mismos.

De ese modo, se agilizan los neurocircuitos que dan soporte a la toma de decisiones partiendo de la premisa de que, a medida que aumenta la variedad de conexiones neuronales, aumenta la capacidad para generar mejores soluciones.

Piense en esto:

- el cerebro es como un músculo y, al igual que el físico, el ejercicio mental debe mantenerse activo;
- la actividad mental no sólo mejora las funciones cognitivas; también produce un cambio en el cerebro mismo. Inversamente, si falta actividad, se debilita su funcionamiento.

Los principales factores que mejoran el rendimiento cerebral son los siguientes[7]:

- entrenamiento neurocognitivo,
- gestión moderna del aprendizaje,

---

7 Para ampliar la información escrita en este apartado, invitamos al lector a visitar el sitio www. braindecision.com

- autoliderazgo emocional,
- ejercicio físico,
- alimentación adecuada,
- control del estrés.

TABLERO DE COMANDO CEREBRAL ESTRATÉGICO

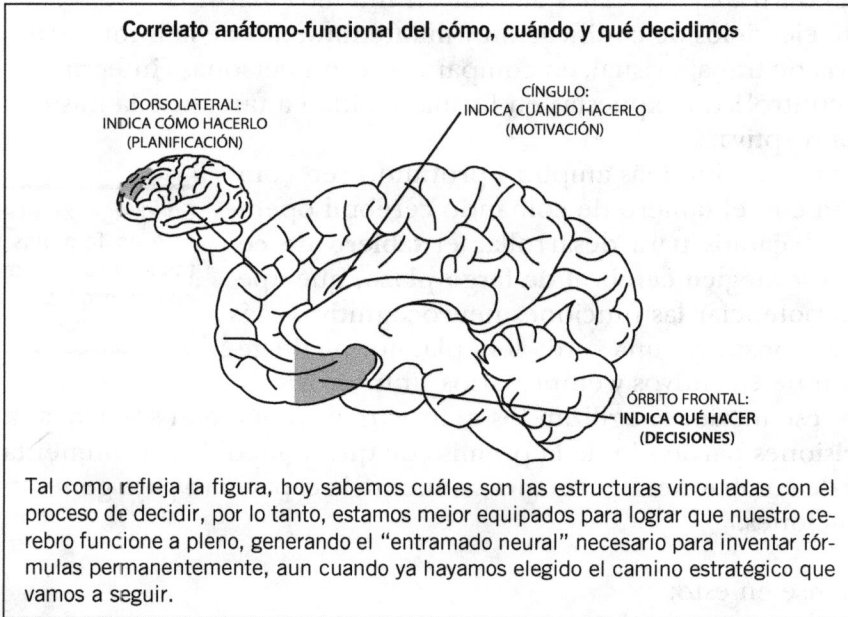

Correlato anátomo-funcional del cómo, cuándo y qué decidimos

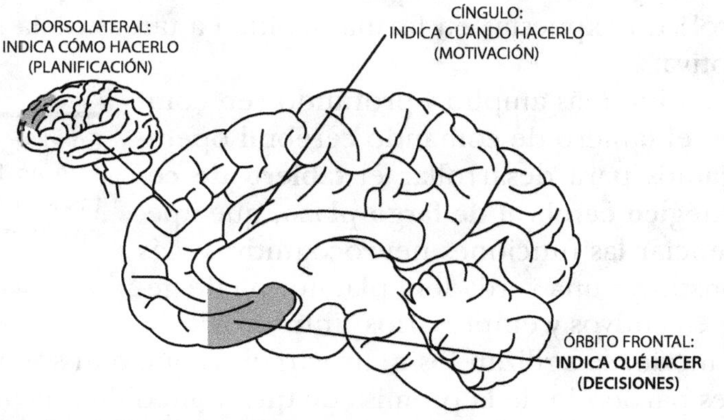

Tal como refleja la figura, hoy sabemos cuáles son las estructuras vinculadas con el proceso de decidir, por lo tanto, estamos mejor equipados para lograr que nuestro cerebro funcione a pleno, generando el "entramado neural" necesario para inventar fórmulas permanentemente, aun cuando ya hayamos elegido el camino estratégico que vamos a seguir.

Una de las principales técnicas que se aplican en la actualidad para desarrollar el tablero de comando estratégico cerebral de largo plazo es el **Programa de Entrenamiento Neurocognitivo** creado por el Brain Decision Braidot Centre.

Este programa potencia en forma efectiva las habilidades neurocognitivas y las capacidades indispensables para las actividades de gestión, en los planos tanto individual como organizacional.

Trabajando con constancia, se mejoran y optimizan los procesos de atención, planificación, velocidad de procesamiento y memoria, entre otros. La regularidad provoca un incremento del flujo sanguíneo en la región, que a su vez promueve cambios neuroplásticos permanentes.

La incertidumbre, la inestabilidad y la crisis nos obligan a realizar diariamente una especie de gestión "extraordinaria" en las organizaciones.

Si logramos potenciar nuestras capacidades cerebrales, estaremos en condiciones de adquirir una mayor gama de opciones para hacer frente a este desafío de hacer diariamente una gestión extraordinaria.

3.3. Momentos de entendimiento y densidad de atención en los equipos de trabajo

Cuando se aplican las técnicas descriptas en el apartado precedente, especialmente las que apuntan a indagar las realidades subyacentes, muchos ejecutivos descubren que sus empresas no están funcionando de la forma en que ellos creen.

Afortunadamente, los avances en la aplicación sistemática de la neurociencia cognitiva pueden conducir hacia un cambio de mentalidad que nos permita salir de esa especie de aislamiento *hard* que caracterizó la forma de pensar sustentada en el funcionamiento de viejos paradigmas.

Si en el mundo actual el cambio es cualitativo y, subrayando lo que ya hemos dicho, exige una formación de nueva generación, es necesario conocer los mecanismos cerebrales que hacen que las personas se resistan a estos procesos, aun cuando conlleven la construcción de su propio futuro dentro de la organización.

Al respecto, uno de los descubrimientos clave de las neurociencias que puede ayudarnos a promover, incluso, un cambio cultural, tiene que ver con la naturaleza de la memoria humana y su relación con los mecanismos de atención.

Hoy sabemos que una de las mayores dificultades para implementar cambios en los procesos de planeamiento tiene que ver con el funcionamiento de la memoria de trabajo, porque el pensamiento sobre la posibilidad de ocurrencia de determinados escenarios inevitablemente tiende a comparar las nuevas ideas con información que ya está almacenada en el cerebro.

Por ejemplo, cuando un equipo de trabajo presenta un nuevo plan, quienes escuchan tienden a realizar comparaciones: el cerebro toma la nueva información y desencadena una especie de *search* o búsqueda para hacerla corresponder con la que ya tiene archivada (tanto la relativa a experiencias propias como la que se ha incorporado sobre casos de otras organizaciones).

Al comparar la información nueva con la vieja, se activa la corteza prefrontal que, como ya vimos, es una parte del cerebro caracterizada por su energía intensiva. El "contrapeso", es decir, lo que tiende a llevarnos a imponer lo que nos dio éxito en el pasado en vez de explorar nuevas opciones, tiene que ver con el funcionamiento de los ganglios basales.

Como en esta zona se ubican los neurocircuitos donde están inscriptos nuestros hábitos, el cerebro necesita menos energía para trabajar. Esto explica por qué muchas veces tendemos a anclarnos en la comodidad de repetir lo que ya hicimos. Después de todo, "aquella fórmula" de negocios nos había dado excelentes resultados.

Tal como analizamos en el apartado 2 de este capítulo, los ganglios basales pueden funcionar muy bien sin que ello requiera un esfuerzo del pensamiento. A la inversa, la memoria de trabajo se cansa fácilmente. Por esta razón, muchas veces salimos abrumados de reuniones donde lo que se propuso es completamente rupturista con relación a lo que hemos venido haciendo hasta el presente.

Por ejemplo, la idea de pensar en abandonar un negocio actual (aun cuando siga siendo exitoso) para incursionar en uno completamente nuevo (que prometa serlo más) exige un esfuerzo intelectual de tal magnitud que llegamos a casa rendidos luego de la jornada en que se trató el tema.

La situación se complica cuando algunos ejecutivos se resisten al desafío de las nuevas experiencias porque están cómodamente anclados en una determinada manera de hacer las cosas. Si avizoran que un gran cambio puede sobrevenir, muchas veces ¡no quieren ni escuchar! Se estresan ante la sola "posibilidad" de pensarlo.

En términos de David Rock y Jeffrey Schwartz[8], "mucho de lo que los gerentes hacen en el lugar de trabajo –como vender ideas, conducir reuniones, manejar a otros y comunicarse– está tan bien rutinizado que los ganglios basales conducen el show".

Por ejemplo, si a un equipo de gerentes "acostumbrados" a fabricar galletitas, otro equipo más intuitivo y mejor informado le propone un cambio, como puede ser incursionar en el negocio de postres semielaborados, el segundo equipo deberá hacer un gran esfuerzo para captar la atención del primero.

Este fenómeno también se debe a lo que hemos visto como "errores"[9], que en neurociencias son las diferencias percibidas entre lo que se espera y la realidad. En este sentido, hay experimentos que han mostrado cómo, ante la visión de algo completamente nuevo, la corteza órbito frontal emite señales que indican que el cerebro está consumiendo mucha energía y aparecen, entonces, resistencias internas a los cambios (incluso muchas veces sin que el manager sea conciente de ellas ni de las causas que las generan).

Retomando nuestro ejemplo: si utilizáramos neuroimágenes para ver qué ocurre en el cerebro de los gerentes durante la reunión de planeamiento,

---

8 Rock, David y Schwartz, Jeffrey: "The Neuroscience of Leadership", en *Strategy and Business Magazine*, 2006.

9 Véase el apartado 2 de este capítulo.

veríamos disparos o chispazos neurales acentuadamente más fuertes en el equipo sorprendido por la idea de incursionar en el mercado de los postres (estímulo no familiar). No sucedería lo mismo si se les propusiera, simplemente, modificar la fórmula de una galletita de chocolate (estímulo familiar).

Como la corteza órbito frontal está conectada con el circuito del miedo del cerebro (en el que interviene activamente una pequeña estructura, denominada amígdala[10]), la sola idea de un cambio percibido como muy importante toma energía metabólica de la región prefrontal.

Esto puede provocar, además de cansancio, las típicas reacciones emocionales que se observan en las juntas de directivos cuando parece que se estuviera discutiendo con los nervios a flor de piel. Sin embargo, y afortunadamente, **el cerebro es un órgano con tendencia innata a crear nuevas conexiones neuronales.**

Del mismo modo que sufrimos al pasar de la secundaria a la universidad, y al cabo de un cierto tiempo, experimentamos una enorme satisfacción, el cerebro de los gerentes "acostumbrados" al negocio de las galletitas comenzará a liberar adrenalina a medida que se implementen los cambios necesarios para incursionar en el de los postres, siempre que se logre que acepten la idea.

Ahora bien, ¿cómo se logra esto? Para que un plan estratégico que involucre un cambio importante sea aceptado con un menor grado de resistencia, es conveniente que durante su tratamiento se produzca en los participantes un efecto que denominamos "**momentos de entendimiento**" y, más aún, que se logre lo que llamamos "**densidad de atención**".

Del mismo modo que a un niño no se le puede decir "porque sí" cuando nos hace una pregunta, para "vender" un proyecto es necesario ser perspicaz, esto es, llevar a quienes escuchan a prestar atención y elaborar sus propias conclusiones en vez de presentarlas en forma de imposición.

- **En términos del funcionamiento cerebral, el cambio sólo se puede generar si un proyecto se sabe vender, es decir, si somos capaces de lograr que quienes nos escuchan se entusiasmen y atraviesen el proceso de hacer conexiones neuronales por sí mismos.**

Esto se logra mediante momentos de entendimiento (*insight*), que pueden ser definidos como las experiencias sinergizantes (en términos de equipos de trabajo) que facilitan el proceso de cambio.

---

[10] Véase el Capítulo 2.

Los momentos de entendimiento son fundamentales para inducir al cambio, porque ayudan en la lucha contra las fuerzas internas y externas que tratan de impedirlo.

- Durante un momento de entendimiento se crea una compleja serie de conexiones nuevas con potencial para aumentar nuestros recursos mentales y superar la resistencia del cerebro al cambio.
- El ser humano sólo experimenta un momento de entendimiento cuando realiza por sí mismo el proceso de establecer conexiones.
- Para que los momentos de entendimiento sean útiles, deben ser generados desde adentro, es decir, por el mismo individuo.

Retomando nuestro ejemplo anterior, la expresión "densidad de atención" alude a la cantidad de atención que los miembros del equipo preparado para fabricar galletitas le prestan a un líder que propone dejar ese negocio en el pasado para incursionar en uno nuevo.

- **Cuanto mayor sea la concentración en la idea que se está presentando (experiencia mental), mayor será la densidad de atención. Este fenómeno es explicado también por la física cuántica.**

La densidad de atención es la cantidad de atención que se le presta a una experiencia mental durante un lapso de tiempo.
A mayor concentración, mayor densidad de atención.

⇓

El éxito del cambio depende de la capacidad de un líder para inducir a otros a enfocar la atención con intensidad, frecuencia y duración en ideas específicas.

Como veremos en detalle en el Capítulo 2, las neuronas se comunican entre sí mediante procesos electroquímicos. En estos procesos intervienen iones de sustancias tales como sodio, potasio y calcio; por lo tanto, el cerebro puede considerarse un ambiente cuántico sujeto a las leyes de la física cuántica.

- **En términos de física cuántica, la densidad de atención hace entrar en juego el QZE[11], que lleva a que se estabilicen y desarrollen nuevos circuitos cerebrales.**

[11] *Quantum zeno efect* descripto en 1977 por George Sudarshan, Universidad de Texas.

- **Con suficiente densidad de atención, los pensamientos y actos mentales individuales pueden convertirse en una parte intrínseca de la identidad: quién soy, cómo percibo el mundo y cómo funciona mi cerebro.**

Para una mejor comprensión de los conceptos que acabamos de presentar, debemos abordar ahora un tema de enorme importancia: el de la **neuroplasticidad autodirigida**.

Comenzaremos por explicar que la neuroplasticidad es el fenómeno mediante el cual el aprendizaje y la experiencia modifican continuamente el cerebro en forma temporal o permanente.

Por ejemplo, mientras usted lee estas líneas, un conjunto de células cerebrales están trabajando en la formación de una nueva red que pueda incorporar lo que estamos explicando. A medida que añada nuevos conocimientos, esta red crecerá cada vez más, y puede hacerlo durante toda la vida.

Los cambios temporales del cerebro se convierten en permanentes cuando el aprendizaje se asienta en la memoria a largo plazo.

Precisamente, en nuestro libro *Neuromarketing, neuroeconomía y negocios*[12] ya adelantamos que las experiencias con ancianos corroboraron que una rutina diaria de trabajo intelectual muy simple, como leer o hacer cálculos, produce cambios observables en el cerebro.

En 2005, una investigación publicada por el físico Henry Stapp y otros científicos[13] vinculó el efecto *quantum zeno* (QZE) con las experiencias intelectuales. Durante los experimentos, se descubrió que al focalizar la atención en un tema, se estabilizaban los circuitos cerebrales asociados.

Esto significa que, si luego de leer lo que estamos escribiendo usted decide estudiar cómo funciona el cerebro, los estímulos que reciba a través de la lectura, videos documentales, clases o diálogos con especialistas harán que se mantenga abierto el circuito que ha creado. A medida que pase el tiempo, y usted vuelva una y otra vez sobre el tema, estos circuitos pueden generar cambios físicos estables en la estructura de su cerebro.

En el caso de los músicos profesionales, por ejemplo, se ha observado que tienen un número especialmente elevado de conexiones neuronales en zonas como la corteza motora (relacionada con el movimiento de manos y

---

12 Braidot, N.: *Neuromarketing, neuroeconomía y negocios*, Puerto Norte-Sur, Madrid, 2005.

13 "Quantum theory in neuroscience and psychology: a neurophysical model of mind", Schwartz, Stapp & Beauregard brain interaction. (Oct 20, 2004). *Phil. Trans. Royal Society,* B 360(1458) 1309-27 (2005).

dedos), así como también en la corteza auditiva[14]. Esta investigación, sumada a otras que abarcan diferentes especializaciones, ha corroborado que **el cerebro cambia a partir de aquello a lo que le prestamos especial atención**.

En otros términos, el cerebro de quienes no nos dedicamos a la música es diferente (físicamente) del de quienes llevan una vida entre partituras y, más aún, cada especialidad hace que la gente piense diferente a partir de lo que tiene inscripto en sus conexiones neuronales. Esto explica por qué, en las empresas, suele ser difícil lograr coincidencias.

Volviendo a nuestro ejemplo de la reunión en la que un grupo de ejecutivos se esforzaba por vender a otros la idea de cambiar de negocio, es altamente probable que no coincidan en sus opiniones el gerente de Marketing con el de Finanzas, o el de Producción con el de Investigación y Desarrollo.

Más allá de la típica resistencia al cambio, las distintas visiones sobre una misma situación tienen sus raíces en diferencias fisiológicas que hacen que los individuos no perciban la realidad de la misma manera.

Al respecto, Price y Schwartz están convencidos de que el QZE puede explicar también la efectividad de los placebos: cuando ingerimos algo que nos dicen que es un potente analgésico, lo normal es que concentremos nuestra atención en el alivio del dolor. Aun cuando estemos bebiendo agua con esencia de cerezas, los circuitos cerebrales de alivio del dolor se activarán provocando una disminución en la sensación.

Análogamente (y a la inversa): si el gerente de Producción focaliza su atención en las enormes dificultades que acarrearía modificar una planta completa, su visión puede ser muy hostil a la propuesta de pasar del negocio de las galletitas al de los postres semielaborados. ¿Qué hacer para que acepte la idea?

Un buen antídoto contra el efecto, a veces dañino, de los mapas mentales (tema que desarrollamos ampliamente en el Capítulo 10) es cultivar los momentos de entendimiento.

- **Como las redes neuronales están influidas originalmente por los genes y, luego, por las experiencias individuales, cada persona posee una arquitectura cerebral única.**
  Como cambiar esa estructura carece de sentido, es mucho más eficaz ayudar a un individuo a alcanzar sus propios momentos de entendimiento, que imponerle una idea.

---

14 Fuente: www.percepnet.com

Como vemos, si queremos liderar con más eficacia un equipo de trabajo, cultivar los momentos de entendimiento es un tema que adquiere gran relevancia. Si lo hacemos sistemáticamente, como parte de una estrategia para provocar, incluso, un cambio cultural, con el tiempo el efecto de los mapas mentales puede mitigarse, porque estos procesos llevan a las personas al ejercicio cerebral de replantearse su propia visión de la realidad mediante una mayor apertura para escuchar las ideas de los demás.

En neuroplanning, como en cualquier otro aspecto relevante vinculado con la vida de la organización, las nuevas ideas no hallarán un buen campo de cultivo si no se provoca un cambio en los mapas mentales.

Para que esto sea posible, es necesario trabajar con **neuroplasticidad autodirigida**, de modo que las personas modifiquen su entramado neuronal al adquirir conciencia de la importancia de liberarse por sí mismas de sus propias prisiones, abriendo su mente a la riqueza que pueden proporcionar otros puntos de vista.

Piense en esto: Thomas Watson (presidente de IBM en 1943), dijo: "Pienso que existe mercado en el mundo para aproximadamente cinco computadoras". Imagine lo que le habría pasado a la empresa si no se hubiera producido un cambio en esta manera de percibir la realidad.

Recapitulando:

- **La densidad de atención da forma a la realidad.**
- **El éxito del cambio depende de la capacidad del líder para inducir a otros a enfocar la atención con intensidad, frecuencia y duración en ideas específicas.**

Como lo de Watson no es un ejemplo aislado, ya que más de una vez escuchamos formulaciones escépticas ante las nuevas ideas, **el trabajo sistemático sobre los momentos de entendimiento** también debe formar parte de la estrategia.

Del mismo modo que en el mundo no existen cinco, sino millones de computadoras, la aplicación de las neurociencias a las actividades de gestión seguramente evolucionará hasta ser accesible a un gran número de empresas.

- **Una de las últimas investigaciones sobre los momentos de entendimiento procede del Instituto de Neurociencia de la Northwestern University (Estados Unidos).**

Mediante resonancia magnética y electroencefalografía, los científicos observaron que se producían descargas abruptas de oscilaciones de alta frecuencia (40 Hz: ondas gamma) en el cerebro de los participantes justo antes de que se produjera uno de estos momentos.

Lo relevante para el tema que nos ocupa es que estas oscilaciones conducen a crear conexiones que atraviesan muchas partes del cerebro: zonas que se ocupan de percibir y procesar música, relaciones espaciales y estructurales.

Como en un momento de entendimiento se crea una nueva red de conexiones neuronales, hablamos de neuroplasticidad autodirigida, es decir, de la decisión de preparar el propio cerebro para superar la resistencia al cambio y, fundamentalmente, para disfrutar de sus beneficios.

El término beneficios no está escrito aquí arbitrariamente. De hecho, para que las personas sean proclives a aceptar las iniciativas de cambio, deben percibirlo como bueno para ellas y bueno para la organización, y esto se logra, fundamentalmente, generando densidad de atención. Veamos un ejemplo.

- En 1997, una investigación realizada sobre una muestra de 31 gerentes[15] llegó a las siguientes conclusiones.
- Un programa de entrenamiento aumentaba la productividad **28%**.
- El seguimiento posterior al entrenamiento aumentaba la productividad **¡88%!**

Imagine la relevancia de esta investigación para las organizaciones. Es muy común, lamentablemente, que las personas asistan a seminarios y luego "no sigan el tema", lo cual genera ineficacia en el objetivo de mejorar el desempeño de sus funciones, además de un despilfarro de recursos.

Esto mismo sucede cuando se invierte una gran cantidad de tiempo para elaborar planes estratégicos que luego se cajonean porque no lograron despertar interés o porque, sencillamente, no se siguieron. En estos casos, lo que ha pasado es que no se logró densidad de atención.

Volviendo a nuestro primer ejemplo: si la propuesta de pasar del negocio de galletitas al de los postres semielaborados se presenta casi como una imposición al gerente de Producción, en vez de consultarle cómo se podría

---

15 Esta investigación fue realizada en el Baruch College por Gerald Olivero, K. Dense Bane y Richard E. Kopelman.

modificar la planta para alcanzar un objetivo que la inteligencia de marketing evaluó como muy rentable, difícilmente se logre densidad de atención, ni, en consecuencia, los momentos de entendimiento necesarios para "vender" un plan o implementar un proceso de cambio.

4. La promesa del futuro: cuando el cerebro asume el mando

Los temas que hemos expuesto en este capítulo tienen por objetivo sensibilizar al lector sobre la importancia de incorporar a las actividades de gestión este campo tan apasionante de aplicaciones que suministran las neurociencias.

Al mismo tiempo, nos hemos propuesto brindar, a lo largo de toda la obra, un conjunto de conocimientos que adquieren enorme relevancia a partir de sus diferentes especializaciones.

> Los avances en el desarrollo de técnicas de neuroimágenes han permitido a los neuropsicólogos estudiar directamente la representación interna de los procesos mentales.
>
> Como resultado, las funciones superiores no se tienen que deducir a partir de observaciones comportamentales, ya que el estudio de la cognición puede llevarse a cabo mediante tomografías computadas (entre otras técnicas para explorar el cerebro).

- La aplicación de la **neurociencia cognitiva**, que investiga los mecanismos responsables de los niveles superiores de la actividad del ser humano, como el pensamiento, la imaginación, el lenguaje, nos permitirá optimizar procesos de vital importancia, como el afrontamiento inteligente de conflictos, la resolución creativa de problemas y la maximización del potencial intelectual en la toma de decisiones.
- La aplicación de la **neurociencia afectiva**, que se ocupa de estudiar la relación entre el cerebro y las emociones, nos permitirá ver con más claridad cómo el componente emocional juega un rol fundamental que guía favorablemente todo proceso de toma de decisiones.

Esta corriente también ha allanado el camino para el desarrollo del potencial de las personas a partir de los avances en cognición social, la neurobiología del estrés y el estudio de la ansiedad que genera un contexto de alta incertidumbre como el actual, y facilita el estudio de los perfiles de las personas como integrantes de equipos de trabajo; por lo tanto, su aplicación a los procesos de neuroselección de personal es de vital importancia.

- La aplicación de la **neurociencia conductual**, que analiza cómo funcionan juntos los sistemas neuronales para producir determinadas conductas, adquiere gran relevancia en el fortalecimiento y estrechamiento de vínculos entre las personas y, a su vez, en que estas mejoren sus capacidades de memoria y aprendizaje.
- La aplicación de la **neurociencia de los sistemas**, que analiza cómo las agrupaciones de neuronas llevan a cabo una función determinada –por ejemplo, el sistema visual, el sistema auditivo o el sistema motor– reviste una importancia fundamental para el management, ya que facilita el desarrollo de estrategias cognitivas que posibiliten la activación voluntaria de circuitos neurales específicos en detrimento de otros.

El desarrollo de estas ramas de las neurociencias se debe, en gran parte, a la tecnología incorporada en equipos e instrumentos que permiten observar las reacciones cerebrales en el momento en que estas se producen; por ejemplo, qué zona se activa mientras una persona habla, qué ocurre cuando observa un comercial o qué áreas se iluminan y cuáles permanecen apagadas ante determinados estímulos[16].

Como los métodos no son demasiado invasivos, los investigadores pueden hacer muchos estudios en un mismo individuo y obtener información muy detallada acerca de la actividad de un cerebro en particular.

Para explicar mejor de qué se trata, es decir, cómo se aplican algunos de estos conocimientos en la práctica, lo primero que debemos destacar es que, como en todo proceso de gestión, las aplicaciones están determinadas por el objetivo que se desea conseguir. Veamos un ejemplo, esta vez relacionado con un área clave de gestión: el neuromarketing, que hemos redactado a partir de nuestras propias actividades como consultores.

Suponga que Ud. es el gerente de Marketing de una empresa que fabrica chocolates, y que el departamento de Producción ha creado una variedad que, asegura, causará un gran impacto en el mercado.

Obviamente, antes de lanzarla, usted debe emprender una investigación para indagar si está realmente ante un buen negocio o si se trata, simplemente, de un enamoramiento de la gente de Producción.

---

16 La resonancia magnética funcional por imágenes (MRI) se basa en la alineación de partículas atómicas en los tejidos del cerebro, bombardeadas con ondas de radio. Las partículas emiten distintas señales según el tipo de tejido del que se trate. Mediante un software, la información se convierte en una imagen tridimensional, que conocemos con el nombre de tomografía computada. Cada exploración (que permite ver cómo y dónde se activa el cerebro ante cada estímulo mientras este trabaja) se denomina *scan*.

Si decide recurrir a las herramientas que le provee el neuromarketing, ¿cómo puede hacerlo? Sabe, por sentido común, que un producto de estas características debe activar los centros de placer. ¿Cómo puede investigar si es posible lograr este objetivo?

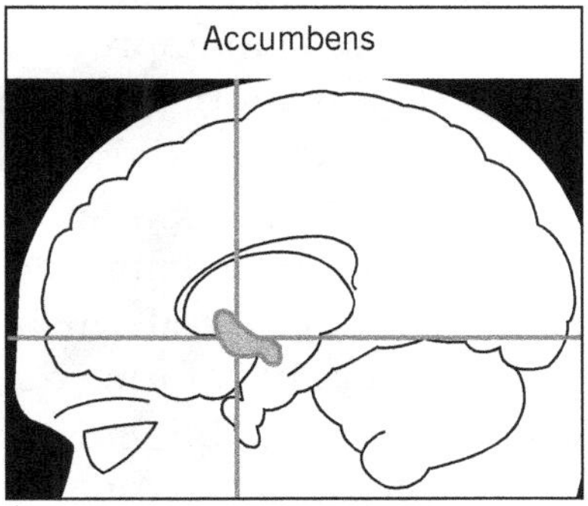

Hoy se conocen algunas de las estructuras que intervienen en la activación de los centros de placer, entre ellas, el putamen ventral (asociado al gusto) y el núcleo accumbens (que se activa ante situaciones placenteras).

Si, al observar las imágenes del cerebro de los participantes de una muestra representativa, hay activación en estas zonas, usted puede darle la razón a la gente de Producción.

Ahora bien ¿alcanza con que se activen los centros de placer para vender con éxito un chocolate? Hoy sabemos que esta es una condición necesaria, pero no suficiente. Precisamente, en nuestro libro *Neuromarketing, neuroeconomía y negocios*[17], al analizar el famoso experimento de Read Montagne para evaluar el porqué de la preferencia por Coca-Cola, vimos que cuando las personas eran informadas de que estaban probando esta bebida, se activaba también otra zona del cerebro, asociada con los recuerdos emocionales.

También se observó que la etiqueta de Coca-Cola activaba otras regiones (el cerebro medio y el córtex prefrontal dorsolateral), que están relacionadas con los cambios de conducta generados por la emoción y el afecto.

Cuando se hizo esta prueba con Pepsi, se observó menor cantidad de activaciones en estos circuitos cerebrales, lo cual refleja que la preferencia por Coca-Cola radica, fundamentalmente, en el vínculo emocional con la marca.

A la luz de este descubrimiento, por cierto uno de los pioneros, podemos indagar en forma más precisa no sólo los aspectos de la naturaleza humana relacionados con el consumo, sino también cómo funciona el cerebro cuando es expuesto ante determinados estímulos.

Hoy sabemos que todo lo inscripto en la naturaleza fisiológica del sistema nervioso predispone a las personas a actuar de determinada manera, y también que el funcionamiento del cerebro depende de un conjunto de factores que los seres humanos estamos en condiciones de automonitorear.

[17] Braidot, N.: *Op. cit.*

Por lo tanto, si logramos desarrollar y orientar lo que denominamos neuroplasticidad autodirigida, es decir, si desarrollamos capacidades para crear nuevas conexiones sinápticas, estaremos en condiciones de crear organizaciones y profesiones dinámicas que puedan ser exitosas en un contexto donde domina lo imprevisible.

Tenga siempre presente que:

- lo que fue exitoso hoy, no lo será mañana;
- en el siglo XXI, el éxito no está en fórmulas y recetas escritas por otros, sino dentro de nosotros mismos, en nuestro propio cerebro;
- ello exige trabajar sobre los neurocircuitos que dan soporte a una nueva plataforma de lanzamiento;
- a medida que aumenta la variedad de conexiones neuronales, aumenta la capacidad para generar mejores soluciones.

EL CEREBRO HUMANO ES EL NUEVO "TABLERO DE COMANDO ESTRATÉGICO"

Es la **BASE** para la nueva era del Planeamiento estratégico, el **"NEUROPLANNING"**, y la formación de **ejecutivos exitosos.**

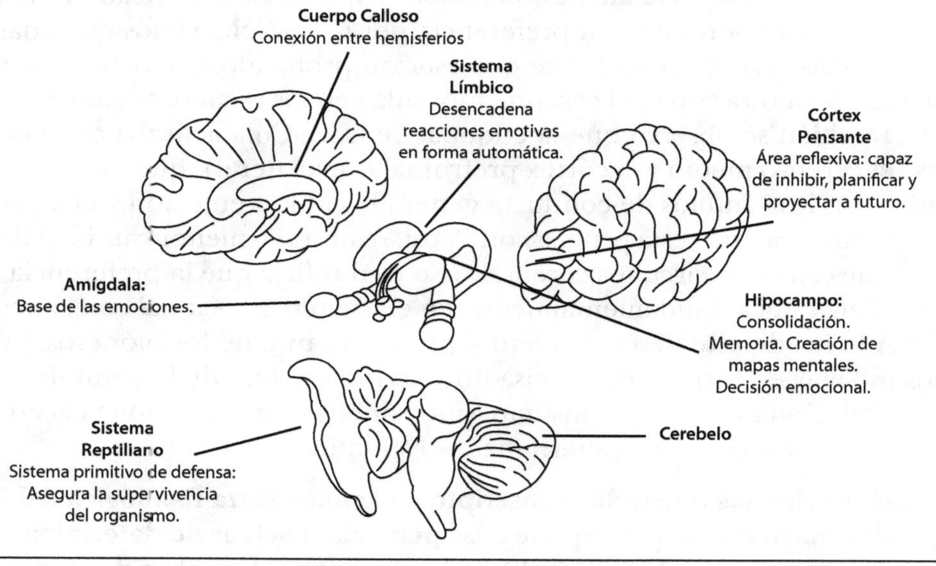
Cuerpo Calloso
Conexión entre hemisferios
Sistema Límbico
Desencadena reacciones emotivas en forma automática.
Córtex Pensante
Área reflexiva: capaz de inhibir, planificar y proyectar a futuro.
Amígdala:
Base de las emociones.
Hipocampo:
Consolidación. Memoria. Creación de mapas mentales. Decisión emocional.
Sistema Reptiliano
Sistema primitivo de defensa: Asegura la supervivencia del organismo.
Cerebelo

En este gráfico seguramente ha leído expresiones que tal vez no conozca, como sistema reptiliano, límbico o córtex pensante. En los próximos capítulos le contaremos cómo era y cómo es nuestro nuevo tablero estratégico y cómo captamos la información para la toma de decisiones a través de los sentidos.

Capítulo **2**

Recursos neuronales para el management

Cuando la ciencia ilumina la conducción organizacional

Los hombres deberían saber que de ningún lado
más que del cerebro provienen las alegrías, deleites, risas,
bromas y pesares, tristezas, depresiones y lamentaciones.

Y mediante esto, en un modo especial adquirimos
la sabiduría y el conocimiento,
y vemos y oímos y sabemos qué es lo malo
y qué es lo bueno, qué es lo dulce y qué lo desagradable.

Hipócrates

1. Nuestro tablero estratégico: la necesidad de un salto cualitativo

Al presentar al lector lo que hemos definido como nuestro tablero estratégico cerebral de largo plazo, en el apartado final del Capítulo 1, hemos escrito expresiones con las que se irá familiarizando a lo largo de esta obra: *cerebro reptiliano, sistema límbico y córtex pensante,* entre otras.

En el presente, analizaremos por qué es tan relevante para el neuromanagement, el neuromarketing, el neuroliderazgo, el neuroaprendizaje y la neuroeconomía el estudio de las diferencias entre estas estructuras que, luego de millones de años de evolución, se han reunido en una sola: el cerebro humano.

Comenzaremos por explicar que el cerebro del hombre actual tiene un volumen medio de 1.350 centímetros cúbicos y pesa aproximadamente 1.400 gramos. Es, proporcionalmente, el más grande del reino animal y, a su vez, el más complejo.

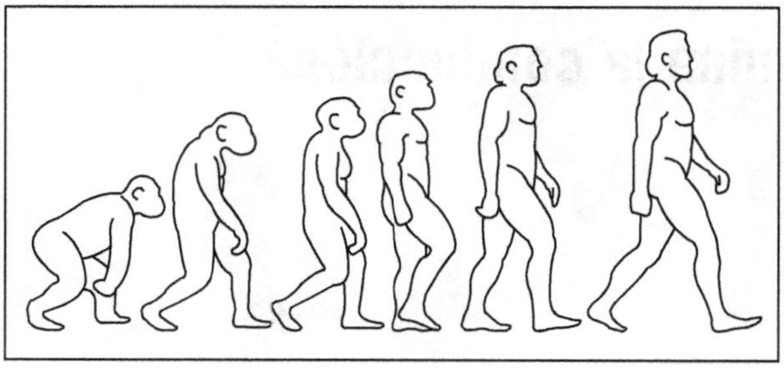

Algunas corrientes científicas sostienen que su desarrollo comenzó cuando la línea evolutiva común de los primates y el ser humano se dividió en dos, y hasta hace poco se creía que este proceso de evolución se había detenido.

En 2007, un equipo de científicos de la Universidad de Chicago descubrió que dos genes que determinan el tamaño del cerebro continuaron desarrollándose durante los últimos 60.000 años.

Este descubrimiento revela que la evolución del cerebro de nuestra especie, el *homo sapiens*, no se detuvo hace aproximadamente cincuenta mil años, como se creía, sino que continúa.

Sin embargo, el reciente descubrimiento de los científicos de la Universidad de Chicago (ver recuadro) abre un campo de estudios apasionante, más aún si tenemos en cuenta la existencia de un enorme desarrollo tecnológico que multiplica las posibilidades de llegar cada vez más a fondo con las investigaciones.

De momento, uno de los grandes misterios sobre la evolución humana es el abismo existente entre el cerebro del primer homínido (ligeramente mayor que el del mono) y el del último *erectus*, con una corteza cerebral casi del mismo tamaño que el humano moderno[1].

Si bien la historia de la evolución prueba la teoría de la mente adaptativa, es difícil explicar un cambio tan grande cuando todavía no existía necesidad de que se produjese.

1 No está comprobado que el tamaño del cerebro sea proporcional a la inteligencia.

En términos de Ornstein[2],

¿Qué haría el cerebro del erectus para necesitar tal tamaño? ¿Para qué contar con una capacidad como para ir a la Luna si nadie entendía cómo se podía producir el hierro?
Los seres humanos modernos somos primates, como los gorilas y los chimpancés. En algún punto de la evolución, el desarrollo del hombre continuó por un camino distinto.
¿Por qué un cerebro capaz de trabajar con microprocesadores si solamente se usaba para tallar unas cuantas herramientas de piedra?
Si los humanos no hemos logrado optimizar y aumentar el rendimiento de todas las funciones neurocognitivas (atención, memoria, concentración, resolución de problemas, control inhibitorio, entre otros) es porque tal vez no lo hemos considerado necesario.

- **En el tiempo presente hay necesidad de una nueva adaptación; nuestro cerebro debe evolucionar del mismo modo que tuvo que hacerlo en otra época para hablar y vivir en sociedad.**

  En otros términos, el cerebro ejecutivo, nuestro tablero de comando estratégico, debe adaptarse a los vertiginosos cambios del entorno en forma tan eficiente como lo hizo el hombre en sus comienzos, cuando comenzó a salir de las cavernas.

Los seres primitivos no sabían que tenían que adaptarse, lo hicieron naturalmente y prepararon el "equipo" para lo que necesitaban.

Lo mismo debe hacer el ejecutivo moderno: el mundo ha cambiado y lo sigue haciendo a un ritmo tal que la evolución natural es insuficiente para que podamos adaptarnos.

Afortunadamente, los nuevos conocimientos científicos y la revolución producida en la denominada década del cerebro revelan que, más que nunca, estamos equipados para realizar el trabajo que falta desde una dirección conciente, actuando como artífices de nuestro propio desarrollo.

> Hoy sabemos que el pensamiento inteligente no funciona en forma lineal; por ello, no es necesario conocer "primero" el origen para "luego" entender lo trascendente. Podemos intuir el conjunto al mismo tiempo que percibimos los detalles, y así, encontrando los puntos de conexión, podremos diseñar los proyectos nucleares que necesitan las organizaciones de nuestro tiempo.

2 Ornstein, R.: *La evolución de la conciencia; los límites del pensamiento racional.* Emecé Editores, Barcelona, 1994; Ornstein, R.: *The Nature of Human Consciousness.* W. H. Freeman, San Francisco, 1973.

Al respecto, el puente que nos acerca más a la lógica científica actual es, en nuestra opinión, el que establece Karl Popper[3] cuando dice:

> *Parece, en gran medida, como si la vida se originase con la síntesis química de moléculas gigantes autorreproductoras evolucionando por selección natural, como afirmarían los materialistas siguiendo a Darwin (...). Así comparto con la hipótesis evolucionista (...). Mas nuestros caminos parecen apartarse cuando la evolución produce las mentes y el lenguaje humano, y diverge aún más cuando las mentes humanas producen historias, mitos explicativos, herramientas y obras de arte y de ciencia.*

1.1. El cerebro triuno y la toma de decisiones

Los conceptos iniciales sobre el cerebro triuno fueron elaborados en 1990 por Paul MacLean y son ampliamente aceptados en la actualidad.

Según esta teoría, en el cerebro humano se han superpuesto progresivamente tres niveles que funcionan de manera interconectada, cada uno de ellos con sus características específicas: el sistema reptiliano (instintivo), el sistema límbico (emocional) y el córtex (cerebro pensante)[4].

Si bien estos niveles conforman un todo y están interrelacionados, también son capaces de operar independientemente. Según MacLean, cada uno de ellos tiene sus propias funciones y, a su vez, una estructura física y química diferente.

1.1.1. El cerebro reptiliano[5]: base del equilibrio instintivo

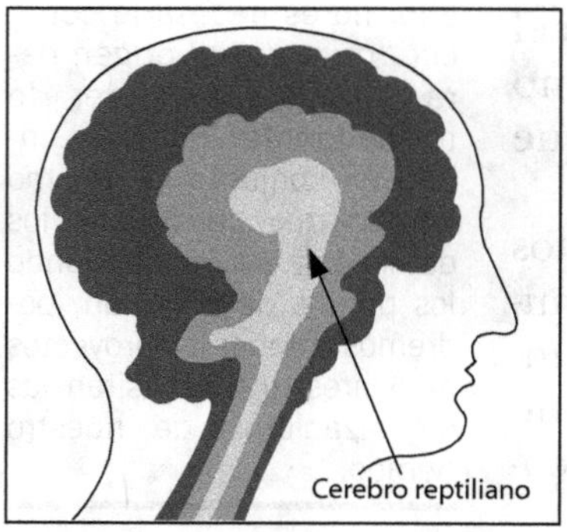

Es la zona más antigua del sistema nervioso. Se compone del **cerebelo**, responsable de la modulación del movimiento muscular y del equilibrio postural; **la médula espinal**, que gestiona importantes funciones del cuerpo, como el sistema cardiovascular y la respiración; y los **ganglios basales**, implicados en el control del movimiento y otras acciones rutinarias.

Este nivel cerebral basa sus reacciones en lo conocido y no es proclive a ningún tipo de

[3] Popper, K. y Eccles, J.: *El yo y su cerebro*, Labor, Barcelona, 1993.

[4] La teoría del cerebro triuno es aceptada y utilizada por gran parte de la comunidad científica actual como modelo de análisis a nivel general.

[5] Su nombre alude al parecido con el cerebro de los reptiles.

innovación. Controla los principales impulsos no concientes y juega un importante papel en las decisiones que permiten al organismo asegurarse un funcionamiento armonioso y una buena adaptación al entorno.

Como el reptiliano es un cerebro funcional, territorial, responsable de conservar la vida, es muy resistente al cambio. En esta zona se organizan y procesan muchas funciones que tienen que ver con el hacer, como el comportamiento rutinario y los hábitos.

Se trata en realidad de un conjunto de reguladores preprogramados que preservan el equilibrio biológico sin que tengamos que preocuparnos por la buena marcha de nuestro organismo, ya que mantienen despierto el instinto de conservación y controlan un buen número de comportamientos y reacciones.

1.1.2. Cerebro medio o sistema límbico: soporte del funcionamiento "aprendido" del decisor

El estudio sobre el sistema límbico como sistema de las emociones tuvo su origen en investigaciones realizadas por el neurólogo francés Paul Broca en 1878, aunque su denominación fue introducida en 1952 por MacLean[6].

El sistema vinculado con las emociones, que se conoce como sistema límbico, tiene su origen en investigaciones realizadas por el neurólogo francés Paul Broca, publicadas en 1878.

Broca observó que, en la superficie medial del cerebro, todos los mamíferos poseen un grupo de áreas subcorticales que se diferencian con claridad de la corteza circundante, a cuyo conjunto denominó lóbulo límbico, porque forman un anillo o borde (en latín, *limbus* significa borde) alrededor del tronco cerebral.

Para MacLean, las emociones son un reflejo de la integración de las sensaciones generadas por estímulos externos con las sensaciones *viscerales* que se experimentan en el interior del cuerpo.

Nuestras emociones son difíciles de entender por las diferencias estructurales entre la organización del hipocampo (que se considera el elemento clave del sistema límbico) y el neocórtex, donde se encuentra el centro del pensamiento[7].

MacLean incluyó en el sistema límbico regiones como el núcleo amigdalino e intentó identificar la forma en que el hipocampo y la

---

6 Así lo explicaba MacLean: "La expresión *cerebro visceral* condujo a una interpretación errónea ya que, en el lenguaje fisiológico, visceral sólo se aplica a las vísceras. En consecuencia, recuperé el término *límbico* de la descripción de Broca".

7 Bear, Mark F. y Connors, Barry W.: *Neurociencia. Explorando el cerebro.* Masson Williams y Williams, Barcelona, 1995.

corteza cerebral se comunican durante la generación de estas respuestas emocionales.

Las células piramidales del hipocampo forman lo que él denominó "teclado emocional", porque dichas células están ubicadas unas al lado de otras.

Cuando un estímulo sensorial activa una de estas "teclas", decía, se desencadenan las emociones que experimentamos.

En la actualidad, se acepta que el sistema límbico es una especie de cerebro que recubre la parte reptiliana y rige las funciones relacionadas con la autoconservación, la lucha, la procreación y, fundamentalmente, el comportamiento emocional.

En opinión de un notable neurólogo contemporáneo[8], Joseph LeDoux, el hipocampo es la zona del cerebro que registra y recuerda los datos simples de todos los días, por ejemplo, qué nos sirvieron en el desayuno de trabajo de esta mañana y si hablamos luego con el gerente de Investigación y Desarrollo para contarle algunas de las novedades que escuchamos.

SISTEMA LÍMBICO

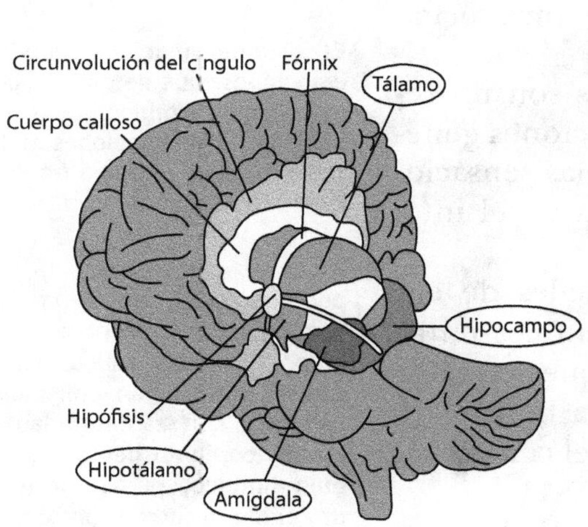

El rol de la amígdala en ejemplos como los descriptos consiste en retener la carga afectiva que acompaña a los datos, por ejemplo, la alegría que sentimos al encontrarnos en el desayuno con un colega que hace mucho tiempo no veíamos, o la desazón que nos produjo la actitud antipática del gerente de I+D cuando fuimos a su despacho.

En términos de Daniel Goleman[9], "las conexiones entre la amígdala (y las estructuras límbicas relacionadas) y la neocorteza son el centro de las batallas o los acuerdos cooperativos alcanzados entre cabeza y corazón, pensamiento y sentimiento".

---

8 LeDoux, Joseph: *The Emotional Brain.* Simon and Schuster, New York, 1996.

9 Goleman, Daniel: *La inteligencia emocional.* Javier Vergara Editor, Buenos Aires, 1996.

Para LeDoux, uno de los científicos más avanzados en la investigación sobre el mecanismo de las emociones, la idea de que el sistema límbico *constituye* todo el cerebro emocional no es aceptable.

Pone como ejemplo que las lesiones en el hipocampo tienen un efecto relativamente pequeño en las funciones emocionales, pero producen trastornos agudos en la memoria declarativa, que es la capacidad de recordar y describir verbalmente lo que se ha hecho pocos minutos antes. En su opinión, puede que no haya un solo sistema emocional en el cerebro, sino varios.

Para Richard Davidson, pionero en el desarrollo de la **neurociencia afectiva**, las conductas complejas, como la emoción, no se asientan en una sola región cerebral, sino en la conjunción de distintas zonas:

> *Las emociones implican la actividad orquestada de todos los circuitos cerebrales, en especial los lóbulos frontales (que albergan las estructuras ejecutivas del cerebro y se ocupan de la planificación), la amígdala (que permanece especialmente activa durante la experiencia de emociones negativas, como el miedo) y el hipocampo (que se encarga de adaptar las emociones a su contexto).*[10]

No obstante, la idea de que el sistema límbico está asociado con los deseos y sentimientos es ampliamente aceptada y, más aún, se le atribuye la capacidad de traer el pasado hacia el presente (un aspecto clave en el aprendizaje y la memoria emocional) así como también la de controlar la vida emotiva.

1.1.3. Córtex: el cerebro pensante, decisional

Este nivel, denominado también neocórtex, es el resultado más reciente de la evolución del cerebro (tiene menos de 4.000.000 de años).

- **Mucho más grande que en cualquier otra especie, el neocórtex ha añadido al cerebro todo lo que nos hace verdaderamente humanos: la elaboración del yo, la conciencia de nosotros mismos, de nuestras emociones y de nuestro entorno.**

El neocórtex está dividido en dos hemisferios cerebrales, que están conectados por una gran estructura de aproximadamente 300 millones de fibras nerviosas (axones) que los científicos han denominado "cuerpo calloso".

---

[10] Goleman, Daniel: *Emociones destructivas.* Kairós, Barcelona, 2003.

Este nivel cerebral es la sede del pensamiento y de las funciones cognitivas más elevadas, como el razonamiento abstracto y el lenguaje. Contiene los centros que interpretan y comprenden lo que percibimos a través de los sentidos y añade a nuestros sentimientos lo que "pensamos" sobre estos.

Los centros emocionales surgieron de nuestra raíz más primitiva, el cerebro reptiliano y, luego de una evolución que se produjo durante millones de años, el desarrollo de la neocorteza nos permitió agregar un conjunto de matices a la vida emocional.

Además de generar enormes ventajas en nuestra capacidad para sobrevivir, nos dotó de ingenio y habilidades para elaborar estrategias y planes.

1.1.4. ¿Quién manda?

Tal como veremos al desarrollar el proceso de construcción cerebral de la realidad, las sensaciones captadas por nuestros sentidos son dirigidas por las células nerviosas hacia el cerebro, el tablero de comando donde son registradas y analizadas.

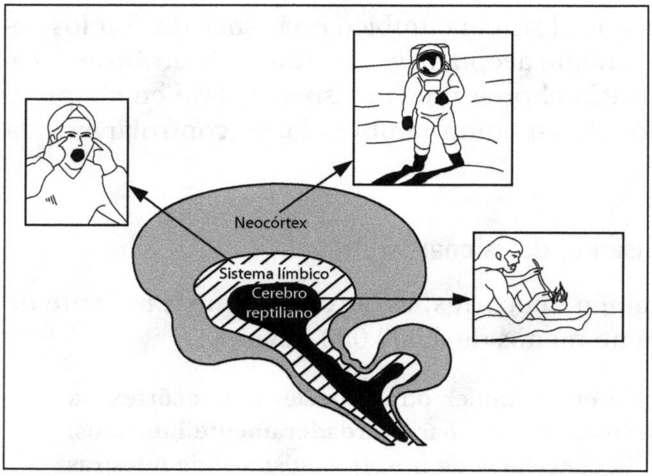

Después de ese análisis, el cerebro dispara una respuesta para que sea ejecutada; reacción que va a depender del nivel de procesamiento que haya recibido el estímulo.

Por ejemplo, ante la aparición repentina de una tormenta mientras caminamos hacia la oficina, una reacción instintiva del cerebro reptiliano, que nos hace buscar rápidamente un refugio, difiere de una reacción emotiva procedente del límbico (el miedo de que caiga un rayo) o de la más pensante y reflexiva del córtex (escuchar el pronóstico del tiempo en el informativo de la mañana y prevenirnos antes de salir).

Cabe destacar que tanto el sistema instintivo como el límbico generan reacciones automáticas, es decir, aquellas que no buscamos o provocamos concientemente.

> **El sistema neocortical nos diferencia de los animales debido a que en los humanos ha alcanzado el peso y las interconexiones suficientes para permitir la comunicación a través del lenguaje.**

A su vez, el predominio de uno u otro nivel cerebral suele variar entre personas. Por ejemplo, si un individuo basa gran parte de su vida en el razonamiento lógico, tenderá a mantener distancia de sus emociones, lo cual impedirá a su sistema límbico trabajar con libertad para desplegar todo su potencial.

En cambio, si el individuo es excepcionalmente emotivo, sus impulsos pueden ocupar todo el espacio sin que la función evaluadora y analítica del córtex pueda intervenir demasiado.

Como vemos, lo que comúnmente solemos definir como "características de personalidad" también tiene una base neurológica.

Como el cerebro también reacciona ante lo que pensamos "creyendo que es verdad", las imágenes mentales y los pensamientos deben orientarnos no sólo a conectar con programas positivos, sino también hacia al equilibrio en el funcionamiento de nuestros tres niveles cerebrales.

1.2. Aplicaciones en la vida organizacional

Al comenzar este capítulo, hemos dicho que la teoría del cerebro triuno es muy interesante para el neuromanagement, así como también para otras disciplinas afines. Al respecto hemos elaborado un ejemplo sobre una situación muy común en las empresas.

Imaginemos que el gerente de Recursos Humanos nos invita a su oficina para darnos una devolución oral sobre nuestro rendimiento según la última evaluación de desempeño.

Con un lenguaje frontal, directo, carente de eufemismos, nos comunica que nuestra productividad ha descendido y que es menester que la compañía tome medidas al respecto.

En estas circunstancias de características amenazantes, nuestro cerebro hará una instantánea revisión de la situación con el objetivo de determinar rápidamente el grado de peligro que representa para nosotros y ajustar una respuesta adecuada.

Instintivamente, el cerebro reptiliano tomará el mando para ponernos a resguardo y asegurar la supervivencia del organismo. Con seguridad, el lector estará pensando que una conversación con un gerente en su oficina no conlleva un riesgo para la vida, sin embargo, el cerebro reptiliano desconoce esta información, ya que se trata de un sistema primitivo de defensa poco discriminativo en cuanto a grados de peligro.

Asimismo, en tanto conjunto de estructuras primigenias, también permanece al margen de los sutiles matices de la interacción social propios de una cultura que ha evolucionado comparativamente a un ritmo vertiginoso.

Alcanzado este punto, sería probable, entonces, que experimentemos el impulso irrefrenable de darle una paliza al gerente o, por el contrario, escapar rápidamente de la situación corriendo a un lugar seguro.

Todos alguna vez, ante alguna adversidad que desde luego no deseábamos ni tampoco pudimos prever, nos vimos impulsados a huir, a protegernos, mientras nos invadía una repentina sensación de irrealidad, al tiempo que nos repetíamos una y otra vez: "Esto no está pasando... Esto no está pasando...".

En un caso como este, al mismo tiempo que se desencadena una reacción emotiva procedente del sistema límbico (que puede tomar la forma de un intenso miedo a ser despedido, por ejemplo), se gatilla una catarata de pensamientos anticipatorios y de contenido dramático: por unos instantes, nos vemos a nosotros mismos sumidos en la angustia que genera el desempleo.

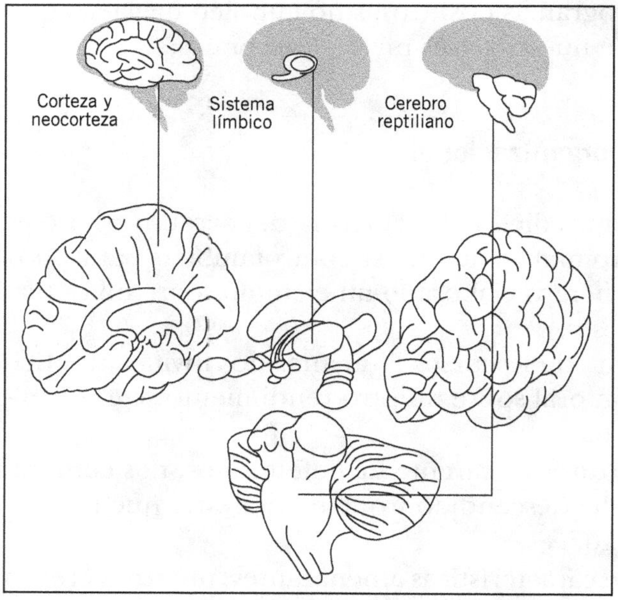

Esto se debe a que tanto el sistema instintivo como el límbico generan reacciones automáticas, es decir, aquellas que no buscamos ni provocamos concientemente.

Luego, en un tercer momento, interviene nuestra corteza prefrontal. Se trata de la parte del cerebro más pensante y reflexiva, capaz de inhibir o poner freno a los impulsos, planificar y proyectar de cara al futuro, de acuerdo con nuestra conveniencia personal, que trasciende el deseo inmediato.

Es entonces cuando, más allá del miedo y la angustia que nos invade, le dedicamos al gerente que nos critica nuestra mejor sonrisa conciliadora y esbozamos algo más o menos así: "No tiene por qué preocuparse, voy a esforzarme más el mes próximo".

2. Las células cerebrales: el conocimiento que ilumina el neuromanagement

Nuestro tablero estratégico está constituido por neuronas y células gliales. Al conjunto de células gliales se lo denomina genéricamente *glía*[11] o *neuroglía.*

En la actualidad, se calcula que hay cerca de cien mil millones de neuronas en el cerebro, y que la glía constituye aproximadamente un poco más de la mitad del volumen del encéfalo y la médula espinal.

Las **neuronas** son las células más importantes para las funciones exclusivas del cerebro: perciben los cambios del entorno, comunican estos cambios a otras neuronas y ordenan las respuestas corporales a las sensaciones.

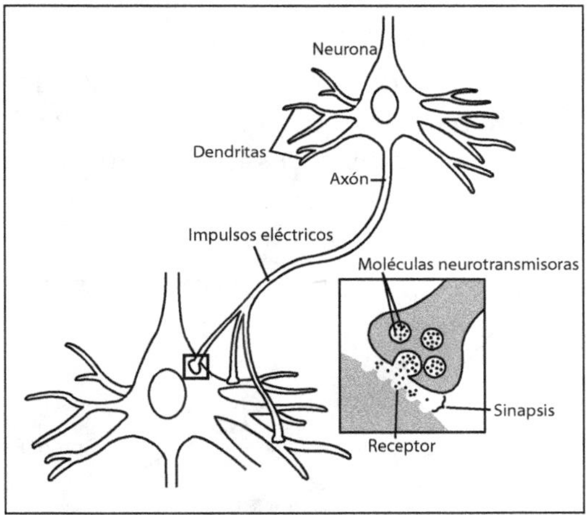

Por ejemplo, si en una visita a la planta de la empresa usted se quema un dedo, sus reacciones serán automáticas. Seguramente manifestará una expresión de dolor al mismo tiempo que retira el dedo de la superficie caliente.

Para que se produzca esta respuesta tan simple, el contacto del dedo con la superficie que usted tocó durante un descuido se traduce en señales neurales que viajan por los nervios sensoriales.

En la médula espinal, estas señales son transmitidas a las neuronas. Algunas de ellas conectan con la parte de su cerebro que las interpreta como dolorosas y otras con las neuronas motoras que controlan los músculos de la mano y hacen que usted la retire apenas siente el dolor.

Este ejemplo sencillo nos sirve para comprender cómo el sistema nervioso registra, distribuye e integra la información mediante sus células neuronales para generar un tipo específico de comportamiento.

La **glía** contribuye a las funciones cerebrales aislando, suministrando apoyo y nutriendo a las neuronas vecinas. Desempeña una función de cohesión, de desarrollo del sistema nervioso, y algunos científicos creen que tiene algún papel en la sincronización de la actividad eléctrica dentro del cerebro, pero esto aún no ha sido probado.

[11] Del griego *glía,* "sustancia viscosa".

Recurriendo a una analogía muy útil que encontramos durante la investigación realizada para escribir esta obra[12], "si el cerebro fuera una galletita con pepitas de chocolate, y las neuronas fueran dichas pepitas, la glía sería la masa de la galletita que rellenaría todos los espacios y aseguraría que las pepitas de chocolate estén suspendidas en sus localizaciones apropiadas".

- **Neuronas y glía son, en realidad, categorías amplias. Dentro de cada grupo, existen numerosos tipos de células que se diferencian por su estructura, química y función.**

Para estudiar la estructura de estas células, uno de los principales problemas con que se han encontrado los científicos es su reducido tamaño. La mayor parte fluctúa entre 0,01 y 0,05 mm de diámetro y algunas neuronas ¡son doscientas veces más pequeñas que la mina de un lápiz! No obstante, con ayuda del microscopio compuesto y el desarrollo de la histología, ha sido posible conocer su morfología.

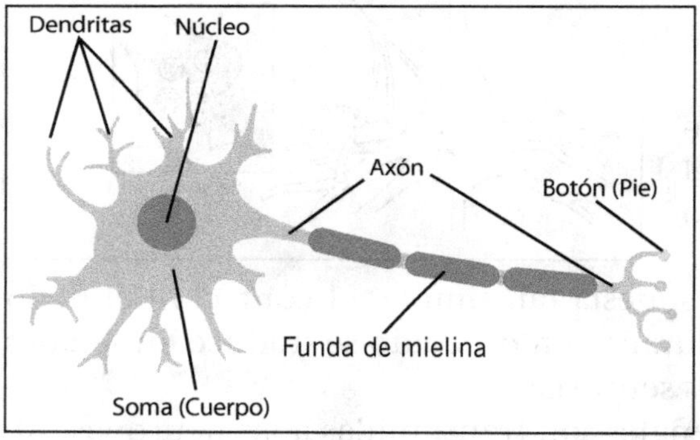

Las neuronas tipo tienen cuatro regiones diferenciadas: el *cuerpo celular (soma)*, las *dendritas*, los *axones* y los *terminales sinápticos*.

Cada neurona se ramifica en un *axón* y cada axón, a su vez, se divide en varias ramas que contactan con otras neuronas. Este punto de contacto se denomina *sinapsis*.

Las sinapsis constituyen, en realidad, un minúsculo espacio de separación entre dos neuronas y son (por lo general) electroquímicas, debido a que participa en ellas un componente químico (los *neurotransmisores*) y otro eléctrico (que permite que se liberen estos neurotransmisores).

La célula que transmite la señal se denomina presináptica y la que la recibe, postsináptica.

El axón es la principal unidad conductora de la neurona, capaz de transmitir señales eléctricas a grandes distancias por el cuerpo (desde 0,1 mm hasta 2 m), por ello, los histólogos los suelen describir como cables que transmiten los impulsos de las neuronas.

---

[12] Bear M. *et al.*: *Neurociencia. Explorando el cerebro, op. cit.*

A su vez, la mayoría de las neuronas tienen varias dendritas que se dividen como las ramas de un árbol y sirven de aparato receptor de impulsos nerviosos procedentes de otras células nerviosas a través de las conexiones sinápticas.

Estos impulsos constituyen el cableado de información que viaja desde todas las partes del cerebro al organismo, y viceversa. Su importancia es tan crucial, que sin él no podría producirse el prodigio de sentir, oír, hablar, ver, moverse, razonar, memorizar ni comprender.

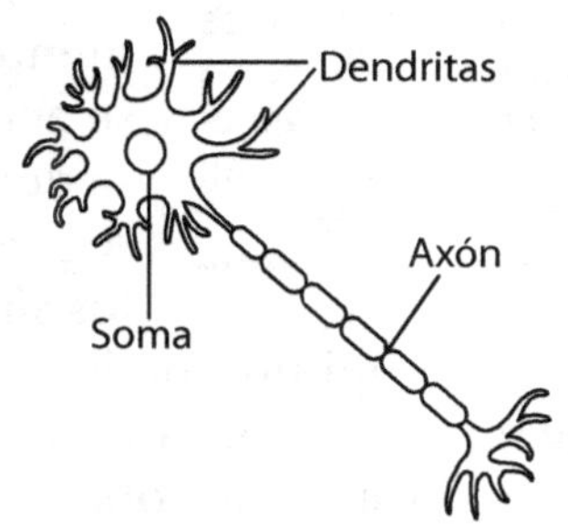

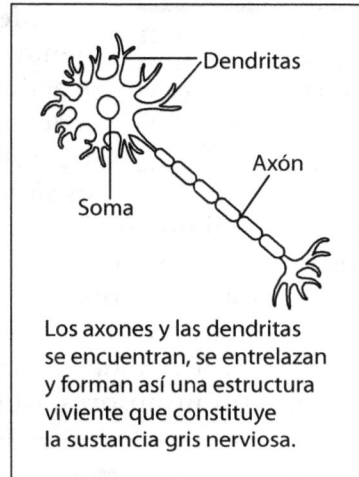

Los axones y las dendritas se encuentran, se entrelazan y forman así una estructura viviente que constituye la sustancia gris nerviosa.

Como las dendritas entran en contacto con numerosos axones, se piensa que actúan como las antenas de las neuronas para recibir las señales que entran (aferencias). Rara vez miden más de 2 mm de longitud y, por lo general, se extienden a partir del cuerpo celular y acaban en una punta fina.

Recapitulando

Cuando una neurona recibe señales suficientes al mismo tiempo, descarga por el axón un impulso nervioso, una especie de onda eléctrica.

Si este impulso llega a los terminales presinápticos, se libera el neurotransmisor, que se extiende hasta las dendritas de las neuronas adyacentes, lo que permite su propagación a través de las sinapsis.

Algunos neurotransmisores infunden placer; otros calma; otros vigor o capacidad de concentración, y otros pueden estar relacionados con el efecto placebo.

El placebo puede ser un medicamento inocuo (en muchos casos, directamente agua), pero también, y aquí es donde sorprende el poder del cerebro, ¡una falsa operación quirúrgica! Los efectos se producen porque el cerebro del individuo interpreta que realmente se lo está medicando. El fenómeno también explica científicamente por qué tienen éxito algunos curanderos y por qué el ser humano cuenta con capacidad para generar procesos químicos a través de lo que piensa.

Durante una investigación realizada en 2006, un equipo de neurólogos de la Universidad de Michigan observó que, al suministrar sustancias completamente inocuas a pacientes que creían estar tomando una medicina, los síntomas disminuían.

El efecto placebo es extraordinario para que el cerebro genere analgésicos en forma natural.

Mediante un tomógrafo, se observó que en el momento en que los individuos ingerían el falso remedio, se activaba uno de los centros del sistema de recompensa del cerebro, el núcleo accumbens y, automáticamente, segregaba dopamina, lo que producía la disminución de los síntomas en forma natural.

En opinión de los investigadores, el grado en que una persona responde a los placebos está vinculado con la actividad que registre el área del cerebro destinada a obtener un beneficio o una recompensa y con la secreción de un determinado tipo de neurotransmisor[13].

En la actualidad se conocen aproximadamente cien tipos diferentes de neurotransmisores, cada uno con una función específica.

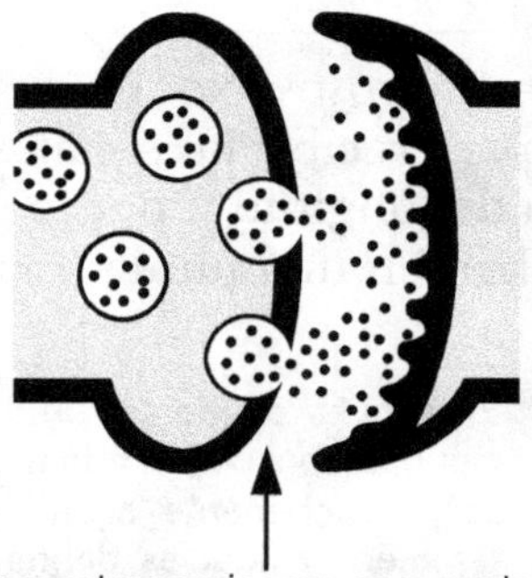

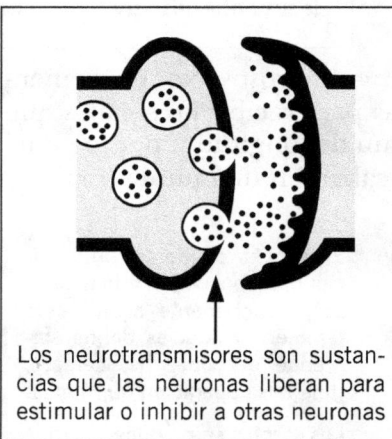

Los neurotransmisores son sustancias que las neuronas liberan para estimular o inhibir a otras neuronas

Por ejemplo, la acetilcolina favorece la capacidad de atender y memorizar; la dopamina se relaciona con las funciones motrices, las emociones y los sentimientos de placer; y la serotonina regula el estado anímico.

Cuando el cerebro segrega demasiada cantidad de un solo tipo de neurotransmisor, puede anularse la función de otros. Por ejemplo, un individuo puede estar demasiado deprimido o demasiado eufórico sin comprender por qué se siente así.

Por esta razón, cuando los médicos recurren a los antidepresivos, ansiolíticos o drogas psicoestimulantes, lo que hacen es suplir artificialmente la labor de neurotransmisores que no se segregan en la cantidad que el organismo necesita para reaccionar adecuadamente ante los estímulos ambientales.

En realidad, los fenómenos que se producen mediante la sinapsis son los que generan nuestras activaciones cerebrales y en ellos se basa nuestra mente.

De hecho, sin conocimientos sobre estos procesos no podrían comprenderse las acciones de las drogas y fármacos psicoactivos, las causas de los trastornos mentales y las bases neurales del aprendizaje y la memoria, entre otros mecanismos del cerebro.

[13] Fuente: Departament of Public Relations and Marketing Communications, University of Michigan Health System.

Ahora bien: ¿el cerebro responde de ese modo sólo ante los falsos medicamentos?

Como veremos a lo largo de esta obra, el cerebro no distingue entre lo **real** y lo **imaginario**, por ello es capaz de generar respuestas orgánicas también ante fantasías o recuerdos. Lo que emplazamos en la mente provoca emociones perfectamente reales, como las que sentimos muchas veces cuando soñamos, y estas, a su vez, desencadenan mecanismos neurofisiológicos similares (o idénticos) a los que se pondrían en marcha ante una situación perfectamente real.

2.1. Neuronas y glías en el cerebro de Einstein

Algunos científicos creen que la glía es el "gigante dormido" de la neurociencia. Suponen que llegará un día en que se podrá verificar que contribuye de manera mucho más importante de lo que se cree al procesamiento de información en el cerebro.

Por ahora, las pruebas indican que estas células intervienen principalmente en el sostén de las neuronas y que sin ellas ningún cerebro podría funcionar correctamente.

A medida que avanzamos en el estudio sobre el cerebro humano, es natural que nos preguntemos si la capacidad intelectual se relaciona con la cantidad de sistemas de circuitos neurales en las áreas de asociación de la corteza cerebral.

Según un relato publicado por la investigadora norteamericana Marian C. Diamond[14], su inquietud por estudiar la proporción de células gliales respecto de las neuronas en el encéfalo de Einstein tuvo varios disparadores, entre ellos, una fotografía de la revista *Science* que mostraba una caja de cartón situada junto a una mesa con una leyenda que decía que el encéfalo de este científico excepcional estaba dentro de la caja.

Dado que el número de células gliales por neurona aumenta a medida que se asciende por el árbol filogenético, la Dra. Diamond razonó que las áreas más evolucionadas del cerebro debían tener mayor número de células gliales por neurona.

A partir de once encéfalos conservados de varones, extrajo de cada uno una pieza del tamaño de un terrón de azúcar de la corteza parietal inferior

[14] Fuente: relato reproducido en *Neurociencia. Explorando el cerebro*: *Op. cit.*

y de la corteza prefrontal derecha e izquierda, con lo cual obtuvo 44 muestras de tejido. Los cocientes células gliales/neuronas indicaron que la corteza prefrontal poseía mayor número de células gliales por neurona que el lóbulo parietal inferior.

Durante una investigación[15] realizada con ratas, se había identificado que la corteza cerebral de aquellas que vivían en medios enriquecidos poseía mayor número de células gliales por neurona que la corteza de las que vivían en medios pobres. Las neuronas corticales activas necesitaban más células de sostén, es decir, gliales, ya que las células nerviosas corticales no se dividen después de nacer, mientras que las células gliales sí lo hacen.

Después de tres años de gestiones, y siguiendo las indicaciones del Departamento de Anatomía de la Universidad de Kansas, esta investigadora recibió cuatro muestras de tejido del encéfalo de Einstein, que estaba bajo la custodia de Thomas Harvey, en Weston, Missouri.

Junto con un técnico y un estadístico que la doctora Diamond califica como excelentes, descubrieron que, en las cuatro áreas, Einstein poseía mayor cantidad de células gliales por neurona que un varón promedio, pero sólo en el área parietal izquierda la respuesta fue estadísticamente significativa.

Según el relato de esta investigadora, las diferencias eran extraordinariamente amplias, pero sólo disponían del encéfalo de Einstein para compararlo con 11 varones. En aras del rigor científico, argumenta que los hallazgos habrían sido más válidos si hubiera dispuesto de ¡11 Einsteins!

No obstante, para algunos científicos los resultados más reconfortantes de la investigación de la Dra. Diamond residen en el hecho de que la complejidad de los sistemas de circuitos corticales puede modificarse durante la vida.

Posiblemente, el hecho de que la plasticidad neuronal no desaparece con los años y se mantiene activa mediante la curiosidad, el interés, el entusiasmo y la persistencia nos sirva para encontrar en Einstein un punto de referencia sobre los enormes beneficios de trabajar en pos del desarrollo de nuestra capacidad y plasmar esa creatividad en nuestras actividades de gestión aun cuando pasen los años.

---

15 Según el relato, esta investigación fue realizada por el laboratorio en el que trabajaba la Dra. Diamond y los laboratorios de Joseph Altman.

2.2. Redes neuronales y conducta en las organizaciones

Uno de los descubrimientos más asombrosos sobre la estructura combinatoria de los procesos cerebrales es que incluso nuestra percepción de nosotros mismos como un yo (una entidad coherente) depende de nuestras conexiones neuronales.

Precisamente, uno de los enigmas más difíciles que intenta resolver la neurobiología es la representación neural de la conciencia y del conocimiento de uno mismo y cómo los sistemas sensoriales del cerebro codifican la información procedente del mundo exterior para ir conformando nuestra imagen de la realidad y nuestra conducta.

La principal dificultad con que se encuentran es que el cerebro tiene una anatomía enormemente compleja, y muchas de las investigaciones cuyos resultados se han dado por ciertos son revisadas en forma continua.

Casi no hay dudas, en cambio, acerca de que un estímulo de información, del mismo modo que cualquier experiencia, provoca una *activación* que produce o refuerza una conexión entre neuronas.

Si el estímulo es suficientemente fuerte o se repite, la intensidad de esa conexión se fortalece, precipita la sinapsis con otras neuronas que se pliegan a la estimulación, y conforma redes de neuronas relacionadas entre sí.

De esta manera, a medida que recibimos otros estímulos, es decir, a medida que vamos viviendo nuevas experiencias, se va rearmando en nuestro cerebro un entramado neuronal de mayor complejidad que es constantemente reformulado. Estas uniones neuronales generan asociaciones entre diferentes grupos de células nerviosas que no son otra cosa que el sustrato neurobiológico que influirá en nuestras decisiones futuras.

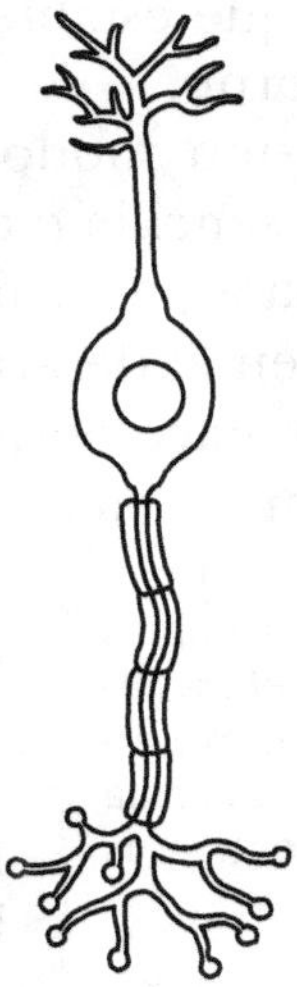

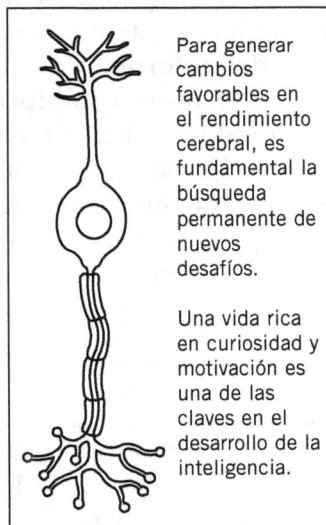

Para generar cambios favorables en el rendimiento cerebral, es fundamental la búsqueda permanente de nuevos desafíos.

Una vida rica en curiosidad y motivación es una de las claves en el desarrollo de la inteligencia.

Recapitulando

Cada neurona se conecta hasta con diez mil neuronas vecinas mediante los axones (que conducen las señales) y las dendritas (que reciben la información que llega). La sinapsis adopta la forma de una ranura, donde cada axón se encuentra con una dendrita.

En los tentáculos o puntas de las dendritas se acumulan y liberan los neurotransmisores, que estimulan los receptores de las dendritas adyacentes, con lo que generan un proceso mediante el cual las neuronas se comunican entre sí.

El proceso de formación de redes de comunicación entre neuronas es fundamental para comprender la complejidad de fenómenos cerebrales como el neuroaprendizaje, la memoria, la percepción, la cognición y el procesamiento de información.

Más aún: las investigaciones recientes han comprobado que un entorno estimulante vigoriza la conexión entre neuronas, mientras que el aburrimiento, la actitud negativa o depresiva y la falta de motivación resultan nocivos.

Precisamente, uno de los descubrimientos más importante de las neurociencias es que el potencial del cerebro para producir determinadas conductas no depende de la variedad de células nerviosas, sino del número de conexiones que establecen entre sí a partir del tipo de estímulos que reciben del entorno.

Del mismo modo que cualquier experiencia actual, independientemente de lo sencilla o compleja que sea, influirá en el futuro, este cableado que se forma a partir de las conexiones entre neuronas gravita de manera importante en el desarrollo de nuestras capacidades.

Cuando nacemos, el cableado neuronal se encuentra en desarrollo. El cerebro comienza a formarse alrededor del decimoctavo día de gestación y, a partir de allí, evoluciona hasta alcanzar su estructura definitiva, lo cual ocurre más o menos alrededor de los 20 años.

> **Para generar cambios favorables en el rendimiento cerebral, es fundamental la búsqueda permanente de nuevos desafíos.**
>
> **Una vida rica en curiosidad y motivación es una de las claves en el desarrollo de la inteligencia.**

Este período es crítico, ya que el efecto de la falta de motivación es mayor debido a que el cerebro de los jóvenes es muy sensible a la falta de desafíos.

Cuando permanecen en estado de apatía o letargo, su corteza cerebral se encoge con más fuerza de la que tendría si pudiera expandirse mediante una estimulación adecuada.

Aunque lo asuste enterarse de esto, lo cierto es que el lento e inexorable declive comienza ¡entre los 30 y 35 años!

- **Todos los adultos pueden aumentar sus conexiones neurales a lo largo de la vida, y esto se produce mediante la motivación, la capacidad para afrontar nuevos desafíos, el aprendizaje constante y la acumulación de nuevas experiencias.**

Sin embargo, este proceso es normal, así que ¡no desespere! Usted puede hacer muchas cosas para conservar su cerebro sano y activo.

El punto crítico parece estar recién alrededor de los 65 años, cuando el cerebro pierde más o menos el 10% de su peso y recibe cinco veces menos irrigación sanguínea.

Ahora bien, esto no significa que exista un deterioro funcional a esa edad, ya que un cerebro que se mantenga ocupado cuenta con mayor número de dendritas y una mejor conexión entre ellas.

Si bien, debido a su complejidad, el tema excede el marco de este libro, es importante saber que cualquier estímulo del mundo exterior produce cambios sinápticos (fenómenos de plasticidad sináptica[16]) que modifican nuestra percepción y, por ende, lo que cada uno de nosotros interpreta como realidad.

- **El desafío que exige pensar y razonar vigoriza el funcionamiento del músculo mental, del mismo modo que los ejercicios aeróbicos fortalecen los músculos corporales.**

  Esto se debe a que en la corteza cerebral reside gran parte de la inteligencia humana, y esta se desarrolla a medida que usamos el cerebro.

En síntesis

- Un estímulo sensorial provoca en el cerebro una reacción por la cual una neurona se activa eléctricamente. Esta información pasa a una neurona vecina que, a su vez, también se activa y propaga el mensaje.
- Ante cada estímulo externo, experiencia o aprendizaje, se producen en el cerebro explosiones de actividades que van constituyendo nuevos patrones de activación neuronal, que son la base de nuestros comportamientos.
- Si utilizamos algunas funciones cognitivas más que otras, las conexiones neuronales se incrementarán y esto sólo puede producirse mediante la motivación, el aprendizaje y la experiencia permanentes.

Por lo tanto,

cuando nos informemos sobre las acciones individuales y colectivas de las neuronas, podremos aproximarnos a la comprensión de los orígenes del pensamiento, entenderemos cómo se produce el aprendizaje, cómo funcionan los mecanismos de la percepción y la memoria y cómo estas células se organizan en neurocircuitos que determinan la toma de decisiones.

---

16 Véase "neuroplasticidad autodirigida" en el Capítulo 1.

2.3. El tema de la localización de funciones: aplicaciones en neuromanagement

Uno de los objetivos más importantes de las neurociencias, de gran interés para el neuromanagement, es indagar dónde se encuentran las diferentes funciones del cerebro. Por ejemplo, el estudio de los lóbulos frontales se considera relevante para predecir con menor riesgo de error cuál puede ser el desempeño de un individuo que está por incorporarse a una organización.

Sin embargo, y como veremos a lo largo de esta obra, la actividad del cerebro no puede analizarse en forma fragmentada, aun cuando hay zonas que resultan críticas para el desarrollo de determinados procesos cognitivos, sensitivos y motrices.

Por ejemplo, hay funciones que se encuentran localizadas en zonas específicas –como el lenguaje en el córtex cerebral–, pero los procesos mentales no emergen de estas zonas en forma estricta debido a que cada una de ellas no opera en forma aislada.

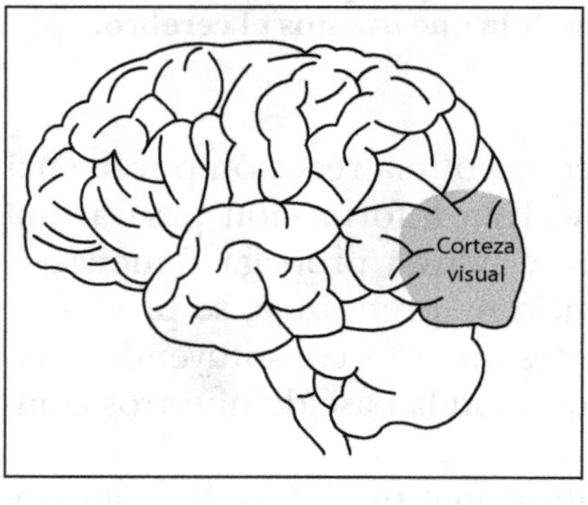

Joseph LeDoux lo explica poniendo como ejemplo la corteza visual, que participa activamente en la capacidad de la vista: "si esta zona resulta lesionada, uno se queda ciego".

Esto no significa que la vista esté localizada en la corteza visual, sino que la corteza visual es una parte necesaria del mecanismo que hace posible la visión[17].

Este ejemplo nos ayuda a comprender que las zonas del cerebro tienen determinadas funciones debido a los *mecanismos* en los que intervienen, por lo tanto, cada función es parte de un proceso integrado, más que de una zona aislada.

En el caso de las habilidades cognitivas, que son las de mayor interés para el neuromanagement, no podemos afirmar que se alojen en un área en particular, sino en subsistemas y neurocircuitos que son críticos para que una persona pueda desempeñar una función; por ejemplo, planificar.

Para que el lector pueda comprender con mayor claridad este concepto, nos parece muy útil citar como ejemplo la investigación emprendida por

[17] LeDoux, J.: *El cerebro emocional.* Planeta, Barcelona, 1999.

Elizabeth Warrington, que reveló que el conocimiento sobre la realidad no se almacena en forma de una representación general, sino que se divide en categorías distintas. Estas categorías se subdividen, además, en modalidades sensoriales.

Así, la información archivada sobre un compañero de trabajo o un cliente puede ser igualmente accesible tanto si lo vemos como si oímos su voz o simplemente pensamos en él.

Esto nos lleva a inferir que el cerebro guarda cada fragmento de conocimiento en una zona específica que puede activarse mediante estímulos sensoriales (cuando nos llama por teléfono, cuando vemos su fotografía, etcétera) o con sólo pensar en él (por ejemplo, cuando emplazamos en la mente el recuerdo de su habilidad para negociar los precios).

Como vemos, el estudio sobre lo que hemos denominado nuestro tablero de comando es un emprendimiento apasionante, y, a la vez, sumamente complejo. Más aún, la estructura y las interconexiones de muchas de sus partes todavía no se conocen por completo.

Cuanto más podamos avanzar en el estudio del cerebro, más capacitados estaremos para comprender los grandes temas que nos desvelan, tanto en las organizaciones como en nuestra vida personal: el pensamiento, la conciencia, la metaconciencia, la percepción sensorial, la memoria, el aprendizaje, la emoción, la cognición, las intuiciones, la toma de decisiones y, por supuesto, la inteligencia.

Manos a la obra.

Capítulo **3**

Conociendo nuestro tablero estratégico cerebral de largo plazo

El cerebro es más grande que el cielo.
Si los pones uno junto al otro, el primero contiene
al segundo y, sin dificultad, te incluye
a ti también.

Emily Dickinson

1. Estructura anatómica y funcional del nuevo tablero de comando estratégico

En el capítulo anterior, vimos cómo el cerebro recibe estímulos (internos y externos) que luego se transforman en sucesos neuronales sobre los que se asientan nuestras sensaciones, nuestros pensamientos, nuestros sentimientos y... nuestras decisiones.

En el presente, analizaremos cómo es la estructura y la base anatómica de este tablero de comando que actúa como plataforma de los procesos clave en las organizaciones.

Comenzaremos por una definición sencilla, adaptada de la neurobiología: el cerebro es una de las partes del sistema nervioso del organismo. Su principal función es recibir los estímulos que llegan tanto del medio externo como del interno, organizar esta información y hacer que se produzca la respuesta adecuada.

En neuromanagement, esa respuesta significa, fundamentalmente, el análisis inteligente de las relaciones entre los hechos y la toma de decisiones en forma veloz y acertada.

Los *estímulos externos* son recibidos por los receptores situados en la piel, destinados a captar sensaciones generales como el dolor, el placer o la temperatura, y por los ubicados en todos los demás sentidos, como el gusto, la vista, el olfato y el oído.

El cerebro actúa como un auténtico taller que recibe insumos, los organiza, procesa, interpreta, y toma decisiones. Lo verdaderamente importante de esta post década del cerebro es la posibilidad de analizar todo este proceso con detalle y, fundamentalmente, intervenir en él.

Los *estímulos internos* proceden de los registros de la mente, del organismo y de todo aquello que emplazamos en el cerebro cuando imaginamos, razonamos o recordamos (hechos, conceptos, sentimientos, etc.).

Al interactuar, los receptores internos y los externos constituyen el principal sistema encargado de captar la información y los estímulos que luego se procesan y tienen como *output* la toma de decisiones.

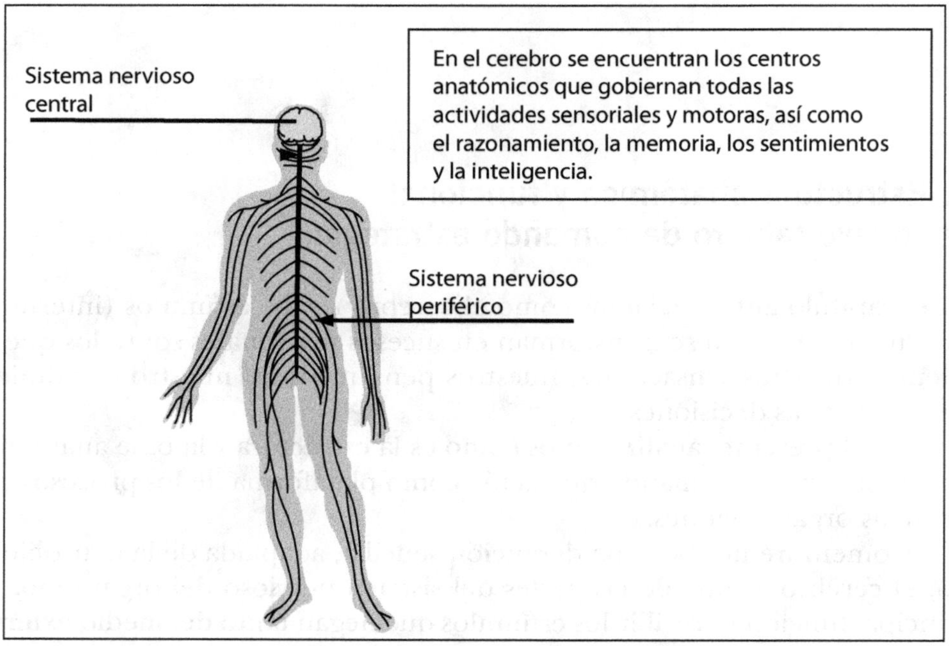
Sistema nervioso central
En el cerebro se encuentran los centros anatómicos que gobiernan todas las actividades sensoriales y motoras, así como el razonamiento, la memoria, los sentimientos y la inteligencia.
Sistema nervioso periférico

Este sistema, que en el ámbito de neuromanagement hemos denominado "tablero de comando cerebral de largo plazo", está integrado por dos grandes subsistemas: **el sistema nervioso central** y **el sistema nervioso periférico**, este último, compuesto por una red altamente ramificada de nervios conformados por fibras *aferentes,* que envían estímulos y señales al cerebro, y *eferentes,* que envían señales desde el cerebro a la periferia o a un centro inferior de procesamiento.

Aunque anatómicamente están separados, existe una conexión funcional entre ambos, tal como se muestra en la figura. Veamos cuáles son las funciones que desempeñan.

1.1. Sistema nervioso periférico

El sistema nervioso periférico[1] (SNP) incluye todas las partes del sistema nervioso **diferentes** del encéfalo[2] y la médula espinal, y se divide en dos grandes partes:

- el SNP **somático**, que responde al ambiente y relaciona el organismo con él; abarca todos los nervios espinales que inervan la piel, las articulaciones y los músculos que se encuentran bajo *control voluntario;*
- el SNP **autónomo**, denominado también *involuntario, vegetativo* o *visceral,* porque está relacionado con el medio interno del cuerpo; está formado por las neuronas que inervan los órganos, los vasos sanguíneos y las glándulas.

Ambos sistemas no actúan independientemente, sino que se hallan interrelacionados y cooperan entre sí.

Las señales eferentes son transmitidas al cuerpo a través de dos subsistemas o dos vías: la simpática y la parasimpática, que se diferencian por el tipo de respuesta fisiológica que generan. Las dos inervan todo el cuerpo y se encargan de decirle cómo responder ante determinadas situaciones. Ante un susto, por ejemplo, el organismo comienza a liberar adrenalina y los músculos se preparan para la acción.

---

1 Kandel, Eric: "The neurobiology of behaviour", en *Principles of neural science.* McGraw-Hill, London, 2000.

2 El encéfalo es la parte del SNC contenida en el cráneo que consta del cerebro, el cerebelo, el tronco cerebral y las retinas.

1.2. Sistema nervioso central: "el cerebro del cerebro", tablero de comando y centro de procesamiento

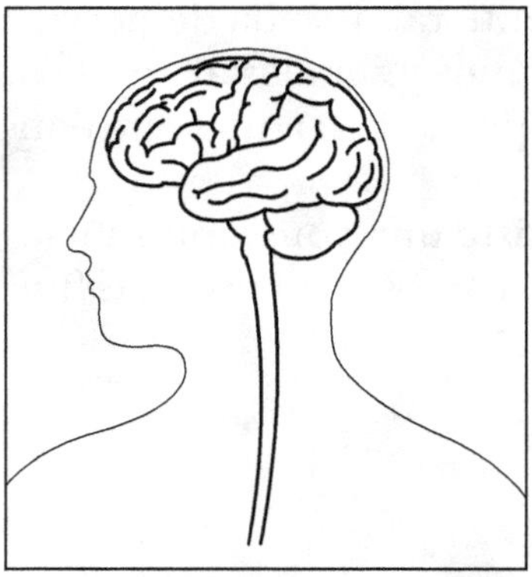

El sistema nervioso central es una estructura de gran complejidad que procesa millones de estímulos por segundo, adaptando las respuestas del cuerpo tanto a las condiciones externas como a las internas. Según Kandell[3], se trata de "una estructura neuronal bilateral y casi simétrica".

Comprende las partes que están recubiertas por hueso: el **encéfalo** y la **médula espinal.**

El encéfalo contiene el **cerebro** (dividido en dos hemisferios), el **diencéfalo**, **el tronco cerebral** y el **cerebelo.**

El tronco cerebral está compuesto por el **mesencéfalo**, la **protuberancia anular** (o **puente troncoencefálico**) y el **bulbo raquídeo.**

La médula espinal, recubierta por la columna vertebral, conduce los impulsos sensitivos procedentes de los receptores periféricos hacia el cerebro y, a la inversa, los impulsos elaborados en el cerebro hacia los órganos efectores (músculos y glándulas). Las fibras sensitivas constituyen las vías ascendentes; las motoras, las descendentes. También es un centro de elaboración de reflejos.

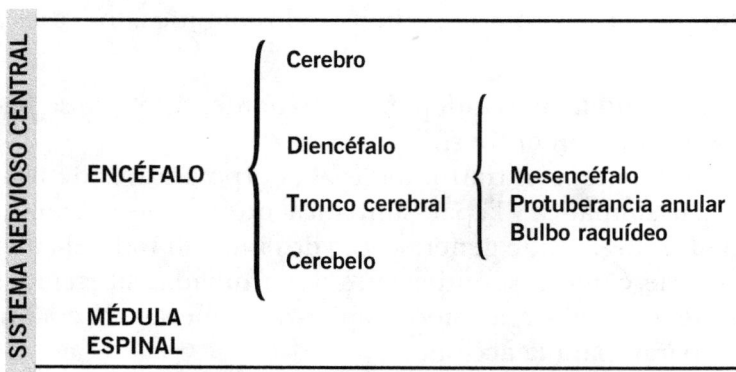

SISTEMA NERVIOSO CENTRAL			
	ENCÉFALO	Cerebro	
		Diencéfalo	
		Tronco cerebral	Mesencéfalo Protuberancia anular Bulbo raquídeo
		Cerebelo	
	MÉDULA ESPINAL		

El **diencéfalo** contiene dos estructuras muy importantes: el **tálamo**, que procesa la mayor parte de la información que llega al córtex cerebral desde

3 Kandel, Eric: *Op. cit.*

el resto del sistema nervioso central, y el **hipotálamo**, que regula las funciones autónomas, endocrinas y viscerales.

La información generada por los ojos, el olfato, el gusto, el oído y la piel es conducida hasta la corteza cerebral para su análisis e interpretación.

Sin embargo, cada una de las vías sensoriales que participan en la visión, audición y sensaciones somáticas efectúa un relevo en el tálamo durante su camino hacia la corteza, con la única excepción del olfato. Por esta razón, el tálamo a menudo se denomina la "puerta de entrada a la corteza cerebral".

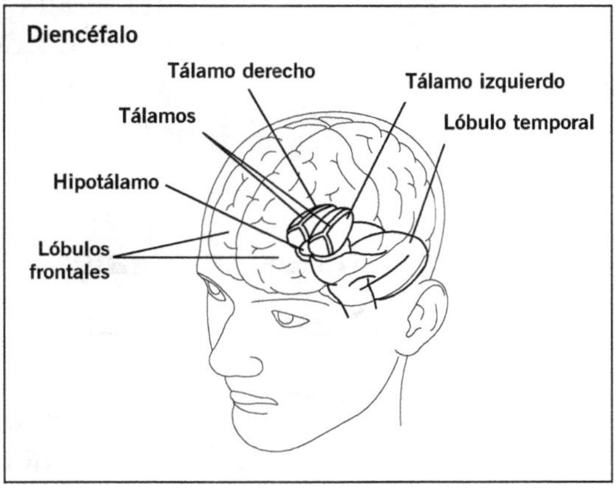

El hipotálamo, que se extiende por debajo del tálamo y está íntimamente relacionado con la amígdala, lleva a cabo muchas funciones primitivas, por esta razón sufrió muy pocos cambios durante el curso de la evolución de los mamíferos.

Por ejemplo, ante una situación amenazadora, como la aparición de un animal peligroso o el riesgo de una pérdida importante en un negocio, el hipotálamo dirige la respuesta visceral de lucha o huida del cuerpo.

El cerebelo modula la fuerza y la disposición del movimiento, manteniendo la postura y el equilibrio. También participa en la elaboración de movimientos complejos basados en el aprendizaje y la experiencia previa, como andar en bicicleta. Los científicos lo denominan "pequeño cerebro".

En otros términos, da órdenes al sistema nervioso que conducirán, entre otras cosas, a un aumento de la frecuencia cardíaca y del flujo sanguíneo hacia los músculos para poder actuar, lo que posibilita la supervivencia del organismo.

También se ha comprobado que el hipotálamo desempeña un papel clave en la motivación para satisfacer necesidades primitivas, como alimentos, agua y sexo.

El cerebelo, que es la parte más grande del encéfalo, después del cerebro, desempeña un papel muy importante en el mantenimiento del equilibrio.
Es un área vital para el control de actividades musculares rápidas, como las que necesitamos para jugar al tenis, correr, escribir en la computadora o tocar un instrumento musical.

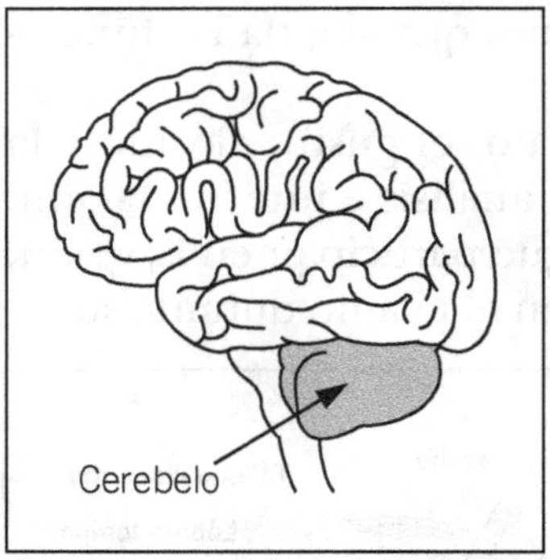

En el caso de los movimientos corporales, el cerebelo compara las intenciones de la corteza con lo que efectivamente estamos a punto de hacer.

Si no hay coincidencia, calcula el "error" y lo corrige. Por ejemplo, si la corteza transmite una señal que indica que debemos correr hacia un punto determinado, el cerebelo desencadena los impulsos que hacen que nos detengamos, precisamente, en ese punto.

2. Los hemisferios cerebrales

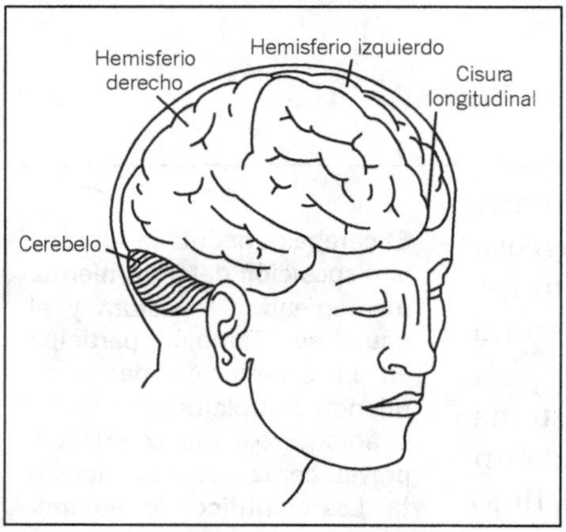

El cerebro humano está dividido lateralmente en dos hemisferios, es decir, tenemos un hemisferio izquierdo y un hemisferio derecho.

Anatómicamente, ambos están recubiertos por la **corteza cerebral** y contienen tres estructuras profundas: los **ganglios basales**, que participan en la regulación de la conducta motora y constituyen el asiento de los hábitos; el **hipocampo**, que participa en procesos de almacenamiento de la información, y la **amígdala**, que coordina las respuestas emocionales.

En la corteza cerebral, cada repliegue se denomina *sulcus* (surco) y cada prominencia entre esos surcos se conoce con el nombre de *girus* (giro) o circunvolución.

La corteza cerebral es la parte más nueva (evolutivamente). Aparece como una delgada capa de materia gris ubicada por encima de una amplia cantidad de pliegues de materia blanca. Constituye aproximadamente el 85% del peso del cerebro y, si pudiéramos desplegarla y extenderla, ocuparía unos 2.500 cm^2.

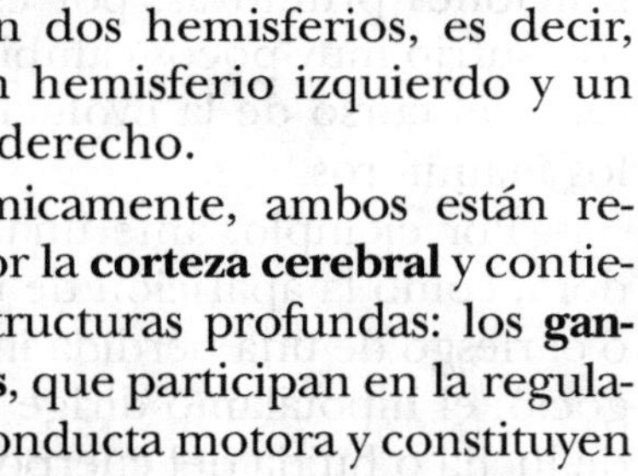

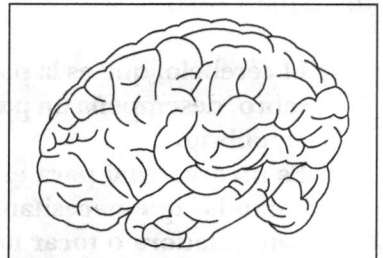

En esta zona, el cerebro procesa toda la información que le llega a través de los órganos de los sentidos (vista, oído, olfato, gusto y tacto), controla los movimientos voluntarios, y regula la actividad mental caracterizada por el pensamiento conciente.

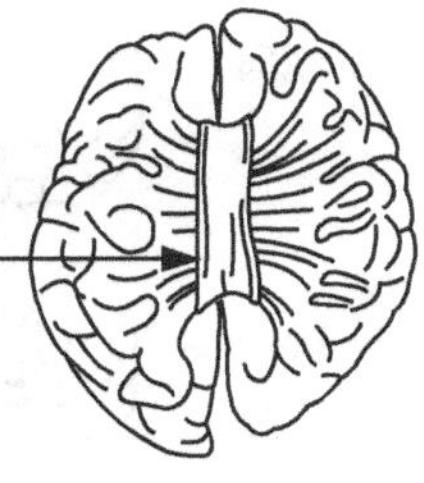

Debajo de la corteza, y entre ambos hemisferios, se encuentra el **cuerpo calloso** que, al actuar como un puente de comunicación entre ambos, proporciona la vía por la cual los datos almacenados en el izquierdo pueden ser utilizados por el derecho, y viceversa.

En las mujeres, el cuerpo calloso es más voluminoso y tiene conexiones axonales más largas. Esta característica explica por qué pueden integrar con mayor facilidad pensamientos que vinculan elementos más distantes y diferentes entre sí.

En el caso de tareas mentales complejas, las mujeres tienden a utilizar los dos hemisferios cerebrales, mientras que los hombres utilizan sólo el más adecuado, con lo cual las repuestas y las decisiones son diferentes según el género.

Este patrón de actividad explicaría por qué las mujeres tienen una visión más abarcativa de una situación determinada y los hombres una visión más focalizada.

En su libro *Por qué los hombres no escuchan y las mujeres no entienden los mapas,* Allan y Barbara Pease, al abordar las diferencias entre el cuerpo calloso femenino y el masculino, argumentan que el cerebro de los hombres está configurado para hacer sólo una cosa por vez, porque tiene menos conexiones de fibras nerviosas entre los dos hemisferios, y también porque su encéfalo está dividido en más secciones: "Si se hace un escáner del cerebro del hombre cuando lee, se comprobará que está virtualmente sordo"[4], ironizan.

Las mujeres también manejan mejor el tráfico de información entre hemisferios debido a que su istmo (una zona del cuerpo calloso) es también mayor que el de los varones.

Más allá de que el ejemplo resulta gracioso, porque todos los "maridos" hemos sido abrumados más de una vez por el clásico ¡no me escuchas! (y no siempre en medio de un partido de golf), parecería que gran parte de las proezas simultáneas y de la inagotable capacidad intuitiva con que unas cuantas

4 Peace, Allan y Peace, Bárbara: *Por qué los hombres no escuchan y las mujeres no entienden los mapas.* Amat, Barcelona, 2001.

El hombre y la mujer piensan, deciden y compran de modo diferente

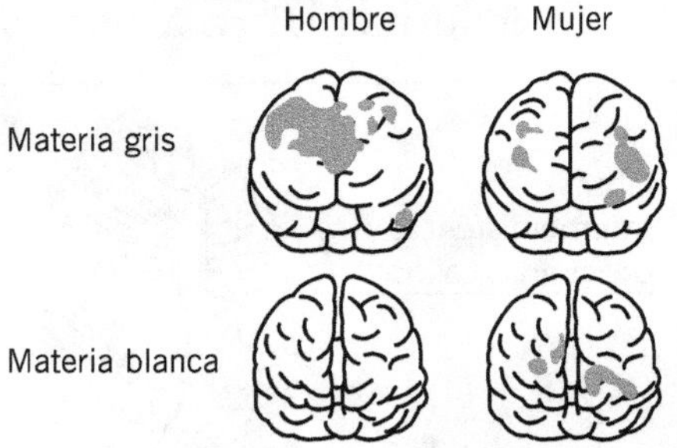

En el cerebro humano, la materia gris representa centros de procesamiento de información, mientras que la materia blanca enlaza estos centros de procesamiento.

Fuente: Prof. Richard Haier, Universidad Irvine, California

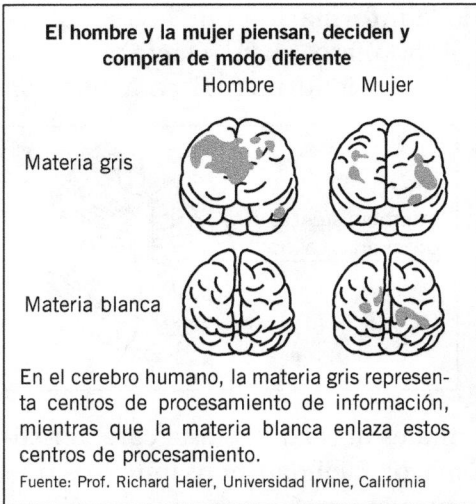

mujeres están dotadas puede explicarse a partir de estas diferencias.

Esta fracción mayor del cuerpo calloso femenino –que evidencia la mayor conexión interhemisférica de la que hablamos– se observa en imágenes obtenidas por tomografía.

Cuando una mujer piensa para tomar una decisión, por ejemplo, organizar una reunión de Directorio, la actividad que se observa en sus neuronas ocupa un área más extensa del cerebro que lo que es el caso si se trata de un hombre. Sin embargo, esta mayor actividad cerebral no implica, a los fines prácticos, ninguna diferencia, ya que son numerosas las investigaciones que han corroborado que aunque sigan caminos diferentes, los individuos de los dos géneros llegan con la misma rapidez a los mismos resultados.

2.1. Los lóbulos cerebrales y el cerebro ejecutivo

En cada hemisferio se hallan cuatro **lóbulos** anatómicamente distintos que reciben el nombre del hueso que los cubre: frontal, parietal, temporal y occipital. Cada lóbulo se encuentra a su vez constituido por numerosos repliegues de corteza, denominados circunvoluciones.

- Los lóbulos **occipitales**, ubicados en la parte posterior, están compuestos fundamentalmente por zonas de procesamiento visual.
- Los lóbulos **temporales**, ubicados en la parte inferior, cerca de los oídos, están relacionados con la percepción auditiva, la comprensión del habla (en el lado izquierdo) y con algunos aspectos del aprendizaje, la memoria y la emoción.
- Los lóbulos **parietales**, ubicados en la sección superior, se ocupan de funciones relacionadas con la sensación táctil y la imagen corporal.
- Los lóbulos **frontales**, ubicados delante de los parietales, realizan funciones cerebrales más integradas, como pensar, incorporar conceptos,

planificar. Se consideran uno de los últimos logros en la evolución del cerebro humano y son cruciales para comportamientos de orden superior. Así lo expresa Elkhonon Goldberg en su libro *El cerebro ejecutivo*[5]:

> *Los lóbulos frontales son al cerebro lo que un director a una orquesta, un general a un ejército, el director ejecutivo a una empresa. Coordinan y dirigen las otras estructuras neurales en una acción concertada. Los lóbulos frontales son el puesto de mando del cerebro.*

- **En las organizaciones, cada vez que las personas se reúnen para analizar las diferentes unidades de negocios, elaborar planes, pensar en las acciones para implementarlos, seleccionar los medios, definir la asignación de recursos y tomar decisiones, están utilizando a pleno sus lóbulos frontales.**

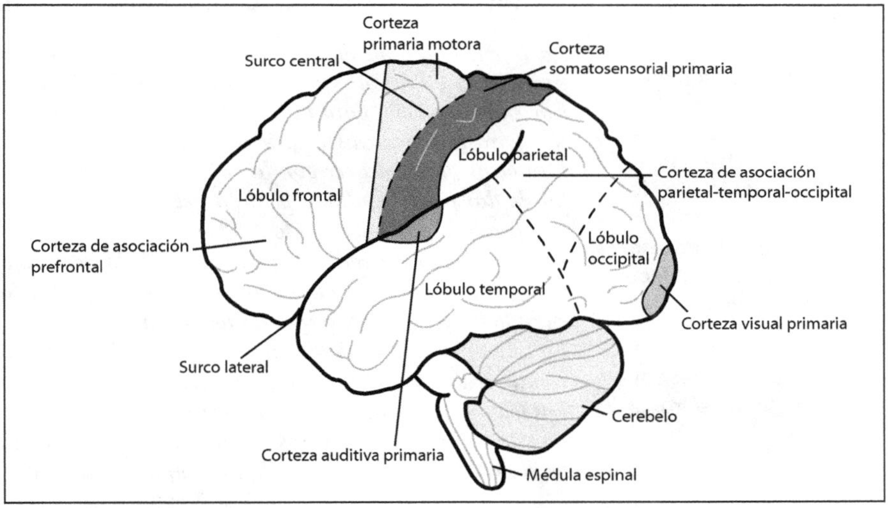

No es casual que el gran científico ruso Alexander Luria[6] los haya calificado como "órganos de la civilización". Sin duda, su buen funcionamiento es crucial para el desarrollo cognitivo, el aprendizaje, la motivación y la atención, y también para nuestro rol como seres sociales en las empresas.

---

5 Editorial Crítica, Barcelona, 2004.

6 Alexander Romanovich Luria fue uno de los fundadores de la neurociencia cognitiva. Sus dos grandes obras, *La afasia traumática* y *Las funciones corticales superiores del hombre*, basadas en su investigación sobre las consecuencias de las heridas cerebrales durante la Segunda Guerra Mundial, son fuente de consulta permanente para los científicos y constituyeron un gran aporte para la neuropsicología.

En el cerebro femenino los lóbulos frontales poseen mayor densidad celular que en el masculino (aproximadamente un 15%); sin embargo, no se ha observado que esta diferencia tenga algún tipo de relación con el desempeño laboral.

Anatómicamente, y dado que los dos hemisferios no son imágenes especulares uno del otro, el lóbulo frontal derecho es más extenso y tiene más protuberancias que el lóbulo frontal izquierdo, y también se han observado diferencias entre los lóbulos frontales masculino y femenino[7].

En opinión de algunos especialistas, esta característica podría ser una vía que utiliza la naturaleza para compensar el tamaño del cerebro femenino (más pequeño que el masculino), ya que no se observaron diferencias en el rendimiento intelectual de ambos sexos como consecuencia de estas características anatómicas.

Para cerrar este apartado, nos parece muy interesante la conclusión de un colega que ha estudiado ampliamente este tema, Goldberg Elkhonon[8]:

Con el avance de la neurociencia cognitiva y, paralelamente, de la tecnología de imágenes, se ha logrado un mayor conocimiento de los neurocircuitos que intervienen en los diferentes procesos que subyacen en la conducta y la toma de decisiones.

Esto dio lugar a la profundización del estudio de las funciones de los lóbulos frontales.

La intencionalidad del individuo reside en los lóbulos frontales, y estos son cruciales para la conciencia superior, para el juicio, para la imaginación, para la empatía, para la identidad y para el alma. (...) Si se lesionan otras partes del cerebro, la enfermedad neurológica puede dar como resultado pérdida del lenguaje, memoria, percepción o movimiento.
Pero la esencia del individuo, el núcleo de la personalidad, normalmente permanece intacta. Todo esto cambia cuando la enfermedad golpea los lóbulos frontales.
Lo que entonces se pierde ya no es un atributo de su mente: es su mente, su núcleo, su yo.
Los lóbulos frontales son las más específicamente humanas de todas las estructuras, y juegan un papel crítico en el éxito o el fracaso de cualquier empresa humana.

2.2. ¿Por qué están especializados los hemisferios?

Como las rutas neurales del organismo terminan en el lado contrario del cerebro, cada hemisferio se ocupa básicamente de los procesos sensoriales y motores del lado opuesto del cuerpo: la información sensorial que llega a la

7 Dentro de cada lóbulo frontal (recordemos que hay uno en cada hemisferio), se identifica el córtex prefrontal, que constituye el 30% de la corteza cerebral.
8 *Op. cit.*

médula espinal de la parte izquierda cruza al lado derecho del sistema nervioso *antes* de ser conducida a la corteza cerebral.

De modo similar, las áreas motoras de un hemisferio ejercen el control de los movimientos de la mitad opuesta del cuerpo.

Por ejemplo, si al salir de la oficina, luego de un día de intenso trabajo, pisa mal y se tuerce el pie derecho, la información será transmitida hasta la corteza izquierda por el tálamo izquierdo a través de los axones de la cápsula interna izquierda.

Ahora bien ¿cómo sabe el pie derecho lo que está haciendo el izquierdo para coordinar sus movimientos?

Según los científicos, esta información llega por la comunicación que se establece entre hemisferios a través de los axones del cuerpo calloso, que –como hemos dicho– se sitúa entre ambos y actúa como un puente de transmisión.

En los sujetos diestros, la mano derecha, utilizada habitualmente para escribir y realizar los movimientos de precisión, está controlada por el hemisferio izquierdo. Este cruce se verifica también en la mayor parte de la información auditiva, que se elabora en el lado opuesto respecto del oído por el que ingresa.

La única excepción en el cruce hemisférico de la información es el olfato, pues los olores se procesan en el mismo lado de la fosa nasal que los capta.

Ahora bien, ¿por qué se dice, por ejemplo, que el hemisferio izquierdo es "calculador" mientras que el derecho es "sensible"? ¿Por qué un hemisferio lleva a cabo determinadas funciones y el otro no, o lo hace en menor medida? ¿A qué se debe esta especialización?

Según el enfoque evolucionista, los hemisferios cerebrales se configuraron como sistemas especializados en algún momento de la historia de la evolución humana.

Luego de que el cerebro alcanzara su masa actual (hace millones de años), las células desarrollaron especializaciones. Estas facultades especializadas son su parte más característicamente humana: lo que nos diferencia de los animales.

Siguiendo a Kandel[9], el porqué de la especialización hemisférica amerita el análisis de dos aspectos principales. En primer lugar, el desarrollo del

9 Kandel, Erick *et al.*: *Op. cit.*.

ciclo vital de las personas; en segundo lugar, las ventajas que esto concede, si es que hay alguna.

Las investigaciones realizadas en niños sugieren que la dominancia del hemisferio izquierdo existe desde que el lenguaje se manifiesta por primera vez.

Probablemente, el desarrollo de esta capacidad en este hemisferio, y no en el otro, se deba en parte a una asimetría anatómica en el encéfalo, ya que existe desde antes del nacimiento y puede favorecer al izquierdo.

Una vez que una región comienza a especializarse en una función concreta, es posible que la actividad preexistente relacionada con dicha función alimente el desarrollo posterior de esta área más que el de otras.

A su vez, las funciones que requieren amplias conexiones entre las distintas regiones del córtex pueden llegar a lateralizarse debido a un plan evolutivo. La cantidad de fibras del cuerpo calloso es bastante menor que la cantidad de fibras intracorticales dentro de cada hemisferio. Más aún: para que el cuerpo calloso contuviera la abundancia de conexiones que hay en un solo hemisferio, debería ser tan grande como todo el encéfalo.

Desde este punto de vista, la concentración de funciones sumamente complejas en un hemisferio puede ser ventajosa debido al limitado tamaño de la cavidad craneal.

En la mayoría de los individuos diestros (97%), el hemisferio izquierdo se especializa en el lenguaje y en otras tareas de procesamiento serial de la información, mientras que el hemisferio derecho lo hace en procesos no verbales que incluyen la visualización tridimensional, la rotación mental de objetos y la comprensión del significado de expresiones faciales[10].

2.2.1. Los hallazgos de Roger Sperry[11] y sus aplicaciones en neuromanagement

La división del cerebro en dos hemisferios se hizo evidente por primera vez a mediados de los años '60, en los estudios emprendidos por Roger Sperry.

La primera etapa de su investigación, realizada con animales, le permitió a este científico descubrir que el cuerpo calloso, además de transmitir información de un hemisferio al otro, también proporciona la vía por la cual

---

10 Kandel, Erick *et al.*: *Op. cit.*

11 Psicobiólogo del Instituto Californiano de Tecnología y ganador del Premio Nobel por sus estudios sobre el cuerpo calloso en 1991.

los datos almacenados en el hemisferio izquierdo pueden ser utilizados por el derecho, y viceversa.

Junto con sus colaboradores, estudió el caso de personas que tenían afectado el cuerpo calloso y demostró, en condiciones experimentales, que la capacidad de estos pacientes para realizar cierto tipo de tareas estaba gravemente limitada, incluso cuando estas requerían el funcionamiento de un único hemisferio.

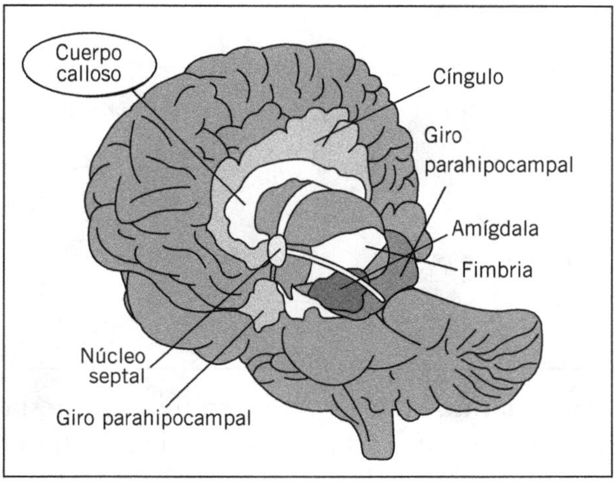

Los hallazgos iniciales del profesor Sperry indicaron también que los dos lados de la corteza cerebral tienden a repartirse entre ellos las principales funciones intelectuales.

Se descubrió que el hemisferio derecho es dominante en la percepción espacial, la imaginación, el color, la dimensión y las ensoñaciones diurnas, y que el izquierdo es preponderante en habilidades mentales como la verbalización y el razonamiento lógico y numérico.

La especialización de cada hemisferio fue confirmándose a partir de exámenes que evaluaron variables como el reconocimiento de las relaciones espaciales, la habilidad en la manipulación de formas y la capacidad verbal.

También se verificó que, sin el cuerpo calloso, las dos mitades del cerebro funcionaban de modo aislado e independiente, lo cual acarreaba una buena cantidad de inconvenientes a las personas afectadas.

Uno de los experimentos, realizados con pacientes epilépticos[12], corroboró las ideas del profesor Sperry: como cada hemisferio responde a los estímulos táctiles aplicados a la mano opuesta, pero no a los de la mano del mismo lado, al colocarles objetos idénticos en ambas manos, se observó que estos pacientes no podían compararlos, ya que la lesión que habían sufrido en su cuerpo calloso interrumpía la comunicación entre ambos hemisferios.

---

12 Como el ataque epiléptico se iniciaba en un hemisferio cerebral, y seguidamente pasaba a otro, algunos médicos, entre ellos Phillip Vogel y Joseph Bogen, sostenían que al cortar el cuerpo calloso (cuya función principal es la comunicación entre ambos hemisferios) se conseguiría contener parcialmente las crisis.

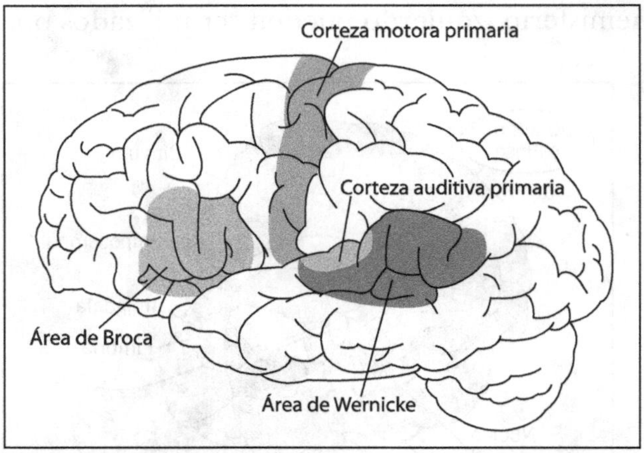

Mediante esta y otras pruebas, se observó que actuaban como si tuvieran dos partes independientes: la izquierda, conciente y verbal, y la derecha, de funcionamiento en gran parte automático. Con el fin de determinar cuál de ellas ejercía el control, se llevaron adelante nuevos experimentos.

Casi todos revelaron que, cuando la tarea requería una respuesta verbal (para la cual el hemisferio derecho es incapaz), era el izquierdo el que la controlaba. Del mismo modo, si alguna de las áreas de especialización de cada hemisferio se encontraba dañada, también se observaban trastornos en la conducta.

Una de las primeras investigaciones en corroborar la especialización de los hemisferios, previa a las de Sperry, fue realizada por el neurólogo francés Pierre Paul B roca en1861, al analizar el caso de un paciente que podía comprender el lenguaje verbal, pero no podía hablar.

El sujeto no evidenciaba problemas físicos que pudieran afectar el habla, podía pronunciar palabras sueltas y cantar una melodía sin dificultad, pero no podía hablar con frases completas ni expresar sus ideas por escrito.

Cuando se examinó el cerebro de este paciente y de otros con similares dificultades, se detectó que todos ellos tenían una lesión en el hemisferio cerebral izquierdo, lo cual evidenció que es allí donde se localiza y controla el lenguaje y el habla.

Tal como predijo Broca, "hablamos con nuestro hemisferio izquierdo", sin embargo, el hemisferio derecho tiene capacidad para una comprensión *elemental* del lenguaje.

Muchos años después de que Broca realizara sus investigaciones, un grupo de científicos de la Escuela de Trastornos de la Comunicación de la Universidad de Sydney, Australia, descubrió que las áreas cerebrales relacionadas con el lenguaje varían según el género: son, en promedio, un 25% más grandes en la mujer que en el hombre.[13]

[13] Fuente: http://www.usyd.edu

Estas afirmaciones fueron corroboradas por otro investigador, el profesor Shaywitz, en 1998. Mediante resonancia magnética, este científico demostró cuáles son las regiones cerebrales que se activan con el lenguaje tanto en hombres como en mujeres, y también ganaron ellas.

Sin embargo, esto no marca ningún tipo de superioridad femenina. De hecho, una mujer puede tener excelentes condiciones para la oratoria, pero, si no es capaz de utilizar su hemisferio derecho para elaborar su discurso, lo que dice puede carecer de atractivo para quienes la escuchan.

Al respecto, una investigación publicada por la revista *Time* en 2005 reveló que, independientemente de la ubicación de la zona del habla en el cerebro, las mujeres procesan las palabras con los dos hemisferios y atribuyen a esta predisposición anatómica la mayor capacidad que revela la mayoría para manejarse verbalmente.

Como vemos, estos descubrimientos, aplicados a los diferentes aspectos que constituyen la gestión de management, están abriendo nuevos caminos para analizar las diferencias entre el desempeño del hombre y el de la mujer en función de sus características anatómicas.

Las más importantes están relacionadas con la toma de decisiones, y por lo tanto, con su desempeño en las diferentes áreas de la empresa en las que eligen actuar.

A priori no se puede decir que estas diferencias actúen como condicionantes neurofisiológicos que determinen un buen o mal desempeño; por lo tanto, tampoco podemos pensar en el armado de un mapa de rasgos que sean intrínsecamente femeninos o intrínsecamente masculinos.

La mediocridad, por ejemplo, no tiene género. Tampoco la inteligencia ni las habilidades para alcanzar el éxito. Lo que se observa anatómicamente es una especie de plataforma diferente que va a afectar en la toma de decisiones teniendo siempre como base la personalidad individual.

En este sentido, las implicancias para el management estarían determinadas por el tipo de labor que va a desempeñar una persona en un área clave de la organización.

Veamos un ejemplo: durante un experimento se descubrió que la toma de decisiones económicas de los hombres tendía a ser un poco más riesgosa que la de las mujeres y que, por lo general, ellos ganaban más dinero en pruebas de laboratorio.

Al observar qué ocurría a los participantes, se verificó que, ante las mismas circunstancias, en el cerebro de los hombres se activaban las zonas vinculadas a la emoción mientras que, oh sorpresa, en el de las mujeres se activaban las zonas más racionales.

Sin bien todavía no hay suficientes datos para afirmar que las mujeres son más cautas que los varones, esta investigación dejó abierta una puerta muy interesante para pensar en el género cuando se busca un gerente de Finanzas.

Varios estudios muestran que los hombres presentan exceso de confianza con mayor intensidad que las mujeres, especialmente en lo referido a tareas que son percibidas como "masculinas" –entre las que se cuentan las finanzas– y en aquellas situaciones en las que la información de retroalimentación es inexistente o ambigua (nuevamente, es el caso de las finanzas).

Sin embargo, y aun cuando tanto hombres como mujeres pueden mostrar signos de exceso de confianza, en determinadas actividades esto puede llevar a los varones a invertir en exceso y a obtener peores resultados que a las mujeres[14].

Sin duda, la implementación del nuevo enfoque de las neurociencias, en particular de las cognitivas, está abriendo nuevos caminos para investigar (y tal vez predecir) qué puede ocurrir cuando las decisiones importantes son tomadas por un cerebro masculino o femenino.

2.3. La materia gris y los centros de análisis y tratamiento de la información

Si abrimos ambos hemisferios, encontraremos una mezcla de materia gris y blanca. La materia gris está compuesta básicamente por cuerpos centrales de células que se ubican fundamentalmente en la corteza (que sólo mide unos 2 mm de espesor). La sustancia blanca, por debajo de la corteza, está formada por haces de axones que cumplen la función de transmitir la información hacia núcleos subcorticales del interior del cerebro.

La distribución de materia blanca y gris no es regular.

El hemisferio derecho tiene más materia blanca y el izquierdo, más materia gris[15].

Esta distribución es significativa, ya que demuestra que los axones del hemisferio derecho son más largos que los del izquierdo y, en consecuencia, co-

[14] López, Ernesto: "Todos tenemos nuestro cuarto de hora: economía conductual, neuroeconomía y sus implicancias para la protección al consumidor", en: http://www.indecopi.gob.pe

[15] Gur, R. C. *et al.*: "Differences in the distribution of gray and white matter in human cerebral hemispheres", *Science*, 207, 44-36, 1226-8.

nectan en neuronas que, en promedio, se encuentran más distantes unas de otras.

También hace que el hemisferio derecho esté mejor equipado que el izquierdo para la tarea de extraer conclusiones asociativas, debido a que cuenta con varios módulos de actividad simultánea para ello.

Se cree que en la materia gris de la corteza cerebral generamos la mayor parte de las asociaciones.

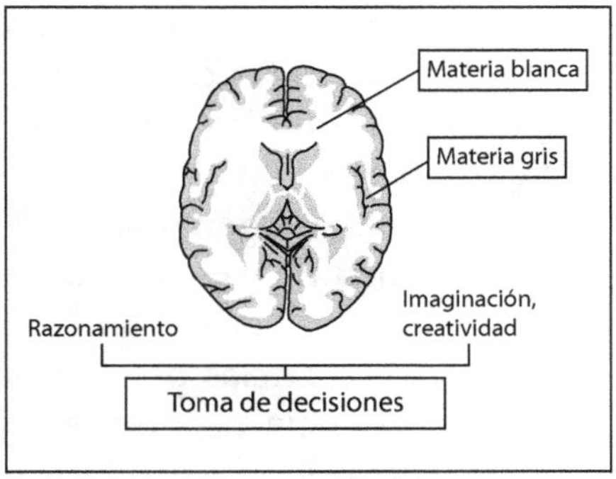

Por ejemplo, la imagen de una pelota de tenis se corresponde con el registro de la sensación que experimentamos cuando la sostenemos en nuestra mano y también con sus sonidos característicos durante el juego.

Si bien los códigos cerebrales de la visión, el tacto y el sonido son diferentes, en la corteza se asocian de algún modo para generar una imagen única.

Algunas corrientes científicas (que, por cierto, tienen sus detractores) sostienen que la habilidad para obtener buenos resultados en las tradicionales pruebas de inteligencia está vinculada con la cantidad de materia gris y que ello depende, en gran medida, de los genes.

En 2006, un grupo de científicos de la Universidad de California realizó una investigación mediante scanners sobre veinte pares de mellizos (diez gemelos idénticos, y diez no).

Las mujeres tienen mayor cantidad de materia blanca, 10 veces más que los hombres, y los hombres más materia gris, 6,5 veces más que las mujeres.

Esto significa que el cuerpo calloso de los varones tiene mayor cantidad de neuronas y el de las mujeres, más conexiones axonales (que son más largas).

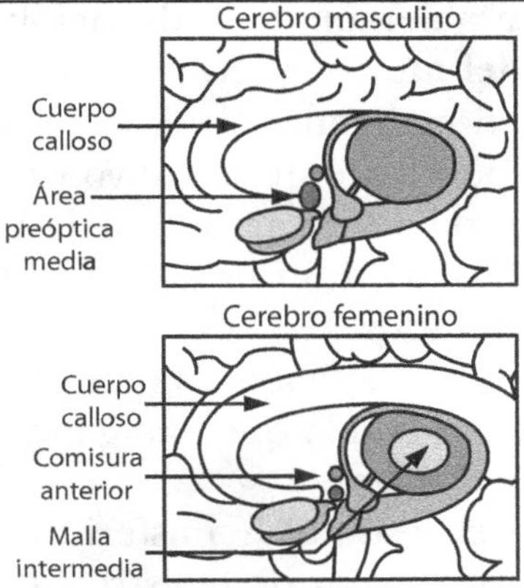

Estas diferencias pueden explicar la mayor capacidad para los razonamientos secuenciales concretos y concentrados que tiene el varón y, a su vez, la mayor capacidad de relacionamiento amplio (de diversos aspectos aun dispersos e inconexos) que tiene la mujer.

Estos investigadores afirmaron haber encontrado una relación directa entre las cantidades de materia gris y las funciones relacionadas con el lenguaje u otras manifestaciones del tipo de inteligencia que miden los tests de cociente intelectual.

En cuanto al género, también se ha hecho un descubrimiento muy interesante: las mujeres tienen mayor cantidad de materia blanca y los hombres, más materia gris.

Estas diferencias pueden explicar la mayor capacidad para los razonamientos secuenciales concretos y concentrados que tiene el varón y, a su vez, la mayor capacidad de relacionamiento amplio (de diversos aspectos, aun dispersos e inconexos) que tiene la mujer.

También explica dos tipos de inteligencia. La más razonadora y concentrada, típica del hombre, y la intuitiva, multicomprensiva, típica de la mujer.

2.4. Aplicaciones en la vida organizacional

A esta altura, seguramente usted ya tiene una idea bastante clara sobre algunas de las principales funciones de ambos hemisferios. En este apartado haremos un abordaje conceptual con el fin de organizar esa idea y, al mismo tiempo, realizaremos nuestro aporte para ayudarlo a comprender que es posible incrementar nuestra capacidad mental si aprendemos a utilizar nuestro cerebro[16].

Lamentablemente, la educación que se suministra en la mayor parte de los países del mundo privilegia el desarrollo del hemisferio izquierdo, responsable del razonamiento lógico, dejando de lado el hemisferio derecho, fuente del pensamiento intuitivo y la creatividad.

Para el pleno desarrollo de la inteligencia aplicada a la toma de decisiones, ambos hemisferios deben actuar de manera armónica y equilibrada, complementándose en sus funciones. Después de todo, las neurociencias han avanzado lo suficiente como para ayudarnos a trabajar sobre nuestros puntos débiles, con lo que han generado una gran optimización de nuestros recursos cerebrales.

Piense en esto: al hemisferio izquierdo se lo define como calculador, comunicativo y capaz de construir planes complicados, mientras que el derecho es más emotivo, conceptual y de pensamientos integrales y holísticos.

---

16 Ver Capítulo 16, apartado 3.

No es casual que algunos de nuestros compañeros de trabajo actúen de manera organizada, y que la mayor parte de sus tareas estén sistematizadas, cronometradas, detalladas y controladas por un pensamiento que definimos como analítico. En lenguaje coloquial, diríamos que son "puro hemisferio izquierdo".

Sin embargo, desde que nacemos, gran parte de nuestro comportamiento se deriva del funcionamiento del hemisferio derecho, porque es el que nos permite ir reconociendo los rostros y los objetos que nos rodean.

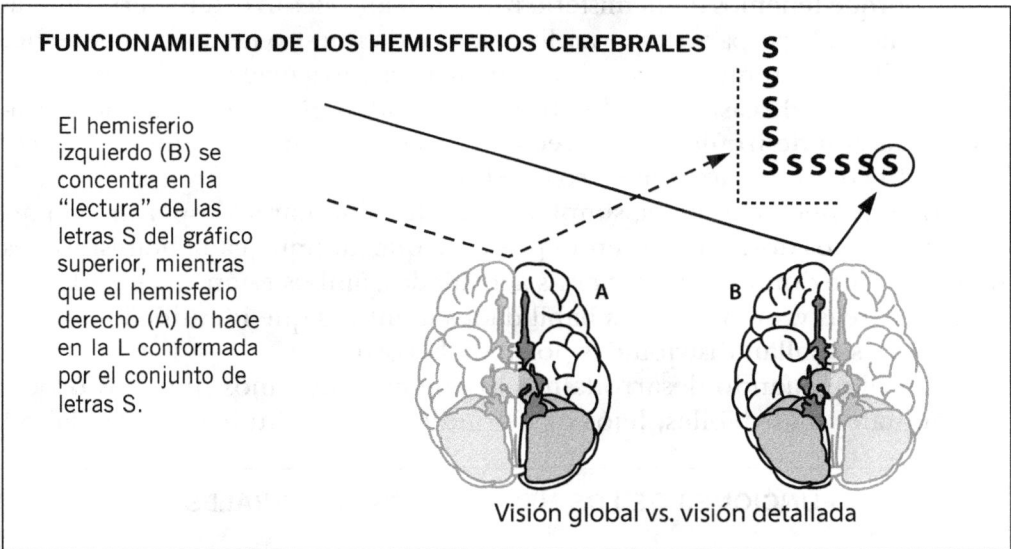

FUNCIONAMIENTO DE LOS HEMISFERIOS CEREBRALES

El hemisferio izquierdo (B) se concentra en la "lectura" de las letras S del gráfico superior, mientras que el hemisferio derecho (A) lo hace en la L conformada por el conjunto de letras S.

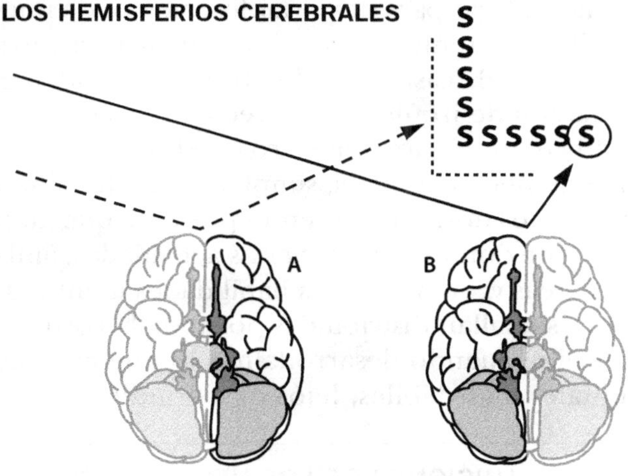

Visión global vs. visión detallada

La ilustración precedente refleja la forma en que cada hemisferio se relaciona con distintos aspectos de un mismo estímulo. Las funciones que asume cada uno de ellos son las que más concuerdan con su especialización, según se trate de trabajos holísticos (derecho) o analíticos (izquierdo).

En el caso del reconocimiento de imágenes, vimos que el hemisferio derecho las distingue en medios complejos porque reconoce contornos a primera vista, mientras que el izquierdo descompone esquemas complicados en las partes que lo integran.

Al enterarse de estas características sobre el funcionamiento de los hemisferios, algunas de las personas que asistieron a mis seminarios me han dicho, por ejemplo: "Yo creía que era inteligente, porque siempre fui diez en matemáticas, sin embargo, ¡no era tan así!", o "Las grandes ideas vienen del hemisferio derecho y... ¡yo siempre utilicé el izquierdo!".

En neuromanagement, las decisiones más acertadas son las originales e innovadoras, y, por lo general, los grandes éxitos no son resultado de decisiones lógicas.

En realidad, estas afirmaciones no son del todo desacertadas. Si bien las funciones de cada hemisferio son evidentemente necesarias, dejarnos llevar por el que consideramos dominante debido a nuestras habilidades aparentemente naturales nos llevaría a desperdiciar importantes facultades del cerebro.

En otros términos: si poseemos un cerebro dotado para el razonamiento lógico porque tenemos un hemisferio izquierdo muy desarrollado, sería un grave error no trabajar para despertar los talentos de nuestro hemisferio derecho, porque allí residen nuestra creatividad y nuestras capacidades intuitivas.

En realidad, casi todos los humanos podemos realizar un desplazamiento lateral de izquierda a derecha, y viceversa, a medida que vamos conociendo cómo funciona nuestro cerebro.

Lo que necesitamos es, simplemente, decisión para "despertar" la parte que creemos dormida teniendo presente que, aunque cada hemisferio es naturalmente dominante en ciertas actividades, ambos están capacitados en todas las áreas y, de hecho, las habilidades mentales que identificó el profesor Sperry se hallan distribuidas por toda la corteza.

Por ello, cuando desarrollamos lo que consideramos nuestros procesos mentales más débiles, lejos de perjudicar o disminuir el potencial de

FUNCIONES DE LOS HEMISFERIOS CEREBRALES

Izquierdo

–Calculador, comunicativo, capaz de construir planes complicados.

–Analítico, detallista, lógico, númerico y sensible al tiempo.

–Descompone esquemas complicados en las partes que los integran.

–Se especializa en el lenguaje, en el procesamiento serial de la información y en los aspectos racionales, "académicos", del aprendizaje.

–Procesa la información en forma lógico-secuencial y analítica.

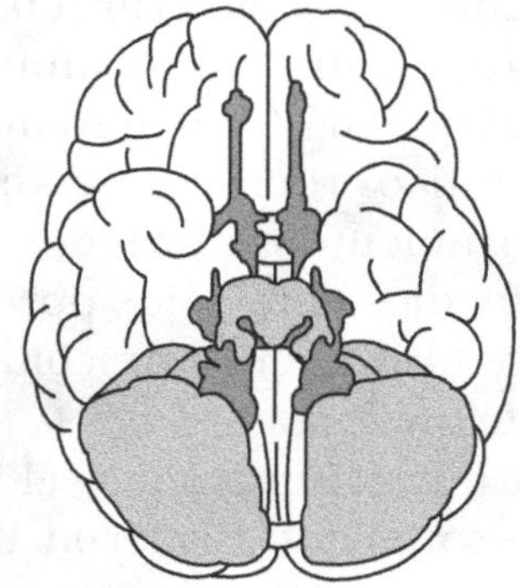

Derecho

–Emotivo, conceptual, pensamientos integrales y holísticos (amor, belleza, lealtad)

–Emocional, imaginativo, soñador, creativo.

–Vinculado a la percepción sensorial.

–Se especializa en procesos no verbales, visualización tridimensional, rotación mental de objetos y motricidad

–Comprende el significado de expresiones faciales y distingue imágenes en entornos complejos.

los más fuertes, activamos, sinérgicamente, todas las áreas de nuestro desempeño cerebral.

Tal como se desprende del gráfico, si conocemos con mayor profundidad el funcionamiento de nuestro "tablero estratégico" estaremos, también, en mejores condiciones de desarrollar habilidades para persuadir, motivar y seducir a las personas.

Piense en esto: ¿cuántas veces observó que un equipo de trabajo presentó un proyecto que quería "vender" a sus pares y no lo consiguió, aun cuando era bueno?

En estos casos, posiblemente las dificultades radiquen en el hecho de que se pone énfasis en una modalidad de transmisión de ideas en forma lógico-verbal, apuntando predominantemente a la activación del hemisferio izquierdo, cuando lo que se necesita es estimular el hemisferio derecho mediante una modalidad no verbal, gráfica, visual que genere una mayor apertura en los demás.

A esto debemos sumarle el hecho de que en muchas reuniones en la que los temas a tratar son relevantes para el destino de la organización, el ámbito sea una gran sala donde se han colocado prolijamente varias carpetas a la altura de las sillas que luego serán ocupadas por los ejecutivos.

Sin embargo, cuando se quiere exponer una idea o defender una posición son mucho más eficaces las técnicas que apelan a la utilización de la imaginación, la metáfora, el arte, la música. Si queremos ser más eficaces y, sobre todo, disfrutar del trabajo, es necesario ir mucho más allá del oído.

El conocimiento sobre la fisiología cerebral adquiere alta relevancia cuando necesitamos crear momentos de entendimiento y, para ello, generar competencias concretas que mejoren los procesos atencionales.

Mediante la activación neuronal de ambos hemisferios, podemos estimular el cerebro de manera global, posibilitando una mayor y mejor asimilación de las ideas que deseamos transmitir.

Siempre que sea posible, deberán incorporarse múltiples entradas que doten de significado a lo que se dice y lo conviertan en un acto vivencial que potencie el trabajo en paralelo de los dos hemisferios cerebrales, tanto de quienes escuchan como de quienes exponen.

Por ejemplo, si uno de los participantes de nuestra reunión imaginaria observa una diapositiva con datos que son explicados por un orador, se activa el hemisferio cerebral izquierdo gracias a su modalidad lógico-verbal.

Esto significa, entre otras cosas, que habrá *un menor procesamiento de información* en una unidad de tiempo que si se utilizaran recursos que apelen al hemisferio derecho. Posiblemente, a esta modalidad debamos el hecho de que muchas veces salimos aburridos de una reunión y, más aún, recordamos bastante poco de lo que escuchamos.

A la inversa, si tenemos la suerte de que quien expone enriquezca sus ideas con experiencias sensoriales, se favorecerá la activación de nuestro hemisferio derecho, que se caracteriza por procesar una mayor cantidad de ítems en forma simultánea.

La diferencia entre un estilo y otro, así como también su "llegada", puede comprenderse mejor si pensamos en la diferencia que existe entre leer un informe sobre un caso en una revista de negocios y vivenciarlo a través de imagen y sonido en un canal de televisión especializado en management.

¿Por qué no cambiar? ¿Por qué no modificar el estilo aburrido que se viene utilizando en tantas organizaciones?

No estamos proponiendo aquí que nos convirtamos en directores de cortometrajes cada vez que planificamos una reunión.

Lo que queremos decir es que no hay razón alguna para no implementar un cambio en este sentido cuando las neurociencias suministran los recursos que necesitamos para ello.

Hoy sabemos que el sistema atencional tiene asiento anatómico en la corteza prefrontal del cerebro y que se encuentra conectado por una densa carretera de fibras nerviosas con estructuras del sistema límbico, como el cíngulo anterior y la amígdala, que son responsables de la motivación, el libre albedrío, y el procesamiento del componente emocional de los estímulos.

Por lo tanto, si en nuestras comunicaciones con los demás privilegiamos el envío del mensaje al hemisferio izquierdo que, como apuntamos, utiliza una modalidad lógico-verbal, difícilmente alcanzaremos el éxito en nuestros objetivos.

Para finalizar: en el Capítulo 11 (apartado 5), así como también en la Parte IV de esta obra, donde abordaremos dos grandes temas: memoria y aprendizaje, analizaremos en profundidad las implicaciones para el management de estos descubrimientos.

Entre otros casos, veremos cómo la inhibición del hemisferio izquierdo (que tiende a centrarse en el foco de un problema) y la activación del hemisferio derecho (que al percibir el problema como un todo agrega la información relevante) permiten desplegar gran parte de nuestro potencial en los puestos de trabajo.

Posteriormente, en el Capítulo 16, el lector encontrará un conjunto de ejercicios que, practicados con constancia, lo ayudarán a desarrollar sus propias capacidades mediante prácticas dirigidas a entrenar ambos hemisferios.

PARTE II

LA CONSTRUCCIÓN CEREBRAL DE LA REALIDAD

LOS SENTIDOS COMO INPUT EN LA TOMA DE DECISIONES

Capítulo **4**

Cómo percibimos y construimos nuestro tablero decisional

Los colores no existen en el mundo externo, ni los olores o sabores. (...) nuestro cerebro genera estos entes subjetivos como herramientas heurísticas que permiten interactuar con el mundo externo.

Rodolfo Llinás

1. Las ciencias sensoriales: el cómo y el porqué de su aplicación en neuromanagement

> ***El emergente paisaje de la integración multisensorial en el cerebro permanecerá incompleto si se ignoran los hallazgos de la antropología sobre la modulación cultural de la percepción.***
>
> **David Howes**

Posiblemente, el lector se sorprenda si le decimos que en el mundo contemporáneo la gestión de organizaciones se ha convertido, también, en una gestión de las sensaciones.

Sin embargo, es suficiente con leer las últimas publicaciones especializadas en negocios para comprobar que el avance de las ciencias sensoriales está cambiando los ámbitos de trabajo, así como también la forma de producir, de abordar nuevos mercados, de negociar, de planificar y decidir.

Todo indica que en un futuro muy, muy cercano, no habrá unidades de negocios exitosas si no se trabaja sistemáticamente para que los productos que amparan, además de impactar visualmente, tengan la textura, el aroma, el sabor, la temperatura y el sonido adecuados para conquistar a los clientes.

Tampoco podremos vender o negociar exitosamente (tanto en el plano interno como en el externo de la organización) si no nos decidimos a profundizar en el estudio de los sentidos. Al respecto, subrayamos lo que hemos dicho en el Capítulo 1:

el impacto multisensorial es parte de la estrategia para generar mayor densidad de atención, consecuentemente, mayores momentos de entendimiento,

...y ahora agregamos:

mejores momentos de entendimiento entre gerente y equipo, entre cliente y producto, entre negociadores, entre personas de la misma organización.

Siempre que sea posible, debemos incorporar múltiples estímulos que doten de mayor y mejor significado a nuestras decisiones, a lo que vendemos y a lo que argumentamos.

Ya no hay dudas de que el éxito depende, en gran parte, de los atractivos que seamos capaces de desencadenar, y para ello nada mejor que recurrir a los conocimientos que suministran las ciencias sensoriales.

Comenzaremos, entonces, por explicar que la denominación "ciencias sensoriales" abarca un conjunto de disciplinas que estudian los procesos comprendidos en la percepción e integración de estímulos sensoriales en la relación del hombre con su entorno.

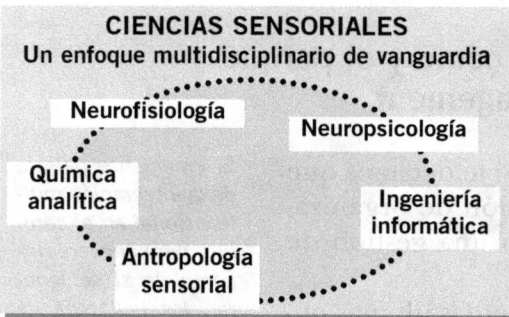

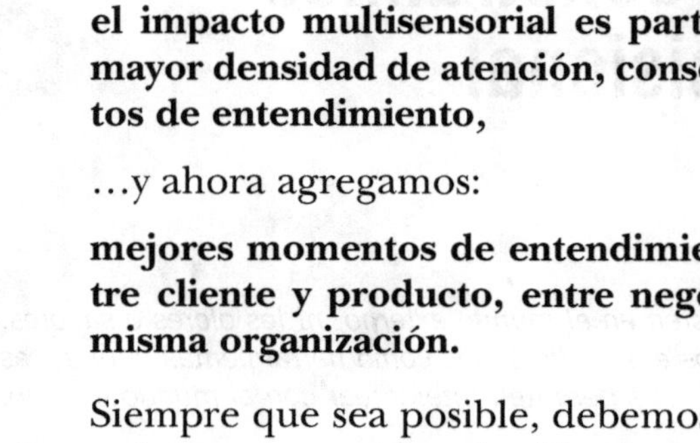

Si bien la configuración de este conjunto es un motivo de discusión epistemológica entre algunos científicos debido, en parte, a que hay quienes entienden a esta nueva disciplina como un arte, más que como una ciencia, en el presente capítulo (y en los demás que conforman la Parte II de esta obra) basaremos nuestro análisis en los aportes de la neurofisiología, la neuropsicología, la antropología sensorial, la química analítica y la ingeniería informática.

La utilidad de estas aplicaciones para el neuromanagement puede resumirse en que:

cuanto mayor sea el efecto multisensorial –en otros términos, cuanto mayor sea el número de sentidos a los que podamos llegar–, mayor será la posibilidad de seducir.

Por ejemplo, en el mundo de las marcas, generalmente se trabajó para fijar su nombre y logotipo. Los aspectos visuales eran los que prevalecían en la mayoría de las campañas donde la imagen acompañaba pequeñas historias que las iban dotando de una personalidad determinada.

En la actualidad, muchas cosas han cambiado. Es común que en un plan de negocios encontremos asignaciones de recursos destinadas, por ejemplo, al *branding olfativo* o al *branding auditivo*. Esto significa, ni más ni menos, que investigar qué tipo de aroma o qué melodía puede ser más acorde con el posicionamiento de una marca para luego imprimir un conjunto de matices que pasen a formar parte de su sistema de identidad.

Y más aún: si hacemos una visita a las oficinas de organizaciones consideradas de avanzada en el estudio de los sentidos, nos sorprenderemos por el diseño ambiental. Antes nos encontrábamos con salas prolijas y ordenadas, con un estilo minimalista y muebles de calidad.

Hoy es altamente probable que nos esperen en un ámbito decorado "temáticamente", con sillones destinados a proporcionar placer, con esencias perfumadas, colores relajantes y una música de fondo cuidadosamente seleccionada.

En estas mismas empresas, los ítems que componen el diseño multisensorial de los productos y servicios se han convertido en variables que se estudian en primer lugar cuando se analizan tanto las estrategias propias como las de los competidores.

Por ejemplo, en la industria automotriz, gran parte de la competencia pasa por suministrar la mayor cantidad posible de placeres sensoriales al usuario.

En la actualidad, los creadores de productos y servicios necesitan una comprensión sensitiva y, a su vez, de habilidades creativas para lograr un diseño que resulte multisensorialmente placentero para los clientes.

Además de los aspectos visuales que diferencian los distintos modelos, se trabaja para proporcionar un aroma agradable, aislar hasta el mínimo ruido y diseñar los asientos, el tablero y el sistema de cambios de tal forma que estén en armonía con el cuerpo del conductor y sus acompañantes.

En el negocio de los servicios aéreos, Singapore Airlines, una empresa en cuya imagen corporativa se imprime la belleza de la mujer del país de origen, ha patentado como propio el perfume que utilizan sus azafatas. La fragancia se diseñó luego de una investigación destinada a descubrir qué aroma era más relajante para el pasajero.

En esta especie de revolución multisensorial, que también abarca (y considerablemente) el diseño de todos los puntos de venta minoristas, hay un conjunto de preguntas que inexorablemente deben ser respondidas por la inteligencia empresaria:

- ¿qué significa percibir? ¿Cómo se codifican los estímulos sensoriales? ¿Qué ocurre en nuestro cerebro cada vez que vemos, saboreamos, tocamos, oímos u olemos?
- ¿Qué factores psicológicos y culturales influyen en las evaluaciones de nuestros clientes cuando visitan las oficinas de nuestra empresa?
- ¿Cómo puede variar la percepción sobre los beneficios del producto que vendemos en Occidente cuando abordemos los mercados de Oriente?
- ¿Cuáles son los recursos multisensoriales a los que podemos recurrir para crear ámbitos de trabajo que faciliten el aumento de la productividad?

Como veremos en el presente capítulo, percibir significa integrar los estímulos sensoriales que recibimos a través de los órganos de los sentidos para dotar de un conjunto de significados a los diferentes aspectos de la realidad.

De esto se desprende que para responder las preguntas planteadas, necesitamos conocer cómo el cerebro codifica y transforma la información procedente del entorno para crear lo que se conoce como "juicio perceptivo".

A partir de allí, estaremos en condiciones de diseñar un conjunto de estrategias que nos permitan integrar los nuevos conocimientos con el desarrollo de aplicaciones que allanen el camino para alcanzar los objetivos de competitividad que nos hemos propuesto.

2. La construcción cerebral de la realidad

Como seres vivos, nacemos, crecemos, aprendemos y actuamos dentro de un entorno con el cual intercambiamos no sólo materia, como ocurre cuando nos alimentamos, sino también energía e información.

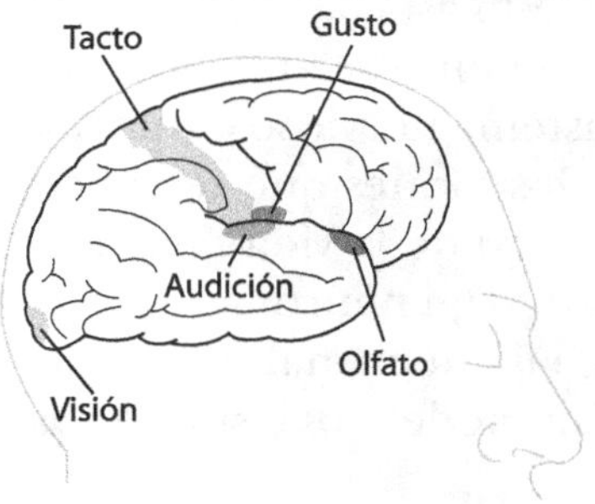

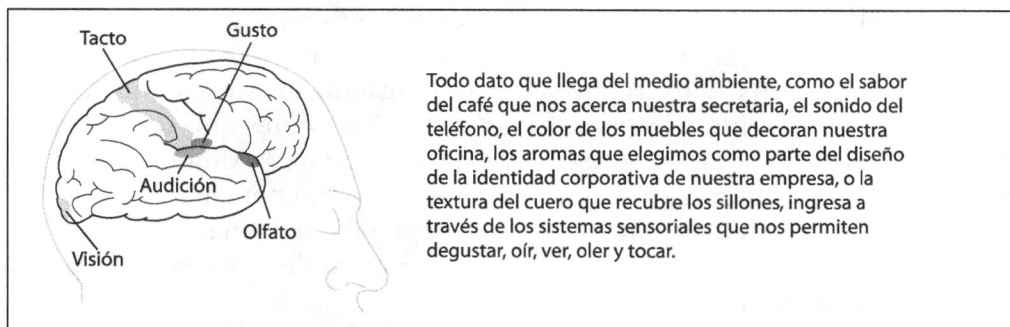

Todo dato que llega del medio ambiente, como el sabor del café que nos acerca nuestra secretaria, el sonido del teléfono, el color de los muebles que decoran nuestra oficina, los aromas que elegimos como parte del diseño de la identidad corporativa de nuestra empresa, o la textura del cuero que recubre los sillones, ingresa a través de los sistemas sensoriales que nos permiten degustar, oír, ver, oler y tocar.

Las sensaciones que experimentamos durante este proceso de intercambio –al ver, oír, tocar, oler y saborear– son el resultado de la interacción de millones de células nerviosas que envían y reciben mensajes a lo largo de una enorme cantidad de redes neuronales interconectadas.

Como estos procesos son estrictamente individuales, los significados que les otorgamos a los objetos (por ejemplo, a los beneficios que recibimos de un producto o servicio) y a los hechos (por ejemplo, a la lectura de un informe a partir del cual debemos tomar una decisión) están teñidos no solamente por nuestra percepción, sino también por los mapas mentales que hemos construido y seguimos construyendo como resultado del aprendizaje y la experiencia.

Estas construcciones, sumadas a un conjunto de filtros de diferentes naturalezas, hacen que las estimulaciones que recibe nuestro cerebro influyan de manera distinta en el procesamiento de la información y consecuentemente, en la conducta y las decisiones.

La percepción en una modalidad sensorial es siempre modulada por lo que está sucediendo en las otras. Esto significa que los sentidos son interactivos y, a su vez, reactivos.

Veamos en un ejemplo ameno de cómo es este proceso.

La información que procede del mundo exterior es procesada por los cinco sentidos mediante impulsos electromagnéticos o vibraciones. Ante una imagen visual, por ejemplo, el famoso recital de los Stones en Río de Janeiro, la luz se proyecta en la retina.

La retina descompone los colores en distintas frecuencias y envía los datos a través del nervio óptico a cada área correspondiente del cerebro. Allí, la imagen de los músicos, del escenario y de la multitud aplaudiendo cobrará forma.

Cuando *Satisfaction* comience a sonar, y también las voces y las palmas, las ondas harán vibrar el tímpano. Esta vibración será transmitida al cerebro, donde también será procesada en el área correspondiente.

Al ir el sonido vinculado con las imágenes, esta asociación se registrará en forma electromagnética (a través de neuronas) en otra área, y así sucesivamente. Todos estos datos registrados por el sistema nervioso conformarán una especie de "archivo de sensaciones" sobre los Stones que se almacenarán en el cerebro e irán enriqueciéndose a lo largo de la vida mediante un proceso que algunos científicos denominan "lenguaje neuronal".

Exactamente de la misma manera, el lenguaje neuronal de un ejecutivo moderno va conformando y enriqueciendo su modelo decisional a partir de experiencias similares.

En neuromanagement, la idea subyacente es que cuanto mayor sea el número de sentidos cautivados mayor será el recuerdo posterior y mayor la sinergia positiva con la experiencia que se ha vivido.

Como cualquier fanático que haya tenido oportunidad de estar en Río en aquel verano de 2006 tiene altas probabilidades de recordar esa maravillosa ciudad bajo el estímulo de una canción de los Rolling, y viceversa, un ejecutivo que ha tomado una decisión exitosa de negocios en Oriente tendrá un conjunto de remembranzas particulares cada vez que visualice el Taj Mahal.

Todos estos hechos, grabados en su memoria, contribuyen en forma metaconciente a la conformación de su propio modelo decisional.

Sin embargo, el tema no termina aquí. Además de la información que suministran los hechos, en la percepción de la realidad interviene la capacidad humana para *imaginar*.

Esto último puede afectarnos en forma positiva (cuando se emplazan en la mente emociones como la alegría), negativa (como ocurre cuando pensamos lo peor) o neutra (cuando somos indiferentes ante los sucesos). En neuromanagment, este nivel es el de albedrío gerencial, que nos permite ser artífices de nuestro propio crecimiento y perfeccionamiento cerebral.

A partir de esta breve introducción, en la que intentamos provocarle al lector un impacto multisensorial para introducirlo gratamente en el tema, analizaremos con mayor profundidad y detalle cada uno de estos aspectos utilizando la terminología que se emplea normalmente en neurobiología.

2.1. ¿Qué es la realidad?

La realidad, dicen Capra y Steindl-Rast, es "algo relativo e ilusorio". Esta afirmación, que parece filosófica o poética, tiene una base anatómica.

Para explicar estos conceptos recurriremos, en primera instancia, a las dos fases que distinguen los neurobiólogos en la percepción: **transducción** y **codificación.**

> **Durante la interacción del hombre con el entorno, hay células que actúan como detectores y, a su vez, como informantes del sistema nervioso sobre lo que está ocurriendo en el medio ambiente.**
>
> **La información llega al cerebro en forma de impulsos eléctricos, y es procesada para generar una respuesta concreta.**
>
> **Así, la percepción de imágenes, aromas, sonidos, texturas, temperaturas y sabores, entre miles de aspectos de la realidad, es el resultado del trabajo de millones de células sensoriales simples que se encuentran dispersas en la superficie del organismo, y también de órganos complejos, como el ojo y el oído.**

- La **transducción** se produce en el circuito cerebral a través del cual fluye la información *sin que se modifique su significado.*
  Este proceso incluye etapas encadenadas durante las cuales (en milisegundos o intervalos muy pequeños de tiempo) una célula convierte un estímulo (información) procedente del medio ambiente en una señal o en una respuesta específica.
- La **codificación**: se caracteriza por cambios en la interpretación de la información sin que se modifiquen el circuito y el medio por donde esta fluye.

Por ejemplo: la transducción convierte un estímulo procedente del medio ambiente (imaginemos el aroma del café recién preparado) en un impulso eléctrico que viaja por determinados neurocircuitos.

La codificación determina la respuesta: podemos entrar a Starbucks y disfrutar de una de sus variedades, continuar en nuestro camino porque preferimos las infusiones sin cafeína, planificar volver apenas podamos hacer una pausa, etcétera.

La respuesta depende de lo que tengamos inscripto en el cerebro sobre el consumo de café y, fundamentalmente, de la acción de los denominados "filtros reductores de la realidad"[1].

Siguiendo la línea de razonamiento de Josep de Haro Licer, actuamos de manera ingenua cuando creemos que aquello que vemos, oímos, tocamos, olemos o gustamos es la realidad absoluta. Lo mismo ocurre cuando analizamos la información para la toma de decisiones que recibimos.

Lo que percibimos como realidad es, simplemente, una interpretación sensorial, personal, de una parte de la realidad, y esto se debe a la presencia

---

1 Basado en trabajos de Josep de Haro Licer, *La realidad ingenua*, Hospital Municipal de Badalona. Publicado en http://www.percepnet.com//perc05_06.htm, mayo 2006.

de filtros que actúan en diferentes niveles. Observemos cómo operan algunos de estos filtros.

- El cerebro permite el paso de aproximadamente ¡el 1% de la información sensorial que nos llega del entorno!
- Los estímulos que el cerebro procesa son sólo de dos tipos: las ondas y las sustancias químicas.
  - Las ondas electromagnéticas, como la luz y el color, son procesadas por el sentido de la vista.
  - Las ondas de presión, como el sonido y el roce de la piel, son procesadas por el oído y el tacto.
  - Las ondas térmicas, como el frío y el calor, son procesadas por los receptores ubicados en la piel.
  - Las sustancias químicas, que determinan la percepción de los sabores y aromas, son procesadas por el olfato y el gusto.
- **Como cualquier estímulo que no se procese por estas vías no forma parte de la construcción cerebral de la realidad, los mismos sentidos actúan como filtros: ¡sólo captamos la información que el cerebro puede recibir y procesar!**

Y más aún:

- la percepción depende del momento del día, del mes, de las estaciones del año y de las épocas de la vida;
- vemos luces y colores, sin embargo, no todos: el cerebro no puede captar los infrarrojos ni los ultravioletas, y tampoco todas las intensidades;
- oímos infinidad de sonidos, pero no todos: el oído no puede percibir los ultrasonidos ni los infrasonidos;
- se estima que podemos detectar cerca de diez mil olores, sin embargo, los científicos continúan buscando las claves que permitan descifrar muchos de los misterios del olfato, y se cree que no tiene capacidad para captar toda la información que procede del entorno.

El tema de la construcción cerebral de la realidad (y esto se ve con mucha claridad en las empresas, sobre todo en los procesos de toma de decisiones) es verdaderamente apasionante, ya que los filtros no son solamente anatómicos.

- **Nuestros deseos y sentimientos actúan como potentes filtros perceptuales.**
La expresión: "ves lo que quieres ver" es tan vieja como el mundo; sin embargo, día a día se emprenden investigaciones que la corroboran neurológicamente.
Recientemente, un grupo de científicos de la Universidad de Cornell demostró que, de manera no conciente, interpretamos el mundo en función de lo que más nos interesa. Por lo tanto:

    percibimos la realidad a partir de nuestros deseos y, fundamentalmente, de nuestras creencias, haciendo que los datos encajen con lo que queremos percibir.

    Este proceso es, por lo general, no conciente, e involucra conexiones con significados arraigados en nuestro cerebro que, desde las sombras del pensamiento, dirigen la conducta, las opiniones y, por supuesto, la toma de decisiones.
Como modelos mentales, estas construcciones se van fijando a lo largo del tiempo hasta convertirse en canales de percepción predominantes.
En este sentido, desempeña un papel fundamental una buena capacidad para movilizar y focalizar la atención, ya que la habilidad para poner el acento o la lupa en un aspecto de la realidad, y no en otro, define nuestros pensamientos y, en consecuencia, cómo actuamos.
Por ejemplo, usted puede percibir "selectivamente" que su jefe es frío, meticuloso, obsesivo y poco afectuoso, o puede priorizar los aspectos respetuoso, confiable y generoso, que también posee.
Por lo tanto, el tipo de relación que usted tenga con su jefe, su receptividad y buena predisposición para aceptar sus indicaciones y sugerencias, estarán determinados en parte por la calidad y fuerza de los pensamientos que le dedique.
En este mismo sentido, la forma en que usted se relacione con los miembros de la organización para la cual trabaja estará mediada por su capacidad singular para dirigir su atención a los diferentes y ambiguos aspectos que conforman la compleja personalidad de aquellos con quienes interactúa y, por supuesto, de la realidad toda.

- **La mayor parte de la información se procesa en forma metaconciente.**
Cuanto mayor es la intensidad del momento que estamos viviendo (no es lo mismo observar la destrucción de las Torres Gemelas que

ir de compras a la tienda de la esquina), mayor probabilidad hay de que gran parte de la información que percibimos se almacene directamente en el cerebro metaconciente, es decir, sin que notemos que este fenómeno se está produciendo.

Como esto sucede prácticamente desde que nacemos, lo que denominamos memoria del metaconciente va incorporando sentimientos y emociones a lo largo de la vida, contribuyendo no sólo a la particular construcción de la realidad, sino también a la formación del carácter y personalidad de cada individuo.

Estos mecanismos explican, a su vez, por qué gran parte de las decisiones que tomamos en las organizaciones tienen un fundamento metaconciente.

Y hay más.

- **El cerebro no distingue entre lo que ocurre en la realidad y lo que, por propia voluntad, construimos en la mente.**

  Si usted se propone "sentir" calor, seguramente lo logrará si piensa con constancia en una habitación cerrada con 40 grados. Por ello, los científicos están convencidos (y nosotros adherimos por experiencia propia) de que el cerebro no conciente obedece a una decisión conciente.

  Muchas veces propiciamos una realidad particular construyendo previamente un escenario hipotético en nuestra mente.

  Por ejemplo, imagine que usted es ejecutivo de una compañía y que ha estado trabajando en un importante proyecto. Para convencer a sus jefes sobre la conveniencia de encararlo, también ha preparado cuidadosamente una exposición que deberá presentar ante una reunión de directorio.

  Sin embargo, antes de entrar en la sala donde lo aguardan, algunos pensamientos anticipatorios de connotación dramática toman por asalto su mente, y empieza a repetirse: "No les va a gustar y voy a hacer el ridículo", "El proyecto tiene graves fallas que son imposibles de disimular y todos se van a dar cuenta", "Seguramente lo van a rechazar y voy a quedar como un incompetente delante de todo el mundo".

  Cuando llega el momento de vender con pericia su idea y, efectivamente, la decepción y el descontento se expanden entre los presentes, uno de los asistentes, convertido en espontáneo vocero de la incomodidad del grupo, le comunica que su propuesta parece un tanto insustancial y confusa, que necesita algunos ajustes importantes y que le conceden un nuevo plazo para que pueda introducirle las mejoras necesarias.

Entonces se retira de la reunión abatido, desanimado. ¡Su peor pesadilla se ha hecho realidad! El pronóstico que había hecho resultó ser el correcto. El final catastrófico comprueba que usted tenía razón: su trabajo es mediocre, carece de creatividad.

Alcanzado este punto de los acontecimientos, lo que usted no sabe es que, en realidad, su proyecto es bastante bueno y que, si bien ha sido rechazado por sus jefes, esto se debe a razones muy diferentes de las que imagina.

Sin saberlo, ha construido previamente un escenario mental sobre la base de sus propias creencias: ha etiquetado su trabajo como de mala calidad, se ha convencido de eso, y luego su cerebro no conciente lo ha seguido en la idea, buscando corroborar sus expectativas.

En consecuencia, a la hora de exponer su trabajo se ha mostrado inseguro, ansioso, dubitativo, vacilante y poco locuaz, y contagió su propia inseguridad a los demás asistentes a la reunión, en una especie de efecto dominó percibido como certero.

Como consuelo, piensa que, al menos, es muy bueno haciendo pronósticos, sin darse cuenta de que es usted quien ha provocado inconcientemente lo que tanto temía. El resultado, en efecto, fue el que anticipó, pero las causas o los motivos han sido muy diferentes: no están relacionados precisamente con la calidad de su trabajo.

Sin duda, cuando en la mente de una persona se define una realidad, esta será, efectivamente, una realidad.

Esto nos lleva a otra importante conclusión, que profundizaremos en capítulos siguientes:

> **uno de los grandes secretos del éxito no es contar con la información correcta, sino saber crear y presentar la información en forma correcta.**

- **La realidad se construye también por la fuerza de nuestros pensamientos.**

  Si pensamos en algo que nos provoca placer, como el día en que nos ascendieron en el trabajo o nos otorgaron un importante aumento de sueldo, la realidad aparece como un fenómeno agradable, y nos sentimos contentos, positivos.

A la inversa, si permitimos que nos embarguen recuerdos asociados con sentimientos de pesadumbre, como el de aquel día en el que fracasamos en una negociación, la realidad aparece como amenazante, negra, angustiante.

Cada pensamiento, al igual que los sucesos que realmente se están produciendo, activa determinados neurocircuitos. Como esta activación orienta el comportamiento, no es necesario que le expliquemos lo importante que es monitorear el tipo de información que se lleva a la mente.

Se sabe que existe una correlación positiva entre pensamientos y sentimientos. Se trata de una dialéctica, una interacción permanente, un ida y vuelta en el cual los sentimientos afectan a los pensamientos y, a su vez, los pensamientos influyen y determinan cómo nos sentimos.

Veamos un ejemplo: su jefe le pide que hoy se quede trabajando hasta tarde para terminar un informe y usted piensa: "¡Otra vez quedándome hasta cualquier hora! ¡Esto es lo peor que me podía pasar en este momento!". Entonces comienza a sentirse deprimido, resentido con el mundo.

¿El resultado? Hace su trabajo con desgano mientras masculla maldiciones. Así, su tiempo psicológico se alarga, se convierte en una condena a cadena perpetua: los segundos se transforman en minutos y los minutos, en horas.

¿Qué pasaría si cambiamos el escenario? Ante circunstancias idénticas, usted también podría pensar: "Va a ser fantástico terminar con este informe hoy y no tener que volver a trabajar en él mañana", o "El gerente del área va a estar muy contento conmigo y tendré más tiempo libre para despejarme durante el fin de semana".

En este segundo caso, es bastante más probable que se sienta optimista y conforme con usted mismo. A su vez, este tipo de pensamiento, de connotación más positiva, seguramente redundará en una ganancia de sensación de control de su propia vida, de que no está a merced de las circunstancias.

Otra diferencia importante está dada por el hecho de que, en este segundo caso, se trata de un tipo de pensamiento focalizado en el logro exitoso de una meta, y no en el sacrificio o el proceso dificultoso necesario para alcanzarla.

Partiendo de estos hechos, que son comunes, cotidianos en las organizaciones, nuestra propuesta de un modelo, de una nueva plataforma en la interpretación y generación del éxito decisional, tiene en este concepto uno de sus fundamentos centrales.

> **Neuromanagement implica capacidad individual, hacer de la experiencia un estímulo adecuado, esto es, reconocer que nuestra realidad es propia y personal, que la información que utilizamos para tomar decisiones no es lo que percibimos, sino el resultado de lo que hacemos con lo que percibimos.**

En otros términos:

> **el neuromanagent tiene capacidad para incidir e influir en lo que percibimos y ser, al mismo tiempo, artífice de esa capacidad decisora, y no su consecuencia.**

- **La realidad y la información se construyen sobre la base de nuestras creencias.**
  Cuando la percepción se tiñe con información procedente de recuerdos o de determinadas creencias –por ejemplo, "Negociar con los chinos es muy difícil (¡qué angustia!)"–, actuamos en consecuencia.
  Bateson[2] lo explica de la siguiente manera: "cualquier objeto o suceso emerge al recortarlo del resto. Sin embargo, un objeto o suceso existe únicamente en el cerebro de cada persona, que selecciona la realidad percibida en función de sus propias creencias y condicionamientos".
  Esto significa que nuestras creencias son una especie de puente, tanto para contactarnos con el mundo como para actuar en él. Por ejemplo, la creencia de que las grasas engordan hace que seleccionemos alimentos magros hasta que... alguien nos convenza (esto le ha pasado a mucha gente) de que una dieta rica en grasas es más efectiva.
  Veamos otro ejemplo. Imagine que tiene a su cargo la Gerencia de Ventas de una importante compañía y que, en cierta ocasión, acuerda compartir una cena de negocios con un cliente italiano que está de visita en su ciudad.
  Desde luego, el día de la cita usted llega puntualmente al restaurante y ocupa la mesa que tiene reservada. Diez minutos después de la hora prevista para el encuentro, su cliente aún no ha llegado.

---

2 Bateson, Gregory: *Pasos hacia una ecología de la mente*, Buenos Aires, Lohlé-Lumen, 1999.

Transcurren quince minutos. Luego veinte. Luego treinta, y sigue aguardando. Entonces empieza a impacientarse. Desde luego, usted sabe que algunos de sus clientes italianos son impuntuales, sin embargo, este es exageradamente impuntual.

Luego de cuarenta y cinco minutos de espera piensa que este hombre es un desconsiderado y que no tiene palabra. Personaliza la situación y empieza a sentir un creciente enojo que se traduce fisiológicamente en tensión muscular e inquietud psicomotriz: comienza a tamborilear con los dedos sobre la mesa y a resoplar con fastidio.

¿Por qué puede pasar esto? Muchas veces tenemos cierta tendencia a creer que nos sentimos y nos comportamos en función de aquellas cosas que nos pasan; en otros términos, que las diferentes vicisitudes de la vida son las que determinan nuestra alegría o tristeza, nuestra felicidad o angustia.

En realidad, no suelen ser hechos objetivos los que desencadenan nuestras emociones y, en consecuencia, nuestra conducta, sino la interpretación particular que hacemos sobre ellos. Sin duda, la decodificación que hagamos sobre los acontecimientos nos llevará en una dirección u otra, independientemente de las circunstancias que nos toquen vivir.

Imagine ahora que, en vez de pensar que el cliente italiano es un irrespetuoso que no valora su tiempo ni tiene consideración por el prójimo, razona: "Posiblemente, se perdió camino al restaurante; es la primera vez que visita la ciudad y no la conoce, o tal vez quedó atascado en un embotellamiento de tránsito, y no tiene mi teléfono celular nuevo para avisarme".

En esta ocasión, casi con seguridad, tanto las consecuencias emocionales como las conductuales y las fisiológicas que usted experimentará serán muy diferentes. Desde luego, no sentirá ansiedad ni malestar psíquico. Probablemente, hasta se compadezca de la suerte de su cliente y, mientras lo espera, estará más tranquilo, relajado.

Cuando finalmente llegue y se disculpe, compungido, por la demora, el italiano no se encontrará con un individuo malhumorado, sino con una persona receptiva, agradable, con la cual da gusto sentarse a negociar.

Teniendo presente que en todo proceso de negociación el estado de ánimo y el buen clima generado por las emociones positivas están estrechamente relacionados con el éxito y la satisfacción de ambas partes, nos permitimos sugerirle que trabaje consigo mismo en pos de ese objetivo todas las veces que le suceda algo similar al ejemplo. Sin duda, y como suele decir uno de mis colegas: "Cuando manejamos adecuadamente el cerebro emocional, se compra y se vende casi todo"[3].

2.2. ¿Cómo hacemos para coincidir?

Si la realidad es una construcción cerebral, por lo tanto, individual, ¿cómo hacemos para coincidir cuando decimos, por ejemplo, que eso que se cruzó en nuestro camino cuando regresábamos a casa era un gato negro?

La respuesta es muy simple: hay construcciones cerebrales que tienen aspectos comunes en varias culturas: tanto para un chino como para un islandés, un gato es un gato, y el negro es negro.

Lo que nos lleva a construir conceptos cada vez más abstractos, que son los que configuran esa construcción individual de la que hablamos, es la capacidad de asociar, mediante un proceso de encadenamiento progresivo de redes neuronales individuales, qué significa "gato", qué significa "negro" y qué significa "gato negro" para cada sujeto.

Por ejemplo, la idea de "gato" está conectada con un concepto más general: "animal" y, al mismo tiempo, con otro más específico: "mamífero". En esto siempre va a haber coincidencias. Sin embargo, "gato negro" puede significar belleza, elegancia, ternura o, a la inversa, señal de mala suerte.

Recapitulando

- La anatomía cerebral combina los diferentes impulsos nerviosos que brindan información sobre colores, aromas, formas, sabores, etcétera, y estos permiten crear una imagen mental coherente.
- Esta imagen responde a un rótulo que, a su vez, remite a uno o varios conceptos.
- Cada concepto se presenta como una especie de patrón de neuronas que puede activarse (ante un estímulo) o permanecer inactivo (en ausencia del estímulo).

---

3 Braidot, N.: *Venta inteligente.* Puerto Norte-Sur, Madrid, 2ª Ed., 2006, Cap. 11.

A diferencia de los rótulos, que son universales aun cuando se utilicen diferentes idiomas para denominarlos, los conceptos a los cuales estos remiten son individuales: por ejemplo, cada sujeto le otorga un significado particular a la expresión "gato negro", porque la construcción cerebral de la realidad es, repetimos, un fenómeno intrínsecamente subjetivo.

Para comprender mejor lo que acabamos de explicar podemos recurrir a la programación neurolingüística: "Un mapa no es el territorio que representa".

En este sentido, el rótulo "gato negro" que utilizamos cada vez que vemos al animal (o lo imaginamos) no es una fiel representación de la realidad. Es un agrupamiento de significados inscriptos en nuestros circuitos neuronales que pueden remitir a una marca, a un cuento de Edgar Allan Poe, a un animalito que rasguña, al peluche de nuestro hijo, a las aventuras de Silvestre, a un augurio de mala suerte, a un augurio de buena suerte, etcétera.

Como vemos:

- el ser humano codifica la información que percibe del medio ambiente mediante las categorías que necesita para organizar conceptos, y su cerebro las agrupa de diversas maneras; cuando un hecho, persona u objeto es completamente nuevo, crea un neurocircuito o modifica uno ya existente;
- el cerebro de un adulto puede verse como una gran red neuronal que tiene inscripta una enorme cantidad de conceptos interconectados. Esta red se va modificando a medida que, como resultado del ingreso de información a través de los sentidos, el individuo incorpora progresivamente nuevos conceptos.

Decimos conceptos, y no palabras, tomando una opinión de Fritz[4]:

> *El ser humano utiliza conceptos cuando piensa en determinados aspectos de la realidad.*
> *Las palabras simplemente acompañan el acto de pensar.*

¿Hizo la prueba? Si no la hizo, le propongo que piense en un producto, por ejemplo, en una cerveza Isenbeck. Estoy prácticamente seguro de que no ha sido el nombre de marca lo primero que evocó, sino el concepto. ¿Coincidimos?

4 Fritz, Walter: "Sistemas inteligentes y sus sociedades". http://www.intelligent-systems.com.ar/intsyst/indexSp.htm

2.3. Las representaciones: cómo construimos la información que utilizamos para decidir

Podemos reconocer a una persona instantáneamente por su rostro, por su voz o por su forma de caminar; podemos distinguir a una bailarina por su arte, podemos reconocer miles de matices de colores, degustar un sinnúmero de platos y percibir cerca de diez mil olores.

También podemos sentir el calor de un cuerpo que nos abraza o escuchar el ruido del viento entre las palmeras.

Todo parece ser muy sencillo: abrimos los ojos, nos predisponemos para ver, oír, tocar o degustar, y dejamos que el mundo entre por nuestros sentidos. Sin embargo, estos procesos cotidianos requieren que millones de células nerviosas envíen mensajes urgentes a lo largo de vías que se entrecruzan y, a su vez, que retroalimenten los circuitos del cerebro.

Prácticamente todos los organismos han desarrollado mecanismos que les permiten captar la información sensorial del entorno, transmitirla y procesarla para crear una representación interna, un mapa de ese mundo exterior.

En todos los casos, y tal como venimos analizando, las representaciones no son imágenes fieles del mundo que nos rodea (de hecho, muchos animales no perciben los colores como el hombre), sino construcciones internas mediante las cuales cada individuo crea su propia visión del mundo.

Veamos qué interesantes son estos conceptos de Richard Axel[5] sobre el tema.

> *Todos los organismos han desarrollado un mecanismo que les permite reconocer la información sensorial del entorno y transmitirla hacia donde será procesada (en los animales superiores, el cerebro), para crear una representación interna, un mapa del mundo exterior.*
>
> *La existencia de un mapa en el cerebro implica directamente que las diferentes especies representan el mundo de distintos modos. Cada especie vive en su mundo sensorial único, del que otras especies pueden hallarse parcial o totalmente ajenas. El cerebro no funciona registrando una imagen exacta, sino creando un cuadro propio.*
>
> *Nuestras percepciones no son grabaciones directas del mundo que nos rodea, sino más bien construcciones internas que se rigen por unas reglas innatas.*

---

5 Axel, R., galardonado junto con Linda Buck con el Premio Nobel de Medicina y Fisiología en el año 2004. Párrafos extractados de su conferencia "Scents and Sensibility: Towards a Molecular Logic of Perception", dictada en la Universidad de Columbia, Nueva York, mayo de 2004.

Lo que un organismo percibe viene dado por una dotación única en sus neuronas, que le es genéticamente otorgada, por lo que estamos atrapados en una representación del mundo que nuestros genes hacen posible.

La pregunta es cómo esta rica variedad de propiedades mecánicas, ópticas y químicas que definen el tacto, la vista, el olfato y el gusto, puede representarse en el cerebro por medio tan sólo de fragmentos de actividad eléctrica.

Para el neurobiólogo Antonio Damasio[6], el cerebro y el resto del cuerpo constituyen un organismo indisociable integrado por circuitos reguladores, bioquímicos y neuronales que se relacionan con el ambiente como un conjunto. La actividad mental que crea las representaciones de lo que vemos, sentimos, olemos, tocamos y oímos surge de esta interacción.

Como vemos,

la percepción sensorial cuenta con dos particularidades: por un lado, establece relaciones de interacción entre el individuo y su entorno; por el otro, determina la construcción cerebral del conjunto de significados que le otorga a cada aspecto.

Algunas corrientes científicas sostienen que lo que da sentido a las percepciones es la conciencia, concebida como una actividad cerebral autónoma, que puede registrar o no determinados estímulos.

Quienes adhieren a este paradigma han comenzado a hablar, en línea con el tema de los sentidos, de "conciencia sensorial".

Para comprender las afirmaciones del Dr. Damasio, le propongo un ejercicio sencillo: concéntrese e imagine que está disfrutando de sus vacaciones en un lugar del que sólo tiene información.

¿Dónde está? ¿En una cabaña? ¿En un hotel? ¿Cómo es? ¿Cuáles son los colores y las formas de su habitación? ¿Hay montañas alrededor?

¿Hace frío, o calor? ¿Puede escuchar el ruido del mar o de una cascada? ¿Cuáles son los aromas que le vienen a la mente? ¿Y los sonidos?

Ahora vuelva a la realidad. Usted no está en un Club Med ni en una cabaña ni en un hotel de Nueva York o París; está leyendo estas páginas que hemos escrito. Sin embargo, la lectura lo ha llevado a ver, oír y sentir un conjunto de sensaciones que, estamos seguros, le han provocado mucho placer.

Lo que acaba de hacer es algo que todos los seres humanos vivenciamos a diario: ha formado una "representación mental" de un hecho. Para ello,

6 Director del Departamento de Neurología de la Facultad de Medicina de la Universidad de Iowa y autor del famoso libro *El error de Descartes.*

ha tomado información ya archivada en su memoria y la ha traído a su mente. Esto significa que

no sólo podemos representarnos mentalmente lo que alguna vez experimentamos, como unas vacaciones. También podemos crear representaciones reciclando datos de una manera distinta, viendo, oyendo, disfrutando del aroma y "sintiendo" placeres físicos y emocionales.

De lo expuesto se desprende que los humanos tenemos, básicamente, dos formas de representarnos el mundo a partir de nuestras percepciones:

- *la que surge de la experiencia externa*: lo que vemos, lo que oímos, lo que degustamos, lo que tocamos y lo que olemos del mundo exterior;
- *la que surge de representaciones internas*: lo que vemos, lo que oímos, lo que degustamos, lo que tocamos y lo que olemos con sólo imaginarlo a partir de datos archivados en nuestra memoria y de nuestras creencias previas.

Si bien la percepción es un fenómeno individual –ya dijimos que cada cerebro crea su propio mundo–, hay coincidencias entre personas, de lo contrario sería imposible que algo con un tronco, abundante copa y muchas hojas se represente en la mente humana como un árbol (independientemente del idioma que se utilice para denominarlo).

3. Antropología sensorial: la influencia de la cultura en la construcción de la realidad

En nuestro libro *Neuromarketing, neuroeconomía y negocios*[7] decíamos que no vemos con los ojos, sino con el cerebro y, más aún, que si bien la cultura depende en gran medida de lo que vemos, también lo que vemos depende de lo que culturalmente estamos condicionados para ver, y lo mismo ocurre con los otros sentidos.

La percepción de un producto, un paisaje, un cuadro, una melodía o un gesto, entre millones de aspectos de la realidad, contiene información que no puede ser comprendida sin las correspondientes claves culturales.

Este concepto, es decir, que nuestras percepciones, además de una naturaleza biológica, tienen un gran componente dado por nuestra pertenencia a un

7 *Op. cit.*

determinado grupo social, constituye el foco de investigación de la antropología de los sentidos, una corriente que comenzó a desarrollarse en la década de 1990.

La antropología sensorial parte de la premisa de que los sentidos, al igual que la mayor parte de los aspectos fisiológicos (como los vinculados con la alimentación, por ejemplo) están regulados por la sociedad, es decir, hay códigos compartidos que determinan la conducta sensorial admisible de sus miembros y, a la vez, les otorgan significado a las distintas experiencias sensoriales.

En el momento en que se escribe esta obra, hay dos grandes ramas dentro de esta disciplina con sus correspondientes líderes: David Howes, un científico canadiense que estudia cómo la humanidad se organiza en grupos culturales en función de sus preferencias sensoriales, y Joël Candau, concentrado en estudiar cómo se produce la transmisión de pautas culturales sobre la base del lenguaje de los olores.

> Como los grupos humanos revelan distintas preferencias sensoriales en función de su cultura, esto es, según el significado que le atribuyen y la preeminencia que le otorgan a cada uno de los sentidos, uno de los objetivos de los antropólogos sensoriales es indagar los sentidos que prevalecen en las organizaciones sociales y, paralelamente, su influencia en los lazos afectivos e intelectuales que se establecen entre sus miembros, incluidas, por supuesto, las grandes metrópolis.

El interés del neuromanagement en esta disciplina tiene sus raíces en la necesidad de estudiar cómo se construye la información sensorial en el ámbito de las organizaciones.

Hoy se sabe que los estímulos procedentes del entorno, por ejemplo, del punto de ventas, son tan importantes como los del producto en sí. Más aún: al analizar el emplazamiento de algunos negocios, como ocurre con los restaurantes especializados en platos típicos de otro país, los inversores no pueden obviar la investigación sobre la percepción de los aromas en grupos que no pertenecen al target.

De la misma manera, se deben estudiar los ambientes de trabajo, la metacomunicación del manager, y la metapercepción de los integrantes de los equipos de trabajo.

En los Estados Unidos, por ejemplo, hubo numerosas quejas en algunos vecindarios por los olores que emanaban de los restaurantes orientales.

Según las investigaciones de Howes, muchos de los aromas que los chinos encuentran agradables son feos para los occidentales. De todos modos, argumenta este científico, el disgusto por el olor del otro es una reacción típica de la xenofobia.

La cuestión, razona, es si los aromas que eligen determinados grupos son realmente desagradables para otros o si se trata, simplemente, de una cuestión cultural lo que lleva a percibirlos como tales.

En neuromanagement tenemos claro que todos los aspectos sensoriales relacionados con un producto afectan su posicionamiento, ya sea en forma positiva o negativa, y que el papel más importante del cerebro es registrar una diversidad de estímulos sin que seamos totalmente concientes de ello, lo cual les otorga un mayor nivel de complejidad al análisis[8].

En algunas culturas occidentales, hay regiones donde el gusto y el tacto se confunden en un solo sentido y otras donde el tacto se subdivide en varios sentidos. En culturas no occidentales hay regiones donde no existen los cinco sentidos. Los hausas de Nigeria[9], por ejemplo, reconocen sólo dos: la percepción visual y la no visual. Esta variación, que existe hasta en la discriminación de los sentidos, puede darnos una idea de hasta qué punto la manera en que se percibe el mundo varía según las pautas culturales.

Según el enfoque de la antropología de los sentidos, la percepción sensorial es física y, a la vez, cultural.

Esto significa que la vista, el oído, el tacto, el gusto y el olfato no son solamente medios para captar los fenómenos del entorno, sino también vías de transmisión de valores culturales mediante el habla, la escritura, la música, las artes visuales y las ideas que pueden comunicarse a través de las sensaciones auditivas, olfativas, gustativas y táctiles.

Como detallamos en esta obra, muchas reacciones a los estímulos perceptuales se manifiestan mediante un complejo mecanismo electroquímico en el que las unidades de lo transmitido son bits de información que, en su procesamiento, son afectados por lo que hemos introyectado al vivir en una cultura determinada.

Y más aún, la mayoría de los estímulos tienen una carga de significados que sólo pueden ser comprendidos si se entienden las claves culturales. Esto se ve con mucha claridad en el caso de las metáforas sensoriales, por ejemplo, cuando decimos que algo "nos huele mal" en una situación de negocios.

8 Braidot, N.: *Op. cit.*

9 Los hausas constituyen el grupo étnico más grande del norte y centro de Nigeria. Aunque la mayoría vive en pequeñas comunidades agrícolas, se interesan en la vida urbana y enfatizan el comercio. Dependen del camello para el transporte de mercancías. En la actualidad, su lengua es tal vez la más hablada en África Occidental, porque los comerciantes hausas están dispersos por toda la región.

Lo que creemos ver, oír, sentir, tocar, no siempre es lo real, sino una construcción determinada por la interacción entre un hecho u objeto, la interpretación individual y, fundamentalmente, por los filtros perceptuales generados por la cultura a la que pertenecemos.

Ojos, nariz, oídos y piel no son simples sensores anatómicos; son vías especialmente sensibles a determinados valores, costumbres y creencias.

Es necesario tener siempre presente la necesidad de investigar no sólo los significados, sino también las prácticas sensoriales propias de la cultura que nos interesa, y ello no se limita a los procesos de negociación o al lanzamiento de productos y servicios. Sin duda, ningún ejecutivo que sea trasladado a otro país tendrá éxito si no logra comprender lo que los antropólogos denominan "usos prácticos de los sentidos".

Esto exige estudiar los valores que dan forma al modelo sensorial al que adhiere cada grupo, es decir, cuáles son las pautas sensoriales según las cuales sus miembros crean su propia visión del mundo.

4. Percepción conciente y metaconciente: aplicaciones en neuromanagement

Una de las metas fundamentales del neuromanagement es conocer cómo son los procesos concientes y no concientes que hacen que los estímulos que recibimos se transformen en una percepción unificada.

Por ejemplo, al observar cualquier aspecto del entorno –imaginemos un informe suministrado por el Departamento de Finanzas sobre la factibilidad de un negocio en China–, nuestro sistema cerebral analiza en forma simultánea, pero separadamente, la forma del texto, los movimientos que hacemos al pasar las hojas, los colores de la tipografía, lo que representan para la empresa los números que estamos leyendo y los movimientos de las personas que hay a nuestro alrededor.

Luego integra esa información para configurar un concepto, es decir, lo que tendremos que decidir a partir de otras asociaciones que surgen de las cifras que vemos, más todo lo que se encuentra en nuestros almacenes de memoria relacionado con el tema.

Si este mismo informe es leído por cuatro colegas con los que deberemos reunirnos luego para comentarlo, sus cerebros realizarán un trabajo similar. En este sentido, lo relevante para el neuromanagement es que:

como nuestros registros sensoriales dependen de las características personales de quien observa, nuestras percepciones difieren cualitativamente de las percepciones de los demás y de las propiedades físicas de los estímulos que ingresan a través de nuestros sentidos.

Para comprender mejor estos conceptos, continuemos con el ejemplo. Imaginemos que el negocio en China promete excelentes resultados y que, junto con un colega y dos personas más, estamos recorriendo el trayecto desde el aeropuerto de Beijing hacia el hotel donde nos alojaremos.

Todos registramos variaciones en las ondas de la presión del aire, sin embargo, no todos escuchamos lo mismo.

El conductor puede estar concentrado en el camino o en los ruidos del motor, el cliente chino en las noticias de la radio, y nosotros, observando un conjunto de imágenes que vemos por primera vez: carteles, edificios, parques, personas.

Al recorrer los diferentes tramos, y mucho más si nos detenemos para beber o comer algo, entraremos en contacto con miles de componentes químicos disueltos en el aire, en el agua o en la tierra; sin embargo, cada uno de nosotros experimentará los olores y sabores en forma particular.

De este sencillo ejemplo, y reforzando los conceptos que hemos venido desarrollando en los apartados anteriores, podemos extraer las siguientes conclusiones.

- La realidad no existe fuera del cerebro de los individuos y difiere entre ellos.
- Gran parte de la información ingresa en el cerebro metaconciente (sin que lo notemos).
- Gran parte de la información es desechada.
- Un mismo fenómeno puede ser percibido de formas distintas por diferentes personas.

Lo que tenemos en común en todos los organismos sanos, independientemente de la raza y del estilo de vida, es que los sistemas sensoriales reciben información del medio a través de células especializadas que la traducen en impulsos nerviosos que viajan por los circuitos neuronales.

Una vez allí, la información se utiliza principalmente para cuatro funciones: la percepción, el control del movimiento, la regulación del funcionamiento de los órganos internos y el mantenimiento de la activación.

Aunque tendemos a considerar cada sensación como una experiencia conciente, la mayoría de las veces no es así. Por ejemplo[10], al retirar la mano después de haber tocado una superficie que no sabíamos que estaba caliente, la información sensorial provoca la respuesta motriz automáticamente, antes de que seamos concientes de por qué lo hacemos.

Lo mismo nos ocurrirá si, durante nuestra estancia en un país desconocido, escuchamos un estruendo completamente raro para nuestros oídos. La sensación de peligro nos hará correr hacia algún refugio antes de pensar hacia dónde y cómo debemos hacerlo (en la toma de decisiones, estas conductas se derivan de lo que se denomina *efecto priming* o reacciones anticipatorias de la toma de conciencia de la causa)[11].

Lo relevante para el tema que estamos analizando es que en cualquier lugar del planeta, dentro o fuera de nuestra casa, dentro o fuera de nuestros ambientes de trabajo, el entorno suministra una enorme cantidad de estímulos que se procesan en forma conciente y metaconciente.

- Un estímulo sensorial se percibe en forma metaconciente cuando nuestro conciente no registra que se está produciendo este proceso, por ejemplo, los sonidos del entorno cuando estamos inmersos en la lectura de un libro, o las percepciones extrasensoriales de nerviosismo en la Bolsa de Valores.
- A la inversa, un estímulo sensorial se percibe concientemente cuando lo registramos en el momento presente; por ejemplo, cuando estamos atentos a las variaciones del precio de las acciones en la Bolsa, cuando leemos un correo electrónico o escuchamos con atención la letra y música de una canción.

La **percepción metaconciente** (que en parte de la bibliografía especializada puede leerse como no conciente, inconciente o subliminal[12]) es un fenómeno sensorial mediante el cual captamos gran cantidad de información procedente del entorno en forma simultánea sin que seamos concientes de este proceso.

---

[10] Bear, Mark *et al.*: *Neurociencia. Explorando el cerebro.* Masson Williams y Wilkins, Barcelona, 1995.

[11] Véase www.nestorbraidot.com/papers de investigación.

[12] Preferimos la expresión "metaconciente", ya que nos permite superar la percepción de inferioridad de "sub", así como la afirmación demasiado rígida de conciente-no conciente.

A la inversa, la **percepción conciente** es limitada, ya que puede atender un máximo de siete, más o menos dos, variables o ítems de información simultáneamente. Esta información puede ser de diferentes extensiones y referirse a cualquier cosa: escuchar un disco de Sting o el sonido de las olas, tocar la textura de una tela o prestarle atención a los transeúntes cuando conducimos.

La percepción conciente utiliza un solo canal sensorial por vez y reconoce con claridad cualquier tipo de estímulo:

- cuando escuchamos, oímos;
- cuando miramos, vemos;
- cuando tocamos, sentimos.

(Excepto que decidamos concientemente aplicar más de un canal al mismo tiempo).

La neurobiología moderna cuestiona la postura del psicoanálisis sobre los procesos mentales inconcientes.

En general, la mayoría de los neurobiólogos prefiere hablar de distintos niveles de conciencia.

Probablemente nuestro sistema metaconciente se haya desarrollado dadas las dificultades del conciente para captar el enorme flujo de información procedente del entorno, que supera su capacidad para procesarla.

Observemos qué interesante es esta investigación realizada en los Estados Unidos sobre la percepción conciente y no conciente.

En la Universidad de British Columbia, Ronald Rensick elaboró la hipótesis de que el sistema visual humano posee, al menos, dos subsistemas sensoriales. Uno de carácter conciente, encargado de acumular las imágenes, y otro no conciente, capaz de adquirir y contrastar patrones dinámicos con sólo percibir la luz que llega a la retina (sin necesidad de generar imágenes).

Sobre la base de las investigaciones de Rensick, algunos científicos deducen que la percepción visual no conciente influye en la capacidad de anticipación del individuo, y que quienes tienen este sentido especialmente desarrollado están en condiciones de identificar un cambio de comportamiento en el entorno segundos antes de que se produzca.

En realidad, los científicos vienen estudiando el fenómeno de la percepción metaconciente desde hace más de un siglo.

Uno de los pioneros fue Pötzl, quien en 1917 descubrió que un grupo de personas expuestas a una serie de dibujos complejos durante una fracción de tiempo tan pequeña que era imposible su reconocimiento conciente, manifestaban varias fantasías que estaban vinculadas a fragmentos de dibujos a los que habían estado expuestos, pero que "no habían visto".

Otra investigación, emprendida por científicos del Hospital Pitié-Salpêtrière, en Francia, ha demostrado que los procesos mentales no concientes pueden alcanzar niveles muy abstractos.

Para llegar a estas conclusiones, y siguiendo la línea trazada por Pötzl, aplicaron una técnica de presentación subliminal que consistió en una serie de flashes con palabras cuya duración no permitía que los participantes tuvieran tiempo de leerlas en forma conciente. Los significados eran de tres tipos: amenazantes, neutros y alegres.

Mientras recibían los flashes, se observó actividad eléctrica en la amígdala, aun cuando estaba claro que nadie podía leer. En los tres casos, los científicos detectaron una respuesta relacionada con el valor emocional de las palabras, que había sido percibido en forma no conciente.

Con el fin de validar sus resultados, realizaron otra experiencia con el tiempo suficiente como para que las palabras pudieran ser leídas, es decir, percibidas concientemente. Los resultados revelaron que se activaba la misma región del cerebro que se había iluminado cuando estas habían llegado en forma subliminal.

Estos experimentos, sumados a unos cuantos que se vienen realizando en diferentes países, revelan que existen procesos mentales que preceden a la toma de conciencia sobre determinados aspectos de la realidad. Aparentemente, el cerebro efectúa un tratamiento preliminar de la información para lo cual emplea procesos que están por debajo del umbral de conciencia.

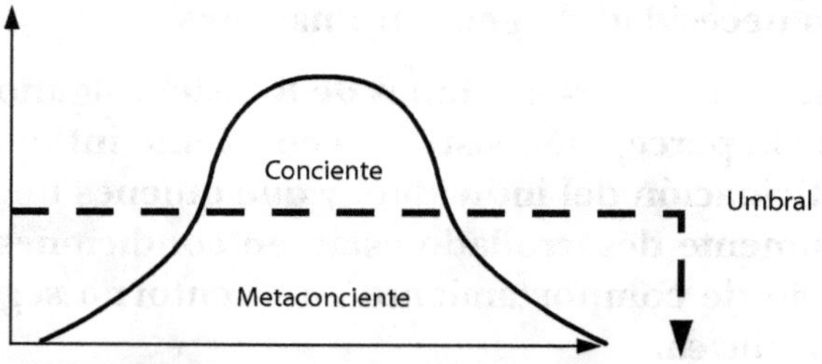

La percepción metaconciente registra estímulos sensoriales de una intensidad o en un espacio de tiempo inferior al requerido por el umbral de conciencia.

Esto hace que el individuo responda a ellos sin que sea conciente de por qué lo hace.

Como la percepción metaconciente se encuentra por debajo del umbral de conciencia, hay mensajes que son dirigidos intencionalmente mediante técnicas especiales; este fenómeno es el que se conoce como "persuasión subliminal". Ahora bien, ¿esta técnica es efectiva?

Veamos qué interesante es esto que decía Bohm[13]:

> *(...) Al ser la inteligencia suprema, la intuición es capaz de reorganizar la materia del cerebro que subyace por debajo del pensamiento, quitándole al mensaje lo que origina la confusión y dejando la información necesaria.*

Este fenómeno se debe a que, si bien prácticamente no existen procesos de decisión concientes que no se fundamenten en razones metaconcientes, percibir es un proceso activo. Esto significa que, independientemente de lo que quieran decirnos los demás, es nuestro cerebro el que decide qué estímulos va a procesar y cuáles no.

Por ello, y para analizar el rol de los sentidos en las experiencias de vida y, en particular, cuál es la aplicación de estos conocimientos en neuromanagement, debemos continuar investigando con el objeto de comprender cómo se generan los procesos concientes y metaconcientes que hacen que las personas interesantes para la organización perciban la realidad de una manera determinada.

En los siguientes capítulos profundizaremos en el estudio de la vista, el tacto, el oído, el gusto y la audición, para que el lector pueda comprender con mayor profundidad por qué decimos que la gestión de organizaciones debe ser, también, una gestión de las sensaciones.

---

[13] David Bohm es autor de la obra *La totalidad y el orden implicado*, en la que explora el concepto de la unidad del universo por medio del denominado "orden implicado", que se encuentra presente en todos los seres y las cosas.

Capítulo **5**

Los ojos, los oídos y la piel como inputs en la toma de decisiones

No vemos con los ojos, sino con el cerebro. Si bien nuestras interpretaciones suelen ser bastante cercanas a la realidad objetiva, nunca son un reflejo fiel de esta.

Néstor Braidot

1. Neuromanagement aplicado: los perfiles multineurosensoriales

En el Capítulo 4 de esta obra hemos presentado al lector un conjunto de conceptos, ejemplos y casos que fundamentan la necesidad de trabajar sobre la construcción de perfiles multineurosensoriales para crear unidades de negocios exitosas, reposicionar las actuales, seleccionar a las personas, optimizar el servicio al cliente y mejorar la gestión organizacional creando más y mejores momentos de entendimiento.

Para que esto sea posible, es necesario profundizar en el funcionamiento de cada uno de los sentidos y, a su vez, conocer las principales técnicas que se han desarrollado para obtener información objetiva y subjetiva que permita construir los perfiles multineurosensoriales que son de interés para la organización.

Ya sabemos que, por su naturaleza, la percepción sensorial humana cuenta con dos particularidades: por un lado, establece relaciones de interacción entre las personas y su medio ambiente (del cual, obviamente, forman parte las empresas, sus productos y servicios), y por el otro, determina la construcción cerebral de la realidad, es decir, el conjunto de significados que cada individuo le otorga a cada hecho, objeto, lugar, o persona.

El Brain Decision Braidot Centre trabaja con programas multineurosensoriales basados en técnicas propias y en instrumentos probados en países de avanzada –fundamentalmente los Estados Unidos y Alemania–, para evaluar los deseos y necesidades de los clientes, así como también los perfiles neurocognitivos de toma de decisiones en niveles gerenciales y directivos.

En este capítulo, y en el que le sigue, suministraremos al lector un conjunto de conceptos que le permitirán comprender la importancia de conocer nuestros cinco sentidos: impresiones ópticas (vista), acústicas (oído), olfativas (olfato), gustativas (gusto) y táctiles (sistema cinestésico) y, a su vez, cómo estos conocimientos se aplican en las organizaciones partiendo, fundamentalmente, de nuestra experiencia como consultores.

A manera de introducción, comenzaremos por explicar que, en todos los casos, se trabaja para identificar en forma eficiente cuáles son las necesidades concretas de los clientes (tanto internos como externos) para, posteriormente, transformarlas en beneficios que se plasmen en una propuesta de valor.

En el caso de los clientes internos, y una vez analizados los resultados de las investigaciones, se aplica un conjunto de técnicas que, mediante la estimulación neurosensorial, ayudan a las personas no sólo a seleccionar y memorizar eficazmente la información relevante, sino también a desarrollar las habilidades sociales que facilitan la armonía y la buena comunicación en los equipos de trabajo.

En el caso de los clientes externos[1], la construcción del perfil multisensorial depende siempre de los objetivos específicos, del tipo de mercado en el que opera la organización, de su posicionamiento y de su target.

Para que el lector pueda comprender con mayor claridad estos conceptos, así como también los que abordaremos más adelante en este capítulo y en el que le sigue, tomaremos como punto de partida el caso de una compañía pionera en la implementación de estrategias de neuromanagement sensorial: La Segunda Seguros Generales.

---

1 Véase www.braindecision.com para obtener información detallada sobre empresas y tipos de aplicaciones multineurosensoriales implementadas.

El objetivo de la empresa era lograr un impacto multisensorial acorde con su estrategia de posicionamiento (imagen corporativa, productos y servicios), para lo cual era necesario comenzar por analizar el perfil neurosensorial de sus clientes en los locales de venta minorista y, posteriormente, definir un odotipo (aroma) y un sonotipo (música y sonido).

> **El rastreador de indicios metaconcientes (RIM) es una técnica que tiene como propósito generar imágenes secuenciales relacionales para su posterior interpretación.**
>
> **Con esta finalidad, apela a dispositivos metafóricos, alegóricos y analógicos, y se apoya en recursos técnicos, sensoriales, cognitivos y vivenciales.**

Como la mayor parte de los procesos cerebrales vinculados con las sensaciones preceden a su toma de conciencia, para recolectar los datos se utilizó el rastreador de indicios metaconcientes (RIM), desarrollado en el Brain Decision Braidot Centre.

Esta técnica parte de la premisa de que las experiencias sensoriales desencadenadas mediante metáforas, alegorías y analogías posibilitan que los participantes expresen lo que verdaderamente sienten u opinan a través de manifestaciones abstractas y/o simbólicas.

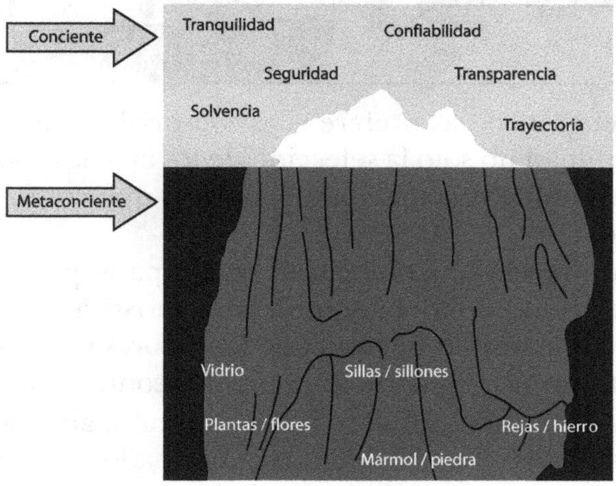

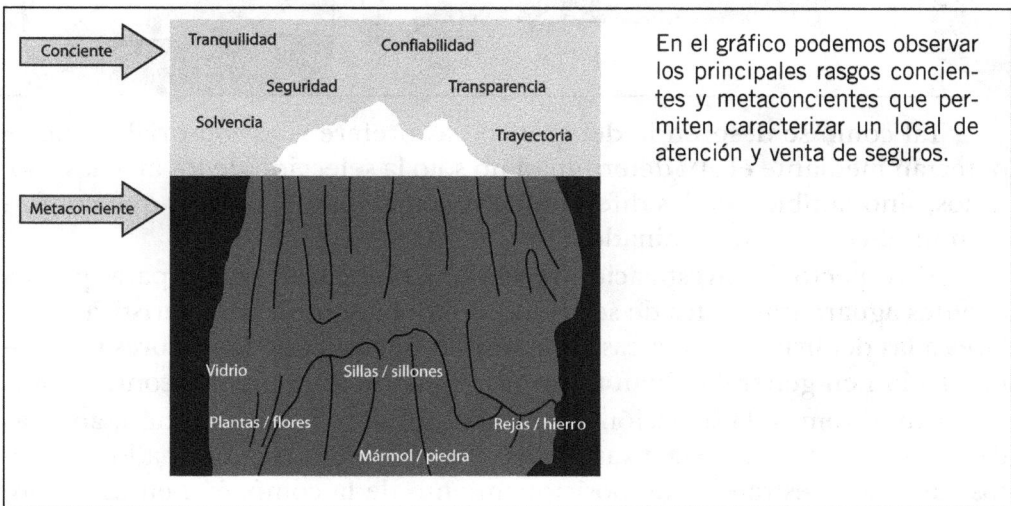

En el gráfico podemos observar los principales rasgos concientes y metaconcientes que permiten caracterizar un local de atención y venta de seguros.

Como las neurociencias dan el soporte explicativo de los procesos metaconcientes que participan en la generación y construcción de significados, una vez identificados los rasgos principales del perfil neurosensorial bajo estudio, se procede a objetivarlos en su puesta en escena.

En el caso que estamos citando como ejemplo, los principales atributos registrados para la redefinición de los locales minoristas (en forma acorde con las expectativas de los clientes y la imagen corporativa de la firma) fueron los siguientes.

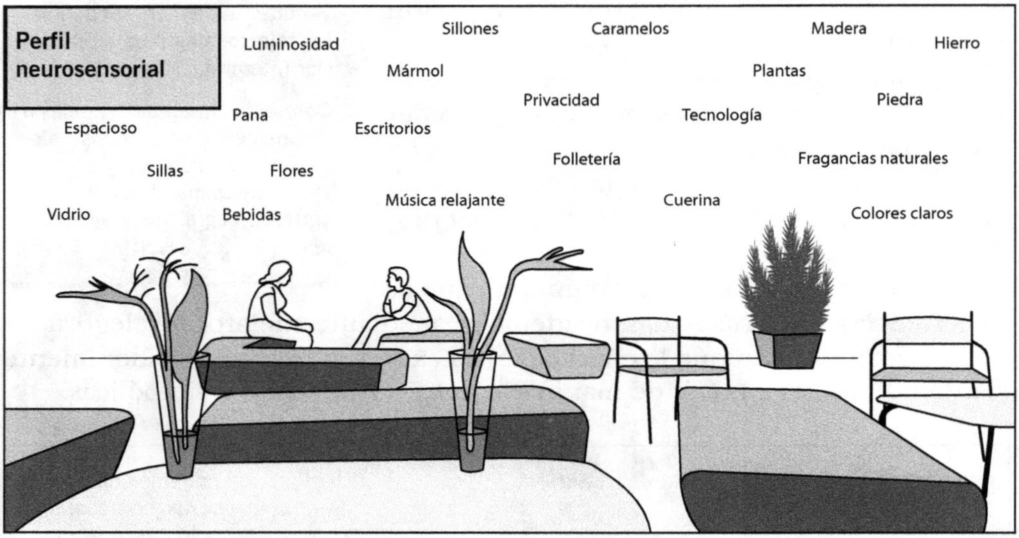

Tal como se desprende del gráfico, las preferencias sensoriales que se detectan mediante el RIM determinan no sólo la selección de los aromas y sonidos, sino también de las diferentes ambientaciones y objetos que conforman un escenario determinado.

Al respecto, la investigación reveló que el lugar diseñado para que los clientes aguardaran antes de ser atendidos debía reunir características similares a las del living de una casa y, al mismo tiempo, que los colores y la ambientación en general debían transmitir comodidad, calidez y contención.

Como vemos, la selección de aromas, sonidos y ambientación, además de responder a las expectativas de los clientes, debe responder a los atributos clave de la estrategia de posicionamiento de la compañía, en este caso, seguridad, solvencia, transparencia, trayectoria, atención personalizada, confiabilidad y tranquilidad.

Lo relevante para el tema que nos ocupa es que toda organización debe convertirse en una especie de socio estratégico, tanto de sus clientes como de las personas que la integran. Ello exige identificar las preferencias sensoriales y diseñar los perfiles adecuados en cada caso.

En un mercado de productos, las necesidades de información deben centrarse en indagar cuáles son las preferencias sensoriales de los consumidores y cómo estas pueden plasmarse en aspectos, texturas, aromas y sabores.

Para que el lector tenga una idea más clara sobre estas aplicaciones, y tomando como referencia a otra compañía que recurrió al Brain Decision Braidot Centre para realizar una neuroinvestigación de mercado, resumimos las principales preguntas que deben responderse para diseñar un perfil neurosensorial de productos alimenticios.

- ¿Qué percepción tienen los clientes sobre aromas, texturas, sabores e imagen visual de cada producto a nivel genérico?
- ¿Qué efecto sensorial tienen los estímulos captados por cada uno de los sentidos en el caso de los productos de la compañía y los de sus competidores?
- ¿Cuál es la experiencia de un cliente cuando saborea, mastica, oye, huele, toca cada producto?
- ¿Cómo interfieren o se complementan entre sí los diferentes estímulos sensoriales para conformar una percepción unificada?

Para responder este tipo de interrogantes es necesario investigar el procesamiento, interpretación y almacenamiento cerebral de la información que –provista por una multiplicidad de estímulos externos– es captada por los sistemas periféricos, además de especificar la función e influencia de los receptores sensoriales, sus interrelaciones y jerarquización.

En función de esta premisa, en los próximos apartados, y en el capítulo siguiente, analizaremos el funcionamiento de nuestros cinco sentidos comenzando por el principio, es decir, por la entrada y procesamiento de las señales sensoriales.

2. Neurocircuitos de la información neurosensorial

Tal como vimos en el Capítulo 4, la información sensorial que, a modo de estímulo, penetra a través de los sentidos, viaja a través del sistema nervioso en forma de señales eléctricas que el cerebro se ocupa de traducir para otorgarle significado a la realidad que percibimos.

Estas señales seguirán distintas rutas (vías nerviosas) y llegarán a diferentes áreas de neuronas donde serán registradas, y así sucesivamente. Lo que hace a una señal olfativa diferente de una señal visual, auditiva o táctil es, básicamente, el camino que recorre y los centros nerviosos que la procesan.

Por ejemplo, si en la fiesta anual de la empresa disfrutamos de un conjunto de manjares, lo que llega al cerebro no es la imagen de cada plato, su aroma, su textura o su sabor, sino un conjunto de impulsos nerviosos con determinados patrones espaciotemporales que provocan la excitación y/o inhibición de determinadas neuronas.

Esto significa que el nivel más elemental de los procesos sensoriales es la recepción y codificación de la información que se recibe durante la interacción del individuo con un determinado aspecto de la realidad; por ejemplo, mientras bebe una copa de champagne.

En este nivel, los datos son captados por los órganos sensoriales, que actúan como primeros receptores (ojos, nariz, oídos, piel). Luego son enviados hacia el sistema nervioso central, a la corteza cerebral, donde se origina la primera evaluación. Allí la persona sabrá, por ejemplo, si le gusta o no la bebida o el plato que está probando.

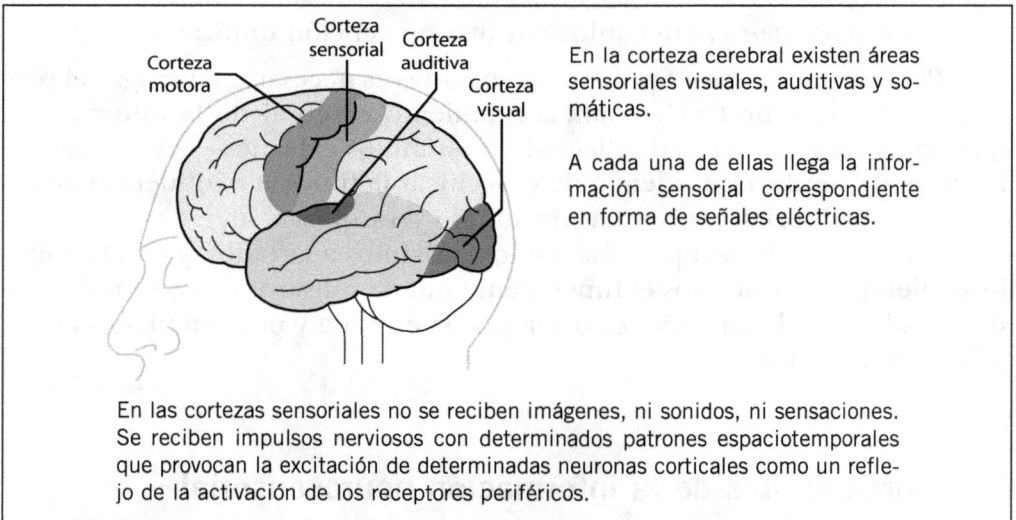

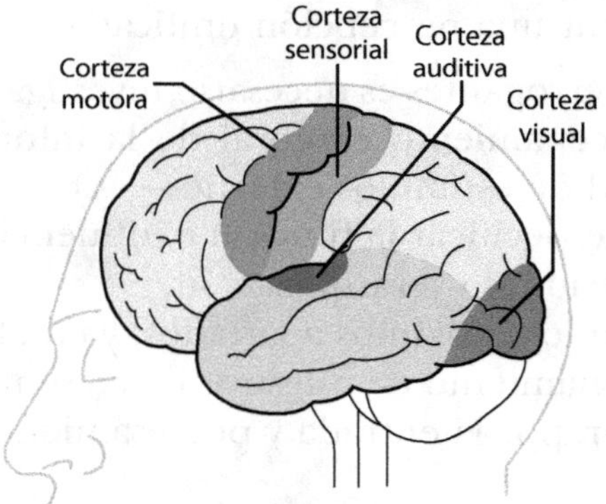

En la corteza cerebral existen áreas sensoriales visuales, auditivas y somáticas.

A cada una de ellas llega la información sensorial correspondiente en forma de señales eléctricas.

En las cortezas sensoriales no se reciben imágenes, ni sonidos, ni sensaciones. Se reciben impulsos nerviosos con determinados patrones espaciotemporales que provocan la excitación de determinadas neuronas corticales como un reflejo de la activación de los receptores periféricos.

Este proceso de interacción y evaluación continúa hacia un nivel superior mediante mecanismos más complejos en los que intervendrán –además de los sistemas sensoriales, las vías nerviosas y el córtex cerebral– el sistema límbico y los sistemas de memoria. En esta instancia se realiza una valoración afectiva y cognitiva de cada experiencia.

Ahora bien, *no toda la información procedente del entorno nos interesa y, más aún, los datos son tantos que es imposible procesarlos en su totalidad.*

Al respecto, y hace unos cuantos años, Horace Barlow, un neurobiólogo descendiente de Darwin, planteó la hipótesis de que la interconexión de los sentidos se debe a la necesidad de evitar la redundancia que representaría captar en paralelo un entorno visual, uno auditivo, uno olfativo, etcétera.

Lo cierto es que existen áreas cerebrales destinadas a combinar la información procedente de diferentes sentidos, y que lo que vemos, lo que tocamos y lo que oímos se procesa en regiones sensoriales primarias e inmediatamente después confluye para crear una percepción de conjunto.

Por ejemplo, la imagen de un camión se reconoce más rápidamente a lo lejos si va acompañada del sonido del motor, y durante estos procesos las sinapsis desempeñan un papel activo.

En 2006, un equipo de investigadores del Salk Institute for Biological Studies demostró que estas interfases, mediante las cuales las neuronas se conectan entre sí, actúan como filtros que detectan y amplifican la información significativa para el individuo que la percibe, es decir que el sistema sensorial transmite "selectivamente" las señales que recibe, eliminando el "ruido" y enfatizando sólo los datos relevantes.

Esto significa que las sinapsis no sólo aseguran el flujo de información, sino que también modifican sus características para ayudar en el procesamiento de los datos.

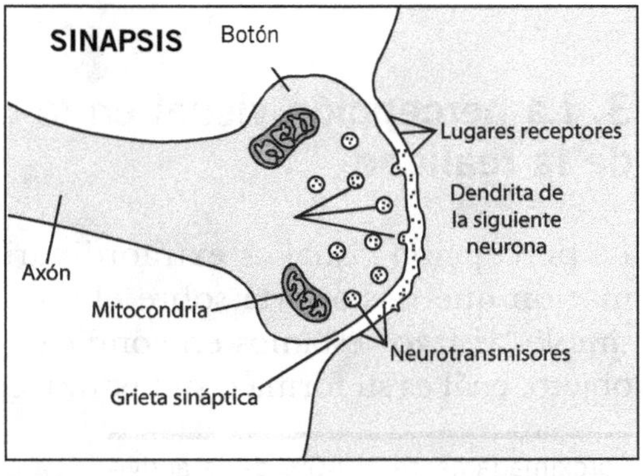

Esta selectividad en el proceso de construcción de la realidad ha sido corroborada por diferentes experimentos científicos. Uno de los más recientes es el de la Universidad de Oregon (Estados Unidos) sobre percepción visual[2]. Los investigadores comprobaron que, en el plano conciente, la capacidad de captación de la memoria visual es bastante limitada.

La conclusión a la que se arribó es que, cuantos menos objetos irrelevantes se tengan en cuenta, mayor será la capacidad para recordar lo verdaderamente importante.

2 Esta investigación fue liderada por Edward Vogel.

Y más aún: la buena memoria no se relaciona con la capacidad para almacenar una enorme cantidad de datos, sino con las habilidades del cerebro para seleccionar aquellos que son verdaderamente importantes para nuestra vida.

Durante la citada investigación, los científicos grabaron y analizaron la actividad cerebral de los participantes.

Ello les permitió descubrir que aquellos que recordaban los objetos irrelevantes tenían menor capacidad para recordar los relevantes.

Como la percepción visual se refleja en la activación del hemisferio opuesto (un estímulo que ingresa por el costado izquierdo activa el hemisferio derecho, y viceversa), los investigadores de la Universidad de Oregon midieron la variación de esa activación en cada hemisferio según el número de estímulos que cada participante percibía en un momento determinado. Comprobaron así que aquellos que registraban más variaciones eran los que tenían mayor dispersión; por lo tanto, les costaba más memorizar.

A medida que la ciencia avance en este tipo de investigaciones, se espera que puedan desarrollarse técnicas que nos ayuden a percibir y retener mejor los datos que realmente nos son útiles. Tal como podrá deducir el lector, se trata de un tema significativo no sólo para los estudiantes, sino también para los ejecutivos que, día a día, deben seleccionar de un mar de información cuál es la verdaderamente relevante para la toma de decisiones.

3. La percepción visual en la construcción cerebral de la realidad

La percepción visual es extraordinaria en la cantidad y la calidad de información que nos aporta sobre el mundo en que vivimos. De hecho, con un simple "vistazo" estamos en condiciones de describir dónde está ubicado un objeto, cuál es su forma o su textura, cómo es el verde de un paisaje, etcétera.

> Aproximadamente el 40% de la actividad del cerebro se concentra en la visión, y un alto porcentaje de la memoria se basa en información visual. Esto hace que los modelos del mundo que cada individuo construye tengan una base fundamentalmente visual.

Por ejemplo, ¿qué es lo primero que se emplaza en su cerebro si, en este párrafo, mencionamos a John Lennon? ¿El sonido de alguno de sus temas, o la imagen de un joven británico con anteojos?

Estamos prácticamente seguros de que lo primero que se le vino a la mente fue su cara. Esto ocurre porque, cuando pensamos en algo, aunque se trate de una persona que hemos disfrutado a través de otro sentido (como el auditivo, en este caso), lo que hacemos es imaginarlo, es decir, buscamos espontáneamente una referencia visual que lo represente en nuestro cerebro.

Este sencillo ejemplo nos muestra cómo las experiencias sensoriales van estableciendo vínculos entre ellas a través de la memoria y el aprendizaje. Así, por ejemplo, cuando observamos una foto de Lennon, no solamente veremos un rostro o un cuerpo con forma, colores, movimientos, sino que también sabemos que compone, canta, que se casó con una japonesa, que fue asesinado un 8 de diciembre, etcétera.

Hasta el momento en que se escribe esta obra, se identificaron treinta áreas del cerebro que intervienen en la visión; sin embargo, sólo se conoce bien el funcionamiento de tres: la **retina**, el **núcleo geniculado lateral** y la **corteza visual primaria**.

Se espera que, con el desarrollo de los equipos modernos, puedan resolverse muchas de las incógnitas que desvelan a los científicos, aunque, se sabe, el tema es sumamente complejo.

En gran parte, esta complejidad se debe a que no todas las áreas identificadas funcionan siempre y tampoco lo hacen de igual modo.

Anatómicamente, las diferencias de los órganos visuales afectan muy poco el resultado de la percepción, aun cuando el tamaño, la separación y otras características de los ojos permiten captaciones diferenciadas de los distintos aspectos de la realidad.

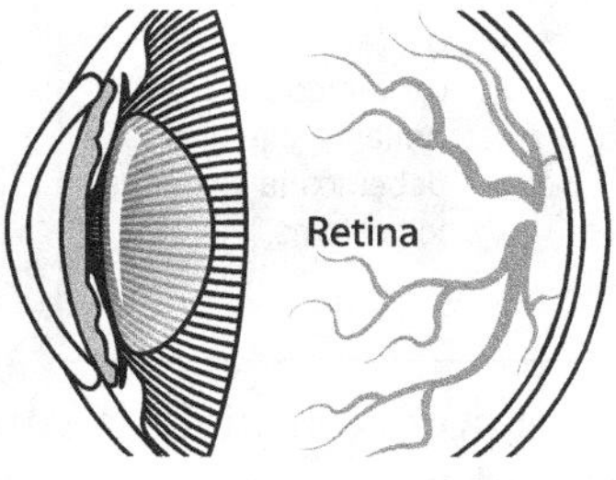

La retina es una membrana delgada que cubre el interior del ojo.

Está adherida a la superficie interna del globo ocular y desempeña un papel similar al de la película de una cámara fotográfica.

Como esto quiere decir que el sentido de la vista es prácticamente idéntico en todas las personas sanas, las diferencias perceptuales residen en la *interpretación de la información recibida*, en la que gravita la influencia de la cultura, la educación, la personalidad, la información almacenada en la memoria, la inteligencia y el estado emocional.

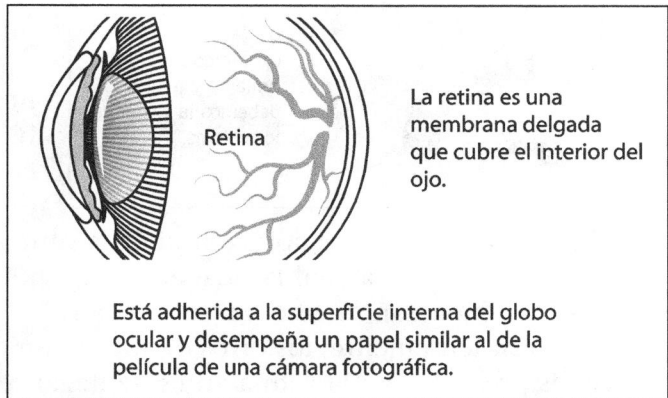

3.1. El circuito visual

La percepción visual es uno de los procesos más complejos de la actividad cerebral. Luego de atravesar la retina, las señales viajan como impulsos nerviosos por el nervio óptico, para alcanzar el tálamo dorsal y luego la corteza visual primaria.

Por ejemplo, cuando los rayos de luz reflejados por un objeto, como una copa, entran en el ojo, pasan a través del cristalino, que luego proyecta la imagen invertida sobre la retina. Allí, las señales producidas por las células de tipo cono y bastón (fotorreceptores) comienzan su recorrido hacia el cerebro a través del nervio óptico.

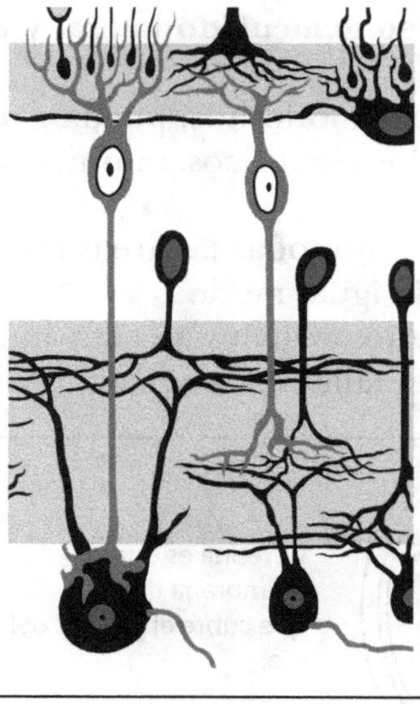

Las células de tipo bastón que muestra la imagen nos permiten ver la luz suave de las estrellas durante una noche nublada porque pueden responder a un único fotón o partícula de luz. Sólo habilitan la visión cuando la luz es débil y no perciben los colores. Los conos, en cambio, operan con luz brillante y a ellos les debemos la visión de los colores.

En cada ojo hay aproximadamente 125 millones de fotorreceptores. Estos son, simplemente, neuronas especializadas en transformar señales de luz en señales electroquímicas que el cerebro decodifica.

Los bastones son muy sensibles y funcionan en luz tenue, con lo cual no discriminan colores. Los conos trabajan en condiciones de luz intensa y son responsables de detalles, como el contraste entre blanco y negro y entre colores.

La fovea (que es la región central de la retina) tiene una gran cantidad de conos, razón por la cual la imagen del mundo exterior que llega a esta zona es percibida con mucho mayor detalle.

Sorprendentemente, los rayos de luz tienen que penetrar dos capas de neuronas presentes en la retina antes de llegar a los conos y bastones, que se encuentran en la parte posterior.

Casi en el mismo instante en el que la luz choca con una célula de la retina, o que una onda de sonido golpea la punta de una célula receptora en el oído, esta convierte el estímulo en una señal eléctrica que, como vimos, es el lenguaje del cerebro.

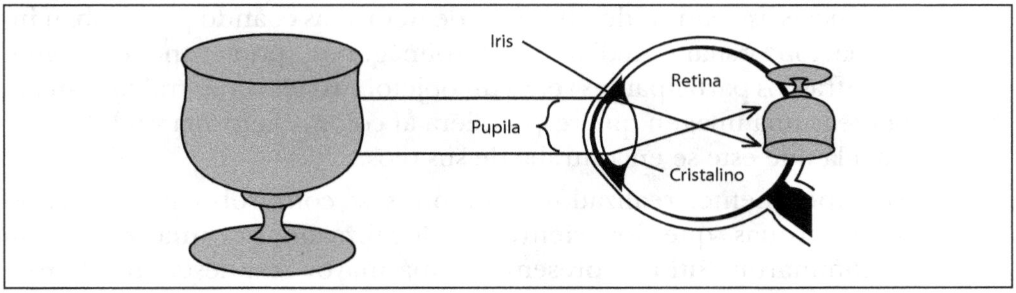

Esta conversión es rápida y precisa, pero también es sorprendentemente complicada, tanto que el proceso aún no se comprende en su totalidad. La corteza visual primaria, por ejemplo, no es la única región del córtex que interviene en el análisis de las señales visuales, sino que sólo resuelve las etapas iniciales del procesamiento.

Hay otras regiones más profundas (cortezas asociativas) donde tiene lugar la asociación de los estímulos visuales con estímulos de otras modalidades sensoriales que hacen cada vez más complicado el sistema.

Sin embargo, en la última década hubo grandes avances en la investigación sobre la percepción visual. Veamos algunas de las que han sido publicadas en revistas científicas y en la prensa especializada.

- A fines de 2006, una investigación emprendida por un equipo de científicos de las universidades de Washington y Minnesota descubrió que la primera área de la corteza cerebral (que recibe la información que llega desde los ojos) procesa el tamaño percibido de los objetos en lugar de su tamaño real.
- Un equipo de investigadores de la Harvard Medical School consiguió captar imágenes del cerebro de animales vivos durante el proceso de visión, lo que supone un importante avance para investigar, en el futuro, cómo interactúan las neuronas dentro del cerebro humano.
- En el MIT (Massachusetts Institute of Technology) un grupo de científicos pudo observar las

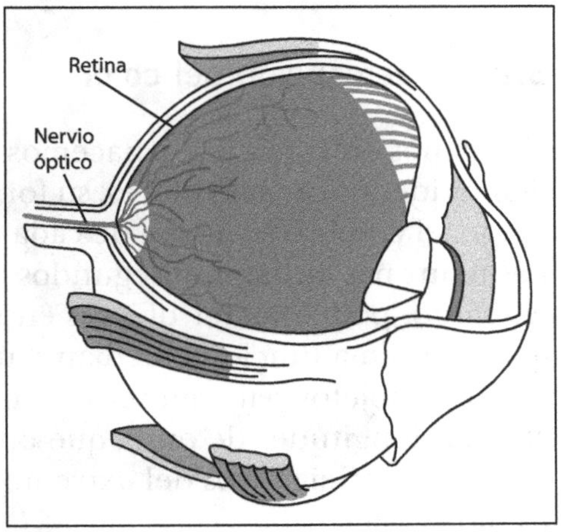

conductas asociativas de un grupo de neuronas cuando procesaban información visual. Mediante neuroimágenes, pudieron ver cómo, mientras los participantes veían un objeto, sus neuronas trabajaban para crear una imagen que respondiera al color, a la forma y a la distancia a la que este se encontraba de sus ojos.

- En experimentos realizados con monos, se comprobó que un grupo de neuronas que los científicos localizaron en una zona que denominaron "sitio 1" presentaba una mayor respuesta ante la percepción visual de un juguete que las ubicadas en otra zona, que denominaron "sitio 3", con lo cual se comprobó que las neuronas de la corteza inferior temporal responden selectivamente a las imágenes.

Como vemos, el desarrollo de la tecnología de imágenes es muy prometedor en el estudio de este sentido debido a que, antes de la denominada década del cerebro, cuando no se contaba con equipos tan avanzados, gran parte de las investigaciones se centraban en los procesos psicológicos de la percepción visual.

El avance de las neurociencias –en particular de la neurociencia cognitiva– permite integrar los conocimientos referidos al funcionamiento del cerebro con los que proporcionan la neuropsicología y la moderna antropología sensorial.

Estas investigaciones interdisciplinarias constituyen una especie de promesa del futuro para ayudarnos a comprender cómo percibimos colores, formas, espacios, movimientos, y, a su vez, cómo construimos determinados significados.

3.2. La percepción del color

Si estamos en la oficina, y hacemos girar una lapicera sobre el escritorio, podemos identificar sus colores, su forma y su movimiento, todo a la vez; sin embargo, el cerebro se ocupa de cada una de estas características por separado. Las neuronas tardan milisegundos en recibir un estímulo y generar otro. Sin embargo, podemos ver objetos en una fracción de segundo. Esto se debe a que el sistema funciona mediante un procesamiento en paralelo.

Los objetos parecen ser de un color en particular porque reflejan más algunas longitudes de onda que otras. Por ejemplo, una lapicera roja es roja porque refleja rayos del extremo rojo del espectro y absorbe rayos del extremo violeta.

- **Experimentando con prismas, en 1672 Isaac Newton hizo el descubrimiento fundamental de que la luz "blanca" común era, en realidad, una mezcla de luces de diferentes longitudes de onda, tal cual se ve en un arco iris.**

En 1802, tomando como referencia el descubrimiento de Newton, el físico Thomas Young concluyó que la retina no podía tener un receptor diferente para cada una de estas longitudes de onda, que cruzan todo el espectro (desde el violeta al rojo). Propuso que los colores eran percibidos por un código de tres colores (los colores primarios) y sugirió que esto no era una propiedad intrínseca de la luz, sino que surgía de la actividad combinada de tres partículas diferentes presentes en la retina, cada una sensible a una determinada longitud de onda.

Por lo tanto, la visión del color depende de la interacción de los tres tipos de conos: uno especialmente sensible a la luz roja, otro a la luz verde y un tercero, a la luz azul.

Percibir visualmente un color implica también hacer comparaciones; lo único que un cono individual puede hacer es capturar la luz y decir algo acerca de su intensidad, no acerca del color. Para "ver" cualquier color, el cerebro debe comparar los estímulos entrantes provenientes de diferentes clases de células de tipo cono y luego continuar con otras comparaciones.

Como vemos, no determinamos el color de un objeto en forma aislada, sino a la inversa: el color deriva de una comparación de las longitudes de onda reflejadas por este y lo que se encuentra a su alrededor.

A la luz rosada del amanecer, por ejemplo, un limón amarillo reflejaría más luz de onda larga y, por ello, podría parecer de color naranja, sin embargo, las hojas que tiene alrededor también reflejan más luz de longitud larga. Así, el cerebro compara a las dos y anula los aumentos.

Lo relevante de estos conocimientos para las organizaciones es que los colores tienen un efecto importantísimo en las respuestas conductuales del ser humano, pues intervienen en diferentes estructuras del sistema nervioso.

> **La corteza visual incluye diferentes áreas que cumplen distintas funciones.**
>
> **V1: Exploración e inspección general.**
> **V2: Visión estereoscópica.**
> **V3: Profundidad y distancia.**
> **V4: Color.**
> **V5: Movimiento.**
> **V6: Determinación de la posición absoluta del objeto (en lugar de la relativa).**

Dado que el cerebro capta diferentes grados de luminosidad en los colores, estos generan, a su vez, diferentes estados anímicos.

En la actualidad, se conocen las áreas del sistema nervioso parasimpático responsables de la captación de los grados de luminosidad, y las investigaciones han dado cuenta de que, a mayor luminosidad, mayor actividad y perspicacia, que la luz tenue transmite serenidad y que los ambientes más bien oscuros generan estados de somnolencia. Un tema que, sin duda, debe ser tenido en cuenta cuando se diseñan los ambientes de trabajo.

3.3. El color es el mensaje

El color influye fuertemente (y en algunos casos, en forma "decisiva") en todo proceso de comunicación humana.

Tal es su efecto en el mensaje, que día a día se realizan investigaciones que no sólo se centran en lo que dicen las personas acerca de sus preferencias, sino que también incluyen el estudio de la retina ante determinados estímulos (recordemos que todo estímulo que va a la corteza visual pasa primero por la retina).

El color es fundamental para el reconocimiento de un objeto o de un lugar, ya que condiciona la imagen y la memoria sobre él de una manera particular. Como todos los sentidos están integrados, el color influye en los restantes, fundamentalmente en el olfato y el gusto.

Uno de los mejores ejemplos para ilustrar este concepto es el de los alimentos. En la mayoría de los casos la coloración depende de las modificaciones cromáticas y geométricas de la luz al interactuar con la superficie del producto. Esto es lo que origina, por ejemplo, el típico color rojo de las carnes que se exhiben en los supermercados.

Como las áreas corticales de reconocimiento del color están fuertemente asociadas con otras áreas perceptuales, el cerebro muchas veces resulta "engañado" en negocios donde los productos en exhibición tienen una determinada apariencia como resultado del efecto de la luz.

Además, y si bien la mayoría de las sociedades humanas conceptualizan los colores de manera similar –por ejemplo, el azul es azul independientemente del idioma que se utilice para denominarlo–, lo cierto es que la percepción de los colores tampoco puede ser comprendida sin las claves culturales, ya que estas determinan las categorías éticas, estéticas y simbólicas que los individuos les otorgan. Por lo tanto:

el nombre y los símbolos que se le atribuyen a un color en cada cultura es, además de un reflejo de identidad, un método destinado a organizar la comunicación social.

Tomemos por ejemplo el blanco y el negro.

- En Occidente, la ropa blanca parece más limpia si posee un tono azulado; en la India, el matiz debe ser rojizo para producir el mismo efecto.
- En muchos países asiáticos el color del luto es blanco, a la inversa de los occidentales, que utilizan el negro.
- En Occidente, el negro se utiliza tanto en anuncios gráficos como en el packaging de productos percibidos como costosos. En la mayor parte de los casos, las investigaciones coinciden en que este color comunica elegancia y distinción, fundamentalmente en el segmento masculino de alto poder adquisitivo.
- Los factores geográficos influyen en las construcciones culturales sobre los colores. Los individuos que viven en zonas tropicales poseen una visión muy sensible a los colores de onda larga, como el amarillo, el naranja y el rojo.
- En algunas comunidades africanas, existen aproximadamente cincuenta palabras para describir las distintas tonalidades del negro.
- Los inuits, que viven en el Ártico, utilizan más de veinte términos para referirse al blanco, porque son capaces, por ejemplo, de distinguir un oso blanco en la nieve.
- Para los chinos, las propiedades del color radican tanto en lo emocional como en lo físico. Un funeral, por ejemplo, es "un acontecimiento blanco".

Todos los colores son ricos en valores simbólicos y estos varían según cada cultura. Por lo tanto, ninguna empresa que tome la decisión de abordar los mercados internacionales o equipar sus oficinas en otro país puede obviar una investigación en profundidad sobre sus significados.

Veamos ahora otros ejemplos, yendo más allá del negro y el blanco.

> **En Occidente, se ha comprobado (mediante observación de las ondas cerebrales) que hay colores que se asocian con estados de relajación y colores que son estimulantes.**
>
> **Los estimulantes o excitantes son el naranja, el rojo y el amarillo, mientras que los sedantes o tranquilizadores son el azul, el violeta y todos los tonos pastel.**

- Los individuos morenos y de ojos oscuros prefieren los colores cálidos, mientras que los nórdicos son amantes de los colores fríos.
- En Alemania, la denominación de los colores para la decoración de los hogares está influida por los principales alimentos que se utilizan en la elaboración de comidas típicas. Las expresiones "color cerveza", "color mostaza", "color pepino" o "color salchicha" son frecuentes en la evaluación de opciones en un punto de ventas.

  Por lo tanto, cualquier empresa que desee venderle a este mercado o cualquier ejecutivo que, trasladado a ese país, comience a decorar su casa, debe conocer estas connotaciones.
- En Japón, hay una gran preferencia por los tonos pastel para la decoración debido a que son percibidos como suaves y armoniosos. En China prefieren el rojo porque, además de destacarse, "trae suerte y fama".
- En Occidente, el rojo se asocia con lo prohibido y el peligro. Esto explica por qué son de ese color los carteles que señalan prohibiciones y advertencias en la vía pública.
- En varios países de Europa el amarillo es un color impopular debido a que muchas personas lo asocian con la envidia y la avaricia. Todo lo contrario ocurre en China, donde es el color del emperador y representa felicidad, armonía y sabiduría.

A nivel psicológico (individual), la percepción del color está determinada por una serie de factores, tanto internos como externos.

Los *factores internos* son la personalidad, el sexo y la edad; los *factores externos* son la cultura, la sociedad, la familia y el medio ambiente donde un individuo se desempeña cotidianamente. Estos aspectos definen las particularidades, gustos y predisposición sensorial de cada persona.

Veamos algunas conclusiones de investigaciones que corroboran estos conceptos.

- Las personas que focalizan preferentemente las formas tienen una tendencia a ser introvertidas, mientras que aquellas que focalizan preferentemente en los colores tienen una tendencia extrovertida.

- Los niños focalizan su atención en los contornos de los objetos, especialmente en las líneas curvas; los adultos tienden a percibir mejor las imágenes simples cuyos colores tengan altos contrastes.
- Si bien las inclinaciones sensoriales de cada sexo están influidas por las características fisiológicas (fundamentalmente por los niveles hormonales), tanto el hombre como la mujer tienen marcadas preferencias que están determinadas por la cultura y la moda. No es casual que en el canal Cosmopolitan (un producto dirigido al público femenino) predomine el rosa y sus variantes, y que en el pack de los desodorantes en los que desea resaltarse la masculinidad predomine el negro.

La percepción del color está estrechamente ligada con la percepción táctil, auditiva y con el sistema emocional. Hay colores que hacen que un objeto parezca más alegre o más triste, más liviano o más pesado, más caliente o más frío, más chillón o más apagado.

Independientemente de la fuente de influencia (psicológica o cultural), lo cierto es que algunos colores nos hacen sentir alegres, otros nos relajan o nos energizan y otros nos sumergen en las tinieblas.

Sin duda, la creencia, compartida por muchas personas, en que los colores influyen en el temperamento, en el lenguaje y en el pensamiento es lo que sustenta el desarrollo de las terapias basadas en el uso de colores y, obviamente, su receptividad en segmentos importantes del mercado.

Esta necesidad se potencia en los países avanzados, a medida que se analizan los cambios en la sociedad como resultado del estrés que generan el estilo de vida y el avance tecnológico.

Según una investigación realizada en los Estados Unidos por Hayten (1967), en las sociedades caracterizadas por un mayor avance tecnológico una de cada doce personas no ve los colores en forma correcta, mientras que en las sociedades de menor desarrollo, como algunas comunidades del Mato Grosso y Nueva Guinea, apenas una de cada cincuenta personas tiene problemas con la visión del color.

Si bien hay casos en los cuales los significados asignados a los colores están muy claros, como ocurre con el rojo y el amarillo en China, debemos ser cautos en nuestras interpretaciones, dado que la percepción de los colores es relativa y puede variar con los años.

Continuando con el ejemplo: dado el crecimiento espectacular de China, en el cual la mujer tiene un rol cada vez más activo en el trabajo (día a día aumenta el número de mujeres que prefieren el desarrollo profesional a la maternidad), ¿hasta cuándo se mantendrán las pautas culturales vigentes?

¿Cuál será el efecto de la globalización en países que, hasta hace poco, nos parecieron muy lejanos?

Para eliminar la relatividad y no llevarnos sorpresas ante la dinámica de los cambios (de la cual, está claro, no escapan las culturas milenarias de Oriente), la investigación sobre la percepción de los significados asociados a los colores debe estar en la agenda de quienes tienen en sus manos la planificación estratégica de un negocio en el extranjero o la generación de relaciones comerciales con personas que pertenecen a culturas diferentes.

3.4. Cuando la percepción nos engaña: las ilusiones visuales

Las ilusiones visuales, que Kandel define como "errores que comete el cerebro al leer la información visual", revelan cómo este utiliza supuestos sobre cómo es verdaderamente el mundo. Muchos de los mecanismos de distorsión y generalización pueden explicarse mediante el análisis de este fenómeno.

Las ilusiones visuales son fenómenos en los que se distorsiona la realidad física, esto es, lo que percibimos es diferente de lo real.

En la imagen de abajo, veremos que los círculos se mueven. Ahora bien, ¿cómo una imagen puede moverse en la página de un libro? Este efecto es un juego de luminiscencia que nuestro cerebro interpreta como movimiento, y suministra una de las mejores evidencias de que las ilusiones visuales nos hacen ver cosas que no son reales.

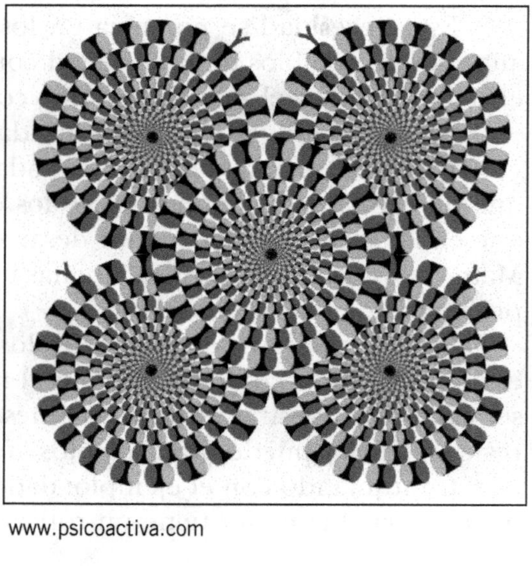

www.psicoactiva.com

¿A qué se debe este fenómeno? Por un lado, sabemos que, para resolver ambigüedades y darle sentido al mundo, el cerebro crea formas y movimientos, y también lo hace cuando los datos son incompletos. Por el otro, necesita optimizar sus recursos ante tanta cantidad de información.

Los anatomistas nos explican que el cerebro es un órgano muy denso metabólicamente y que no puede seguirles el ritmo a la velocidad y cantidad con que ingresa la información del entorno. Para ahorrar energía, crea ilusiones con el objetivo de procesar los estímulos en tiempo real.

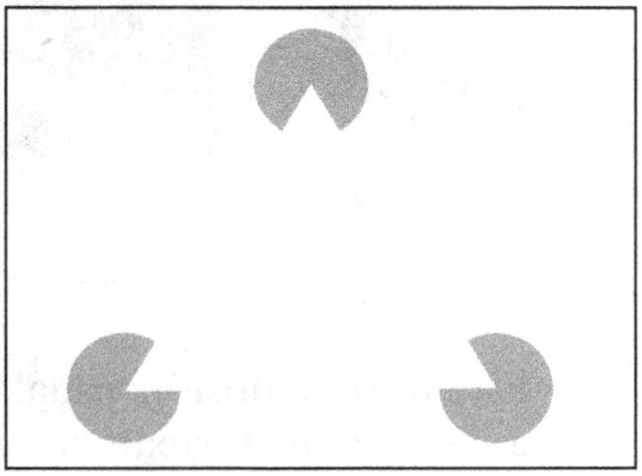

http://www.illusionworks.com/

Veamos otro ejemplo: la imagen es el triángulo aparente desarrollado por el psicólogo italiano Gaetano Kanizsa.

¿Qué ve? ¿Tres comecocos? ¿Círculos a los que les faltan trozos idénticos? ¿O un triángulo que esconde partes de tres círculos?

En la ilusión visual de ver un triángulo se revela uno de los procesos de llenado creativo que realiza el cerebro; de hecho, no hay ningún triángulo en la figura. Si usted lo vio, le aseguro que ha sido pura ilusión.

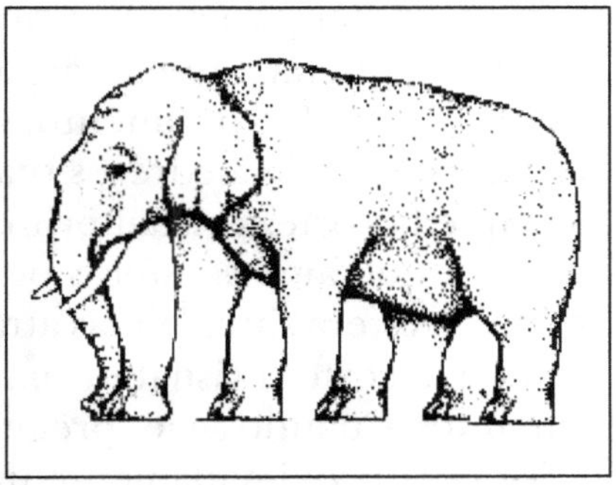

http://www.illusionworks.com/

Ahora concéntrese en la siguiente imagen: ¿dónde están las patas del elefante?

La información visual tarda unas cincuenta milésimas de segundo en alcanzar la primera etapa de procesamiento en la corteza cerebral. Luego se necesitan unas 150 milésimas de segundo para que seamos capaces de reconocer la imagen. Todo ello sin contar el tiempo que nos lleva descifrar aspectos que crean dificultades ópticas, como identificar cuáles son, realmente, las cuatro patas de este elefante.

Cuando miramos, no registramos toda la información disponible, sino que extraemos sólo los aspectos que consideramos más importantes. Posteriormente, nuestro cerebro realiza una evaluación sobre la imagen percibida recurriendo a los sistemas de memoria, donde se encuentra almacenada la información recabada mediante la experiencia previa y el conocimiento sobre el mundo que se haya adquirido.

Al no incorporar y procesar toda la información, o bien, al incorporar parte de esta en forma metaconciente, se genera una variedad de ilusiones ópticas que nos llevan a confundir algunos aspectos de la realidad.

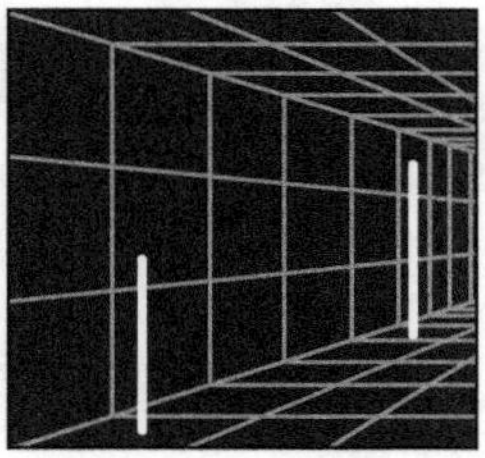

http://www.illusionworks.com/

Estas figuras muestran cómo la convergencia perspectiva de las líneas induce a que elementos iguales nos parezcan de diferentes tamaños.

Este tipo de ilusión visual fue estudiado neurológicamente por un grupo de científicos norteamericanos en 2006. Mediante resonancia magnética, se buscó indagar cómo el cerebro procesa el tamaño de los objetos frente a una ilusión óptica similar a la que produce la Luna: cuando está saliendo al atardecer parece enorme; a medida que avanza la noche, se hace cada vez más pequeña. Sin embargo, el tamaño siempre es el mismo.

Durante el experimento, se utilizaron dos esferas idénticas pintadas como un tablero de ajedrez, situadas en diversos ángulos de visión, y se descubrió que la corteza visual primaria mostraba diferencias.

Aunque ambas esferas ocupaban exactamente el mismo espacio en la retina, la esfera situada más atrás activaba aproximadamente un 20% más de área de la corteza visual primaria que la que estaba situada frente a los participantes. Cuando se les preguntó sobre el tamaño, dijeron que la esfera anterior era aproximadamente un 20% mayor que la otra.

Estos procesos no pueden controlarse concientemente y, más aún, el cerebro actúa de manera similar cuando usamos los otros sentidos, como ocurre cuando vemos objetos que no existen o escuchamos ruidos raros luego de haber visto una película de suspenso. En estos casos, las percepciones anómalas reciben el nombre de alucinaciones.

Esta disociación entre lo real y lo percibido pone de manifiesto cómo algunos procesos cerebrales fallan al crear representaciones del mundo físico y, fundamentalmente, nos ayuda a entender algunos de los mecanismos que el cerebro usa para crear los modelos del mundo en cada individuo.

Antes de continuar leyendo, le propongo que observe detenidamente, en la página siguiente, la imagen de la izquierda, y luego la de la derecha. ¿Qué vio?

La de la derecha es un clásico cuando se explica este tema: la famosa copa creada por el psicólogo danés Edgar Rubin. Posiblemente, haber descubierto ambos perfiles no lo ha sorprendido.

http://www.illusionworks.com/

http://www.illusionworks.com/

Ahora bien, ¿qué pasó con la imagen de la izquierda? ¿Logró ver la pareja de novios besándose en una glorieta? ¿O sigue "creyendo" que lo que vio es el rostro de un viejo?

Le proponemos que muestre estas dos figuras a amigos que no estén en el tema y escuche qué le dicen. Le servirá para comprender cómo dos personas pueden observar un mismo aspecto de la realidad y darle dos interpretaciones totalmente diferentes.

La dicotomía figura o fondo de la copa de Rubin refleja con claridad uno de los principios de la percepción visual: el cerebro selecciona como foco de atención una parte de la imagen, mientras que el resto queda como telón de fondo.

Esto sucede con muchísima frecuencia en la vida, y no siempre es el resultado de ilusiones ópticas. Nuestros modelos mentales también conspiran para que nuestros sentidos creen una determinada comprensión sobre el mundo que nos rodea.

En palabras de un especialista de Harvard, John Dowling, la percepción visual es "reconstructiva y creativa"; esto significa que la información que llega a este sentido, además de atravesar la retina en su paso hacia la corteza, es procesada por los filtros que crean nuestros recuerdos, nuestra personalidad, nuestra ideología... y también nuestras ilusiones visuales.

El efecto *stroop*

http://www.illusionworks.com/

Si le pedimos que lea el nombre de marca en la figura, ¿usted qué responde?

...¿Está seguro?

Si en un primer momento dijo Coca-Cola, es porque estuvo bajo el efecto *stroop*, una interferencia semántica que se genera como resultado de la automaticidad de la lectura.

Lo interesante es que damos por escrito algo que no está escrito. ¿Por qué sucede esto? En el ejemplo que estamos presentando, leemos Cola en vez de Coca porque tanto el color como la forma nos remiten a significados que ya tenemos incorporados antes de detenernos a comprobar que hemos realizado una lectura equivocada.

En la vida empresaria, este efecto es aprovechado por los imitadores de las marcas premium, que se dan el lujo de hacer grandes negocios engañando "legalmente" a los consumidores desprevenidos.

Como vemos, el cerebro humano es proclive a construir realidades que no existen y en forma tan rápida que concientemente no nos percatamos de ello. Este proceso es capitalizado por los publicistas y directores de cine, que son expertos en efectos especiales, por los diseñadores de moda, que tienen que lograr que una señora gorda parezca menos gorda, o que un señor bajito parezca menos bajito, y también por los expertos en deslealtad comercial, como los imitadores de marcas premium.

4. La percepción auditiva en la construcción cerebral de la realidad

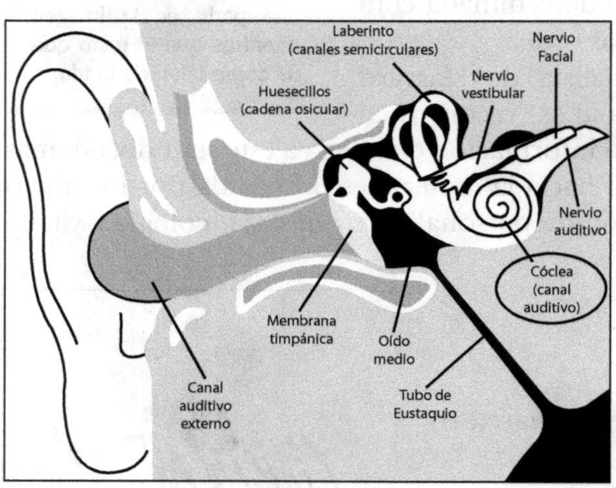

La audición es, sin duda, un prerrequisito para que se establezca una buena comunicación entre personas.

Por ello, se define como un fenómeno biopsicosocial que nos permite proyectarnos en el medio ambiente en el que vivimos al informarnos sobre lo que acontece a través de los sonidos.

Tal como ocurre con las imágenes, texturas, aromas y sabores, los sonidos nos imponen la tarea de reconocerlos, catalogarlos, integrarlos y construir significados acerca de ellos.

Con esa finalidad, los seres humanos hemos sido dotados de un conjunto de órganos que nos facultan para contar con este sentido, tan espectacular que está catalogado como una de las obras maestras de ingeniería del cuerpo humano.

Veamos algunas de las razones.

- En el núcleo del sistema auditivo hay un conjunto de detectores acústicos en miniatura alojados en un espacio no mayor que un grano de maní. A pesar de su ínfimo tamaño, estos detectores pueden interpretar fielmente vibraciones que sólo tienen el diámetro de un átomo y responden mil veces más rápido que los fotorreceptores visuales[3].
- En la cóclea, que es una estructura espiralada de unos 10 mm de ancho, hay aproximadamente 16.000 células ciliadas que se especializan en la detección de sonidos. Estas células "bailan" a cada ritmo con movimientos complejos, activando un número aún mayor de neuronas que llevan la información sonora por separado hacia cada hemisferio cerebral.
- La función más importante de la cóclea es escuchar, esto es, recibir los sonidos, analizarlos y distribuirlos con el fin de interpretarlos, integrarlos y memorizarlos.
- Conocida en la jerga de los médicos como "el caracol", la cóclea contiene un líquido que es movido por unos cilios que vibran con el sonido. Esta maravillosa configuración de la naturaleza hace posibles dos de las expresiones más distintivas del ser humano: el lenguaje y la música.
- En el encéfalo, las principales áreas de comprensión del lenguaje se localizan en una zona adyacente a la corteza auditiva, y así como el sistema visual nos permite distinguir entre colores, formas y profundidades, el sistema auditivo identifica distintas cualidades de los sonidos dentro de la señal compleja que recibe (tonos, inflexiones de la voz, volumen, ritmo, entre otros).

Otro tema muy interesante para analizar es que, a diferencia del sistema visual, que mezcla los colores, el sistema auditivo no mezcla diferentes

---

3 Tomado de Purves *et al.*: *Invitación a la neurociencia*. Editorial Médica Panamericana, Madrid 2001, Capítulo 12.

sonidos. Por el contrario, podemos diferenciar líneas melódicas de distintos instrumentos y reconocerlos por separado, enfocándonos voluntariamente en un timbre determinado.

Por ejemplo, si escuchamos una sinfonía, podemos "decidir" si le prestamos más atención al violoncelo que al violín, o bien, si percibimos la armonía en su conjunto.

Todos los sonidos que nos llegan del mundo exterior, desde un jingle publicitario hasta una conversación en la empresa, desde el canto de un pájaro hasta el molesto ring del teléfono, son procesados en el oído por conducción aérea.

Las ondas sonoras son muy parecidas a las ondas que se generan alrededor de una piedra cuando la arrojamos a un lago. La diferencia es que, en el caso del sonido, se propagan en tres dimensiones.

> **El sonido no existe en el vacío.**
>
> **Tanto el hombre como los animales sólo pueden percibir sonidos generados dentro de la atmósfera.**

En el ser humano, la amplitud y la frecuencia de un sonido se corresponden con su intensidad y tono, respectivamente. Por ejemplo, cuando escuchamos una canción de los Stones, los sonidos llegan a través del oído medio hasta la membrana timpánica que, por sus cualidades anatómicas, vibra a diferentes velocidades.

Cuanto más agudo es el sonido, más rápida es la vibración. A partir de allí, los huecesillos del oído (yunque, martillo y estribo) amplifican la señal y la conducen al oído interno, donde se encuentra la cóclea, lo que permite detectar cada frecuencia por separado.

En el cerebro, la información fluye desde el nervio auditivo y se registra en el tálamo, que es una especie de "estación obligatoria" por donde debe pasar toda la información ascendente destinada a la corteza auditiva.

- **El oído tiene aproximadamente 30.000 fibras nerviosas y es capaz de distinguir cerca de 340.000 frecuencias diferentes.**
  Además de escuchar, este órgano le permite al hombre ser conciente de su posición en el espacio y de sus movimientos. De este modo, controla el sentido del equilibrio y la capacidad para realizar movimientos coordinados.

Esta zona registra lo que los científicos definen como "procesamiento grosero" de los estímulos auditivos (los categoriza según el tipo).

La mayoría de los sonidos pueden ser distinguidos con un solo oído, sin embargo, la tarea de identificar de dónde provienen requiere de un proceso complejo llamado **fusión biaural**: el cerebro debe comparar la información recibida desde cada oído y luego transformar las diferencias sutiles en una percepción unificada, es decir, en un solo sonido que incorpore también la noción de espacio, por ejemplo, el ladrido de un perro en el fondo del jardín.

Si bien a los dos hemisferios llegan sonidos desde cada oído, una gran parte de las señales del oído izquierdo van al derecho, y viceversa.

A su vez, cada hemisferio está especializado en procesar un tipo de información.

Si oímos exclusivamente con el oído izquierdo, el tratamiento del sonido se hará preferentemente en el hemisferio derecho, con lo cual se apreciará más la música (el hemisferio derecho, entre otras funciones, procesa los estímulos musicales).

Si oímos exclusivamente las señales sonoras con el oído derecho, el tratamiento del sonido se hará preferentemente en el hemisferio izquierdo. En este caso habrá más evaluación de palabras que de música, clasificación de lenguaje más que de calidad.

Al procesar las señales auditivas, el cerebro las compara con sonidos escuchados previamente, que están archivados en el sistema de memoria.

Esto hace que el oído sea un sistema "fácil de educar".

Independientemente del sistema que los perciba (conciente o metaconciente) y del hemisferio por donde ingresen, los sonidos nos informan sobre aspectos del mundo que nos rodea imposibles de ser captados por otros sentidos.

Ante la percepción de un ruido (como los pasos de una persona en el techo), el sistema auditivo transforma las ondas sonoras en patrones distintos de actividad neuronal que son integrados luego con la información procedente de otros sistemas sensitivos para guiar nuestro comportamiento.

Una alteración de la memoria auditiva puede causar grandes dificultades, ya que complica la identificación de los ruidos, las palabras, los nombres y la música y, en consecuencia, el desarrollo de una comprensión conceptual.

4.1. La memoria auditiva

La memoria auditiva es, sencillamente, la capacidad para recordar la secuencia de una información auditiva.

Al ser un proceso cerebral, puede ser entendida como un sistema dinámico y activo que codifica y almacena información relacionada con las experiencias presentes y con los conocimientos previos sobre los sonidos.

Por ejemplo, cuando escuchamos por primera vez un sonido, el cerebro lo identifica analizando sus peculiaridades físicas: frecuencia, intensidad y tiempo, que conforman lo que percibimos como tono, volumen y duración.

Luego, construye una imagen de la señal usando estos componentes para compararlos con otros que están almacenados. Si encuentra alguno similar, reconoce los sonidos que tienen significado en nuestra vida, por ejemplo, el tañido de una campana, el ruido del motor de un coche, las voces de las personas con las que nos relacionamos cotidianamente, o una melodía.

Ahora bien: ¿de qué depende la permanencia de la información en la memoria auditiva? Si bien se sabe que el estado emocional, la personalidad y los intereses individuales tienen una gran influencia en la fijación de este tipo de recuerdos, queda bastante camino por recorrer para responder esta pregunta.

En el momento en que se escribe esta obra, circula en las publicaciones científicas una investigación según la cual se logró localizar el área del cerebro vinculada con la memorización de las canciones[4].

Luego de monitorear la actividad cerebral de una muestra representativa de personas, los científicos notaron que, cuando las melodías dejaban de sonar, la actividad en la corteza auditiva continuaba y, más aún, los voluntarios sostenían que seguían escuchando las canciones "en su cabeza".

Los investigadores propusieron a los participantes que escucharan diferentes canciones, entre ellas, *Satisfaction* (de los Rolling Stones) y la banda sonora de La Pantera Rosa.

Se observó que el grado de actividad cerebral variaba si la música era lírica o sólo instrumental, y que canciones como *Satisfaction* permanecían en la memoria mucho tiempo.

La memoria auditiva, como la visual, es global más que analítica.

Esto hace que conservemos una imagen sonora con todos su elementos interrelacionados: figuras visuales, melodía, ritmo, timbre e intensidad.

Imagine la importancia de estas investigaciones en publicidad, donde los creativos aspiran a crear un impacto que perdure para alcanzar el ansiado objetivo del recuerdo a largo plazo.

Si bien todos sabemos que un buen jingle facilita el emplazamiento positivo de un producto en la mente, el testeo previo utilizando un tomógrafo computado puede decirnos (mucho mejor que los *focus groups*) cuál es el que tiene mayores posibilidades de gustar y perdurar.

4 Fuente: BBC, Londres.

4.2. Aplicaciones: el problema de la contaminación auditiva en las organizaciones

No siempre tenemos la suerte de escuchar los sonidos que nos agradan. Lo normal es que seamos bombardeados por señales auditivas que no elegimos y, peor aún, que no podemos evitar, como hacemos cada vez que apagamos la radio.

Esto se debe, en parte, a que los estímulos auditivos que recibimos son tantos que no logran emplazarse en el plano conciente. Por ejemplo, no siempre registramos la música cuando estamos en el supermercado, en un parque, en un restaurante o en una película hasta que... el sonido se corta repentinamente.

Los publicistas conocen muy bien este tema. De hecho, la efectividad de los anuncios sin sonido en medio de una tanda no es una novedad. Lo nuevo es que hoy se sabe que existen neuronas especializadas en detectar el inicio de los sonidos y otras que responden cuando estos se acaban,y que esta información se integra en la corteza, donde también se realizan las distintas funciones que permiten reconocer un estímulo auditivo de otro.

Ahora bien, supongamos que no hay ningún corte en el sonido y tampoco una estrategia publicitaria de por medio: ¿alguna vez le ha pasado que, sin saber por qué, se quiso ir de un lugar donde estaba realizando sus compras aun cuando no había terminado, o directamente se fue sin comprar nada?

Estamos casi seguros de que la respuesta es afirmativa. Son muchas las investigaciones que coinciden en los mismos resultados: los sonidos o la música de fondo son factores que, sin que las personas lo noten, son capaces de crear una sensación tal de displacer que las aleja de un determinado lugar porque provocan contaminación acústica.

- **Los ruidos "de fondo" configuran un fenómeno que se conoce como contaminación acústica, porque alteran las condiciones normales en un medio ambiente determinado. Si bien no se acumulan, como ocurre con otro tipo de contaminaciones, pueden causar incomodidad, displacer y daños en la calidad de vida si no son controlados.**

Este tema nos parece muy importante para los lectores en los que pensamos al escribir esta obra, ya que muchos de ellos trabajan en oficinas que, como bien sabemos, son ámbitos repletos de contaminación acústica, un fenómeno que induce en forma no conciente a una predisposición negativa.

Como consultores, muchas veces nos hemos preguntado por qué, si tanta gente protesta por los ruidos en esos instantes en que logran hacerlos concientes, no se diseñan ámbitos que los minimicen.

Lo cierto es que muchos ejecutivos preocupados por la productividad contratan expertos en clima organizacional; sin embargo, a muy pocos se les ocurre medir el nivel de contaminación acústica dentro de las oficinas, un tema que, en nuestra opinión, también debería formar parte de la estrategia para que las personas trabajen más a gusto.

4.3. La neuromusicología y el "efecto Mozart"

Los beneficios de escuchar música, para la salud, el estado de ánimo y el intelecto, no constituyen un nuevo descubrimiento y son muchas las investigaciones que, desde hace años, han logrado demostrarlo empíricamente. Veamos algunas de ellas.

A principios de los '90 el neurobiólogo Gordon Shaw atribuyó a la sonata K448 de Mozart la propiedad de mejorar los coeficientes intelectuales o, al menos, algunas de las actividades cerebrales de quienes la escuchaban.

Un grupo de científicos de la universidad de California[5] estudió la conexión que existe entre la música y el aprendizaje.

Partiendo del hecho de que los niños nacen con aproximadamente 100 billones de neuronas desconectadas, y que la unión entre ellas se va fortaleciendo con las experiencias, se infiere claramente que las partes del cerebro que no son usadas tienden a atrofiarse.

A partir de esta idea, razonaron que el aprendizaje con música podría actuar favorablemente para que, desde bebés, los niños fueran fortaleciendo sus conexiones neuronales.

Esto los llevó a realizar una investigación en la que trabajaron con cuatro grupos de niños.

El grupo 1 recibió lecciones de piano cortas (de aproximadamente quince minutos) una vez por semana; el grupo 2 recibió lecciones de canto durante treinta minutos cinco días a la semana; el grupo 3 fue entrenado en computación, y el 4 no recibió ningún tipo de clases especiales.

Antes de que comenzara el experimento, se tomó un test a cada niño para medir sus habilidades espaciales, y lo mismo se hizo a los ocho meses de haberlas concluido.

5 Tomatis, A.: *Pourquoi Mozart?* Robert Laffont, París, 1991.

Los niños que habían recibido las lecciones de piano mejoraron sus habilidades espaciales en un 34%, lo cual llevó a los científicos a inferir que las lecciones de piano pueden provocar cambios por períodos más largos en las conexiones neuronales.

Uno de los experimentos consistió en una muestra representativa de estudiantes universitarios que escucharon, durante diez minutos por día, la *Sonata en Re para dos pianos* de Mozart.

Al término del período definido por los científicos, los resultados mostraron en los estudiantes una mejora en la capacidad de razonamiento en tiempo y espacio, y también mayor habilidad para crear imágenes mentales con relación a modelos que habían percibido visualmente.

Como la mejora de los estudiantes desapareció cuando había pasado una hora, los investigadores generaron la hipótesis de que la música prepara el cerebro para que desarrolle mejor tareas de razonamiento témporo-espacial.

Alfred Tomatis[6], autor de *El oído y el lenguaje*, entre otras obras, sostiene que hay varias maneras de probar las cualidades de la música de Mozart, entre ellas, los efectos neurofisiológicos en el cuerpo humano que, en parte, son desencadenados por un estado de ánimo positivo.

En opinión de Tomatis, la música de Mozart genera un estado de felicidad y un sentimiento de perfección que no se encuentra en ningún otro compositor, por más alegre que sea.

Y va más lejos: dice que Mozart supo adaptar sus ritmos a nuestras neuronas, por lo tanto, argumenta, su instrumento no fue el piano ni el violín, sino el hombre mismo.

Tomatis probó en todos los reinos, excluido el mineral, claro está. Al llevar sus experimentos a Canadá, constató que había mejoras en el crecimiento y tonicidad de las plantas por efecto de la música de Mozart.

Durante un experimento realizado en Bretania, Alfred Tomatis comprobó que las vacas aumentaban su producción de leche cuando sonaba música de Mozart durante las actividades de ordeñe.

¿A qué se debe esto? La música de Mozart, dice, tiene el ritmo de un corazón que late como el de un niño y, lo que es importante, "todas sus obras están libres de tragedia y dramas".

Además de mejorar las habilidades intelectuales, la música tiene un gran poder para evocar emociones y desencadenar estados de ánimo positivos y negativos.

Ya ha sido comprobado que la percepción de estímulos musicales que provocan placer o, a la inversa, displacer, genera cambios en algunos de los sistemas de neurotransmisión.

---

6 Investigador del Instituto de Neurociencias de Alicante.

Por ejemplo, un amante de la música clásica que deteste el rock puede ponerse de mal humor y retirarse de un punto de ventas donde suene un disco de Aerosmith, Queen o cualquier otra banda por el estilo.

> **En la fisiología del sonido también se encuentran comprometidas importantes estructuras cerebrales cuyos efectos difieren según el estímulo, por ejemplo, según las características de cada tipo de música.**
>
> **Durante una investigación desarrollada en la Universidad de Zurich se demostró que la visualización de cualquier imagen acompañada por música clásica generaba mayores respuestas emotivas que la presentación de la misma imagen con ausencia de música.**
>
> **Esto nos remite a la importancia de musicalizar apropiadamente los lugares de trabajo, ya que, de manera metaconciente, la percepción auditiva contribuye a la mejor predisposición de las personas.**

Esto se debe a que la audición de estímulos musicales que una persona encuentra desagradables produce una disminución en los niveles cerebrales de serotonina, una sustancia que, en baja cantidad, está relacionada con la depresión y la agresividad.

En realidad, la relación entre los sonidos, los recuerdos y el estado de ánimo es uno de los temas más investigados por los neurocientíficos.

De momento, se sabe que los distintos tipos de música activan diversas partes del cerebro, entre ellas, el lóbulo frontal y el temporal (relacionado con las emociones que hacen llorar, reír y despertar el placer sexual).

Del ejemplo se desprende con claridad que **la música genera cambios neuroquímicos que provocan consecuencias en la conducta.**

Por ello, el análisis de los sonidos no debe circunscribirse sólo a un punto de ventas, sino aplicarse a todos los lugares de contacto con las personas, en nuestra casa, dentro de las oficinas, en el jardín, etcétera.

- **Quienes saben de vinos dicen que esta bebida tiene un efecto "musical".**
  El suave sonido que se genera cuando el vino cae en la copa, y el arrullo del líquido cuando lo movemos antes de probarlo, generan sensaciones que rara vez percibimos en forma conciente y, más aún, los expertos dicen que es posible una cata a oscuras, pero difícilmente se pueda hacer una cata en silencio.
  Esto se debe a que los sonidos agudizan la percepción en el momento de percibir el sabor.

En este sentido, le sugerimos tener presentes los siguientes aspectos.

- La música clásica o la *new age* con determinadas características de tono, volumen, intensidad e instrumentación, provocan estados de ánimos positivos.
- La música con pocas alteraciones de ritmo y tono genera estados de calma en los que estructuras como la amígdala, el hipocampo, la corteza frontal y el giro fusiforme se activan de manera considerable y generan estados de ánimo placenteros.
- La música con altas alteraciones de ritmo, tono y volumen genera estados anímicos no compatibles con la necesidad de que las personas se sientan a gusto en un lugar, ya que provoca sensaciones de rabia, tristeza o, directamente, neutras.

4.4. Lenguaje y sonidos: el test de Köhler

Los seres humanos no asignamos los nombres de los objetos que nos rodean en forma arbitraria.

Como este es un aporte más a tener en cuenta cuando se define una estrategia de marca o se elige el nombre de una empresa, le sugerimos que preste atención al experimento psicológico ideado por Wolfgang Köhler.

Observe las siguientes imágenes y trate de responder esta pregunta: ¿Cuál de ellas se llama Booba y cuál Kiki?

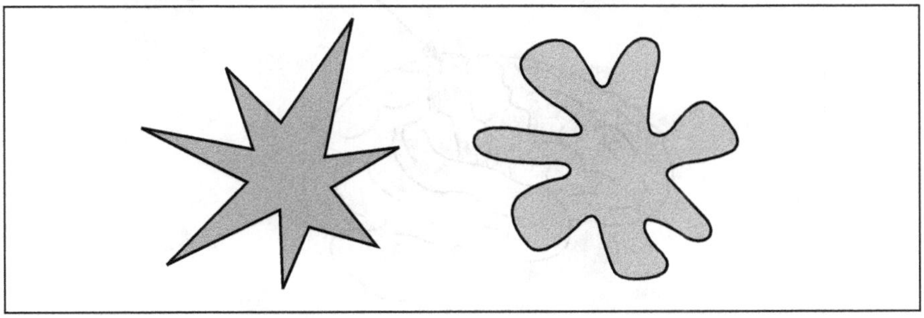

Si respondió que la figura de la izquierda se llama Kiki y la de la derecha, Booba, usted se ubica dentro de una abrumadora mayoría: entre el 95% y el 98% de las personas a las que se les hizo este test respondió exactamente eso.

Los psicólogos que idearon este experimento están convencidos de que el mecanismo de poner nombres a los objetos no es caprichoso, y que la mayoría de las personas relacionan la figura de la derecha con el nombre de Booba porque los labios adoptan una forma redondeada para producir el sonido, mientras que, en el caso de Kiki, la forma es más angulosa.

5. El tacto en la construcción cerebral de la realidad

"Por favor, no tocar", o bien, "Por favor, ¡no toque!" son leyendas que encontramos con frecuencia o una advertencia que solemos hacer a nuestros hijos pequeños. Sin embargo, y concientizando lo que día a día hacemos de manera no conciente, ¿qué necesidad tenemos de tocar casi todo?

Posiblemente la respuesta esté en que el tacto es el único sentido sin el cual no podríamos vivir. Imagine, por ejemplo, que no siente la forma ni la textura de este libro mientras lo sujeta entre sus manos, que no registra el sillón en el que está apoltronado mientras lo lee o, peor aún, que no siente las caricias de su mujer ni las de sus hijos cuando lo saludan al llegar a casa. Horrible, ¿verdad?

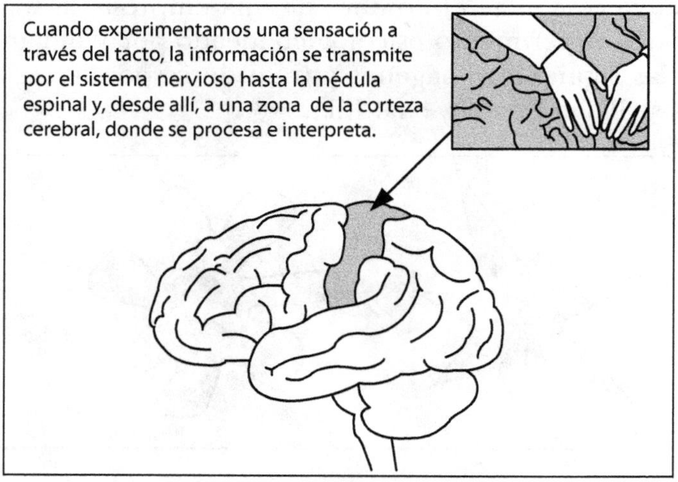

Cuando experimentamos una sensación a través del tacto, la información se transmite por el sistema nervioso hasta la médula espinal y, desde allí, a una zona de la corteza cerebral, donde se procesa e interpreta.

Estos sencillos ejemplos nos ayudan a comprender cómo el tacto nos mantiene en constante *contacto* con la realidad.

Y hay más: para ver, necesitamos los ojos; para disfrutar de un aroma, necesitamos la nariz; para saborear un postre, necesitamos la lengua; para oír, es suficiente con un oído.

Sin embargo, para experimentar sensaciones táctiles necesitamos de todo el cuerpo aun cuando, como bien sabemos, el centro de procesamiento de la información no está en la piel, sino en el sistema cerebral.

Cuando tocamos algo –por ejemplo, la corbata de seda que nos está ofreciendo un vendedor–, el estímulo en la piel activa un impulso que se dirige hacia un área superior del sistema nervioso: la corteza somatosensorial primaria.

Luego, la información se mueve hacia otras partes del cerebro donde puede contribuir a la toma de decisiones (compramos o no), a la memoria (recordamos en qué negocio la vimos y cómo era) y a las respuestas motrices (lo que hacemos luego de experimentar una percepción somática).

5.1. Curiosidades científicas: las neuronas calculadoras

Uno de los avances más llamativos en la investigación sobre el funcionamiento del sentido del tacto fue publicado a principios de 2001, cuando un grupo de científicos reveló que las neuronas del sistema somatosensorial hacen cálculos estadísticos para ajustar la sensibilidad del tacto al entorno.

La capacidad de cálculo de las neuronas, como la habilidad para sumar o multiplicar, ya había sido constatada en otros experimentos.

El objetivo de las investigaciones lideradas por Miguel Maravall[7] era descifrar cómo cambia la respuesta de las neuronas del sistema mecanosensitivo ante un determinado estímulo cuando este se presenta de forma continuada.

Estos estudios (realizados en ratas, debido a que su sistema táctil discrimina texturas en forma parecida a como lo hace el ser humano con la punta de los dedos) permitieron observar que hay grupos de neuronas que cuentan con capacidad para normalizar el valor de un estímulo según el contexto en el que este se recibe y, más aún, ajustan "con exactitud" su respuesta.

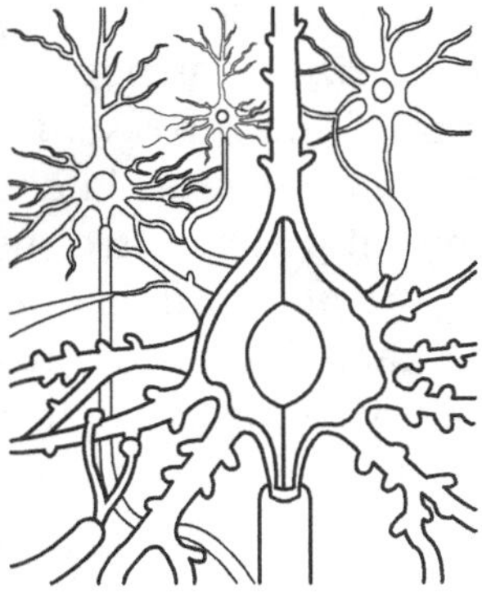

El campo receptivo de una neurona somatosensitiva es la región de la piel por la cual ingresa un estímulo táctil, que provoca una respuesta específica a través de una conexión sináptica con una neurona motora.

[7] Investigador del Instituto de Neurociencias de Alicante.

Esto llevó a los científicos a inferir que las neuronas tienen una capacidad sorprendente para realizar cálculos matemáticos y que posiblemente sea esta capacidad la que nos ayuda a adaptarnos a diferentes entornos.

Para explicar su descubrimiento, el líder de la investigación utilizó el ejemplo de la adaptación del sistema visual cuando salimos de un lugar oscuro y nos encontramos, de repente, con la luz del día. Al principio, sentimos el impacto, pero luego vemos normalmente.

Posiblemente, razonó, este fenómeno se deba a la capacidad "matemática" de adaptación de las neuronas, que compensan "de manera exacta sus respuestas".

5.2. El sentido del tacto como arma de seducción en neuromanagement

El tacto es un sentido que las empresas investigan cada vez con mayor profundidad, debido, en gran parte, a que el acto de tocar es automático en la mayoría de las personas. Incluso en objetos que se evalúan principalmente a través de otros sentidos, como ocurre con los perfumes, muchas personas, antes de decidir la compra de una fragancia que no conocen, necesitan tomar el frasco entre sus manos.

Esto significa que el sentido del tacto actúa como una especie de puente hacia la acción cuando un cliente está motivado para realizar una compra, y lo mismo ocurre durante los procesos de negociación: un ambiente altamente confortable y gratificante para los sentidos siempre predispone favorablemente.

En las empresas del sector alimentario se ha descubierto que la textura (junto con el sabor, el aroma y el aspecto visual) influye notablemente en la calidad percibida del producto. En la actualidad, se está incorporando también la evaluación de los sonidos en productos que, años atrás, eran sometidos a investigaciones en las que se evaluaba fundamentalmente el sentido del gusto. Posiblemente, esto llame la atención del lector, sin embargo:

> **en el mercado de galletitas se observó que en la primera rotura que estas sufren (al ser mordidas) se libera energía en forma de pulsos discretos de ultrasonidos de una frecuencia tal que no los podemos oír.**

No obstante, estos estímulos son captados por el sistema auditivo que, desde el plano no conciente, también transmite información sobre cada experiencia.

Algunos empresarios, los que se caracterizan por estar a la vanguardia en innovaciones, han comenzado a invertir para investigar este fenómeno e incluyen en sus planes estratégicos decisiones vinculadas con la naturaleza acústica de sus productos cuando estos son de tipo crujiente, como ocurre con las galletitas y algunas golosinas.

En el caso de las golosinas, donde intervienen las papilas filiformes (táctiles) de la lengua, los dientes, la fuerza de las mandíbulas, la mucosa bucal, la saliva, y también el oído cada vez que se disfruta de un bocado, los científicos están ayudando a los empresarios a analizar qué ocurre con la imagen del producto una vez que el cerebro integra los diversos estímulos y proporciona una percepción de conjunto.

Sin duda, el testeo de estos aspectos constituye una verdadera innovación y, en nuestra opinión, debe formar parte de la estrategia. En los mercados hipercompetitivos de la actualidad, la preocupación por saber qué ocurre con un producto durante el proceso de masticación puede marcar el camino hacia la diferenciación y, consecuentemente, hacia el aumento de la rentabilidad.

Otro ejemplo para destacar, que proviene de la industria automotriz, es el de Renault, una organización que trabaja activamente para investigar y generar sensaciones somatosensoriales agradables en los usuarios de sus coches.

Sus especialistas han comprobado que cuando un cliente ingresa en una concesionaria, la percepción visual y la mecanosensitiva trabajan en forma prácticamente paralela.

Además de inspeccionar todos los detalles externos con la vista, el potencial cliente se sienta en su interior y comienza a tocar. Poco a poco, va analizando la suavidad de la tela que cubre los asientos, la ductilidad de la palanca de cambios, de los botones, etcétera.

Renault parte de la premisa de que todo lo que el cliente potencial percibe a través del sentido del tacto no debe contradecir su primera impresión, que siempre es visual.

Esto significa que, además de los aspectos funcionales (todos buscamos que un coche nos lleve bien a donde queremos ir y que no se

> **Los investigadores de Renault utilizan un sistema denominado Sensotact, que definen como "una especie de alfabeto del tacto", "una herramienta de medida y sensibilización del lenguaje táctil que ayuda a la comunicación concebida para todo tipo de materiales" que, a su vez, "tiene su propio 'léxico', determinado por las distintas modalidades de percepción táctil".**
>
> **Este sistema, que clasifica las percepciones táctiles en función de diez descriptores, busca ayudar a los fabricantes a mejorar la propuesta de valor para sus clientes en forma paralela con la puesta a punto de procedimientos internos.**

rompa nunca), la propuesta de valor para el cliente debe ser definida también en función de dos sentidos que se complementan para crear una percepción unificada del producto: el tacto y la vista[8].

Renault creó también un departamento especializado para investigar el efecto de la percepción olfativa (el perfume de los coches), auditiva (los ruidos que puedan generarse por la manipulación de los comandos y los sonidos que emerjan de los sistemas de audio incorporados) y, por supuesto, visual. Lo que se busca es indagar cómo un cliente aprueba los productos mediante todos sus sentidos.

Otro ejemplo digno de imitar es el de las organizaciones que se preocupan por investigar las preferencias sensoriales en el plano interno.

Ha sido comprobado que los ambientes de trabajo concebidos físicamente para provocar un efecto multisensorial positivo aumentan la productividad y la capacidad creativa de las personas.

Uniendo estos conceptos con los relatados al principio de este capítulo, podemos concluir que, además de trabajar en pos de que los clientes puedan disfrutar, experimentar, "sentir" los productos, también debemos hacerlo para que nuestra gente encuentre más de un motivo para disfrutar de su lugar de trabajo, con el consiguiente aumento de la productividad que ello conlleva.

5.3. Estrategias multisensoriales de avanzada: el tacto virtual

Hace unos años nos llamó profundamente la atención el título de un artículo en la prensa que decía: "Un celular con tacto". Al intentar corroborar la información en las revistas científicas, supimos que una compañía estadounidense (Inmersion) había desarrollado un dispositivo para reproducir "acordes" de vibraciones.

Continuando con la búsqueda, hallamos un reportaje realizado por la BBC a un ejecutivo de la firma en el que escuchamos lo siguiente: "Nuestra intención es desarrollar el tacto virtual".

Si bien después de la clonación uno llega a la conclusión de que, con ayuda de la ciencia y la tecnología, puede ser posible lo que parece imposible, no vamos a dejar de reconocer cuánto nos sorprendió esta novedad. ¿Cómo lo hacen?, nos preguntamos.

Descubrimos que la tecnología aplicada al negocio de la telefonía celular ha logrado desarrollar tonos y vibraciones que, al incluirse en un mensa-

8 Adaptado de declaraciones de los ejecutivos de Renault a la prensa especializada.

je de texto, envían señales mecanosensitivas. Un impulso corto e intenso puede representar un pequeño golpe, similar a una cachetada, mientras que uno más prolongado y suave comunica un cálido apretón de manos.

Tecnológicamente, el proceso es muy simple: un dispositivo en miniatura permite que el celular vibre en una amplia gama de frecuencias e intensidades. Esto permite "tocar" al receptor mediante estímulos sensoriales múltiples y, además, ¡con diferentes intensidades!

Los inventores de este sistema buscan que sea posible acariciar a una persona mediante un teléfono móvil. Si bien nosotros nos quedamos toda la vida con las manos, admitimos que el envío de estímulos táctiles en forma electrónica puede ser una vía muy interesante de comunicación entre personas cuando existe una distancia física de por medio.

Otro invento muy interesante que también tiene origen en los Estados Unidos es el de las **manos robóticas**.

Por suerte (ya que la antropología sensorial insiste en que la gente cada vez se "toca" menos), este aparato no está diseñado para que una persona se relaje mientras unas manos de metal la acarician, sino para detectar la textura de los objetos con el mismo grado de sensibilidad con que lo hacen las puntas de los dedos humanos[9].

En principio, estos robots tienen un importante campo de aplicación en la medicina: se espera que sus sensores contribuyan con los cirujanos brindándoles una "sensación táctil" al operar.

Tal vez usted se pregunte cómo funciona esto. La explicación que dan los ingenieros es que el alto nivel de sensibilidad de las manos electrónicas se logró mediante una película muy fina hecha con capas de metal y nanopartículas semiconductoras, rematadas por electrodos en sus extremos superior e inferior. Esta disposición hace que la cantidad de cambio de corriente o de luz que se produce sea exactamente proporcional a la presión que se aplica.

Cuando la película toca la superficie de un objeto o una parte del cuerpo de una persona, la presión comprime las capas de partículas al mismo tiempo. Esto hace que la corriente de la película cambie y se emita una luz desde las partículas cuyo efecto luminoso es detectado por una cámara.

Para demostrar la alta sensibilidad de las manos electrónicas, los científicos presionaron una moneda de un centavo de dólar con el dispositivo. El sensor reveló hasta las arrugas en la ropa del presidente Lincoln y las letras "t" e "y" de la palabra *liberty* (libertad).

---

9 Fuente: revista *Science.*

El éxito de este invento, que en el corto plazo (calculamos) será aplicado en varias actividades, además de la medicina, ha llevado a los científicos a investigar cómo hacer para crear un dispositivo que imite el trabajo de los mecanorreceptores especializados en detectar texturas y temperatura, es decir, avanzar un paso más en lograr, electrónicamente, las sensaciones que naturalmente experimentamos diariamente los seres humanos.

Ahora bien, esto no es todo. En Japón, la empresa Pixen ha desarrollado un generador de aromas que, acoplado a un teléfono móvil, logra crear un identificador de llamadas en clave olfativa.

Este invento permitirá a los usuarios reconocer por el aroma a la persona que los está llamando. Podrán asociar con olores agradables los llamados agradables, con olores desagradables a quienes llaman para fastidiar y, más aún, se prevé desarrollar una variedad de aromas típicos del sector desde donde procede el llamado, por ejemplo, olores especiales para los llamados desde el hogar.

¿Cómo lo harán? Según nos explican, se incorporará un microgenerador de aromas estimulado electrónicamente. Los inventores de este dispositivo consideran que las fragancias, al igual que los sonidos, son informaciones que pueden ser digitalizadas para su transmisión y recepción.

La dificultad con la que se encuentran es que en el olfato no existe un código básico, como en los colores. Esto hace que necesiten una gran cantidad de elementos para generar un aroma determinado.

No obstante, el sistema ya se lanzó al mercado con el nombre de Ketai Kun Kun y se anuncia en la página web de la compañía. Las primeras versiones han sido dirigidas a los niños. Más allá de que a algunos no nos simpatice la idea de que los pequeños estén conectados con celulares, lo cierto es que los comics japoneses constituyen una industria asombrosa.

Por eso comenzaron por generar aromas especiales para los personajes de animación más populares. Si estos aparatos tienen éxito comercial, comprobaremos, una vez más, cuánta razón tienen los antropólogos sensoriales cuando dicen que *la percepción no es sólo un proceso cerebral, sino un proceso particularmente sensible a valores culturales.*

En línea con estos conceptos, y para que el lector pueda comprender con mayor claridad este ejemplo sobre el olfato, en el próximo capítulo analizaremos cómo este sentido, junto con el gusto, determina gran parte de las respuestas neurosensoriales de las personas cuando son expuestas a determinados estímulos, y cómo estos procesos actúan como inputs en la toma de decisiones.

Capítulo 6

El olfato y el gusto como inputs en la toma de decisiones

1. Aromas y sabores en la construcción de perfiles neurosensoriales

Al abordar el tema de la construcción cerebral de la realidad, hemos visto que las estructuras básicas de nuestro sistema sensorial están constituidas por los órganos receptores y el sistema nervioso central, y que cada uno de ellos (vista, tacto, oído, olfato, gusto) se especializa en transmitir determinado tipo de información.

También vimos que los mecanismos que definen un determinado perfil neurosensorial se encuentran, en su mayor parte, por debajo del umbral de conciencia, y que sólo las técnicas que apuntan a indagar en las profundidades de la mente pueden suministrar información valiosa para el neuromanagement.

En el caso de los sentidos químicos, que son el gusto y el olfato, es necesario investigar a nivel metaconciente no sólo las preferencias de los individuos en cuanto a aromas y sabores, sino también, y particularmente, cómo influye la percepción visual (formas y colores) en la evaluación del sabor.

Y decimos "metaconciente" porque, en términos manifiestos, una persona puede elegir el violeta para una nueva salsa, sin embargo, un análisis sensorial

> El éxito de la comida japonesa en el mundo occidental se atribuye principalmente a los siguientes factores:
>
> - es una comida muy visual y decorativa en casi todos los aspectos;
> - está diseñada en pequeñas porciones y cada pedazo cabe perfectamente en la boca.

profundo podría detectar contradicciones, por ejemplo, que el mismo individuo realizara un conjunto de asociaciones negativas con este color.

También es posible descubrir lo contrario, es decir, que el conciente confirme lo que dice el metaconciente.

En una empresa vinculada al negocio turístico, por ejemplo, las asociaciones del tipo: "violeta: flores silvestres"; "violeta: hierbas del bosque" ayudarían a despejar dudas con respecto a colores y odotipos.

De lo expuesto se desprende con claridad la necesidad de rastrear lo que dicen los individuos yendo más allá de lo que verbalizan, y esto sólo será posible si se aplican técnicas especializadas, como el rastreador de indicios metaconcientes (RIM) o el acompañamiento neuroetnográfico (ANE), entre otras.

- **El rastreador de indicios metaconcientes recorre el camino que va de lo concreto a lo abstracto y de lo abstracto a lo concreto representado.**
  Metafóricamente, no focaliza su interés en la búsqueda de la presa, sino en las huellas que posibiliten "encontrarla".

Tal como vimos en el capítulo anterior, el RIM posibilita la captación de estructuras de sentido y significado no concientes a partir de las cuales se configuran las apreciaciones concientes mediante el lenguaje figurado de las metáforas y las analogías.

En forma complementaria, el ANE justifica la necesidad de contar con una técnica que –con el menor grado de intrusión posible y, al mismo tiempo, con la necesaria profundidad y exhaustividad– permita analizar estos procesos en ámbitos naturales, por ejemplo, durante el tiempo de permanencia en una sala de espera o durante el recorrido completo de un local o de una fábrica.

- **El acompañamiento neuroetnográfico (ANE), diseñado por el Brain Decision Braidot Centre, es una técnica holística que, combinando diferentes procedimientos metodológicos, permite alcanzar objetivos múltiples en un mismo proceso investigativo.**

En el caso de las organizaciones que prefieren realizar este tipo de evaluaciones mediante la generación de escenarios artificiales que emulen a los reales, una de las técnicas más avanzadas que se aplican en la actualidad es el simulador neuroetnográfico (SNE)[1]. Esta técnica permite observar las res-

1 Véase www.braindecision.com

puestas neurosensoriales de los participantes ante determinados estímulos y, al mismo tiempo, testear distintas ambientaciones o escenificaciones.

Lo relevante es que, independientemente de la metodología que se elija, siempre se indagan los significados concientes y metaconcientes de los diferentes aspectos que se están testeando. Por ejemplo, la evaluación del sabor de una bebida puede involucrar no solamente el análisis de su aroma, sino también el de las fantasías, sueños, imágenes y expectativas que provoca el simple hecho de degustarla.

Como veremos en el presente capítulo, ello se debe, en gran parte, a que el gusto y el olfato son sentidos estrechamente relacionados con las funciones emotivas y conductuales más primitivas de nuestro sistema nervioso; por lo tanto, su estudio exige un enfoque que contemple estas particularidades.

2. Los sentidos químicos como input para la toma de decisiones

Como el gusto y el olfato tienen en común la función de detectar e informar al organismo sobre los compuestos químicos que percibimos, la neurobiología los agrupa bajo la denominación de sentidos químicos[2].

El sistema **olfatorio** percibe las moléculas que se encuentran en el aire para suministrar información al organismo sobre los olores de uno mismo y de los diferentes elementos que componen el medio ambiente, incluyendo, por supuesto, los de otros individuos. Estos registros determinan no sólo nuestra conducta a la hora de seleccionar los alimentos, sino también qué personas elegimos para relacionarnos y nuestra conducta sexual.

El sistema del **gusto** percibe las moléculas que ingerimos y nos informa sobre el sabor y la calidad de los alimentos y las bebidas que consumimos.

A esta clasificación se agrega otro sistema, denominado **quimiosensitivo trigeminal**, que identifica las moléculas irritantes, como las que se encuentran en el amoníaco, el vinagre, el mentol o los ajíes picantes.

Este sistema trabaja con receptores ubicados en la cavidad nasal, en la boca, en el cuero cabelludo y en el rostro para interpretar y transmitir los efectos de estos estímulos, así como también de los que son nocivos para el organismo, como la inhalación de algunos ácidos.

Si bien las sustancias irritantes también pueden ser reconocidas por el olfato y el gusto, para que exista sensibilidad trigeminal la concentración

[2] Purves D. *et al.*: *Invitación a la Neurociencia.* Editorial Médica Panamericana, Madrid, 2001.

molecular debe ser mayor. Ejemplos de activación de este sistema son la sensación quemante que producen los picantes y algunas bebidas, como el tequila puro.

De estos tres sistemas depende gran parte de nuestra conducta: tomamos decisiones en función de los aromas y sabores que preferimos, y nos alejamos del peligro cuando detectamos sustancias nocivas en el aire o en los alimentos.
A la inversa de lo que ocurre con los sentidos de la vista o el oído, sin los sentidos químicos sería imposible nuestra supervivencia.

Afortunadamente, la comprensión sobre el funcionamiento de los sentidos químicos ha avanzado considerablemente durante la primera década del siglo XXI, gracias al desarrollo de la biología molecular, y se espera que la clonación de los receptores olfativos y gustativos permita responder muchas de las preguntas que aún continúan abiertas.

3. El gusto en la construcción cerebral de la realidad

El gusto, al igual que el olfato, está ligado a las funciones emotivas y conductuales más primitivas del cerebro, por ello se constituyó en una ventaja adaptativa fundamental durante el proceso evolutivo.

Como muchas de las toxinas que se encuentran en las plantas venenosas tienen un sabor muy amargo, este sentido ha protegido a nuestra especie (y también a los animales) al funcionar como un sistema de alarma.

- **Gusto y olfato son sentidos estrechamente relacionados.**
  Las papilas gustativas de la lengua identifican los sabores y el nervio olfatorio identifica los olores.
  Cuando disfrutamos de un alimento, por ejemplo una paella, ambas sensaciones son transmitidas al cerebro, que las combina para reconocer y apreciar el sabor.

Mientras que algunos sabores (como el salado, el amargo, el dulce o el ácido) pueden reconocerse sin que intervenga el olfato, otros más complejos (como el de la paella) requieren ambos sentidos, olfato y gusto, para ser reconocidos. En los próximos apartados analizaremos en detalle cómo son estos procesos.

3.1. ¿Cómo percibimos los sabores?

Las células receptoras del gusto se ubican en las papilas gustativas de la lengua. Cuando ingerimos un alimento o una bebida, como un sorbo de agua tónica, los componentes químicos interactúan en la boca con dichos receptores, que interpretan los estímulos y transmiten la información al cerebro sobre la sustancia y su concentración.

- **La percepción del sabor es el resultado del trabajo combinado de varios órganos sensoriales (boca, nariz, ojos y piel), que codifican la información en función de la temperatura, intensidad y calidad de los estímulos recibidos.**

A su vez, los receptores somatosensitivos se ocupan de transmitir al cerebro, en forma simultánea, la información sobre la temperatura y la textura de lo que estamos degustando. Estos transmisores son los que nos hacen decir, por ejemplo, que un vino tiene "buen cuerpo" o que unos tallarines "están a punto".

Sin embargo, y aun cuando, ante la explicación que acabamos de exponer, el tema parezca sencillo, el gusto es el sentido humano sobre el que menos se sabe, especialmente en lo relacionado con la forma como los receptores se relacionan con los degustadores.

A diferencia de la visión y la audición, el gusto, junto con el olfato, constituyen dos áreas de la neurociencia en las que muchas preguntas aún no han sido respondidas, más que nada porque se trata de un tema difícil de estudiar.

De momento, hay científicos del mundo entero tratando de entender cómo se codifican los sabores en la lengua y cómo se descifran en el cerebro mediante investigaciones que buscan rastrear patrones de conectividad.

Se espera que las investigaciones que se están realizando con insectos signifiquen un gran avance, no sólo para allanar el camino en los estudios sobre humanos, sino también para mejorar la calidad de los productos que consumimos si logramos eliminar los pesticidas.

De momento, la identificación de las sustancias químicas que excitan los diferentes receptores del gusto es todavía muy incompleta. Si bien podemos percibir cientos de sabores diferentes, se supone que estos son combinaciones de sensaciones elementales, en forma análoga a lo que sucede con el olfato.

Una cantidad significativa de avances en los conocimientos sobre el funcionamiento del sentido del gusto procede de investigaciones realizadas con animales.

Las moscas, por ejemplo, han suministrado información valiosa debido a que su sistema es simple y cuenta con menos receptores gustativos (conocidos como genes GR).

En los próximos párrafos resumiremos los conceptos más importantes relacionados con lo que hemos aprendido sobre la anatomía del gusto.

3.2. La anatomía del sabor

Nuestros botones gustativos proporcionan cuatro sensaciones claras: dulce, salado, ácido y amargo. Los otros sabores provienen del olfato, por ello, cuando la nariz es bloqueada por un resfriado, la mayoría de los alimentos parecen suaves o insípidos.

Los corpúsculos gustativos[3] (que son aproximadamente 4.000) están compuestos por un cúmulo de células epiteliales modificadas; algunas funcionan como sostén y otras son células receptoras de sabores.

Estas células se encuentran en los pelos de la lengua, es decir, en las microvellosidades que constituyen la superficie receptora para el gusto.

A partir de los corpúsculos se proyectan varias fibras nerviosas gustativas que se dirigen hacia el tálamo y se conectan con áreas específicas de la corteza parietal.

En cuanto a su localización, los corpúsculos se encuentran en tres de los cuatro tipos de papilas gustativas, dispuestas en distintas regiones de la lengua.

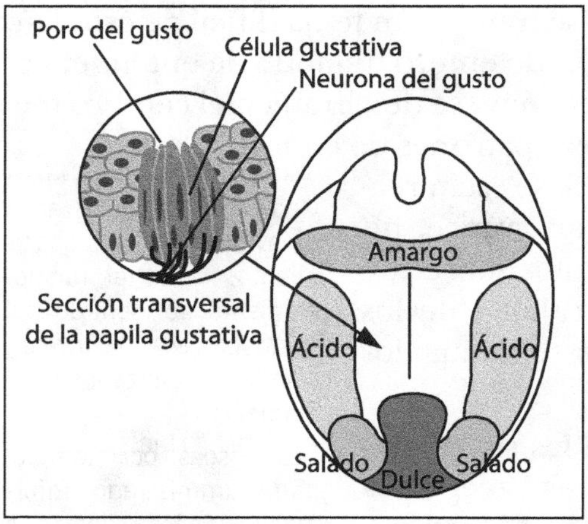

De acuerdo con Purves[4], todos los gustos pueden ser detectados en toda la lengua; sin embargo, hay regiones que poseen diferentes umbrales de sensibilidad.

Por ejemplo, la punta de la lengua es más sensible a lo dulce, los bordes postero-laterales son más sensibles a lo salado, los bordes medio-laterales son más sensibles a lo ácido, y lo amargo se percibe mejor en la región posterior. Sin embargo,

---

3 Guyton, A. C.: *Anatomía y fisiología del sistema nervioso: neurociencia básica.* Editorial Médica Panamericana, Madrid, 2ª ed., 1974.

4 Purves, Dale *et al.*: *Op. cit.*, Cap. 14.

la detección de los diferentes sabores en distintas regiones de la lengua es un tema que genera debates.
Se han identificado más de 10.000 papilas gustativas cuya sensibilidad depende de una serie de reacciones químicas en las que intervienen receptores emparejados de la proteína G (en los sabores dulce, amargo y umami[5]) y canales iónicos (sabores salados y acres).

> El sentido del gusto incluye, al igual que los demás sistemas sensoriales, receptores periféricos y vías centrales.
>
> Los receptores periféricos son las células gustativas, que se encuentran en los corpúsculos gustativos distribuidos en la cavidad oral, la faringe y la parte superior del esófago.

Este es uno de los motivos por los cuales algunos científicos insisten en que no hay regiones de la lengua especializadas en uno u otro sabor, y que cada papila consta de un centenar de células aptas para identificar cualquier gusto.

Ahora bien: ¿sólo existen los cuatro gustos primarios?
Este tema está en discusión. En opinión de Purves, si esto fuera cierto "todos los demás gustos podrían ser representados como una combinación de gustos primarios", con lo cual tendríamos una clasificación limitada.

Este científico razona que es normal que experimentemos sensaciones gustativas adicionales y cita como ejemplos la astringencia (arándanos y té), el picante (ajíes picantes y jengibre), y distintos gustos "metálicos". Estos, dice, no se ajustan a las cuatro categorías primarias y, más aún, en otras culturas se consideran primarios.

Lo cierto es que los fabricantes de alimentos y bebidas están atentos, más que nunca, al avance de las neurociencias. La expectativa es crear productos que, al mismo tiempo que satisfacen las necesidades nutricionales sin provocar ningún daño en la salud (como ocurre con los que no contienen sodio, para los hipertensos), tengan cualidades para ser percibidos como sabrosos.

Otro tema muy interesante que surge de la investigación sobre la combinación de sabores tiene que ver con la obesidad. Justamente, un profesor de la Universidad de Yale, David Katz, llegó a la conclusión de que no es aconsejable incluir una variedad de sabores en las comidas porque ello estimula el apetito. En sus palabras, "El hipotálamo recibe estí-

5 *Umami* (que remite a un sabor carnoso agradable) es un término de origen japonés que se asocia al glutamato monosódico y a otros aminoácidos empleados en la industria alimentaria como potenciadores del sabor.

mulos contradictorios y acaba solicitando una mayor ingestión para descifrarlos a todos"[6].

Cualquier persona que quiera poner a prueba estos conceptos, dice, debería mezclar sabores dulces, amargos, salados, agrios y cárneos en una misma comida. Ello le permitirá comprobar que siente más hambre que si estuviera ante un plato de presentación más monótona.

3.3. Antropología sensorial: el gusto como construcción cultural

> ***Hay una relación muy fuerte entre la alimentación y la noción de la identidad personal y familiar. Esto es así porque hay un lazo muy fuerte entre experiencias sensoriales y memorias, y en la memoria está la percepción de nuestra identidad.***
>
> **Joël Candau**

Al igual que los demás sentidos, el gusto no procesa la información recibida tal como es, sino que la somete a un proceso de filtración en el que intervienen factores anatómicos, psicológicos, emocionales, sociales (determinados por el contexto de consumo) y, fundamentalmente, culturales.

Por ejemplo, cuando la información sobre el sabor de unos tallarines llega a los centros cognitivos superiores, entre los cuales se encuentra la memoria, se integra en el sistema tálamo-cortical.

Esto es lo que no nos permite distinguir si las pastas que nos acaban de servir nos parecen ricas porque lo son, o por la sencilla razón de que están hechas con la receta de nuestra abuela.

Como vemos, y excepto que estemos haciendo una dieta estricta que nos obligue a elegir alimentos que no nos provocan placer, toda vez que seleccionamos un plato lo hacemos, en primer lugar, por motivos hedónicos, luego por las cualidades percibidas (elegimos algo dulce o algo salado, algo frío, algo caliente) y, por último, según su intensidad (por ejemplo: muy, medianamente, o poco dulce o salado).

En todos los casos, la influencia de la cultura es altamente significativa. Por ejemplo, en la India, a diferencia de los occidentales, la gente reconoce seis gustos básicos.

A su vez, los factores culturales se reflejan con mayor nitidez en la **aversión** y en la **discriminación**.

---

6 Katz, D. y Katz K.: *The Flavor Point Diet: The Delicious, Breakthrough Plan to Turn off your Hunger and Lose the Weight for Good.* Random House, USA, 2005.

La aversión explica por qué algunos occidentales comemos cerdo y experimentamos una sensación de repugnancia cuando un documental de la National Geographic nos muestra que hay comunidades que disfrutan comiendo hormigas mieleras o víboras.

La discriminación tiene que ver con el concepto de conciencia alimentaria, es decir, con nuestra percepción sobre los valores nutricionales de los alimentos y las bebidas, así como también sobre su procedencia y calidad.

En la India, la pureza de los alimentos tiene una gran importancia. La mayor parte de las elecciones se basan en lo que se puede y lo que no se puede comer.

Como estas variaciones se reflejan en el sistema de castas que divide a la sociedad, lo que se percibe a través del sentido del gusto actúa, también, como un reflejo de diferenciación.

Por lo tanto, además de lo que culturalmente estamos acostumbrados a consumir, la educación, el estilo de vida y el nivel socioeconómico adquieren gran relevancia en el sentido del gusto.

En 2004, un equipo de investigadores de la Universidad de Oxford pudo ver en pantalla la respuesta cerebral de los participantes de un experimento gastronómico en el que se les sirvieron alimentos grasos y cremosos.
La resonancia magnética activó los centros cerebrales asociados con el placer, lo que explica científicamente la principal razón por la cual los adultos que no estamos a dieta elegimos la mayor parte de los alimentos.

Anatómicamente, la sensación de placer proporcionada por el sentido del gusto puede observarse en la activación del putamen ventral y el núcleo accumbens.

Cuanto más rápido se encienden las neuronas de estas zonas, más intenso es el sabor que está experimentando una persona.

Otro tema interesante para analizar es la variación de la percepción del gusto en función de una situación orgánica temporal. Un buen ejemplo es el de los deportistas, cuya percepción del sabor dulce varía después de un entrenamiento o una competencia.

Una investigación emprendida por científicos de la Universidad de Osaka, Japón, detectó que, luego de una actividad intensa, los deportistas tienden a elegir alimentos salados y a rechazar algunas bebidas azucaradas porque las encuentran más empalagosas que en condiciones normales.

La preferencia por los alimentos salados estaría determinada porque la pérdida de reservas y la necesidad de hidratación física hacen que lo dulce se perciba como más dulce.

La percepción del gusto varía, también, según la temperatura. Si bien afirmar que la cerveza helada es más rica sería caer en una obviedad, lo cierto es que un equipo de investigadores de la Universidad Católica de Lovaina (Bélgica) logró identificar unos canales microscópicos ubicados en las papilas gustativas (TRPM) que tienen capacidad para potenciar la percepción de los sabores en el cerebro en función de la temperatura.

Estos científicos están convencidos de que las temperaturas frías disminuyen la percepción del sabor y que las cálidas la aumentan.

"El gusto amargo suele ser más apreciado en el café, el té o el chocolate que en la cerveza; por esta razón preferimos que esta última esté bien fría."[7]

Esto tiene una explicación neurológica: los canales TRPM que envían señales eléctricas al cerebro adquieren más potencia a temperaturas moderadas y altas que a temperaturas bajas, y también una explicación de mercado: "Los fabricantes de productos alimenticios conocen la facultad del frío para disimular los gustos, y los catadores de vino valoran la temperatura para identificar con mayor precisión su gusto original"[8].

Se espera que este descubrimiento tenga su aplicación en la industria farmacéutica, ya que el sabor de algunos medicamentos genera mucho rechazo, sobre todo en los niños, y en el negocio de la alimentación, donde es necesario disminuir el sabor amargo de algunos productos.

Afortunadamente para ellos, una empresa americana especializada en biotecnología, Linguagen Corp., logró desarrollar compuestos naturales que inhiben la percepción del gusto amargo y pueden incorporarse en productos alimenticios (para reducir las cantidades de azúcar, sal y grasas que se utilizan actualmente con ese mismo fin) y también en la industria farmacéutica.

3.4. Las ilusiones gustativas

Como hemos dicho, el cerebro humano no distingue entre un dato real y uno inventado, sus inputs para construir la realidad son aquellos que noso-

---

7 Talavera, K.: "Heat activation of TRPM5 underlies thermal sensitivity of sweet taste", en *Nature* 438, 2005.

8 Talavera, K.: *Op. cit.*

tros le suministramos y, aunque pueda llamar la atención del lector, los gustos también pueden inventarse.

Esto ha sido comprobado por un grupo de científicos de la Universidad de Wisconsin, que demostraron cómo el cerebro puede ser programado para responder a una experiencia sensorial.

El objetivo de los científicos era probar la capacidad del cerebro humano para mitigar el mal sabor por medio de un engaño. Durante el experimento, se incorporaron técnicas de visualización y se les pidió a los participantes que bebieran un preparado de sabor desagradable (de quinina y agua azucarada) mientras se escaneaba su actividad cerebral con resonancia magnética (fMRI).

Los participantes habían sido entrenados para asociar un juego de señales con sabores determinados. Un signo "menos" enviado a través de fibra óptica a sus anteojos indicaba que el líquido que probarían tendría un sabor muy amargo; la señal 0 precedía a un sabor neutro, y un signo "más" identificaba un sabor dulce.

Las señales que se enviaron fueron engañosas: no siempre coincidieron con el sabor correspondiente. Se observó que, cuando recibían la señal de un sabor "menos amargo", los participantes lo percibían como tal (aunque no fuera así) y ello se reflejaba en las activaciones cerebrales que se observaban en el monitor.

Como vemos, no sólo hay ilusiones visuales. En la percepción del gusto se juegan también nuestras expectativas, es decir: percibimos los sabores en función de lo que tenemos inscripto en nuestros mapas mentales.

4. El olfato en la construcción cerebral de la realidad

El olfato es uno de los fenómenos más asombrosos del organismo. Se calcula (aunque este cálculo continúa en discusión) que permite detectar cerca de diez mil olores distintos a través de aproximadamente mil genes, que también son diferentes. Esta capacidad es origen de muchos de nuestros comportamientos, y fundamentalmente, nos hace posible la supervivencia.

Para ayudar al lector a comprender cómo es el circuito que recorre un estímulo olfatorio desde que ingresa por la nariz hasta que es identificado por el cerebro, recurriremos a un ejemplo sencillo. Imaginemos que en la oficina se festeja un cumpleaños y que nuestra secretaria se está acercando con una bandeja cuyo contenido no alcanzamos a visualizar. Sin embargo, una bocanada de aire con aroma a vainilla ingresa por nuestra cavidad nasal.

En ese momento, las partículas aromáticas (moléculas) que emana la porción de torta que seguramente vamos a disfrutar, estimulan células especializadas en la percepción de olores. Al ser excitadas, estas células receptoras envían un impulso nervioso al bulbo olfatorio.

Allí se produce la detección y se transmite el impulso al hipocampo, donde se clasifican los olores. En una zona específica, el hipocampo compara el estímulo con otros adquiridos previamente (a modo de base de datos). Este proceso es el que nos permite distinguir el aroma a vainillas del aroma a chocolates, o una esencia de rosas de una cítrica.

Más allá de estas descripciones anatómicas, la mayor parte de los especialistas que hemos consultado al escribir esta obra consideran que el proceso de representaciones del sentido del olfato continúa siendo enigmático.

Citan como ejemplos que en la visión el color es más azul cuanto más corta es la longitud de onda, o que en la audición el tono percibido es más agudo cuanto más alta es la frecuencia de las ondas de presión del sonido. En el caso del olfato, explican, no se ha observado este tipo de relaciones simplificadoras[9]. Sin embargo, en los últimos años se han realizando avances muy importantes.

Linda Buck ha demostrado que un único receptor puede reconocer varios olores, que un único olor puede ser reconocido por varios receptores, y que diferentes olores son reconocidos por una combinación de receptores, lo cual nos da una idea sobre la complejidad del sentido del olfato.

Un equipo de científicos en el que participó Linda Buck (que ganó el Nobel en 2004, junto con Richard Axel, por sus descubrimientos sobre el olfato) llegó a la conclusión de que este sentido se basa en una especie de abecedario de receptores para crear una respuesta olfatoria específica en las neuronas, y lo explicó de la siguiente manera: "Cada receptor es utilizado una y otra vez para definir un olor, igual que las letras son utilizadas una y otra vez para definir distintas palabras".

Las cuatro letras que compondrían este abecedario serían A, C, T, G (abreviaciones para los nucleótidos adenina, citosina, timina y guanina) y su combinación es lo que permite una cantidad casi infinita de secuencias.

[9] Fuente: Purves D., *et al.*: *Op. cit.*

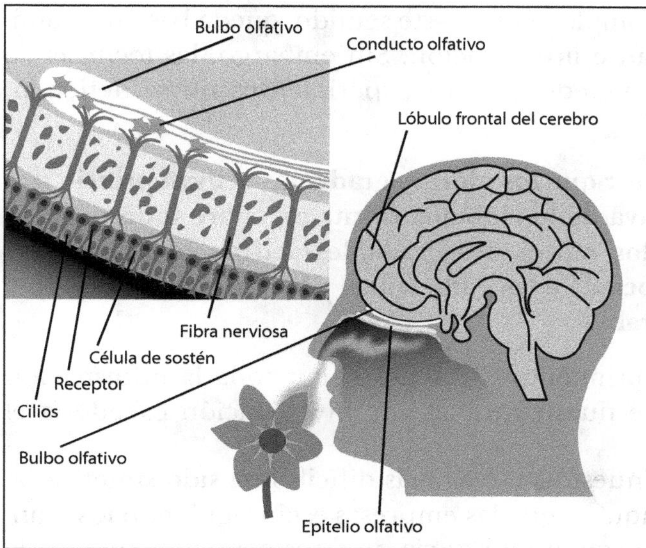

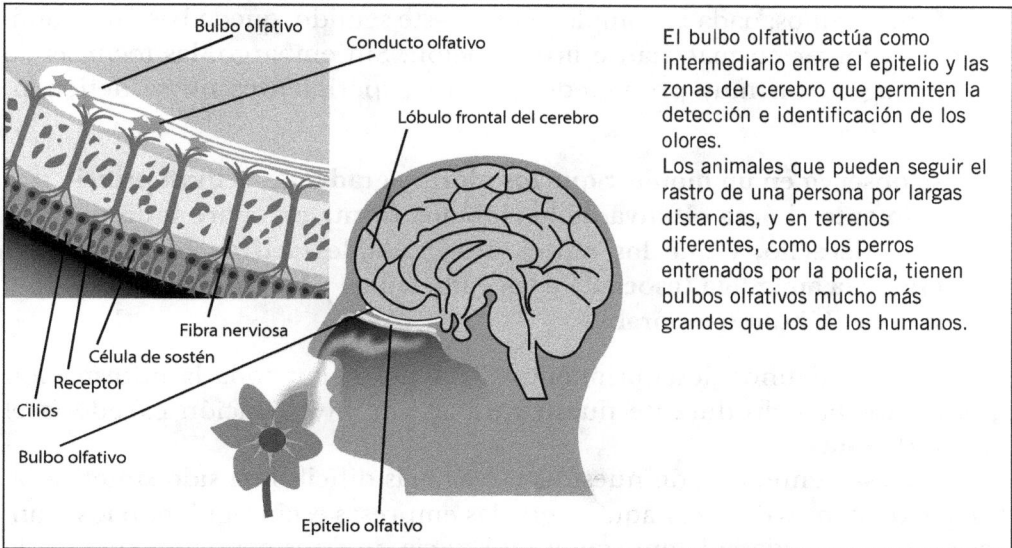

El bulbo olfativo actúa como intermediario entre el epitelio y las zonas del cerebro que permiten la detección e identificación de los olores.
Los animales que pueden seguir el rastro de una persona por largas distancias, y en terrenos diferentes, como los perros entrenados por la policía, tienen bulbos olfativos mucho más grandes que los de los humanos.

Teniendo en cuenta el número estimado de receptores olfatorios (entre 500 y 1.000), podríamos razonar que, como máximo, podríamos percibir más o menos mil olores.

Sin embargo, los humanos podemos distinguir más de diez mil, porque la cantidad de sustancias odoríferas excede considerablemente la de proteínas receptoras.

Antes de las investigaciones de Buck, en la década de 1950 John Amoore desarrolló una clasificación de los olores que en la actualidad se considera interesante: los dividió tomando como parámetros la cualidad percibida y la estructura molecular: olor floral, a almizcle, picante, a alcanfor, a menta, a éter y pútrido.

Estas categorías se siguen aplicando para evaluar el proceso celular de percepción olfatoria, ya que se consideran útiles para identificar sustancias odoríferas con propiedades químicas características.

Purves lo explica de la siguiente manera:

> *Los cocos, las violetas, los pepinos y los pimientos tienen una molécula odorífera singular que reconocemos fácilmente (...). En realidad, la mayoría de los olores naturales son mezclas de varias moléculas odoríferas, sin embargo, tanto un perfume como un vino son experimentados como una percepción única. Esta percepción unitaria de olores complejos es una característica notable del sistema olfatorio.*

Como vemos, dada la complejidad de este sentido, queda bastante camino por recorrer en materia de investigación. Sin embargo, las técnicas de neuroimagen son muy prometedoras y los experimentos no se detienen. Por ejemplo,

> **se observó en un monitor que los olores agradables activan principalmente el área olfativa de los lóbulos frontales, sobre todo del lado derecho, y que los olores desagradables activan principalmente la amígdala (asociada a las emociones) y la corteza en la ínsula del lóbulo temporal.**

Existen algunos descubrimientos más, pero citar toda la información que hemos hallado durante nuestro trabajo de investigación excedería el marco de esta obra.

Precisamente, una de nuestras tareas más difíciles ha sido sintetizarla. Lo que deseamos destacar aquí es que las empresas están siguiendo los avances desde cerca, dada la enorme importancia de estos conocimientos en la definición de sus estrategias.

4.1. Sobre aromas, memorias y emociones

Al leer lo expuesto hasta aquí y, fundamentalmente, al comparar nuestro comportamiento con el de algunos animales, nos preguntamos por qué el sentido del olfato ha sido subestimado por nuestra especie.

La respuesta podría estar en el hecho de que, al evolucionar, el ser humano se puso de pie, y la vista y el oído pasaron a ser sentidos mucho más importantes que el olfato. Sin embargo, este sentido tiene un potencial mucho mayor de lo que se cree.

Desde el bulbo olfativo, la señal es conducida hasta centros cerebrales donde se desencadenan las emociones y se almacenan los recuerdos. Esto podría explicar por qué los aromas afectan nuestro estado de ánimo y nos evocan el pasado de forma tan poderosa.

Casi todos podemos asociar rápidamente aromas que, incluso siendo desagradables, están emparentados con recuerdos felices, como ocurre con el olor a desinfectante o "a hospital", que puede hacernos viajar mentalmente hacia el día en que nació nuestra primera hija. Esto confirma un fenómeno bien conocido al que se refiere frecuentemente el antropólogo francés Joël Candau:

La persistencia del recuerdo olfativo y la manera como lo clasificamos dependen estrechamente de la naturaleza del tratamiento semántico de la información memorizada[10].

Por eso algunos olores tienen un poder particular para afectarnos. Además, el sentido del olfato se encuentra estrechamente ligado a las funciones emotivas y conductuales más primitivas, y su trabajo en conjunto con el sistema gustativo es fundamental para que el cerebro pueda crear una imagen sobre determinados aspectos de la realidad.

El olfato utiliza un sistema de combinación para identificar los olores, y su trabajo en conjunto con el gusto es fundamental para que el cerebro pueda crear una imagen sobre determinados aspectos de la realidad.

- **La percepción de los olores está muy relacionada con la fijación de la memoria, por eso un aroma determinado es capaz de evocar situaciones de la infancia, lugares visitados o personas queridas.**

Ahora bien: como las neuronas olfativas sólo viven cerca de sesenta días en el epitelio, y luego son sustituidas por células nuevas que comienzan a formar nuevas sinapsis, ¿cómo hacemos, siendo adultos, para reconocer los olores de nuestra infancia, de nuestra adolescencia?

Así lo explica Linda Buck[11]:

Las memorias sobreviven porque los axones de las neuronas que expresan el mismo receptor siempre se dirigen al mismo lugar del cerebro y, a diferencia de lo que ocurre en la mayor parte del cuerpo (las neuronas mueren sin que exista ningún sucesor), en el caso de las neuronas olfatorias una capa de células troncales ubicadas debajo de ellas las regenera constantemente.

4.2. Sobre aromas y sabores

El sentido del olfato es imprescindible para que pueda funcionar el sentido del gusto. En realidad, la percepción olfativa retronasal es responsable del 80% de la percepción gustativa. Por ejemplo:

el sabor de un buen vino tiene origen en su aroma, que va flotando hacia arriba por las fosas nasales hasta alcanzar las células presentes en la nariz.

---

10 Candau, J.: "De la tenacidad olfativa al síndrome de Proust", en www.percepnet.com/percl1_02.htm

11 Para escribir este apartado, nos basamos en publicaciones de Richard Axel y Linda Buck, galardonados, como ya mencionamos, con el Nobel de Medicina y Fisiología en 2004.

Sin olfato, no podríamos identificar el sabor de muchos alimentos. Para comprobar esta afirmación, le propongo que tape su nariz e intente distinguir entre el sabor del champagne y el de la sidra o, si se anima, entre una manzana rallada y una cebolla rallada. ¿Cómo le fue?

Las moléculas del sabor liberadas en la saliva por los alimentos o las bebidas son responsables de ¡sólo el 10% del gusto! Por ejemplo, cuando nos llevamos un trozo de manzana a la boca, estas moléculas interactúan con los receptores gustativos que se encuentran en la parte superior de la lengua (dentro de las papilas gustativas o botones del gusto) y sobre el paladar.

Estos receptores están formados por un conjunto de células que reaccionan ante los sabores. Cada sabor puede ser percibido por cualquier botón gustativo y en cualquier parte de la lengua siempre que antes haya sido percibido por el olfato.

Si bien las moléculas responsables del sabor son muy diversas, tienen en común que deben ser lo suficientemente pequeñas como para evaporarse fácilmente y llegar hasta los receptores olfativos.

Sin embargo, y tal como anticipamos, para saborear un alimento no utilizamos solamente los sentidos del gusto y el olfato.

¿Usted comería una fruta que tenga mal aspecto? Seguramente, no. A la inversa, ¿alguna vez le dijeron que la comida "le entra por los ojos"? Seguramente, sí. ¡Quién no se tienta con sólo ver un plato bien presentado o el color maravilloso de un buen vino tinto!

En nuestro libro *Neuromarketing, neuroeconomía y negocios*[12] citamos como uno de los mejores ejemplos de productos multisensoriales a la barrita Crunch de Nestlé porque estimula al mismo tiempo el sentido del gusto (sabor), el del tacto (la textura), el visual (mediante el logo y el diseño del pack) y el auditivo (el sonido que evoca el nombre de marca).

Este ejemplo respondía a dos objetivos. Por un lado, mostrar cómo se puede hacer para que un producto se convierta en una de las "golosinas de mi infancia", por el otro, explicar por qué hay que hacer marketing multisensorial.

Es sabido que los sentidos se van deteriorando con el tiempo y que los primeros en ser afectados por el paso de los años son el visual y el auditivo. Afortunadamente, el olfato y el gusto tienen más resistencia, debido a que sus receptores se van renovando, como máximo, cada tres meses.

---

12 Braidot, N.: *Neuromarketing, neuroeconomía y negocios*, Puerto Norte-Sur, Madrid, 2005.

Este proceso, sumado al rol activo de la memoria emocional, explica por qué muchas personas de avanzada edad suelen conmoverse cuando reconocen un sabor probado en la infancia.

Si bien el cerebro pierde neuronas todos los días, es posible, también en el campo de los sentidos, recurrir a una especie de gimnasia en la cual las prácticas cotidianas ayuden a disminuir esta pérdida mediante la generación de nuevas sinapsis, resultado del aprendizaje. Este es un hecho que los fabricantes no deben desconocer: imagínese el impacto en el negocio de Nestlé si su barrita Crunch logra atravesar varias generaciones.

4.3. Los aromas y el lenguaje

Constantemente estamos rodeados por moléculas odoríferas que nos traen información agradable, como ocurre cuando probamos perfumes, nos deleitamos con el aroma que emana de un plato de pastas, o aspiramos con placer el vaho de las sales de baño.

La descripción de los aromas se caracteriza por ser posible en reductos culturales donde se comparten determinados significados.

Los catadores de vino, por ejemplo, emplean términos como "pimienta", "fresa", "vainilla", "naranja confitada" o "cacao" para describir las características de algunas variedades.

También los olores desagradables, como los que se desprenden de algunos animales, de la descomposición de los alimentos, de la actividad industrial o, por qué no decirlo, de otras personas, suministran información sobre el entorno.

Sin embargo, cuando queremos describir un olor, más de una vez recurrimos a metáforas o analogías. Ello se debe a que *el lenguaje natural de los olores se caracteriza por su imprecisión y también por la inestabilidad.* Sin duda, los olores no se pueden describir tan fácilmente como los colores.

Uno de los científicos que más ha estudiado este tema, Joël Candau[13], cita como ejemplo una frase escrita por Proust en *En busca del tiempo perdido,* donde el protagonista describe el olor de una colcha como "mediano, viscoso, soso, indigesto y afrutado".

Candeau razona: "¿Qué puede ser un olor mediano?" y dice: "... sólo Proust, probablemente, estaría en condiciones de responder. Es difícil, en todo caso, encontrar un ejemplo mejor de rareza que el lenguaje natural de los olores".

---

[13] Candau, J.: "El lenguaje natural de los olores y la hipótesis Sapir-Whorf", en *Revista de Antropología Social* 243, 2003.

Salvo en casos que no admiten ambigüedades, como el olor a mandarinas o a eucaliptos, la descripción de un aroma con un solo adjetivo es difícil de encontrar y, más aún, casi siempre depende del contexto cultural al que pertenecen los individuos. Por eso, en la vida cotidiana, por lo general hablamos de los olores en forma metafórica.

Otro ejemplo que cita Candeau, obtenido en una de sus investigaciones, es la descripción que hizo un cocinero sobre el aroma de la trufa: "… tiene 'un olor a maleza', una 'nota petroleada', casi de humus o 'mineral muy pronunciado'".

Observe las expresiones: "maleza" es un término visual; "nota", auditivo; "mineral" puede estar relacionado con el sentido del gusto. La conclusión de este antropólogo, con la que coincidimos plenamente, es que la descripción olfativa casi siempre se nutre de los otros sentidos.

Posiblemente nuestra cultura haya colocado al olfato como un sentido inferior; en realidad, no se sabe bien por qué nunca hemos desarrollado un vocabulario apropiado para describir los olores que percibimos. Observe esta narración del talentoso escritor Julio Cortázar:

> *Como sueño era curioso porque estaba lleno de olores y él nunca soñaba olores. Primero, un olor a pantano, ya que a la izquierda de la calzada empezaban las marismas, los tembladerales de donde no volvía nadie. Pero el olor cesó, y en cambio vino una fragancia compuesta y oscura como la noche en que se movía huyendo de los aztecas.*[14]

El sistema visual necesita apenas tres clases de receptores para identificar todos los colores y, además, estos responden a un mismo elemento: la luz.

El trabajo del cerebro es comparar las señales de estos receptores para determinar cuál es el color que estamos percibiendo.

El sistema olfatorio, en cambio, debe arreglárselas con una inmensa variedad de moléculas para identificar, por ejemplo, "a qué sabe" ese aroma tan delicioso que emana de la cocina.

Es difícil pensar cómo sería la fragancia "compuesta y oscura" que describe Cortázar y, más aún, cuántas veces nos encontramos en problemas cuando queremos contar cómo olía algo a una persona que nunca lo ha experimentado.

Esto mismo dice Diane Ackerman en su libro *Una historia natural de los sentidos*[15]: "Existen nombres para toda una gama de matices de colores, pero ninguno para los tonos y los tintes de un olor". Y es cierto.

Probablemente más de una vez, sin darnos cuenta, estemos haciendo lo mismo que

[14] "La noche boca arriba", en *Final del juego,* Sudamericana, Buenos Aires, 1964.
[15] Ackerman, D. Anagrama, Barcelona, 2000.

los personajes de Proust y Cortázar: aplicar la creatividad para encontrar las palabras que nos permitan contar cómo era lo que hemos percibido a través de nuestro sistema olfatorio.

El tema es tan complejo que el científico Richard Axel, que se pasó la vida investigándolo, se preguntaba si las neuronas que responden al jazmín remiten a una estación diferente, presente en el cerebro, de aquella que responde a la albahaca. Si ese es el caso, razonó, el cerebro quizás dependa de la posición de las neuronas activadas para definir la calidad de los olores.

> En la actualidad, se está recurriendo a la salamandra en las investigaciones sobre el olfato.
>
> Algunos científicos están convencidos de que este animalito les permitirá estudiar el sistema completo, incluyendo sus repercusiones en la conducta.

Quizás, quizás, quizás. La manera como las señales provenientes de receptores sensoriales llegan, además del bulbo olfatorio, a otras zonas del cerebro, y la forma como este las interpreta y responde a ellas siguen presentando muchas incógnitas.

4.4. Aplicaciones en las empresas

Además de las investigaciones destinadas al diseño o mejora de unidades de negocios e imagen corporativa, el estudio del olfato está convocando a muchos especialistas en clima organizacional con el objetivo de determinar qué aromas aumentan la productividad de las personas en sus puestos laborales y cuáles tienen un efecto contrario.

> **La importancia del estudio de los sentidos químicos para las organizaciones es que estos son determinantes en la activación de circuitos de placer o displacer, lo que influye considerablemente en el comportamiento de las personas.**

A nivel fisiológico, si un aroma es percibido como desagradable, la ínsula (que es la zona del cerebro que interpreta la emoción de disgusto) envía información a la corteza cerebral, donde se evocan memorias específicas.

Esto puede hacer que una persona se vaya de un lugar o no desee permanecer durante mucho tiempo en él por "algo" que no registra en el plano conciente.

Como los estímulos olfatorios también pasan por los registros del sistema límbico, una estimulación eficiente, como la desencadenada por un aroma agradable, puede evocar emociones que se asocien en forma positiva con una organización.

- **Las fragancias agradables actúan como un marcador positivo en la memoria, por eso son tan importantes para lograr identidad corporativa. Así como un perfume suele percibirse como adherido a la personalidad de un individuo, una correcta selección en materia de aromas le otorga personalidad a una organización.**

Esto exige trabajar tanto sobre las características organolépticas de los productos, como sobre otros aromas presentes en el punto de ventas.

De momento, y aun cuando falta bastante camino por recorrer en el ámbito de las neurociencias, la inteligencia de neuromarketing ya cuenta con la metodología necesaria para indagar el conjunto de inclinaciones sensoriales de diferentes grupos de personas que no han sido satisfechas o que lo han sido parcialmente y, al mismo tiempo, descubrir los atributos que permitan responder mejor a las necesidades de los clientes en este aspecto.

Para La Segunda Seguros Generales, que tiene negocios orientados a diferentes grupos de personas y en zonas geográficas disímiles, el aroma debe seleccionarse en función de las preferencias sensoriales de cada uno de los segmentos que atiende.

Por ejemplo, La Segunda Seguros Generales[16], que opera en varias zonas de América del Sur, define el aroma institucional de acuerdo con el mercado que atiende en cada región.

La compañía parte de la premisa de que los aromas, al igual que los productos, los servicios que tienen asociados y sus características, se definen en función del target.

Otro ejemplo interesante es el de Ibermática, una de las principales empresas españolas en tecnologías de la información, que desarrolló un sistema de identidad que incorpora el uso de los aromas en el diseño de su imagen corporativa.

Ambos casos ponen de manifiesto que las empresas exitosas no dejan ningún aspecto librado al azar: la estética en la presentación de los productos, los aromas y la música se estudian al más mínimo nivel de detalle.

Fíjese qué interesante es este razonamiento de Darío Sirerol, el especialista en diseño de olores que lideró el proyecto de Ibermática:

> *El aroma puede ser la mejor estrategia para crear la arquitectura de una marca, porque las palabras, los conceptos, las formas, pueden olvidarse, pero los olores, no. El recuerdo oloroso es imperecedero.*[17]

---

[16] Véase el caso La Segunda Seguros Generales en el primer apartado del Capítulo 5.

[17] Información sintetizada de declaraciones de ejecutivos de Kraft en la prensa especializada.

Estamos de acuerdo. El hecho de que se conecte directamente con un área involucrada con la memoria y que no sea relevado por el tálamo, como ocurre con los restantes sentidos, sugiere que el olfato tiene un gran poder para evocar emociones.

Esto explica por qué, en concordancia con las nuevas corrientes del neuromarketing sensorial, las marcas (además de distinguirse por su nombre y logotipo) deben ser posicionadas también a partir de su aroma.

Muchas empresas han incorporado especialistas para evaluar modificaciones en las recetas y mejorar los productos en función de las preferencias de los segmentos que integran sus diferentes mercados.

En Kraft, por ejemplo, a cada una de las denominaciones como masticable, dulce, crujiente, cremoso, se le asigna una definición concreta y una escala numérica, de manera que todas puedan ser cuantificadas y analizadas por un software.[18]

En la misma línea, muchos fabricantes de productos alimenticios realizan pruebas multisensoriales en el momento de selección de las materias primas. Estas pruebas se repiten durante todo el proceso de elaboración, hasta que el producto está terminado (y se vuelve a testear).

Los resultados son procesados por un software diseñado para registrar y analizar todos los datos, que suministra una muy rica información en cada etapa.

Como vemos, día a día se van sumando empresas que aplican estos nuevos conocimientos como guías para investigar, por un lado, el conjunto de inclinaciones sensoriales de diferentes grupos de clientes potenciales y, por el otro, para descubrir los atributos que permitan responder mejor a las necesidades de los actuales.

5. Estrategias multisensoriales de avanzada: las narices electrónicas

El estudio del sentido del olfato es un tema de gran complejidad. Sin embargo, la ingeniería sensorial está realizando grandes avances.

Además del desarrollo de dispositivos que reemplazan algunas de las funciones de los sentidos, como la percepción táctil de determinadas

18 Ibídem.

La nariz electrónica es una especie de olfato artificial que permite reconocer aromas mediante sensores que, con la ayuda de un sotfware, clasifican patrones por medio de un proceso similar al de los mamíferos.

superficies[19], o el envío de mensajes que contengan claves sensoriales, se está perfeccionando el diseño de las narices electrónicas, instrumentos creados para detectar determinados olores.

Decimos "determinados" porque, a diferencia de lo que ocurre con los colores, es muy difícil realizar mediciones cuando se trata de aromas.

Tal como vimos en el Capítulo 5, los colores pueden medirse según la longitud de onda de la luz. Por ejemplo, el azul y el violeta son colores de onda corta –de entre 400 y 450 nanómetros–, y los matices del rojo –de entre 625 y 740 nm– son de onda larga.

Como al atardecer el Sol está más lejos de la Tierra, sólo percibimos las ondas de mayor energía que llegan antes de la caída de la noche. Este fenómeno es el que produce esos maravillosos paisajes que crean los atardeceres rojizos.

El problema principal para identificar y medir olores con aparatos es que las pistas de los olores no tienen una trayectoria continua (como ocurre con la luz en el caso de los colores) porque el viento las fragmenta, las esparce y las desordena.

En el caso de los olores, es muy difícil realizar un análisis cuantitativo. Las narices electrónicas no van más allá de identificar determinadas mezclas de gases, vapores y olores, y los robots que incorporan dispositivos para seguir un rastro olfativo continúan en desarrollo.

Lo bueno es que las investigaciones no se detienen y que la imaginación para implementar alternativas es sorprendente. En este sentido, un caso muy interesante es el de un equipo de científicos (integrado por franceses y norteamericanos) que está intentando avanzar imitando la estrategia de los insectos. Para ello utilizan algoritmos que, en vez de buscar la máxima concentración de una sustancia, procuran obtener la máxima información sobre su fuente.

Como hemos visto en la Parte II de esta obra, el análisis de los sentidos es un tema tan apasionante que se espera que los avances científicos permitan mejorar no solamente las estrategias de neuromarketing de las organizaciones, sino también, y fundamentalmente, que contribuyan al desarrollo de estímulos multisensoriales capaces de convertir los ámbitos de trabajo en lugares realmente placenteros.

---

[19] Véase el Capítulo 5, apartado 5.3.

PARTE III

INTELIGENCIA APLICADA EN NEUROMANAGEMENT

Capítulo 7

¿Qué es la inteligencia?

Cómo prepararnos para generar las mejores soluciones ante cada desafío

La inteligencia es una función activa de la mente, puede desarrollarse y potenciarse.

Es nuestra mejor aliada para establecer relaciones armoniosas con nosotros mismos y con los demás, para alcanzar el éxito en el liderazgo, en la gestión organizacional y en la vida que elegimos vivir.

Néstor Braidot

1. Hacia el desarrollo del tablero de comando estratégico cerebral de largo plazo

En la Parte I de esta obra hemos subrayado una y otra vez que el mundo moderno exige instantaneidad en la toma de decisiones y que esto significa, fundamentalmente, "crear el entramando neural" necesario para hacerlo exitosamente.

En la Parte II focalizamos en la importancia del conocimiento sobre los sentidos, para actuar con inteligencia en un entorno caracterizado por el avance de las ciencias sensoriales, que está cambiando no sólo los ámbitos de trabajo, sino también la forma de negociar, planificar y decidir.

En esta parte, y en forma coherente con nuestra manera de entender la gestión de neuromanagement, estudiaremos cómo las funciones cognitivas más elevadas, junto con el desarrollo de la intuición, la creatividad y la inteligencia individual y social, pueden ayudarnos a generar el potencial cerebral que necesitamos para afrontar semejante desafío.

Para comenzar, le proponemos que piense en lo que sigue.

- Para ser exitosos hoy, no podemos aplicar fórmulas generadas por otros: debemos crear las propias.
- Aun cuando cambiemos de empresa, la de manager o ejecutivo especializado en un determinado sector de negocios no es una función para toda la vida.
- **Anclarnos en un puesto o en un cargo es relajar no sólo el desarrollo de nuestra propia inteligencia, sino también nuestra propia evolución.**

Como lo que es exitoso hoy puede no serlo mañana, necesitamos reconstruir nuestra propia visión de la realidad y, al mismo tiempo, preparar nuestro tablero de comando estratégico cerebral a largo plazo para generar mejores soluciones ante cada desafío.

Afortunadamente, en la actualidad se sabe que hay áreas en el cerebro que están relacionadas con el desarrollo de determinadas habilidades y competencias, y todo parece indicar que, cuanto más aprendamos sobre su funcionamiento, más posibilidades tendremos de encontrar el camino que nos permita potenciar nuestra inteligencia.

2. ¿Qué es la inteligencia?

Una de las discusiones interdisciplinarias más interesantes sobre el tema de la inteligencia se refiere nada menos que a su conceptualización. En el libro *¿Qué es la inteligencia?*[1] se presentan más de dos docenas de definiciones elaboradas por expertos de diferentes campos.

Prácticamente ninguno de ellos pone en duda la existencia de un correlato neurofisiológico y emocional en la actividad intelectual, y la visión contextualizada de la inteligencia, en el sentido de que los factores culturales, sociales y emocionales tienen gran influencia en su desarrollo, es ampliamente compartida.

1 Sternberg, R. J. y Detterman, D. K.: *¿Qué es la inteligencia?* Pirámide, Madrid, 1988.

> *La inteligencia es uno de los misterios más intrigantes de la vida. Nadie sabe con certeza cómo se adquiere, cuánta se posee y de qué está compuesta.*
>
> *La gente ha recibido la idea de que debe conformarse con su inteligencia. Bien, es lo mismo que decir que debemos conformarnos con nuestro aspecto, y no hacer nada para mejorarlo.*
>
> **Marilyn vos Savant**
>
> **En 2005, poseía el coeficiente intelectual más alto del mundo.**

En la actualidad, y ante el desarrollo creciente de las neurociencias, gran parte de la comunidad científica aspira a responder muchas de las preguntas que aún continúan abiertas sobre el tema, y hay grandes expectativas relacionadas con algunos descubrimientos, como el del MIT según el cual las neuronas adultas también se regeneran[2].

De momento, se ha comprobado que el cerebro es un órgano que cuenta con partes diferenciadas y que cada una de nuestras capacidades, como percibir las formas, aprender a montar en bicicleta, jugar al fútbol, tocar el piano o recordar los conceptos de los libros que leímos, está vinculada con neurocircuitos identificables.

Más aún: sobre la base de datos empíricos que revelan que los sistemas nerviosos difieren en la velocidad y eficacia con que reciben, procesan y emiten información, hay quienes opinan que estas características podrían explicar por qué algunas personas son más inteligentes que otras.

Si bien las ideas sobre la inteligencia son muchas, y proceden de una diversidad de corrientes de pensamiento, la mayoría de los modelos que se han elaborado para analizarla confluyen, en general, en una especie de dicotomía.

Hay quienes opinan que la inteligencia tiene una estructura *unitaria*, es decir, que existe una sola inteligencia general, y quienes sostienen que es *múltiple*, es decir, que contamos con varias facultades intelectuales relativamente independientes que se pueden modificar o desarrollar mediante estímulos adecuados.

Coincidiendo con la segunda opinión, es decir, con que la inteligencia no tiene una estructura unitaria, en esta obra nos detendremos especialmente en el análisis de las inteligencias múltiples.

Sin duda, los seres humanos tenemos capacidad para adquirir conocimientos y aprender de muchas maneras diferentes: a través del lenguaje, del uso del cuerpo, del análisis abstracto, de la intuición, de la representación

---

2 Mediante una nueva tecnología, que permite obtener imágenes tridimensionales y en tiempo real de la actividad cerebral de ratones vivos, los científicos del MIT han conseguido la primera reconstrucción completa de neuronas en la corteza adulta.

La existencia de personas con discapacidades evidentes para el aprendizaje de cosas muy sencillas y, al mismo tiempo, con habilidades sorprendentes para las deducciones más difíciles, como ocurre con los autistas, pone en duda la concepción de la inteligencia como una función unitaria de la mente.

espacial, de las emociones, del pensamiento musical y de una comprensión de los demás y de nosotros mismos[3].

Estas formas de aprender tienen su correlato en la existencia de varias inteligencias que pueden potenciarse si se aplican estímulos significativos, y esto puede hacerse a lo largo de toda la vida.

Sin embargo, algunas corrientes de pensamiento continúan defendiendo la concepción tradicional, acotando la inteligencia a la aptitud para razonar, elaborar planes, resolver problemas, interpretar ideas complejas y aprender con rapidez, con lo cual se soslaya nada menos que el componente emocional de la inteligencia[4].

En nuestra opinión:

- *además de las habilidades intelectuales necesarias para razonar, resolver problemas, crear y adaptarse al medio ambiente, la inteligencia también se mide por la capacidad para comprender las propias emociones, interpretar los sentimientos de los demás y manejar empáticamente las relaciones interpersonales;*
- *al ser una función activa de la mente, la inteligencia es estimulable y puede desarrollarse.*

Los tests de inteligencia son pruebas psicológicas que permiten evaluar la realización de una serie de tareas estandarizadas.

Los resultados que se obtienen a partir de ellas se expresan en cocientes de desarrollo o cocientes de inteligencia.

Como veremos en el presente capítulo, la inteligencia no es lo que miden los clásicos tests de coeficiente intelectual y, más aún, un individuo inteligente no es simplemente alguien que maneja un vocabulario con fluidez, comprende rápidamente lo que lee, resuelve cálculos con habilidad y toma las decisiones correctas.

Un individuo inteligente es capaz de hacer todo esto y, además, tiene *sensibilidad* para captar lo que ocurre emocionalmente en su interior y a su alrededor, *flexibilidad* para comprender y aceptar el punto de vista de los demás, *capacidad* para enriquecer su propia vida mediante el desarrollo de sus propias habilidades intelectuales e interpersonales, y *rapidez* para encontrar las relaciones entre los hechos y tomar decisiones exitosas.

---

3 Gardner, H.: *Frames of mind. The theory of multiple intelligences.* Basic Books, New York, 1983.

4 Véase el Capítulo 9.

3. ¿Por qué hay personas más inteligentes que otras? Un debate continuo

Si bien aún no se sabe a ciencia cierta cuáles son los factores que determinan la inteligencia de un individuo –de hecho, este continúa siendo un tema de intensos debates–, hay coincidencias en cuanto a que la inteligencia depende de un conjunto de factores que pueden resumirse en los siguientes grupos: *anatómicos, genéticos, ambientales* y *emocionales.*

3.1. Los factores relacionados con la anatomía funcional del cerebro

En el ámbito de las neurociencias, es común que se hable de "inteligencia general" y que se la defina como la capacidad de un individuo para resolver los problemas y desafíos que se le presentan constantemente durante su interacción con el entorno.

Esta capacidad está relacionada –y, en algunos casos, determinada– por mecanismos y regiones específicas del cerebro.

Para comprender este concepto, es suficiente con mirar alrededor: aun cuando no haya dificultades en ninguno de los factores que influyen en el desarrollo de la inteligencia, como los ambientales y emocionales, muy poco puede hacerse cuando un individuo presenta un daño importante en una región cerebral.

> Una investigación científica presentada en Chicago en 2007 puso en evidencia que las zonas frontales y parietales son fundamentales para el desarrollo de la inteligencia y que, en el caso de pacientes con daño cerebral, el tamaño de la lesión y su ubicación permiten pronosticar el déficit cognitivo.

Lo interesante es que, con ayuda de las neurociencias, el déficit cognitivo que afecta el desarrollo de ciertos tipos de inteligencia hoy puede diagnosticarse. Un buen ejemplo es una investigación realizada recientemente[5] en la que se llevaron a cabo dos experimentos: uno con individuos sanos y otro con personas que presentaban lesiones cerebrales.

En ambos casos, los participantes realizaron tareas que exigen razonamiento mientras estaban en un resonador funcional. Los resultados

[5] Esta investigación fue emprendida por científicos del Instituto de Neurología Cognitiva (Argentina) y de la Unidad de Cognición y Neurociencias de la Universidad de Cambridge (Inglaterra).

permitieron relacionar las lesiones en distintas áreas cerebrales con el tipo de déficit que se observaba.

Los investigadores descubrieron que aquellos que obtenían mejores resultados tenían sanos los sistemas neurales parietales y frontales (que se consideran críticos para la inteligencia general).

Si bien el cerebro trabaja en red y, explican estos científicos, "cualquier actividad cognitiva requiere la participación del cerebro en su conjunto", hay zonas que se consideran clave para que un individuo pueda utilizar una función determinada, como el hipocampo para la formación de las memorias, o el área fusiforme para el reconocimiento de rostros.

El experimento permitió concluir que un patrón particular de actividad frontal y parietal es fundamental para realizar pruebas de inteligencia general[6].

En el caso de las personas sanas, es decir, aquellas que no presentan ningún tipo de daño cerebral, se distinguen como factores relacionados con la inteligencia aquellos que determinan el desarrollo del sistema nervioso durante el período de gestación y, posteriormente, luego del nacimiento: *formación de sinapsis y dendritas,* y *mielinización*[7].

Como vemos, el cerebro continúa formándose durante varios años (hasta que las últimas regiones, ubicadas en la corteza prefrontal, terminan de madurar, en la adultez temprana). Este tiempo de neurodesarrollo es el que permite adoptar diversos estilos neurocognitivos a la hora de procesar información, según los tipos de estímulos que el individuo ha ido recibiendo durante esos años.

Como son numerosos los casos estudiados de niños cuya anatomía cerebral fue afectada en el proceso de desarrollo, y los de adolescentes y adultos que, luego de sufrir un accidente cerebral, tuvieron una disminución notable de habilidades intelectuales concretas, ya no hay dudas de que la anatomía cerebral está estrechamente relacionada con la inteligencia.

En este sentido, Geschwind y Galaburda desarrollaron en 1985 una hipótesis conocida como "patología de la superioridad".

Según esta hipótesis, algunas malformaciones menores del cerebro pueden relacionarse con capacidades *superiores* en ciertas áreas. Uno de los

---

6 Fuente: diario *La Nación,* Buenos Aires, 03/07/2007.

7 Fuente: Sierrafitzgerald, O.: "The Theory of Multiple Intelligences: A Suitable Neurocognitive Context for the Neuropsychological Hypotheses on the Factors and Mechanisms of Superiority", en *Rev Neurol* 2001; 33 (11), p. 1060-1064.

casos es el de personas con coeficiente intelectual bajo que logran desempeños notables o sobresalientes en algunas tareas.

En realidad, la existencia de personas retrasadas con habilidades especiales para el cálculo, la música, el dibujo, etc., se conoce desde hace siglos.

Al principio, se creía que sus talentos singulares se debían a la hipertrofia de una sola facultad mental. Recién en la década de 1940, cuando aparecieron los primeros tratados científicos sobre el autismo, comenzó el interés científico por este fenómeno[8].

Si el lector tuvo oportunidad de ver la película *Rain Man*[9] (en la que, a nuestro criterio, Dustin Hoffman realizó una de sus más brillantes interpretaciones) podrá comprender mejor estos conceptos.

¿Recuerda la escena en el casino? No es pura ficción; de hecho, la enorme capacidad de algunos autistas con los números siempre ha llamado la atención de los científicos. De momento, se cree que esta habilidad se basa en el uso de unos algoritmos o rutinas matemáticas no concientes en combinación con una capacidad superior para memorizar números.

De hecho, el autismo es uno de los temas que más interés ha despertado en el estudio de la inteligencia relacionada con la anatomía del cerebro, y la hipótesis de la superioridad muestra que hay factores y mecanismos cerebrales que intervienen en la reestructuración de las capacidades cognitivas individuales como resultado del neurodesarrollo.

Uno de los casos estudiados con pacientes autistas es el de James Hemper Pullen, quien poseía habilidades excepcionales en escultura.

Al investigar la anatomía de su cerebro, los científicos observaron un notable desarrollo de las regiones posteriores y una marcada atrofia de los lóbulos temporales y frontales.

En el momento en que se escribe esta obra fue publicada una investigación según la cual, al analizar una serie de imágenes cerebrales reunidas durante 17 años, un grupo de científicos norteamericanos y canadienses descubrió que había diferencias en el grado de desarrollo de niños considerados más inteligentes con respecto a otros con habilidades cognitivas promedio[10].

Esta investigación comenzó en 1989 sobre una muestra de 307 niños residentes en Washington a quienes se les iban tomando imágenes del cere-

8 Los savants son individuos diagnosticados como débiles mentales que sorprenden con algunas habilidades y que, más allá del origen y la causa de su debilidad, demuestran una relación con el saber que desconcierta a la ciencia.

9 Dirigida por Barry Levinson en 1988 y ganadora ese mismo año de cuatro premios Oscar.

10 Esta investigación fue iniciada por Judith Rapoport (Instituto Nacional de Salud Mental, USA). Las imágenes fueron analizadas por científicos de la universidad McGill en Montreal, Canadá, y por especialistas de la Universidad de California, Los Ángeles (USA).

bro a medida que iban creciendo. Los científicos observaron que las partes correspondientes a los lóbulos frontales eran más grandes en los niños con cociente intelectual alto.

Si bien el desarrollo cerebral, como veremos, también está influido por el medio ambiente, la dieta, el mundo afectivo y el tipo y tiempo de aprendizaje, no hay dudas de que existe una correlación entre la anatomía cerebral y las capacidades intelectuales.

3.2. ¿Influyen los factores genéticos? El debate sobre la herencia

Otro tema que continúa encendiendo los debates es si los atributos que determinan la inteligencia son innatos, o si pueden desarrollarse a lo largo de la vida; es decir, si la inteligencia es hereditaria, fija e inmutable, o si es flexible y puede inducirse su evolución.

Varias investigaciones han corroborado que los hijos de padres con inteligencia superior no siempre procrean a su vez hijos con el mismo potencial intelectual, y que los hijos de padres con inteligencia por debajo de la media, por lo general no procrean hijos con inteligencia subnormal.

Sin embargo, hay quienes están convencidos de que el componente genético tiene una enorme influencia en la inteligencia.

Una investigación muy interesante sobre este tema, publicada por científicos de la Universidad de California (Estados Unidos) en 2001, muestra imágenes del cerebro de diversos voluntarios con el fin de fundamentar la

El experimento de la UCLA

Uno de los especialistas, el profesor Paul Thompson, reveló su sorpresa al comprobar que la cantidad de materia gris en las regiones frontales del cerebro de los participantes era un rasgo hereditario, lo cual, en su opinión, permitiría predecir el nivel de inteligencia de un individuo.

Los investigadores descubrieron que la cantidad de materia gris situada en la zona delantera del cerebro de los participantes estaba determinada por la herencia genética transmitida por los padres. Las imágenes revelaron que las regiones que controlan el lenguaje y la habilidad para la lectura eran virtualmente iguales en los cerebros de gemelos idénticos, y que los hermanos no gemelos mostraban sólo un 60% de las diferencias cerebrales consideradas normales[11].

[11] Los científicos recurrieron a la resonancia magnética para estudiar el cerebro de un grupo de 20 gemelos (cuyos genes son iguales) y otro grupo de 20 mellizos del mismo sexo (que sólo comparten la mitad de sus genes).

afirmación de que existe influencia de los genes en la anatomía cerebral y, a su vez, que esta afecta el desarrollo de la inteligencia.

Mediante diferentes colores, los investigadores crearon imágenes codificadas para visualizar mejor las partes del cerebro que estarían afectadas por la herencia genética. Se concluyó que, si bien no hay un único factor, sino varios (unos cuantos de ellos, aún sin dilucidar) que influyen en el desarrollo de la inteligencia, es casi seguro que muchas habilidades cognitivas pueden ser heredadas, fundamentalmente las que tienen que ver con el habla y la velocidad de reacción ante determinados estímulos.

Otra investigación que, a diferencia de la emprendida por los científicos de la UCLA, desató grandes polémicas en 1994, fue la presentada por Hernstein (un psicólogo de la Universidad de Harvard) y Murray (politólogo del American Enterprise Institute)[12] en su libro *The Bell Curve* ("la curva acampanada").

Esta obra pretendía demostrar que la inteligencia y la estructura de la sociedad norteamericana estaban determinadas, fundamentalmente, por las diferencias hereditarias del cociente intelectual.

En opinión de estos especialistas, la inteligencia es una sola propiedad que se distribuye entre la población siguiendo una curva en forma de campana. Basándose en datos estadísticos, concluyeron que hay pocas personas con una inteligencia muy alta o muy baja y que la mayoría se agrupa en una zona intermedia[13].

La polémica se desató cuando, a partir de estos datos, Hernstein y Murray elaboraron una especie de relación entre la patología social y las personas con inteligencia muy baja, y atribuían a estas últimas muchos de los males de la sociedad debido a que las consideraban las más proclives a abandonar sus estudios, depender de la seguridad social y caer en la delincuencia.

Como los datos en los que se basaron revelaban un cociente intelectual más alto en los blancos con relación a los negros, y los autores pretendieron demostrar que el 60% del CI está inscripto en los genes y que sólo el 40% es consecuencia del medio ambiente, el libro fue atacado porque conducía a los lectores a elaborar una idea racista.

---

12 Hernstein, R. J. y Murray C.: *The Bell Curve. Intelligence and Class Structure in American Life.* Free Press Paperbacks, New York, 1994.

13 La población bajo estudio estaba compuesta por 12.000 jóvenes de diversos grupos sociales, étnicos y raciales. Los datos fueron elaborados por el National Longitudinal Survey of Youth, en los Estados Unidos, luego de una investigación basada en pruebas cognitivas y de aptitud.

Años antes de que se publicara esa obra, circuló un artículo de Jensen titulado "The differences are reals" que apoyaba la tesis de que la inteligencia es, en gran parte, hereditaria: "... desde que la inteligencia y otras habilidades mentales dependen de la estructura fisiológica del cerebro, y desde que el cerebro, como otros órganos, está sujeto a las influencias genéticas, ¿cómo puede dejar de considerarse la obvia probabilidad de la influencia genética en la inteligencia?".

Robert Sternberg[14] difiere en los siguientes términos:

> *... supongamos que tenemos un gran puñado de semillas de maíz que muestran las variaciones normales en el maíz. Plantamos la mitad en campos de Iowa y la otra mitad en tierras yermas del desierto de Mojave.*
> *Aunque los atributos del maíz sean en gran medida hereditarios, las diferencias de desarrollo entre ambos conjuntos de semillas se deberán totalmente al medio. ¿Cómo se aplica esta lógica a las diferencias entre negros y blancos?*
> *Aun cuando la inteligencia sea moderadamente heredable, esta heredabilidad, en tanto determinada en el seno mismo de los grupos, no nos dice nada acerca de las causas de las diferencias entre grupos; (...) hay pruebas que sugieren que, en realidad, las diferencias entre blancos y negros son mucho más ambientales que de índole genética.*
> *Por ejemplo, de los varios centenares de niños alemanes engendrados por soldados norteamericanos en la Segunda Guerra Mundial, los hijos de padre negro presentaban un cociente intelectual con medio punto de diferencia media respecto de los hijos de padre blanco.*

Durante el período de crecimiento, un entorno favorable contribuye a la generación de nuevas conexiones entre neuronas.
En edad adulta, el cerebro posee aún una gran capacidad para reorganizarse.
Como gran parte de esa capacidad está dedicada a procesar señales sensoriales, *la utilización plena de todos los sentidos contribuye a la generación de conexiones neuronales.*
Así, la incorporación de nuevos elementos a las rutinas sensoriales, como variaciones en la comida, la música, la lectura o los aromas ambientales, activa nuevas rutas neuronales, contribuyendo de este modo al desarrollo de la inteligencia.

Quienes adhieren a la teoría de Hernstein y Murray, aun cuando estos ignoran varias pruebas que no sostienen sus hipótesis, encuentran un punto de apoyo en algunas investigaciones sobre gemelos idénticos que crecieron y se educaron por separado y que, al ser sometidos a un mismo test de cociente intelectual, revelaron un rendimiento similar.

Como en estos casos las características de las familias adoptantes han sido muy parecidas, llegamos a la misma conclusión que Sternberg: ¿qué diferencias podría haber si se siembra una mitad de las semillas de maíz en Iowa y la otra en algún lugar del mundo donde las tierras sean similares en

[14] Sternberg, Robert: *Inteligencia exitosa.* Paidós, Buenos Aires, 2000.

cuanto a fertilidad? Suponiendo que no haya una tormenta que afecte los cultivos, es altamente probable que los resultados sean muy parecidos.

Por ello, quienes nos sumamos a esta especie de resistencia sobre la determinación exclusivamente genética de las capacidades intelectuales estamos convencidos de que, si bien los genes constituyen la base, la inteligencia se puede desarrollar y todos los seres humanos sanos contamos con el potencial necesario para hacerlo.

3.3. Entorno, sociedad y cultura en el desarrollo de la inteligencia

Los factores ambientales tienen un efecto notable en el desarrollo del sistema cerebral.

Cuando el medio es favorable, contribuye a la generación de una mayor cantidad de contactos sinápticos y a la conformación de redes más ricas y complejas, lo cual aumenta el potencial de las capacidades cognitivas más elevadas.

Por lo tanto, al influir en la conformación de redes neuronales y neurocircuitos, los factores ambientales también tienen una gran incidencia sobre la anatomía del cerebro.

La música, por ejemplo, acelera el desarrollo del córtex en los niños pequeños y tiene un efecto positivo sobre la fijación de la memoria y los mecanismos de atención[15].

- **En un experimento realizado en Canadá, los investigadores hicieron un seguimiento de dos años a dos grupos de niños de edades comprendidas entre los cuatro y los seis años.**
  El grupo experimental recibió durante un año enseñanzas musicales con el método Suzuki[16] y el grupo de control no recibió ningún tipo de enseñanza musical.
  En ese período, se realizaron cuatro controles que consistían en medir la actividad cerebral de los niños. Los resultados fueron diferentes.
  Los que habían seguido el método Suzuki mostraron una maduración acelerada de la corteza cerebral y una mejora en sus habilidades cognitivas.

---

[15] Fuente: revista *Brain*. La investigación fue llevada a cabo por científicos canadienses y liderada por Laurel Trainor, profesora de Psicología, Neurociencia y Conducta en la McMaster University en Hamilton.

[16] El método Suzuki, de origen japonés, permite a los niños aprender música e incluso tocar un instrumento aunque sean muy pequeños.

A la inversa:

cuando las condiciones ambientales son adversas, el desarrollo del cerebro –y consecuentemente, el de la inteligencia– pueden ser muy afectados.

Esto se observa con claridad en niños que han crecido en orfanatos. Salvo en casos excepcionales, la mayoría presenta deficiencias en sus capacidades intelectuales.

INFLUENCIA DE LOS FACTORES AMBIENTALES EN EL DESARROLLO DE INTELIGENCIA

En un estudio realizado sobre niños de un orfelinato romano, se probó que los más afectados por el trato negligente o el abandono tuvieron menor rendimiento en pruebas de habilidad mental y motriz.

Las imágenes comparan las áreas de los lóbulos temporales de un niño que creció en un orfelinato romano con las de un niño sano. En el primer caso, están prácticamente inactivas.

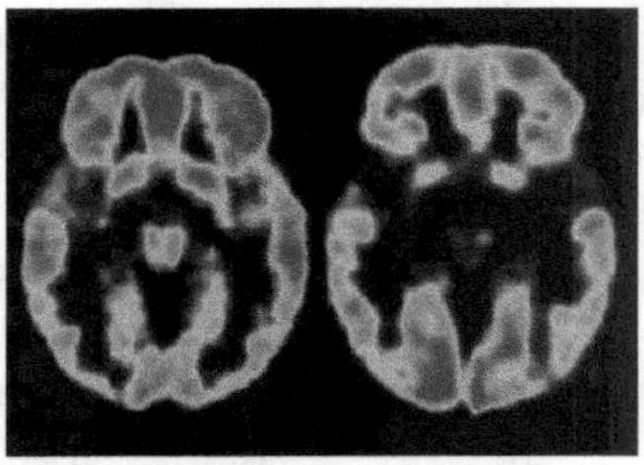

Fuente: SFN 2001. Brain work-outs. Brain Briefing. www.sfn.org

Si bien los mecanismos cerebrales están estrechamente relacionados con los procesos cognitivos, constituyen en realidad una especie de componente de base, ya que la inteligencia está determinada no sólo por el sustrato biológico, sino también por los contenidos emocionales, sociales y culturales.

En este sentido, el de inteligencia es un concepto *relativo.*

Además de lo que traemos en nuestros genes y de las condiciones anatómicas de desarrollo del cerebro, la inteligencia abarca la *capacidad de adaptación a diferentes ambientes*, y aquí no nos referimos únicamente a la cultura, sino también a la habilidad para subirnos a la ola del cambio y sortear los inconvenientes que se presenten en cada momento que nos toca vivir.

El tema del relativismo es analizado de una manera muy interesante por Gardner[17], que aboga por la importancia de adoptar una *perspectiva in-*

17 Gardner, H.: *Estructuras de la mente. La teoría de las inteligencias múltiples.* Fondo de Cultura Económica, México, segunda edición ampliada, 1994.

tercultural debido a que "una misma inteligencia se puede emplear en diferentes culturas con unos sistemas de roles y valores muy distintos".

Como cada cultura ha desarrollado sistemas religiosos, místicos o metafísicos para abordar las cuestiones existenciales, Gardner utiliza el ejemplo de un chamán y de un yogui para explicar que la inteligencia también está relacionada con las competencias sociales requeridas por cada grupo humano.

Al analizar los distintos puntos de vista de Oriente y Occidente, razona que en las sociedades influidas por Confucio se considera que las diferencias en las capacidades intelectuales no son muy grandes y que el rendimiento de las personas se explica, básicamente, por su esfuerzo, una idea con la que, en sus tiempos, también parecía coincidir nada menos que Darwin.

En Occidente, continúa diciendo Gardner, se ha apoyado más la postura de que la inteligencia es innata y que poco podemos hacer para alterar el potencial intelectual con el que vinimos al mundo. Un tema que, como veremos a lo largo de esta obra, también ha generado polémicas entre los investigadores occidentales.

Una de las más recientes se ha desatado luego de una publicación de un científico la Universidad del Ulster (Irlanda del Norte) según la cual los alemanes son los europeos más inteligentes[18].

Lo interesante de esta publicación no han sido sus argumentos –en nuestra opinión, una nueva puesta en escena para justificar una raza superior–, sino los aportes que desencadenó el debate. Uno de sus críticos[19] sostiene:

> *Un alemán podría morirse en Groenlandia, ya que carece de los conocimientos necesarios para diferenciar los treinta tipos de hielo que existen allí, y posiblemente tampoco sabría qué hacer en África Subsahariana, cuyos habitantes conocen cientos de tipos distintos de nubes y de vientos para pronosticar, por ejemplo, si contarán con agua.*

Como vemos, el ambiente influye no sólo en el desarrollo de las capacidades cerebrales (generación de más redes neuronales, por ejemplo), sino también en el del tipo de inteligencia que cada ser humano necesita para sobrevivir.

En Occidente, por ejemplo, se multiplican las teorías sobre lo que ocurre con la evolución de las capacidades intelectuales durante los primeros años de vida.

---

18 Richard Lynn, Facultad de Psicología de la Universidad del Ulster, Irlanda del Norte; autor del libro *Race Differences in Intelligence.*

19 Dr. Eckhard Winderl, psicólogo y asesor de la cadena alemana Norddeutscher Rundfunk.

Una de ellas[20] sostiene que los hijos mayores desarrollan un coeficiente intelectual más alto que sus hermanos. ¿A qué se debe esta diferencia? Según los científicos, al lugar del niño en la familia y, a su vez, al beneficio que obtiene al enseñarle a otro, por ejemplo, a un hermano menor.

Sin duda, los resultados de esta investigación son muy interesantes, porque enseñar es aprender. Como el aprendizaje estimula la inteligencia, puede servir como parámetro para implementar aplicaciones basadas en las neurociencias que conduzcan a este objetivo.

4. La importancia de nacer y vivir en armonía

Los factores emocionales afectan, en forma directa, los niveles de éxito y satisfacción personal y social que puede experimentar un individuo[21].

En la inteligencia social participan las cortezas sensoriales. Se ha comprobado que estas áreas intervienen en la empatía, ayudan a detectar lo que otra persona siente y a reproducir luego, en el propio organismo, un estado emocional similar.

Como veremos en esta obra, el autor más conocido por sus investigaciones sobre este tema es Daniel Goleman[22], creador del best seller *La inteligencia emocional*; sin embargo, y aun cuando no sean tan conocidos, son de gran valor los trabajos realizados por científicos de la Academia de Ciencias Pedagógicas de la ex URSS en los años '70.

Al analizar el problema de la diferenciación estructural y funcional de un conjunto de grupos, estos científicos demostraron que el éxito que eran capaces de alcanzar no estaba determinado por sus habilidades técnicas ni su coeficiente intelectual, sino por tres componentes que, en su opinión, cubren el espectro de la inteligencia emocional: *la autodeterminación* (vinculada a la conciencia grupal), la *valoración y orientación conciente hacia la cohesión del grupo* y, fundamentalmente, *la identificación emocional con el grupo.*

A nivel **individual**, el componente emocional de la inteligencia se manifiesta en varias capacidades. Las más relevantes son las siguientes.

- El *autoconocimiento*: relacionado con la capacidad para sintonizar con nuestros pensamientos y sentimientos. Tiene que ver con la autoesti-

[20] Este estudio ha sido llevado a cabo por Petter Kristense, de la Universidad de Oslo, y Tor Bjerkedal, de las Fuerzas Armadas noruegas. Fuente: Kristensen P., Bjerkedal T. *et al. Science*, 316. 1717, 2007.

[21] Véase el Capítulo 9, donde se desarrolla en profundidad el tema de la inteligencia social y la actividad de las neuronas espejo.

[22] Goleman, D. *La inteligencia emocional*, Javier Vergara Editor, Buenos Aires, 1996.

ma, la confianza en uno mismo y la capacidad para reconocer los sentimientos propios para comprender, aceptar y tener sensibilidad ante las emociones de otras personas.

- Las *habilidades sociales*: se revelan en la capacidad para interactuar con otras personas, lograr su cooperación, promover la armonía y minimizar los conflictos. También se refleja en la habilidad para leer las intenciones de los demás aunque estas no se manifiesten en forma verbal.
- La *empatía*: es estar en sintonía, y en forma armónica, con los sentimientos de los demás. Abarca la capacidad de ponerse en el lugar del otro para comprender sus emociones y actuar en consecuencia. También puede entenderse como la relación subjetiva entre dos personas que incluye el reconocimiento de las emociones y el pensamiento del otro. Permite captar señales emocionales y es la base de la cognición social.

La empatía depende del funcionamiento de las neuronas espejo.

Estas células se especializan en entender no sólo las acciones de los demás, sino también sus intenciones, el significado social de su comportamiento y sus emociones.

- La *capacidad para manejar nuestras emociones*: esto no quiere decir "control mental" o bloqueo de lo que sentimos. Consiste en actuar en forma responsable y equilibrada en cada aspecto de la vida en el que haya sentimientos propios involucrados. No se propone reprimirlos, sino dejarlos fluir y manejarlos positivamente. Por ejemplo, la capacidad para doblegar la angustia y luchar para salir adelante cuando las condiciones son adversas; la actitud positiva siempre se traduce en el logro de mejores resultados.

El componente emocional de la inteligencia se revela como una especie de capacidad compleja, integrada por un sistema de actitudes y habilidades que confluyen en una relación armónica con uno mismo y con los demás.

Como veremos en profundidad en el Capítulo 9, el componente emocional de la inteligencia también tiene un soporte anatómico: gran parte del comportamiento emotivo se origina en el cerebro reptiliano, que se remonta a más de doscientos millones de años de evolución, y en el cerebro límbico, donde se ubica la amígdala.

Anatómicamente, el rol de la amígdala en el procesamiento de las emociones es incuestionable. De hecho, hay investigaciones que revelan que las personas que han sufrido una lesión en esta pequeña estructura tienen grandes

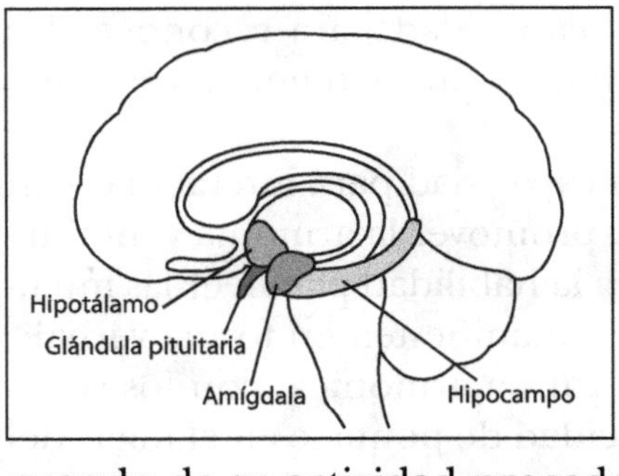

dificultades para detectar el miedo y las señales de peligro.

En el caso de las personas sanas, y debido a que el sistema límbico está en constante interacción con la corteza cerebral, existe no sólo la capacidad de reconocer, sino también la de controlar las emociones.

No es casual que al neocórtex se lo suela denominar "cerebro racional" aun cuando de su actividad proceden, además de las habilidades para pensar o planificar, la imaginación y la creatividad.

También ha sido comprobado que los lóbulos frontales intervienen activamente en la asimilación de las emociones: moderan las reacciones viscerales y participan en la elaboración de los planes que determinan el comportamiento cuando este está dirigido por sentimientos.

Por ejemplo, cuando actuamos con culpa y, de repente, recordamos que esta emoción no nos llevará a buen puerto, la sensación de angustia se disipa. Esto ocurre porque está trabajando la corteza prefrontal (polo izquierdo).

En síntesis, y yendo más allá de su correlato anatómico, los factores que se manifiestan en la inteligencia emocional tienen que ver con mantener el equilibrio, saber atravesar los momentos difíciles de la vida, establecer relaciones armónicas con uno mismo y con los demás, reconocer y aceptar los propios sentimientos y salir de situaciones conflictivas sin dañarse ni dañar a otros.

Como vemos, no se trata de reprimir lo que se siente, sino de desarrollar *autoliderazgo emocional* para orientar el comportamiento, y en neuromanagement este no es un tema menor. Vivimos en un mundo donde sobran personas graduadas con honores y trayectorias técnicamente brillantes.

Sin embargo, los mejores puestos estarán ocupados por individuos que, además de estas competencias, tengan capacidad para generar y promover armonía tanto en el plano interno de las organizaciones como en las relaciones que sus miembros establezcan con el entorno (clientes, proveedores, socios, auditores, funcionarios del gobierno, etc.).

A este tema le dedicaremos los próximos capítulos, en los que analizaremos en profundidad el rol interactivo de nuestras inteligencias, y cómo estas pueden potenciarse para que la gestión de neuromanagement se desarrolle en forma más efectiva, acorde con los requerimientos de la época en que nos toca vivir.

Capítulo **8**

Las inteligencias múltiples como input para una conducción organizacional eficaz

El ajedrez procura una suerte de inteligencia que sirve únicamente para jugar al ajedrez.

Miguel de Unamuno

1. Las inteligencias múltiples en la vida organizacional. Preguntas para comenzar

En los capítulos precedentes hemos dejado en claro que el neuromanagement exige, por sobre todas las cosas, capacidad para planificar y tomar decisiones en forma prácticamente instantánea, y que necesitamos disponer de los recursos adecuados para desarrollar la plasticidad cerebral que nos conduzca hacia esos objetivos.

También subrayamos que la neurociencia moderna no pone en duda que existe un correlato neurofisiológico y emocional en estas capacidades, y que la visión contextualizada de la inteligencia requiere tomar en cuenta los factores personales, culturales, sociales y emocionales que están siempre presentes en la conducta de las personas cuando actúan tanto en el ámbito interno como en el externo de una organización.

En este capítulo nos centraremos en el tema de las inteligencias múltiples, enriqueciendo las teorías vigentes[1] con nuestros propios conocimientos, investigaciones y experiencia.

Para comenzar, y con el fin de introducir al lector en sus aplicaciones, hemos elaborado un conjunto de preguntas que pueden ser muy útiles si se formulan tanto durante los procesos de selección y formación de personas como en los relativos a las actividades que desempeñan los diferentes miembros de una organización.

- ¿Qué tipo de inteligencia se necesita frente a situaciones que requieren tomar decisiones, elegir entre distintas opciones y llevar a cabo una de ellas en cada área o departamento de la organización?
- Durante los procesos de neuroplanning, ¿qué inteligencias necesitamos para generar densidad de atención y momentos de entendimiento? ¿Cómo podemos desarrollarlas?
- ¿En qué medida la inteligencia emocional aumenta la eficacia en la toma de decisiones? ¿Cómo podemos trabajar en pos de este objetivo?
- ¿Por qué razón el último esfuerzo para provocar un cambio cultural no tuvo éxito? ¿Qué tipo de inteligencia necesitamos desarrollar para que los miembros de la organización sean receptivos a las nuevas propuestas?
- ¿Cómo podemos mejorar nuestras funciones ejecutivas para que la cantidad de información que tenemos que analizar día a día no bloquee nuestra capacidad de pensar y decidir eficientemente?
- ¿Cuál es la utilidad de la teoría sobre las inteligencias múltiples en la selección y formación de personas? ¿Cómo aplicarla para organizar equipos de trabajo cuyos miembros tengan las capacidades adecuadas para los roles que les toca desempeñar?

Esta última pregunta es sumamente interesante ya que en los procesos tradicionales de gestión de recursos humanos hemos tenido aciertos y, tal vez, demasiados errores.

Afortunadamente, el avance y aplicación de las neurociencias trajo consigo nuevas metodologías que permiten trabajar con mayor certidumbre. Podríamos hablar, sin riesgos de equivocarnos, de una "nueva dimensión"

---

1 Gardner, H.: *Frames of mind. The theory of multiple intelligences.* Basic Books, New York, 1983, y *Estructuras de la mente. La teoría de las inteligencias múltiples.* Fondo de Cultura Económica, México, segunda edición ampliada, 1994.

en los procesos de selección, formación y reevaluación de quienes ya se encuentran trabajando.

En este sentido,

el conocimiento sobre las inteligencias múltiples permite encontrar los perfiles más convenientes para una organización y, a su vez, para que quienes la integran sean ubicados en el rol que mejor se adecua tanto a sus capacidades como a su proyección y crecimiento futuros.

Por lo tanto, también será de gran utilidad que podamos responder preguntas como las siguientes.

- ¿Qué inteligencias son necesarias para ocupar una posición determinada?
- De las personas que ya trabajan en la organización: ¿quiénes poseen estas inteligencias? ¿Quiénes tendrían mayor facilidad para desarrollarlas?
- Dentro del plantel actual, ¿qué persona puede trabajar armónicamente con otra que tiene un perfil de inteligencias determinado y desempeña una función concreta?
- ¿Quiénes son las personas más adecuadas para formar a otras con el objeto de que adquieran nuevas capacidades?
- ¿En qué medida la diversidad es favorable y en qué medida un proyecto puede beneficiarse con distintas mezclas de inteligencias?

> ***La inteligencia exitosa es más efectiva cuando equilibra el aspecto analítico, el creativo y el práctico.***
>
> ***Las personas con inteligencia exitosa no sólo tienen habilidades, sino que reflexionan sobre cuándo y cómo usarlas de manera efectiva.***
>
> **Robert J. Sternberg**

En el caso de selección de personas, las organizaciones tienen un objetivo primordial: descubrir la verdad sobre cada candidato; fundamentalmente, la verdad relevante para el puesto que va a desempeñar. Esto es válido tanto para un CEO como para un telemarketer, un gerente de Producción o una secretaria ejecutiva.

Como los tiempos han cambiado y la denominada "década del cerebro" sentó las bases para que contemos con más y mejores recursos, no cabe duda de que las metodologías a utilizar deben innovarse.

Afortunadamente, las nuevas técnicas neurofuncionales nos permiten trabajar eficientemente sobre dos aspectos que consideramos centrales:

En el Brain Decision Braidot Centre se han desarrollado nuevas herramientas que permiten la elaboración de los aspectos neurofuncionales que requiere cada tarea.

Tanto en los casos de selección como de reubicación de personas, se implementan programas específicos para que puedan desarrollar su potencial en las áreas de la organización más afines a su perfil de inteligencia.

indagar para diferenciar lo cierto de lo aparente o ilusorio cuando dialogamos con las personas y, a su vez, profundizar en conocer el perfil de los miembros en los equipos de trabajo (actuales y futuros).

Como esta tarea requiere "inteligencia aplicada", quienes tienen a su cargo la gestión de personas (y aquí incluimos a los gerentes y ejecutivos que lideran equipos de trabajo) deben contar con los recursos adecuados.

Esto permitirá detectar cómo son las personas con las que trabajan, si estas cuentan (o no) con la inteligencia necesaria para cada puesto, si la tarea que desempeñan es acorde con su perfil de inteligencia y, a su vez, qué procesos pueden implementarse para que agreguen valor a la organización.

Ahora bien, llegado a este punto, posiblemente el lector se pregunte cómo definir el tipo de inteligencia "adecuado".

Muchas organizaciones continúan empleando el paradigma tradicional de medición del cociente intelectual para predecir el rendimiento futuro.

Sin embargo, la realidad no siempre confirma los resultados de estos tests, ya que el CI no es un buen predictor del éxito en la vida.

En los Estados Unidos se han hecho investigaciones sobre personas que obtuvieron puntajes bajos en el Scholastic Assessment Test (SAT) y en el American Collage Test. Sin embargo, han desarrollado una carrera profesional sumamente exitosa.

Yendo más atrás en la historia: las biografías de Einstein y Edison dan cuenta de que ninguno de los dos se destacó durante sus primeros años como estudiante y, más aún, hay grandes inventores que, para la visión clásica de lo que es una conducta inteligente, habían sido considerados retrasados mentales.

Si bien en estos casos siempre se cuenta con la colaboración de especialistas, hay un aspecto que no podemos soslayar, y es la enorme importancia que se le otorga en las empresas a la inteligencia lógico-matemática y a la lingüística.

Aun cuando estas capacidades no pueden estar ausentes, es un grave error minimizar las otras. De hecho, para que una organización encuentre nuevas formas de satisfacer a los clientes, lo que en realidad hace falta es intuición, creatividad e imaginación.

Más aún: si nos ponemos a pensar en los casos exitosos (y dejando como *caeteris paribus* el desarrollo tecnológico), veremos que no ha sido el pensamiento lógico-matemático el que ha generado las grandes innovaciones.

De hecho, muchas empresas han quedado en el pasado porque, al privilegiar ciertos tipos de inteligencia, que metafóricamente podríamos denominar de "hemisferio izquierdo", han bloqueado su oportunidad de hacer frente a los desafíos que imponen épocas de cambio como la presente, en la que constantemente tenemos que estar imaginando qué y cómo hacer para generar unidades de negocios exitosas.

> **Las distintas inteligencias no representan sólo contenidos, sino también formas de pensamiento que es interesante aprovechar.**

Sin duda, una gestión organizacional eficaz debe partir de dos cuestiones ineludibles: la primera, que no todas las personas tienen los mismos intereses y capacidades; la segunda, que hoy por hoy nadie puede aprender todo lo que hay que aprender. Por lo tanto,

aplicada a la vida organizacional, la teoría de las inteligencias múltiples es muy interesante para elegir a las personas no sólo en función de lo que dice su currículum sobre su experiencia, sino también, y fundamentalmente, a partir del potencial con el que cuentan y no han tenido oportunidad de desarrollar durante sus experiencias anteriores.

En el libro *Buen trabajo. Cuando ética y excelencia convergen*, Howard Gardner[2] razonó que las personas que se desempeñan bien en un trabajo cuentan con una destreza que se evidencia en uno o más ámbitos profesionales, y que esta destreza está acompañada por una conciencia que orienta el pensamiento hacia las responsabilidades y sus consecuencias.

Esto significa que no sólo trabajan en pos de reconocimientos económicos o fama, sino que lo hacen para lograr sus metas personales, familiares y organizacionales de manera responsable. En este sentido, tenemos claras coincidencias cuando se postula que

para ser "profesional" hay que considerar tres cuestiones básicas:

- **la misión, relativa a las características de la profesión que se elige;**
- **los estándares, relativos a las mejores prácticas establecidas en esa profesión; y**
- **la identidad, relacionada con la integridad, la moral y los valores.**

Esto significa que cada profesional, sea gerente de Finanzas, de Producción, de Marketing, médico, abogado, músico o pintor, debe ser capaz de re-

---

2 Gardner, Howard *et al.*: *Buen trabajo. Cuando ética y excelencia convergen.* Barcelona, Paidós, 2003.

conocer cuál es la verdadera misión en su campo de acción, tomar como referencia a los mejores en ese campo y ubicarse en función de sus propias expectativas, proyectos y valores, teniendo siempre presente la repercusión social de sus acciones. El último aspecto nos remite, sin duda, al tema de la inteligencia interpersonal.

Para verlo con mayor claridad, basta con que nos detengamos a pensar en lo que acontece día a día en nuestras organizaciones: gran parte de las actividades que realizamos consisten en una negociación permanente, y esto obliga a ir mucho más allá de lo que la inteligencia lógico-matemática puede prometer. Por lo tanto, lo que conviene evaluar en primer lugar es si una persona cuenta con capacidades para estar en armonía con los demás y con ella misma.

Una vez aprobado este test, tiene sentido pasar a los demás: ¿puede generar metas? ¿Tiene el tipo de inteligencia que requieren las tareas que va a desempeñar? ¿Es flexible para realizar modificaciones en los planes cuando es necesario? ¿Cuenta con habilidades para tomar decisiones y resolver problemas sobre la marcha?

Todo ello teniendo presente que los ámbitos de trabajo cambian y buscan nuevos equilibrios como resultado de varios factores, entre ellos:

- el avance científico,
- el avance tecnológico,
- nuevos valores culturales y creencias,
- escenarios sociales impredecibles que dan como resultado escenarios de negocios impredecibles,
- entornos globalizados, hipercompetitivos y cambiantes,
- estilos de liderazgo que quiebran los paradigmas vigentes,
- nuevas herramientas y metodologías de gestión.

Entre estos factores, el aporte de los líderes es uno de los más significativos, ya que ellos son quienes tienen capacidades para crear y obtener éxito al transmitir a los demás los resultados de su propia creación.

En las empresas, esta contribución se revela en el compromiso que logran de la gente ante sus iniciativas y en la capacidad para inyectar energía a los equipos de trabajo. Sin duda, los verdaderos líderes son personas que cuentan con habilidades para la comunicación, la empatía y la generación de confianza en los demás, es decir, con inteligencia interpersonal, emocional y social.

2. La inteligencia como fenómeno de múltiples capacidades

Como ya hemos apuntado, la inteligencia es un fenómeno de múltiples capacidades que pueden desarrollarse a lo largo de la vida.

Dada su relación con los temas centrales de este libro, comenzaremos por analizar el punto de partida de Howard Gardner cuando elaboró su teoría sobre las inteligencias múltiples (el paradigma cognitivo), para avanzar luego en la explicación de cada una de estas capacidades.

> ***Ahora comprendemos que la mente humana, reflejando la estructura del cerebro, está compuesta de muchas facultades o módulos separados. (...) Los cambios que se están produciendo en las sociedades humanas exigen que desarrollemos una manera diferente, y mejor, de conceptualizar al intelecto."***
>
> **Howard Gardner**

Según el paradigma cognitivo, la mente humana genera *representaciones* variadas, diferentes, de los sucesos. Estas representaciones pueden analizarse como "módulos mentales".

Gardner pensó que era posible encontrar en estos módulos el sustrato neuroanatómico de los distintos tipos de inteligencia que constituyen su teoría. No es casual que defina a la inteligencia como "un potencial biopsicobiológico para resolver problemas o crear nuevos productos que tienen valor para una cultura"[3].

> La idea de que la inteligencia tiene una estructura unitaria ha sido cuestionada con evidencias empíricas basadas en casos de personas normales que han logrado altos niveles de excelencia en áreas particulares y a edades muy tempranas, autistas con talentos especiales y sujetos con lesiones cerebrales localizadas.

Coincidiendo con su visión sobre la inteligencia, y dado el avance que se ha generado en las neurociencias, estamos convencidos de que es difícil pensar en una capacidad cognitiva que no tenga un correlato neurobiológico. A eso se debe, por ejemplo, el notable interés de los científicos en investigar el cerebro de Albert Einstein, que tenía una inmensa capacidad lógico-matemática.

Por su parte, Gardner realizó varios estudios en personas con características especiales, como niños con un gran talento en diferentes manifestaciones del arte y adultos que habían perdido parte de sus capacidades cognitivas como consecuencia de daños cerebrales.

Las observaciones realizadas en estos últimos lo llevaron a argumentar que algunas lesiones podían afectar algunos de los tipos de inteligencia que detectó, por ejemplo, la verbal, sin interferir en el desarrollo de otras, como

---

[3] Gardner, H.: *La inteligencia reformulada. Las inteligencias múltiples en el siglo XXI*. Paidós Ibérica, Barcelona, 2001.

la numérica o espacial. También notó que ciertas capacidades variaban de una persona a otra.

Lo que hizo fue buscar un modelo de inteligencia compatible con estas observaciones, ya que los vigentes no le parecían idóneos para explicar las diferencias individuales en las aptitudes cognitivas, y llegó a la siguiente conclusión, expresada en sus obras:

> **Existen diferentes tipos de inteligencia que se manifiestan en las formas en que los individuos adquieren, retienen y manipulan la información del medio y demuestran sus pensamientos a los demás: la lingüística, la lógico-matemática, la corporal-cinestésica, la musical, la espacial, la naturalista, la interpersonal, la intrapersonal y la espiritual.**

En sus términos, "la lista parece ser un conjunto razonable para explicar los objetivos valorados en diferentes culturas. Los individuos, según su diferente dotación en estas inteligencias, podrán ser capaces de resolver problemas o diseñar productos".

Gardner deja en claro que los tipos de inteligencia que él identifica están sujetos a las modificaciones que surjan como resultado de los nuevos descubrimientos. De hecho, al principio, él había identificado siete y, con los años, agregó dos.

• La inteligencia lingüística

Al razonar sobre los componentes de este tipo de inteligencia, Gardner destaca cuatro aspectos que considera de fundamental importancia: *la retórica*, típica de los buenos abogados y los políticos (a través de esta habilidad logran influir y convencer a los demás); *el poder mnemotécnico del lenguaje*, es decir, la capacidad de un individuo para recordar información y relacionarla; *el papel del lenguaje para explicar*, o sea, la habilidad para transmitir conocimientos; y el análisis metalingüístico (el lenguaje que se utiliza para hablar del lenguaje).

En sus términos:

> *La inteligencia lingüística supone una sensibilidad especial hacia el lenguaje hablado y escrito, la capacidad para aprender idiomas y emplear el lenguaje para lograr determinados objetivos.*

Como ejemplo de este tipo de inteligencia, Gardner cita a Jean-Paul Sartre, a Flaubert, a personas que han llegado a la cumbre del poder político por sus habilidades en oratoria, como Franklin Roosevelt y John Kennedy, y aclara que las formas orales y escritas del lenguaje utilizan a menudo capacidades similares.

Dado que la inteligencia lingüística está relacionada con la habilidad para comunicar ideas e influir en los demás, su desarrollo constituye un aspecto de vital importancia en las organizaciones, tanto en el plano interno (quienes desempeñan funciones de liderazgo y conducción de equipos de trabajo) como en el externo: relaciones públicas, ventas, procesos de negociación que se establecen con diferentes públicos: clientes, proveedores, socios, funcionarios del gobierno, etcétera.

• La inteligencia visual-espacial

Al abordar el tema de la inteligencia espacial[4], Gardner recurre a un conjunto de ejercicios relacionados con la percepción de las formas, los movimientos, la rotación de figuras y la creación de imágenes mentales.

Como la inteligencia espacial está estrechamente relacionada con la observación del mundo a través de la percepción visual, argumenta que la mejor manera de detectar el grado en que un individuo la posee es proponerle que resuelva ejercicios de estas características.

No obstante, aclara que esta inteligencia es una especie de amalgama de habilidades y que no siempre están todas presentes. Por ejemplo, un individuo capaz de describir al mínimo nivel de detalle un objeto que acaba de ver, incluida su ubicación, puede tener dificultades para orientarse cuando se encuentra en un gran aeropuerto o en una ciudad desconocida.

Las capacidades viso-espaciales pueden manifestarse en diversos campos, como el reconocimiento de objetos, formas, movimientos y escenas, la comprensión de los mapas, el diseño de planos y las habilidades para esculpir, dibujar y pintar, entre otras. Algunas de estas capacidades son imprescindibles para el desempeño de ciertas profesiones, como la ingeniería, la arquitectura, la aviación, la navegación y las artes visuales.

• La inteligencia lógico-matemática

Según Gardner,

> *la inteligencia lógico-matemática supone la capacidad de analizar problemas de una manera lógica, de llevar a cabo operaciones matemáticas y de realizar investigaciones de una manera científica.*

---

4 Gardner, H.: *Estructuras de la mente. La teoría de las inteligencias múltiples. Op. cit.*

Si bien en estos procesos está implícita una gran capacidad de razonamiento y abstracción, pueden intervenir elementos intuitivos. En este sentido, Gardner apunta que muchos matemáticos, entre ellos Poincaré, han informado percibir una solución mucho antes de haber resuelto cada paso en detalle.

Este tipo de inteligencia es la que podemos encontrar en los grandes inversores, como Soros; en los físicos, como Einstein; en los economistas, como Samuelson, o en cualquiera de los creadores de las grandes obras de ingeniería que se han hecho en el mundo.

Ahora bien, ¿estamos en condiciones de afirmar que Samuelson, Soros o Einstein eran mucho más inteligentes que Picasso o Gandhi?

Coincidiendo con el excelente análisis realizado por Marta Matute en Madrid[5]: la brillantez académica no lo es todo. Es muy cierto que para desenvolvernos en la vida no necesitamos un cerebro como el de Einstein.

Basta con realizar una pequeña investigación sobre la evolución de quienes egresaron de la universidad con notas sobresalientes para encontrar que, en un número sorprendente de casos, han fracasado en su vida profesional y afectiva.

A la inversa, hay personas que tuvieron un desempeño académico mediocre y, sin embargo, son felices y exitosas. Como bien dice Matute: "triunfar en los negocios o en los deportes requiere ser inteligente, pero esta no es una inteligencia de tipo intelectual. Dicho de otro modo, Einstein no es más inteligente que Maradona, lo que ocurre es que sus inteligencias pertenecen a campos diferentes".

• La inteligencia corporal-cinestésica

La característica principal de este tipo de inteligencia es la habilidad para dominar el cuerpo, tanto para expresarse a través de él como para alcanzar diferentes metas.

Un ejemplo notable que cita Gardner es el del formidable mimo francés Marcel Marceau[6], capaz de comunicar una historia completa por medio de gestos, expresiones faciales y movimientos corporales.

También cuentan con un alto grado de desarrollo de inteligencia corporal-cinestésica las personas que son hábiles para trabajar con objetos mediante los movimientos de los dedos y manos (como los ilusionistas), y aquellas que han alcanzado el éxito en actividades que exigen una máxima des-

5 Fuente: revista 5días.com, España.

6 Gardner, H. *Estructuras de la mente. La teoría de las inteligencias múltiples. Op. cit.*

treza en el dominio completo del cuerpo, como los atletas, los deportistas y los bailarines.

Un ejemplo de desarrollo extraordinario de las habilidades que acabamos de describir puede observarse en cualquier función del Cirque du Soleil[7]: los movimientos corporales de los artistas se caracterizan por una increíble precisión y belleza.

• La inteligencia musical

La inteligencia musical abarca un conjunto de habilidades que se revelan en las diferentes expresiones de los individuos a través de la música, como componer, cantar, dirigir una orquesta, tocar muy bien un instrumento o saber escuchar. Según Gardner, "de todos los dones con que pueden estar dotados los individuos, ninguno surge más temprano que el talento musical".

Estos dones se manifiestan en personas sensibles a tres componentes que él identifica como básicos: el tono, el ritmo y el timbre. Destaca la capacidad de comunicar emociones a través de la música y razona:

> *... cuando por fin los científicos desentrañen los fundamentos neurológicos de la música –las razones de sus efectos, su atractivo, su longevidad– estarán explicando cómo están entrelazados los factores emocionales y motivacionales con los puramente perceptivos.*

Como ejemplo de inteligencia musical sorprendente, Gardner cita el caso del violinista Yehudi Menuhin, quien pidió a sus padres un violín como regalo de cumpleaños cuando sólo tenía 3 años y llegó a ser conocido internacionalmente cuando apenas tenía 10.

• La inteligencia interpersonal

Se revela en las personas que logran establecer relaciones armónicas y productivas con los demás y está estrechamente relacionada con la empatía, es decir, con la capacidad para conectar con el otro y lograr un compromiso en el que casi siempre interviene un componente afectivo.

En este sentido, la inteligencia interpersonal incluye la capacidad de "ponerse en el lugar del otro" mediante una actitud de escucha activa que facilite la comprensión no sólo de sus necesidades, sino también de sus sentimientos y estado de ánimo.

---

[7] Cirque du Soleil. Compañía canadiense conocida internacionalmente por la calidad de sus espectáculos y las destrezas corporales de sus artistas.

En términos de Gardner,

> *Aquí, la capacidad medular es la habilidad para notar y establecer distinciones entre otros individuos y, en particular, entre sus estados de ánimo, temperamentos, motivaciones e intenciones.*

Deja en claro que la lectura hábil de las intenciones de los demás es fundamental para actuar con base en ese conocimiento.

Esta inteligencia está ampliamente desarrollada en los líderes exitosos y es excluyente para el desempeño de varias funciones en las empresas. Si bien todos los miembros de una organización deben contar con capacidades para relacionarse armónicamente con los demás, es imposible pensar en la incorporación de un alto ejecutivo, un gerente o un vendedor que no cuente con un alto grado de desarrollo de inteligencia interpersonal.

• La inteligencia intrapersonal

En este tipo de inteligencia reside la comprensión de uno mismo, es decir, de los propios sentimientos, para actuar en la vida. Esto significa que el mundo emocional es un ingrediente fundamental de la inteligencia intrapersonal y que esta, a su vez, desempeña un rol activo en la toma de decisiones.

Gardner lo explica de la siguiente manera:

> *Uno encuentra esta forma de inteligencia desarrollada en un novelista (como Proust) que puede escribir en forma introspectiva acerca de sus sentimientos, en el paciente (o el terapeuta) que adquiere un conocimiento profundo de su propia vida sentimental, en el anciano sabio que aprovecha su propia riqueza de experiencias internas para aconsejar a los miembros de su comunidad.*

En la inteligencia intrapersonal es relevante el "sentido del yo", es decir, el equilibrio que puede lograr cada individuo entre sus propios impulsos y las presiones de los demás. Imagine el lector la relevancia de esta capacidad en las organizaciones.

Como ejemplos de un yo altamente desarrollado, Gardner cita a Sócrates, Mahatma Gandhi y Eleanor Roosevelt, quienes, en su opinión, son personas que han logrado comprenderse mucho a sí mismas y, paralelamente, inspiraron a otras para que mejoraran su propia vida.

• La inteligencia naturalista

La inteligencia naturalista se distingue por la habilidad para identificar, reconocer y clasificar las especies (flora y fauna), así como también otros elementos de la naturaleza, como el viento, las tormentas y las mareas. Dado que estos conocimientos permiten distinguir lo que es útil o inocuo de lo que puede ser dañino o peligroso, los individuos que cuentan con capacidades de este tipo son muy valorados en ciertas comunidades.

En la cultura occidental, apunta Gardner, el término naturalista remite a quienes tienen conocimientos profundos sobre el mundo viviente, como los ecologistas, los ornitólogos o los biólogos, y razona que la importancia de este tipo de inteligencia se refleja en la historia de la evolución, porque de ella depende nada menos que la supervivencia.

En el ámbito de los negocios, la inteligencia naturalista está presente en una diversa gama de sectores con un notable grado de desarrollo, entre ellos, la agroindustria, la ganadería, la energía, la biotecnología, la alimentación, la jardinería y la pesca.

Gardner propone, como modelos de este tipo de inteligencia, a Charles Darwin, John James Audubon (un prestigioso naturalista anglosajón muy conocido en los Estados Unidos y el Reino Unido) y Jean-Jacques Cousteau, entre otros.

• La inteligencia espiritual

Desde el principio, apunta Gardner que la sola mención del término "espiritual" suele suscitar discrepancias tanto en el ámbito científico como en el académico, y lo hemos comprobado.

Por lo general, se asocia lo espiritual con la religión cuando, en nuestra opinión, la inteligencia espiritual no tiene que ver con manifestación religiosa alguna. Se trata de un sentido de universalidad, de pertenencia a algo mayor que la individualidad.

Con el fin de "contribuir a la discusión", Gardner propone tres connotaciones diferentes de la palabra espiritualidad: *inquietud por las cuestiones cósmicas o existenciales* (¿quiénes somos?, ¿de dónde venimos?, ¿qué nos depara el futuro?, etc.), *logro de un estado del ser* (los yoguis y los meditadores están más capacitados para experimentar determinados fenómenos espirituales), y *efecto en los demás* (la Madre Teresa de Calcuta).

En el tercer caso, hay un ingrediente muy importante que caracteriza a las personas que, como la Madre Teresa o el Dalai Lama, irradian un aura de espiritualidad: el carisma.

Otro tipo de experiencias que, según Gardner, se atribuyen a lo espiritual, están relacionadas con el arte, a través del cual se expresa, por ejemplo, el significado de la vida y de la muerte.

Estas inteligencias que acabamos de describir no son necesariamente dependientes entre sí, pueden manifestarse en forma aislada, es decir, según las actividades que una persona esté desarrollando. No es raro encontrar casos como el del escritor francés Henry Beyle, conocido como Stendhal, exitoso en la literatura y sobresaliente en matemática.

Si miramos a nuestro alrededor, observaremos que cada individuo posee en distintos grados los tipos de inteligencia que identifica Gardner. Es común encontrar personas que tienen un talento excepcional para escribir y, sin embargo, sienten que se les viene el mundo encima cuando tienen que resolver una ecuación.

Lo que varía es la forma en que se combinan los distintos tipos de inteligencia. Para Gardner, cada ser humano tiene su propia "mezcla" de inteligencias y esto lo lleva a adquirir una idiosincrasia singular. Ello se debe a que lo que él denomina "estilos o preferencias personales" parecen ser estables, resistentes al cambio. Se van desarrollando a partir de las experiencias de vida únicas; por lo tanto, cada individuo tiene su propia mezcla.

A su vez, cada inteligencia es una capacidad "situada y distribuida" que sólo puede ser apreciada en un contexto particular: "la inteligencia está en la mente, pero también en el cuerpo, en los medios y en el ambiente".

Para este científico, cada una de las inteligencias que distingue son potenciales biológicos en bruto que jamás pueden observarse en forma pura debido a que, en la práctica, se presentan actuando en conjunto:

La inteligencia o las inteligencias son siempre una interacción entre las tendencias biológicas y las oportunidades de aprendizaje que existen en la cultura.

2.1. Una luz desde la historia: el ejemplo de Leonardo da Vinci

Los avances producidos en las ciencias, básicamente en la psicología cognitiva y la neurología, son muy promisorios para superar el encapsulamiento que suponen los modelos basados en la tradición psicométrica.

Los errores de estos modelos, que hasta ahora hemos visto en el plano de las empresas, se reflejan también en los fracasos del sistema educativo, apoyado en paradigmas que tienden a considerar a la inteligencia como una capacidad unitaria o un factor general cuando ha sido comprobado, subrayamos una vez más, que los seres humanos no tenemos una, sino varias inteligencias, y Leonardo da Vinci es uno de los ejemplos más notables que corroboran esta afirmación.

> El sistema de educación tradicional, también vigente en las organizaciones, robotiza a quien enseña y a quien aprende.
>
> De este modo, se convierte en el principal enemigo del desarrollo de la inteligencia.

Sin duda, el primer punto débil del concepto tradicional es la idea de que las habilidades de razonamiento verbal y lógico-matemático reflejan la inteligencia de un individuo, y el segundo, que nacemos con determinado potencial y que ello determinará nuestro camino en la vida.

Hoy sabemos que el cerebro es flexible, que tiene potencial para procesar (aprender) aproximadamente 7 bits de información por segundo durante casi toda la vida, y que tiene capacidad para realizar una cantidad infinita de conexiones sinápticas.

Por lo tanto, si nos proponemos desarrollar semejante potencial, abriendo las puertas de nuestro sistema metaconciente para percibir más y mejor, no hay dudas de que la inteligencia puede aumentarse.

Para fundamentar estos conceptos y explicar mejor los que siguen en los próximos capítulos, le proponemos que lea los siete principios de Leonardo da Vinci.

LOS SIETE PRINCIPIOS DE LEONARDO DA VINCI

1. ***Curiosidad*: para que el aprendizaje sea un proceso continuo.**
2. ***Demostración*: para sustentar el conocimiento con la experiencia, la persistencia y la voluntad de aprender de los errores.**
3. ***Sensación*: para vivenciar cada experiencia mediante el refinamiento permanente de los sentidos.**
4. ***Esfumación*: para aceptar la ambigüedad y la incertidumbre.**
5. ***Arte y ciencia*: para establecer el equilibrio entre la ciencia y el arte, entre la lógica y la imaginación.**
6. ***Corporalidad*: para cultivar la gracia, la salud y el equilibrio.**
7. ***Conexión*: para reconocer y apreciar la interconexión de todas las cosas y los fenómenos que están a nuestro alrededor.**

¿Cree Ud. que estos principios tienen algo que ver con "la" inteligencia concebida como un factor unitario o general? Estamos seguros de que, luego de leer esta obra, llegará a la misma conclusión que nosotros. **No existe una, sino muchas inteligencias.**

2.2. Los debates que nos ayudan a pensar

La teoría de Gardner ha encendido unos cuantos debates en los ámbitos donde se admiten como tipos de inteligencia a la lógico-matemática, la lingüística y la espacial, pero se considera que algunas de las otras, como la corporal-cinética y la musical, se relacionan más con talentos o habilidades que con la inteligencia propiamente dicha.

Por ejemplo, las razones por las cuales se destacan Julio Bocca, los Stones o Pavarotti, en opinión de algunos especialistas, tienen que ver más con el talento que con la inteligencia, ya que tanto la música como la danza se consideran más bien habilidades específicas.

Gardner defendió sus argumentos diciendo que, con ese criterio, también se pueden considerar talentosas las personas con habilidades matemáticas, lingüísticas o espaciales, que son las que siempre se han medido en los tests tradicionales. Lo que ocurre es que la inteligencia cinestésico-corporal, por ejemplo, no se puede medir, sino simplemente observar en un escenario o en un campo de deportes.

Si bien, inicialmente, pensó en hablar de facultades humanas, e incluso utilizar términos como talentos, dotes o destrezas, finalmente, dice, "opté por dar el atrevido paso de apropiarme de una palabra de la psicología y emplearla de nuevas maneras: naturalmente, esa palabra era inteligencia".

Estas disquisiciones confluyen en un punto que, a nuestro entender, tiene que ver con la identificación de determinados tipos de inteligencia como una aptitud o capacidad mental (teniendo siempre presente que el cerebro crea la mente), o bien, como destrezas o habilidades.

- **Hay quienes opinan que la mayor parte de los tipos de inteligencia identificados por Gardner son habilidades, más que inteligencia, y tienen que ver tanto con la personalidad de los sujetos como con el ámbito en el que estos se han desarrollado.**

En este sentido, lo que Gardner denomina "inteligencia corporal-cinética", para algunas corrientes científicas es, en realidad, una competencia particular desarrollada por un individuo que ha logrado un dominio específico en un campo de la actividad humana, como ocurre con Federer en el tenis, por ejemplo.

Gardner disiente y expresa del siguiente modo su desacuerdo: "Si un escolar tiene baja puntuación de cociente intelectual, es seguro que se destacará en otras aptitudes que, por lo general, no son valoradas dentro de un contexto académico". Coincidimos. No todas las personas tenemos las mismas capacidades, por eso elegimos lo que aprendemos, y aprendemos de distintas maneras.

Al reflexionar sobre las vidas de aquellos que identificamos como individuos que han desarrollado una inteligencia extraordinaria (como Leonardo o Einstein) Gardner se pregunta:

> *¿Qué lecciones podemos aprender del estudio de personas notables? ¿Qué factores pueden promover un grado de creatividad o excelencia en nuestro mundo contemporáneo? ¿Cómo podríamos aumentar la posibilidad de que la excelencia humana pudiera ser modificada para el bien común?*

Y luego se responde:

> *Las personas extraordinarias a menudo fracasan y, en ocasiones, de forma espectacular. Sin embargo, en lugar de darse por vencidas, aceptan el desafío de aprender de estos errores y convertir las derrotas en oportunidades.*

Sin duda, estas reflexiones constituyen una luz en el camino para quienes tienen en sus manos nada menos que el desafío que, día a día, imponen las actividades de gestión organizacional. De hecho, la historia está colmada de casos de líderes exitosos que han experimentado fracasos en repetidas ocasiones.

3. Las bases biológicas de la inteligencia como fenómeno múltiple

En este apartado veremos cómo el avance en neurociencias que se ha logrado en los últimos años permite una comprensión mucho más detallada de todos los tipos de inteligencia descriptos por Gardner.

De hecho, él mismo dijo que escribió su teoría a partir de la unión de evidencias empíricas provenientes de la neurología, de la ciencia cognitiva y de distintos procesos de desarrollo de habilidades en la infancia, tanto en personas con un talento fuera de lo común como en deficientes mentales, y llegó a la siguiente conclusión:

> El hecho de que el daño en regiones particulares del cerebro afecte diferentes capacidades intelectuales evidencia que existe un correlato entre la anatomía cerebral y los tipos de inteligencia que describe Gardner.

> *Cada tipo de inteligencia expresa una capacidad que opera de acuerdo con sus propios procedimientos, sistemas y reglas* y *tiene sus propias bases biológicas.*

Por ejemplo, la existencia de una inteligencia naturalista se revela en ciertas partes del lóbulo frontal implicadas en la denominación y etiquetado de objetos naturales, como los animales y las plantas.

Estas partes son diferentes de las que están implicadas en la misma función cuando se trata de objetos artificiales (como un producto) o humanos (como la figura de un hombre o una mujer).

- **Mediante neuroimágenes, se ha observado también que las regiones y los circuitos cerebrales se desarrollan de manera tal que las capacidades cognitivas difieren entre las personas, y hay coincidencia en la comunidad científica en cuanto a que estas diferencias surgen de factores tanto genéticos como ambientales.**

Durante el período de formación, las neuronas generan conexiones en función del tipo de estímulos que reciben. Esto significa que si un niño aprende a tocar un instrumento siendo muy pequeño, las neuronas que participan en los procesos de comprensión, interpretación y ejecución de la música tendrán más conexiones que las de un niño que no haya recibido este tipo de estimulación.

La inteligencia musical se refleja en el desarrollo de determinadas zonas del cerebro

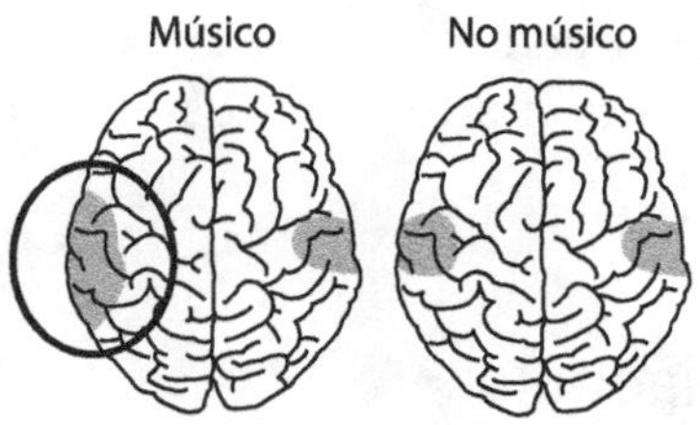

Los músicos profesionales tienden a analizar el lenguaje de la música con su hemisferio izquierdo, mientras que los no músicos lo hacen de manera holística y global (hemisferio derecho).

Cabe destacar que, si bien a los 4 o 5 años aprendemos mucho más rápido a tocar un instrumento, y rara vez olvidamos lo que aprendimos en la temprana infancia, el mundo está lleno de personas que han incursionado exitosamente en la música siendo adultas y estos cambios también podrían observarse en su cerebro si se hicieran una tomografía computada.

Lo mismo sucede con el desarrollo de otro tipo de inteligencias. En la espacial, por ejemplo, los estudios realizados sobre una muestra representativa de taxistas, en Londres, revelaron que los participantes tenían hipocampos más grandes que los de la población normal. Estos casos se relacionan con el fenómeno de la neuroplasticidad (recordemos que en el Capítulo 1 vimos que el cerebro es un órgano que posee capacidad de cambiar y adaptarse a las exigencias del entorno, y que puede hacerlo durante toda la vida).

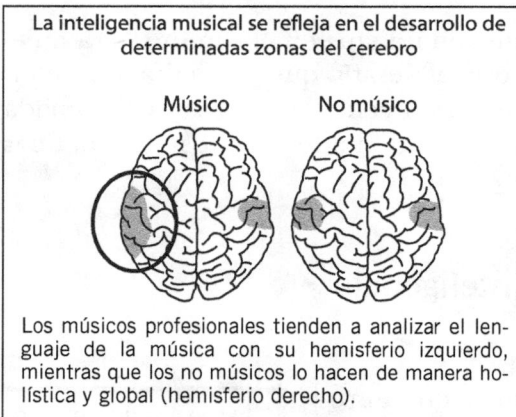

Otro avance interesante de la neurociencia se relaciona con la inteligencia interpersonal y social: el descubrimiento de las neuronas espejo[8] trajo consigo una gran riqueza de conocimientos para indagar cómo se genera la habilidad para comprender y predecir la conducta de otras personas, sus conocimientos, sus intenciones y sus creencias.

También se destacan las investigaciones neurocientíficas vinculadas con la inteligencia emocional, fundamentalmente a partir de los aportes de Joseph LeDoux sobre los mecanismos cerebrales de las emociones[9], y los nuevos conocimientos sobre la inteligencia corporal-cinestésica (ha sido comprobado que es posible mejorar el rendimiento físico mediante el "entrenamiento mental").

Recapitulando

El cerebro es capaz de reorganizar su "cableado" para adquirir diversas habilidades o potenciar algunas ya existentes.

Esto significa, por ejemplo, que es posible hacer de un líder un mejor líder entrenándolo en el desarrollo de la inteligencia interpersonal, y lo mismo ocurre con cualquier otra persona para quien sea crucial lograr empatía en su entorno laboral.

No obstante, recuerde que el de inteligencia es un concepto amplio y holístico, por lo tanto, es necesario trabajar sobre cada una de nuestras habilidades y hacerlo de un modo armónico. Con esto queremos decir que no tendría sentido trabajar a fondo para desarrollar la inteligencia social dejando de lado la lógico-matemática o espacial, por ejemplo.

Tampoco tendría sentido trabajar para estar en armonía con los demás (inteligencia interpersonal) si no logramos primero estar en armonía con nosotros mismos (inteligencia intrapersonal). Sin duda, concentrarnos en desarrollar algunas de nuestras inteligencias y olvidarnos de las otras puede conducirnos por un camino equivocado.

> ***Una persona que puede emplear conjuntamente varias inteligencias de una manera adecuada tiene más probabilidades de ser sabia, porque hace que intervengan más facultades y factores en la ecuación.***
>
> **H. Gardner**

En el próximo capítulo veremos con profundidad el rol de la inteligencia emocional y social en la toma de decisiones y, en el siguiente, abordaremos un tema que, a nuestro criterio, es esencial para las organizaciones: la creatividad humana.

---

8 Véase el Capítulo 9, apartado 2.1.

9 Véase el Capítulo 9, apartado 3.

Capítulo **9**

La inteligencia emocional y social como input para una conducción organizacional efectiva

Los argumentos más convincentes y poderosos se dirigen tanto a la cabeza como al corazón. Y esta estrecha orquestación entre el pensamiento y el sentimiento es posible gracias a algo que podríamos calificar como una especie de autopista cerebral, un conjunto de neuronas que conectan los lóbulos prefrontales –el centro ejecutivo cerebral, situado inmediatamente detrás de la frente y que se ocupa de la toma de decisiones– con la región profunda del cerebro que alberga nuestras emociones.

Daniel Goleman

1. Emoción o razón: ¿de qué depende el éxito en la toma de decisiones?

Quienes tenemos experiencia en organizaciones hemos visto, a lo largo de los años, que muchas personas que se han destacado por sus habilidades intelectuales cuando eran empleados fracasaron luego, al ser ascendidos a gerentes. ¿Por qué pasó esto? ¿Perdieron de repente sus habilidades técnicas? ¿Sufrieron un colapso en la memoria que borró conocimientos y experiencias?

Si usted piensa que los fracasos se deben, simplemente, a que "el puesto les quedaba grande", podemos coincidir; sin embargo, son muchas las preguntas que debemos responder: ¿a qué se debe que individuos con un CI normal o superior a la media fracasen cuando tienen que dirigir un equipo de trabajo? ¿Por qué algunas personas pueden superar contratiempos con más facilidad que otras? ¿Dónde radica la diferencia entre quienes tienen la capacidad de relacionarse socialmente y quienes no demuestran esta habilidad, aun cuando sus producciones intelectuales sean notables?

En nuestra opinión, la respuesta a todas las preguntas es una sola: el éxito, tanto en la vida privada como en la laboral, no está determinado sólo por el cociente intelectual, sino, y en mayor medida, por el hecho de poseer y actuar con inteligencia emocional[1] y social.

> La inteligencia emocional y la inteligencia social se reflejan en una manera de vivir e interactuar en la que prevalece el registro de los sentimientos, propios y de los demás.
>
> Un líder que cuenta con estas capacidades se caracteriza por una actitud entusiasta, positiva, que genera empatía, y esto se traduce en una alta motivación en los equipos de trabajo.

Esto no implica estar siempre contento o ser hábil para eludir situaciones complicadas. Implica saber atravesar los momentos difíciles, no paralizarse ante los conflictos y hallar soluciones para los problemas que tienen un fuerte contenido emocional.

No obstante, y aun sabiendo la importancia que tiene el hecho de aprender a liderar las emociones, así como también el papel que estas juegan en la toma de decisiones, en el mundo occidental, y sobre todo en las organizaciones, se eleva la razón y se degrada la emoción.

Daniel Goleman lo expresa de la siguiente manera:

El viejo paradigma idealizaba a la razón liberada del impulso de la emoción. El nuevo paradigma nos exhorta a crear una armonía entre el corazón y la cabeza.

Sin duda, el sentir y el pensar son dos sistemas interactivos que se alimentan mutuamente, y más de una vez son las emociones las que crean nuestros pensamientos y determinan nuestra conducta.

Uno de los científicos que más han estudiado este tema que, sin duda, es relevante en neuromanagement, es Antonio Damasio. En su opinión:

Las mejores decisiones no proceden de la mente racional, sino de la intuitiva, emocional.

---

1 La denominación *inteligencia emocional* fue utilizada por primera vez en 1990 por Peter Salovey y John Mayer, psicólogos de las universidades de Harvard y New Hampshire, respectivamente, pero circuló por el mundo entero a partir de 1995, cuando Daniel Goleman publicó su libro *Emotional Inteligence* (uno de los más vendidos a nivel global).

A largo de la evolución, explica, el hombre desarrolló un mecanismo neurológico que le posibilitó decidir y actuar rápidamente para sobrevivir.

Ante un hecho que puede poner en peligro la vida, no hay tiempo para pensar y luego decidir. Hay situaciones que exigen una reacción automática instantánea.

Como el pensamiento racional requiere más tiempo, reduce la posibilidad de decidir rápidamente.

> La mente racional proporciona la forma de comprensión de la que en general somos concientes; es reflexiva, capaz de analizar y explicar.
>
> La mente emocional ofrece otro sistema de conocimiento: impulsivo, poderoso, a veces ilógico, pero sabio, relacionado con los procesos metaconcientes del cerebro.

Al estudiar las situaciones que desencadenan una reacción automática, Damasio elaboró la **hipótesis del marcador somático**, que se ha convertido en el modelo neurocognitivo de la toma de decisiones.

- **Los marcadores somáticos, ubicados en la corteza prefrontal, se aprenden durante los procesos de interacción con el medio ambiente, influyen en la velocidad de las decisiones y dirigen el comportamiento hacia resultados más convenientes ante situaciones críticas.**

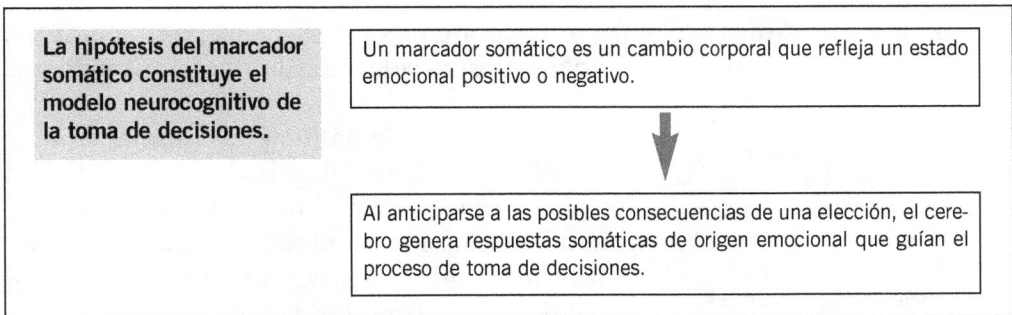

La hipótesis del marcador somático constituye el modelo neurocognitivo de la toma de decisiones.

Un marcador somático es un cambio corporal que refleja un estado emocional positivo o negativo.

↓

Al anticiparse a las posibles consecuencias de una elección, el cerebro genera respuestas somáticas de origen emocional que guían el proceso de toma de decisiones.

Imagine el lector la importancia de estos conocimientos para los gerentes y ejecutivos que, como dijimos varias veces en esta obra, más de una vez están obligados a actuar prácticamente "sin pensar".

Ya no hay dudas de que el razonamiento no puede operar de manera óptima sin intervención de las emociones, y viceversa. En los apartados siguientes veremos que, anatómicamente, cada emoción se refleja en un circuito distinto pero interconectado del cerebro, y que nuestro desempeño en la vida, de la cual, por supuesto, forman parte las organizaciones en las que actuamos, está determinado siempre por la interacción razón-emoción.

2. ¿Qué son las emociones?

Las emociones son una especie de sistema de evaluación que nos informa sobre diferentes aspectos de la realidad y les otorga una carga afectiva. Desde que nacemos, actúan como puntos de partida en el crecimiento, por ello se considera que son facilitadores dinámicos de nuestros ciclos vitales y, más aún, que **la sabiduría emocional es un aspecto central de la inteligencia humana**.

- **Los fenómenos afectivos son generados por determinados estímulos internos físicos (placer o displacer) y mentales (recuerdos e imágenes), y por estímulos externos.**

Desde el sistema límbico, las emociones intervienen en todo acto intelectual y son procesadas en la corteza; participan de "otras formas de inteligencia y medios de expresión; percepciones intuitivas, manifestaciones de la vida sensorial y emocional, así como el origen de la imaginación creadora"[2].

Una simple revisión histórica puede probarlo: los grandes líderes y hombres destacados de la humanidad son los que han utilizado sus dos mentes, los que atendieron a su intuición, a su sentimiento visceral, a su olfato, y también a su intelecto. Por lo tanto:

- si no sentimos emociones, no podemos tomar decisiones acertadas, y sin el componente racional, nuestra vida irá a la deriva de nuestros vaivenes emocionales;
- las emociones, además de estar íntimamente ligadas al pensamiento, juegan un papel central en los mecanismos de la memoria y en el mantenimiento (o deterioro) del sistema inmunológico;
- las emociones determinan nuestros estados mentales y nuestra salud física: la tensión psicológica provocada por el estrés, la angustia o la ansiedad puede destruir células cerebrales y desencadenar enfermedades, algunas muy graves.

Las emociones pueden proporcionarnos datos muy importantes sobre el estado de nuestras relaciones con los demás y con nosotros mismos.

Por lo general, aparecen en la conciencia en forma repentina, sin que medie ningún tipo de planificación.

Si intentamos reprimirlas o ignorarlas, en vez de indagar la importante información que proporcionan, podemos llegar a un estado de apatía y desequilibrio.

Si nos dejamos dirigir por ellas, los efectos pueden ser desastrosos.

Los científicos han comprobado que el estrés crónico provoca la liberación de cortisol. En exceso, este afecta principalmente la activi-

[2] Verdilhac, Monique de: *Utilice su cerebro al cien por cien*. Susaeta Ediciones, Madrid, 1994.

dad del lóbulo frontal y el temporal, por lo tanto, dificulta la atención, la memoria y la capacidad para regular las emociones.

Esto se observó con claridad durante una investigación realizada en 2007 por la Universidad de Pensilvania: angustia, nerviosismo, ansiedad y frustración fueron algunas de las emociones descriptas por los voluntarios luego de un experimento en el que se los sometió a presión psicológica.

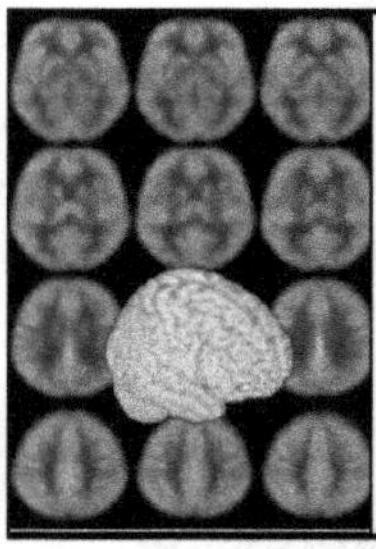

Activación del córtex prefrontal derecho, asociado con la ansiedad y la depresión. (Foto: Jiongjiong Wang, PhD, y John A. Detre, MD, University of Pennsylvania School of Medicine).[3]

Las imágenes obtenidas en este experimento reflejaron un aumento del flujo de sangre en la corteza prefrontal, asociada con la ansiedad y la depresión, cuando los individuos eran sometidos a presión.

El llamado de atención estaría dado, también, por el hecho de que este flujo aumentado de sangre persistió, incluso, cuando la tarea agotadora había finalizado, lo cual revela hasta qué punto puede dañarnos el estrés si no aprendemos a controlarlo.

El estudio mostró claramente los efectos de los estados de tensión que experimentamos cotidianamente debido a las emociones negativas y el estrés. Otras investigaciones han probado que la fatiga mental reduce la actividad del cíngulo anterior, área fundamental en la motivación, manejo de conflictos, iniciativa y atención, entre otras actividades.

Como vemos, además de dañarnos físicamente, las emociones negativas conspiran contra nuestro rendimiento debido a que en la corteza prefrontal se asientan las **funciones ejecutivas**, que son importantes en todos los puestos de trabajo.

Las funciones ejecutivas se definen como procesos asociativos de ideas simples cuya combinación tiende a la resolución de problemas de diferentes grados de complejidad[4].
Son capacidades esenciales para llevar a cabo una conducta laboral eficiente, creativa y adaptada socialmente.

De lo expuesto se desprende que si la corteza prefrontal está ocupada en el procesamiento de emociones negativas, no podremos pensar con la claridad que necesitamos.

---

[3] Imagen obtenida por investigadores de la Escuela de Medicina de la Universidad de Pensilvania durante un experimento en el que se exigió a los participantes que realizaran rápidamente ejercicios mentales considerados desafiantes.

[4] Lezak, Muriel, *et al.* *Neuropsychological assessment.* Oxford University Press, Oxford, 4ª ed., 2004.

Ahora bien, ¿es posible, en forma conciente, dirigir el pensamiento hacia emociones positivas, que nos ayuden a generar el estado interior que necesitamos en determinadas circunstancias? Todo parece indicar que sí.

Algunos estudios neurocientíficos descubrieron que determinadas estrategias, como la resignificación, al activar el polo frontal izquierdo, reducen la producción de pensamientos negativos.
Esto significa que, aun cuando el trabajo de las emociones se desencadena en nuestra mente no conciente, nosotros podemos ser el capitán del barco siempre que, concientemente, aprendamos a comandar los "programas" que pueden transformarlas positivamente.

Por lo tanto:

el primer paso para controlar las emociones, en vez de ser controlados por ellas, es ser concientes de su existencia y operar sobre ello.

Indagar a escala conciente lo que sucede en el metaconciente es expandir la conciencia.

Cierto es que muchos procesos mentales no resultan accesibles al conocimiento conciente. Pensemos en el habla: una persona es conciente de lo que dice, pero no de cómo lo dice; somos concientes de las ideas que queremos expresar, pero no de los procesos que convierten las ideas en palabras.
Del mismo modo, el control conciente sobre el momento en que se desencadenan nuestras emociones es escaso o nulo; sin embargo, no significa pérdida de control emocional.

- **El liderazgo emocional consiste en aprender a soportar lo que no podemos evitar, influir sobre el tiempo en que una emoción se mantiene activa y crear estados de la mente capaces de mejorar nuestra vida.**

Tengamos presente que los estados emocionales se contagian. Mientras que la risa estimula, aumenta la energía y predispone a las personas favorablemente, el desánimo, el enojo, los celos y el odio perjudican nuestras relaciones y nuestros proyectos.

Haciendo una analogía con los procesos de la naturaleza, Soler y Conangla[5] argumentan que, cuando vamos desprendiendo partículas tóxicas, estas pueden acumularse hasta construir una capa a nuestro alrededor que

5 Soler, J. y Conangla, M.: *La ecología emocional.* RBA Libros, Barcelona, 2007.

no deje pasar los rayos del sol. Ese "efecto invernader" genera un microclima negativo hasta que se produce la "lluvia ácida".

Como el emocional es un sistema abierto, recibimos en función de lo que emitimos.

El "efecto invernadero" y, consecuentemente, la "lluvia ácida" pueden ser provocados por el malhumor constante, un temperamento proclive a las agresiones, el resentimiento, la envidia, los celos, y también por la queja y la concentración de la percepción en los aspectos negativos de la realidad.

Si bien no vamos a caer en la ingenuidad de proponerle al lector que no sienta rabia ante hechos que lo justifican, porque todos los sentimientos tienen su razón de ser, es importante identificar hasta qué punto somos invadidos por las emociones que provocan más sufrimiento y trabajar para revertir esos procesos.

En este sentido, algunas investigaciones centradas en la manipulación de noradrenalina y serotonina han corroborado que el estado de ánimo, la predisposición positiva y también la negativa fluctúan con los niveles de neurotransmisores.

Sin necesidad de recurrir a la química, el efecto de manipular los músculos faciales en forma conciente para generar diferentes tipos de emociones, como alegría, placer o, a la inversa, repugnancia o rabia, ha sido comprobado por varias investigaciones.

Las neuroimágenes han demostrado que el movimiento muscular de una sonrisa forzada genera en el lóbulo frontal izquierdo la misma actividad que una sonrisa espontánea.

- **Paul Eckman[6] demostró, con varios experimentos realizados con personas sanas, que aquellas que manipulaban sus músculos faciales a partir de las instrucciones que iban recibiendo generaban un estado de ánimo que se reflejaba en el cuerpo: aumento de la temperatura corporal, ritmo cardíaco más elevado, etcétera.**

Como vemos, los cambios fisiológicos se reflejan en lo que sentimos y viceversa, y el cerebro no discrimina entre los estímulos reales y aquellos que somos capaces de provocar con nuestra imaginación o voluntad.

6 Ekman, P.: *Emotions Revealed: Recognizing Faces and Feelings to Improve Communication and Emotional Life.* Phoenix (Orion), Londres, 2004.

- **En un estudio realizado en los Estados Unidos, las imágenes cerebrales de individuos que accionaban un joystick y de otros que sólo imaginaban que lo hacían demostraron que cerca del 80% del sistema de circuitos utilizado era igual para ambos casos.**
  El experimento demostró que emplazar en la mente una acción física, como usar una raqueta de tenis o tocar una guitarra, activa la mayoría de los circuitos cerebrales que se iluminan cuando la acción realmente se ejecuta, refuerza las conexiones neuronales y mejora el desempeño del individuo.

Del mismo modo, **todos podemos generar una sensación de alegría con el pensamiento, si simplemente evocamos un momento en que experimentamos dicha emoción.**

Por eso, el esfuerzo para dirigir la mente hacia acontecimientos positivos vale la pena. Cierto es que nadie puede manipular con facilidad una emoción como la angustia si está atravesando una situación personal muy dolorosa. Sin embargo, cuando no estamos ante situaciones límite, la utilización del pensamiento y del cuerpo para revertir los estados de ánimo negativos da muy buenos resultados. Más aún:

> **el hábito del pensamiento optimista se erige como una de las variables más poderosas de la inteligencia emocional.**

> **En el Brain Decision Braidot Centre se desarrollan y aplican distintas estrategias de regulación emocional.**
>
> **Las técnicas apuntan a activar estructuras cerebrales, específicamente prefrontales, encargadas de inhibir y modular los estados emocionales comandados por estructuras subcorticales, entre ellas, la amígdala.**

El optimismo cumple una función adaptativa, en tanto promueve la motivación y nos ayuda a concentrarnos en las metas que deseamos alcanzar. Asimismo, nos permite afrontar con estoicismo los momentos de adversidad.

No obstante, si bien cierta dosis de optimismo es deseable como combustible esencial que nos permite mantener la esperanza, también es necesaria una cuota mínima de pesimismo que nos mantenga en estado de alerta de cara al futuro; esto propicia la cautela y la anticipación realista de eventuales dificultades.

En este aspecto, encontrar el equilibrio que permita el acceso a un optimismo realista constituye la vacuna más efectiva contra el fenómeno que los psicólogos cognitivos han denominado "ilusión de invulnerabilidad".

Cuando se les pregunta a los ejecutivos novatos, desmesuradamente optimistas, cómo se ven en la compañía para la que trabajan dentro de diez años, por lo general se describen como muy prósperos, ocupando puestos jerárquicos a los que sólo tiene acceso una pequeña élite de privilegiados, minimizando o descalificando toda probabilidad de revés laboral o problema personal.

Al analizar el tema en otras profesiones, el psicólogo social Gordon Allport descubrió que los futuros médicos suelen estimar sus ganancias en un rango restringido sólo al 5% de los profesionales de la salud, y que los futuros pilotos se imaginan con réditos sin precedentes en la historia de la aviación comercial.

Son numerosas las investigaciones que han comprobado que muchos profesionales recién iniciados consideran que tienen más probabilidades de vivir acontecimientos de connotación positiva en sus trabajos, como obtener un aumento o conseguir un ascenso en un corto plazo de tiempo. También se perciben a sí mismos como relativamente impermeables a experiencias negativas, como las de ser despedidos o enfermarse como consecuencia del estrés.

Por ejemplo, si un líder se siente demasiado optimista y convencido de su carisma, atractivo personal y capacidad persuasiva, posiblemente no se esfuerce tanto en el trato con su gente.

Por esta razón, el desengaño y la frustración suelen aguardar agazapados en el futuro a aquellos incautos que caigan víctimas de la ilusión de invulnerabilidad. A la inversa, una ausencia total de optimismo conforma la receta más efectiva para caer en la apatía y la depresión.

Todo parece indicar que los optimistas decodifican o interpretan la realidad tergiversándola en su propio beneficio, mientras que los pesimistas carecen de esta habilidad, lo que los deja expuestos y desprotegidos ante las vicisitudes negativas de la vida. Esto termina dañando severamente su autoestima, así como también la evaluación de su eficacia.

Como vemos, lograr que los miembros de una organización crean en sus capacidades los prepara para afrontar todo tipo de desafíos; sin embargo, y como en cualquier otro aspecto de la vida, siempre es necesaria una cuota de moderación y equilibrio.

Si usted posee un cargo de importancia en alguna compañía, debe capitalizar esta simple pero primordial sugerencia: induzca *sutilmente* a los miembros de su equipo de trabajo para que se juzguen a sí mismos como capaces de alcanzar altos logros.

Ello redundará en un mayor rendimiento general del grupo y en una tendencia a perseverar ante el fracaso.

2.1. El cerebro emocional: neurocircuitos y mecanismos cerebrales de las emociones

Los mecanismos cerebrales de las emociones no pueden comprenderse si estas se abordan en forma aislada, porque no existe un único neurocircuito que participe en su procesamiento.

> Los centros emocionales surgieron de nuestra raíz cerebral más primitiva. Luego de una evolución que llevó millones de años, se desarrolló la corteza, que nos permitió agregar un conjunto de matices a la vida emocional. Sin duda, nuestras emociones son muy inteligentes y de nosotros depende absorber esa inteligencia y utilizarla en forma positiva.

Por ello, hablamos de *sistema emocional*, es decir, de la interacción de varios circuitos cerebrales: el *hipocampo* (imprescindible para registrar y recordar los hechos, por lo tanto, tiene una intervención activa en la memoria y el aprendizaje), los *lóbulos frontales* (los "ejecutivos" del cerebro que se ocupan de la planificación) y la *amígdala* (centro nuclear en el procesamiento de los estímulos emocionales).

Nuevamente, han sido las investigaciones de Joseph LeDoux las que arrojaron mucha luz sobre algunos de los interrogantes que se vienen planteando desde hace tiempo en el campo de las neurociencias.

Al descubrir que, junto con la larga vía neuronal que va desde el tálamo hasta la corteza cerebral, existe un conjunto de fibras nerviosas que comunica directamente el tálamo con la amígdala, este científico llegó a la conclusión de que en el cerebro humano hay una especie de "atajo" que permite que la amígdala reciba algunas señales en forma directa desde los sentidos.

En la primera, denominada *vía rápida*, la amígdala recibe los estímulos procedentes de los sentidos y genera una respuesta automática y casi instantánea: huir, correr, llorar, reír. Un cuarto de segundo más tarde, la información llega a la corteza cerebral, donde se adapta al contexto real y se concibe un plan racional de acción: esa es la *vía lenta*.

En el primer caso (vía rápida) actuamos prácticamente por instinto; en el segundo (vía lenta) se activa la conciencia.

De esto se desprende que la corteza, que alberga las facultades más elevadas, complejas y, sobre todo, concientes, puede participar en el acto de interpretar un estímulo que desencadene una emoción, pero lo hará luego de que la experiencia con carga emotiva haya quedado fijada en la memoria.

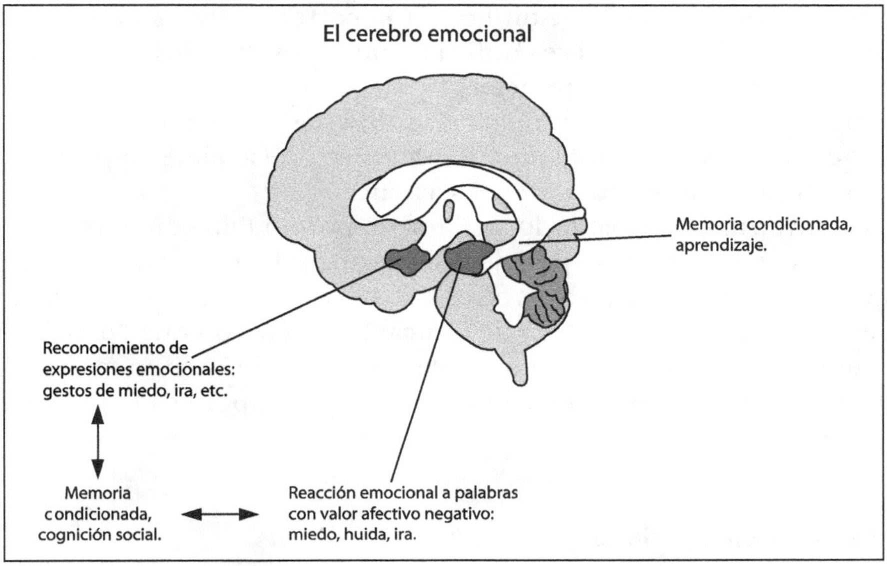

Veamos un ejemplo: debido a un proceso de reingeniería, usted perdió su empleo en una organización con la que estaba muy identificado. Ahora se encuentra trabajando en otra, donde circulan rumores de reestructuración. El director lo llama y, sin comunicarle de qué van a hablar, le pide que vaya a su despacho.

Como no es normal que el director se reúna con sus colaboradores en forma no programada, su primera reacción probablemente sea caminar a las apuradas, en un estado de ansiedad y angustia que no le permita ni siquiera registrar con quién se cruza en el pasillo. Esta respuesta estará determinada por la vía rápida y tendrá una secuencia como la siguiente:

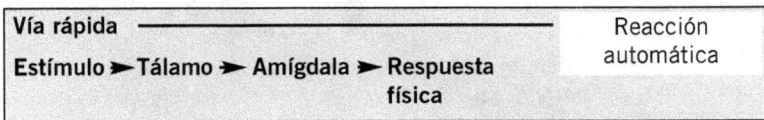

Vía rápida — Reacción automática

Estímulo ➤ Tálamo ➤ Amígdala ➤ Respuesta física

Milésimas de segundo más tarde, la información sobre la llamada del director es enviada a la corteza, donde comenzará un proceso de racionalización.

Vía lenta — Reacción controlada

Estímulo ➤ Tálamo ➤ Corteza ➤ Respuesta física

Una vez que la información llega a la corteza a través de la vía lenta, pueden ocurrir dos cosas: si se confirma que la reacción instantánea fue correcta, es decir, la reestructuración lo afectará a usted o algunos de los miembros de su equipo, continuará con un estado físico acorde con la angustia que lo embarga, posiblemente transpire o se acelere su pulso cardíaco, y comenzará a responder en consecuencia.

A la inversa, si el director lo ha llamado por un tema de trabajo que debe resolverse con urgencia –por ejemplo, acaban de informarle que su principal competidor bajó 5% sus precios–, su corteza enviará un mensaje para que se calmen las cosas, es decir, le indicará a su cuerpo que "pare".

Ante determinados estímulos, el cerebro crea un camino más corto para que los datos lleguen rápidamente a la amígdala, por eso tantas veces actuamos "sin pensar".

2.2. Neuroliderazgo de las emociones

Tal vez el lector se pregunte, como al principio lo hicimos nosotros, ¿por qué la parte pensante del cerebro cumple un papel importante en la inteligencia emocional?

Una de las respuestas interesantes que encontramos para esta pregunta es la siguiente: que *la corteza nos permite tener sentimientos sobre nuestros sentimientos. Nos permite tener discernimiento, analizar por qué sentimos de determinada manera y, posteriormente, hacer algo al respecto*[7].

Por ello, dice Goleman[8],

> *la neocorteza "añade" a los sentimientos lo que pensamos sobre estos y nos permite tener sentimientos sobre las ideas, el arte, los símbolos y la imaginación. Nuestros sentimientos más profundos, nuestras pasiones y anhelos, son guías esenciales en nuestra cotidianidad, y nuestra especie debe gran parte de su existencia a la preponderancia que tienen sobre los asuntos humanos.*

La dimensión emocional de la inteligencia desarrollada por Goleman contribuyó a complementar la dimensión cognitiva presentada por Gardner en su teoría sobre las inteligencias múltiples.

Goleman coloca a las emociones en el centro de las necesidades para la vida cotidiana. En su opinión, día a día, y con más frecuencia, debemos

7 Shapiro, L. E.: *La inteligencia emocional en los niños.* Javier Vergara Editor, Buenos Aires, 1997.

8 Si bien el avance que se produjo en las neurociencias tiene un papel relevante en las obras de Goleman, su teoría se basó, en gran parte, en observaciones sobre los diferentes aspectos de la vida cotidiana.

afrontar dilemas propios de la época en que vivimos con una actitud emocional adaptada a las urgencias que caracterizan nuestro tiempo, y fundamentalmente, con carácter.

Existe una palabra anticuada para designar al conjunto de habilidades que conforman la inteligencia emocional: carácter.

El carácter está sustentado en la autodisciplina.

La vida virtuosa está basada en el autodominio.

La piedra angular del carácter es la capacidad de motivarse y guiarse uno mismo.

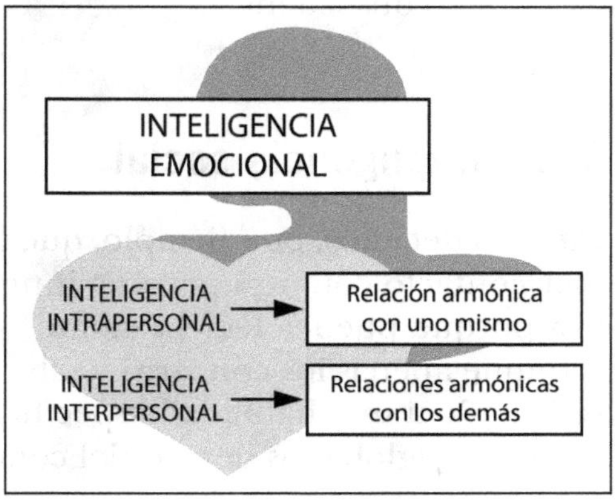

La capacidad de diferir las gratificaciones y de controlar y canalizar la urgencia de actuar es una habilidad emocional básica, lo que en tiempos anteriores se llamaba voluntad.[9]

Tal vez el lector se pregunte si todo esto es posible. En nuestra opinión, y sin duda, la respuesta es sí, porque la inteligencia emocional está formada por tres capacidades: la capacidad para comprender cómo nos sentimos, la capacidad para expresarlo de una manera productiva, y la capacidad para escuchar a los demás y conectar empáticamente con sus emociones.

- **Actuar con inteligencia emocional en las organizaciones no es decidir con los sentimientos a flor de piel, sino armonizar "cerebro y corazón" en la toma de decisiones.**
- Ser emocionalmente inteligente significa conocer las emociones propias y las de los demás, su intensidad y sus causas.
- Contar con habilidades emocionales significa saber manejar las emociones a partir de conocerlas.

El fracaso en las relaciones con los demás conduce a la frustración, la desesperanza y la depresión.

En cambio, cuando las relaciones con nuestra familia, nuestros amigos, nuestros vecinos y compañeros de trabajo son satisfactorias, se acrecienta el nivel de energía y nos sentimos más fuertes y optimistas.

9 Goleman, Daniel: *La inteligencia emocional.* Javier Vergara Editor, Buenos Aires, 1996.

- Las técnicas de regulación emocional[10] permiten desarrollar este tipo de inteligencia: enseñan cómo expresar sentimientos, dónde y en qué momento, cómo reconocer las emociones de los demás y actuar en consecuencia.

3. La inteligencia social

Cuando decimos, por ejemplo, que un negociador es hábil porque en el primer contacto con otra persona intuye cómo es, o que nuestra tía es perceptiva porque puede "leer la mente" y adivinar las intenciones de los demás (aunque apenas los conozca) y sabe de antemano cómo actuar, nos estamos refiriendo a una habilidad específica que, en la actualidad, forma parte de estudios englobados dentro del concepto de *teoría de la mente.*

3.1. La teoría de la mente

Día a día, y aprovechando el gran desarrollo de los aparatos que permiten explorar el cerebro con métodos no invasivos, se estudian los mecanismos del sistema nervioso relacionados con la capacidad para predecir las intenciones ajenas.

Ello ha permitido comprobar que la habilidad de una persona para intuir cómo es otra también responde a patrones biológicos, y ha dado lugar a la elaboración de esta nueva teoría.

- **La expresión teoría de la mente, propuesta por David Premack[11], refiere a la habilidad para comprender y predecir la conducta de otras personas, sus conocimientos, sus intenciones y sus creencias.**
  Las células cerebrales que participan en estos procesos han sido denominadas *neuronas espejo*.

Dicha habilidad se adquiere alrededor de los cuatro años y es considerada un producto de la **inteligencia social**. La ciencia ha demostrado que nuestro cerebro tiende a predecir los movimientos de otro, y esto es lo que nos permite anticiparnos a algunos acontecimientos.

---

[10] Para mayor información, invitamos al lector a ingresar al sitio www.braindecision.com.

[11] Moore, C. y Frye, D.: *The acquisition and utility of theories of mind.* Lawrence Erlbaum Associates, New York, 1991.

Para explicar los mecanismos que subyacen a la teoría de la mente, circulan dos versiones denominadas "teoría teoría" (TT) y "teoría de la simulación" (TS).

La primera es de origen psicológico: a partir de axiomas y reglas de inferencia, podemos intuir el posible comportamiento de otras personas.

La segunda argumenta que simulamos mentalmente los procesos de pensamiento y sentimientos de otros utilizando nuestro estado mental como modelo.

En la atribución de estados mentales a otros, se ha observado la activación de varias zonas, entre ellas, las estructuras del sistema límbico que, como sabemos, incluyen a la amígdala.

Cuando esta se encuentra dañada, se limita la inteligencia social, entre otros motivos porque la amígdala es sensible a la expresión de las emociones de los rostros de los demás, especialmente la mirada.

Hasta hoy, y si bien se ha avanzado muchísimo en la investigación, hay varias preguntas que continúan abiertas. No obstante, se está trabajando con modelos neurobiológicos para encontrar las respuestas.

Uno de los científicos que ha estudiado este tema, Brothers[12], creó un modelo para la cognición social basado en un circuito de tres nodos que conectan la corteza órbito frontal, el surco temporal superior y la amígdala.

En su opinión, si hubiera daños en este circuito, la consecuencia podría ser el autismo, un trastorno asociado justamente con el déficit para otorgar significados a las conductas propias y ajenas.

Las personas autistas no entienden a otras porque no pueden relacionar sus propios movimientos con los que ven en los demás. Eso lleva a que un gesto sencillo pueda ser percibido como una amenaza, y el problema podría residir justamente en el mal funcionamiento de las neuronas en espejo.

Si bien aún no se conoce a ciencia cierta la totalidad de los mecanismos cerebrales comprometidos en estos procesos, ya que la propuesta de Brothers no se ha constituido en una verdad indiscutible, las investigaciones están orientadas a indagar cuál es el patrón de conectividad entre varias regiones cerebrales que intervienen en el desarrollo de estas habilidades.

De momento, se ha observado que hay áreas que participan solamente en la representación de estados mentales propios, áreas que participan únicamente en la representación de estados mentales de otros, y áreas comunes para ambas actividades cerebrales.

---

12 Brothers, Leslie: "The social brain: a project for integrating primate behaviour and neurophysiology in a new domain". En *Neuroscience*, 1:27-51, 1990.

Por ejemplo, el surco temporal superior participa en la percepción de la mirada y de los movimientos de la boca, y esta región podría estar relacionada con otras adyacentes, que a su vez estarían incluidas en el registro de las manos y de los movimientos de otra persona cuando está frente a nosotros.

Como vemos, neurológicamente el tema es complejo y excede el marco de esta obra, no obstante, es de gran importancia que vayamos incursionando en él ya que puede ayudarnos a explicar muchas cosas que antes no podíamos comprender.

3.2. Las neuronas espejo

Las neuronas espejo son células especializadas que se activan durante la ejecución y observación de una acción y, además, añaden significados que se traducen en interpretación de intenciones de dicha acción.

Anatómicamente, se ubican en el hemisferio izquierdo, cerca del área de Broca (región del habla, procesamiento del lenguaje) y se activan tanto cuando un individuo identifica una acción que otro está llevando a cabo, como cuando es él mismo quien la ejecuta.

- **Las neuronas espejo nos permiten ponernos en el lugar del otro mediante un proceso que se denomina empatía (por ejemplo, se activan tanto al sonreír como al observar a otra persona sonreír) e intervienen en la forma de aprendizaje por imitación más rápida y eficaz que posee el cerebro.**

También se ha puesto de manifiesto, mediante estudios realizados con resonancia magnética funcional, que cuando una persona observa a otra realizar una tarea específica, en su cerebro se encienden los mismos circuitos neurales que se activarían si decidiera concretar ella misma esa acción, aunque con una intensidad algo menor. Allí residiría, por ejemplo, una de las capacidades estratégicas con las que nos sorprenden algunos deportistas.

El descubrimiento de las neuronas espejo es sumamente valioso y se ha constituido en la base de muchos estudios científicos. Ahora bien, ¿cómo comenzó? En 1996, un equipo de la Universidad de Parma (Italia), mientras realizaba un experimento con macacos, observó un grupo de neuronas que les llamó la atención. Las células cerebrales no sólo se encendían cuando un mono ejecutaba ciertos movimientos, sino también cuando contemplaba moverse a los demás.

Este sistema espejo, tal como señalamos, también estudiado en humanos, sería la base de algunos mecanismos, como la imitación y la empatía. En términos del científico Giacomo Rizzolatti, quien dirigió el experimento con los macacos:

> *No sólo se entiende a otra persona de forma superficial, sino que se puede comprender hasta lo que piensa; el sistema de espejo hace precisamente eso, nos pone en el lugar del otro, y la base de nuestro comportamiento social es que exista la capacidad de tener empatía e imaginar lo que el otro está pensando*[13].

En los Estados Unidos, un grupo de neurocientíficos de la Universidad de California demostró, mediante experimentos con humanos, que el cerebro no sólo se activa cuando se observa a una persona realizar una acción, sino que también tiene la capacidad de reconocer la intención de quien la realiza en un contexto determinado.

EL EXPERIMENTO DE CALIFORNIA

Este experimento, en el que participaron treinta tres personas, fue realizado mediante FMRI. Durante su ejecución, los científicos observaron la actividad cerebral de los participantes mientras visualizaban tres tipos de estímulos en una pantalla, en este orden: una mano que asía una taza; luego, el contexto: una mesa completa servida para el té; y, finalmente, los movimientos de beber el té dentro de ese contexto.

Se descubrió que la observación de las imágenes que mostraban acciones dentro del contexto aumentaban el flujo sanguíneo en la parte posterior del gyrus frontal inferior del cerebro (que es fundamental en la ejecución del control) y también en los sectores adyacentes a la corteza ventral premotora (donde se representan las acciones de las manos).

Al interpretar los resultados, los científicos concluyeron que las neuronas espejo se activan en mayor grado cuando las acciones motrices que vemos no son aisladas, es decir, cuando existe un contexto que permite otorgarles un determinado significado.

Veamos un ejemplo: un cirujano experto le muestra minuciosamente a un joven médico novato cómo debe utilizarse el bisturí para hacer una incisión en una operación de apendicitis.

Mientras practica el corte sobre un paciente, en su cerebro se enciende un conjunto de células nerviosas entrelazadas en complejos circuitos neurales.

Paralelamente, mientras el discípulo observa, sus neuronas espejo lo predisponen para la acción por imitación, y llegado el momento, la ejecutará con mayor facilidad.

Más tarde, y a modo de refuerzo, el médico principiante podrá repasar mentalmente la incisión, una y otra vez, como si la estuviera haciendo él mismo, de manera de consolidar los mecanismos de memoria que le permitirán en el futuro afrontar una operación real con éxito.

---

[13] Fuente: Diario *El País*, España, 19/10/2005.

Recapitulando

- Las neuronas espejo se activan tanto cuando una persona observa a otra realizar un movimiento como cuando es ella misma quien lo efectúa.

- El cerebro humano no sólo percibe las actividades de los demás, sino también las intenciones que subyacen en éstas.

- Con la investigación sobre el funcionamiento de las neuronas espejo, se espera avanzar en el conocimineto sobre los mecanismos que determinan la empatía entre personas.

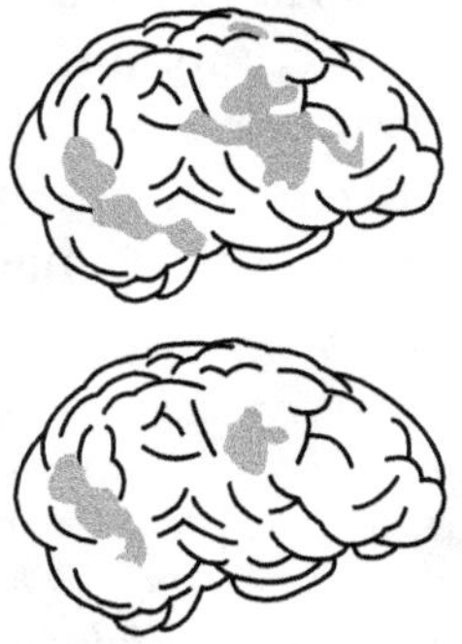

3.2.1. Aplicaciones en la vida organizacional

En nuestra vida laboral, constantemente intentamos comprender el comportamiento de los demás y el cerebro permite la captación de las intenciones que subyacen a esos comportamientos.

Así, cada acción queda asociada a la intención que la desencadenó; por eso, la otra aplicación a tener en cuenta con respecto a este tema atañe al clima emocional que se experimenta en las organizaciones.

Un ejemplo muy sencillo puede ilustrar este punto: si vemos una pelota de fútbol detenida sobre el césped de una cancha, seguramente nos asaltará el deseo de patearla. Una dinámica similar aparece muchas veces en las discusiones que, en los ámbitos laborales, suelen terminar en una escalada verbal para nada amena.

Por ejemplo, un jefe o un compañero de trabajo nos comunica su enojo o desagrado por algo que hemos hecho mal o dejamos de hacer. Sin que nos percatemos de ello, nuestras neuronas espejo detectan la ira en el rostro de la otra persona y, también sin darnos cuenta, adoptamos una expresión similar.

A su vez, las neuronas espejo de nuestro interlocutor se retroalimentan con nuestra negatividad, y envían señales al sistema límbico para que este ordene la liberación de cortisol en el torrente sanguíneo con el fin de preparar al organismo para la defensa y, eventualmente, el contraataque.

Mientras esto ocurre, va aumentando la tensión en una discusión que parece no tener fin. Este repertorio de respuestas fisiológicas y psicológicas aparece tan pronto como una persona detecta un dejo de amenaza en el discurso (prosodia) o en el rostro de otra persona con la que está interactuando, y la predispone a asumir, primero, una posición defensiva y luego, de contraataque.

Estos procesos son facilitados por las células nerviosas cuya función es imitar lo que observan.

A su vez, en un círculo vicioso perfecto, la primera persona experimenta un refuerzo emocional orientado en el mismo sentido, que la empuja nuevamente a actuar, pero esta vez con mayor vehemencia.

Así, el ciclo se reinicia y se perpetúa. Esta dinámica explica por qué muchas veces resulta tan difícil detener una discusión o llegar a un buen acuerdo.

Otro tema que no podemos soslayar es el del bostezo, cuya cualidad irresistiblemente contagiosa hemos experimentado más de una vez.

Se trata de una conducta que, en apariencia, no reviste ningún propósito. Sin embargo, ahora se sabe que se ha modelado evolutivamente y tiene por objetivo contribuir a la supervivencia del organismo.

Los hallazgos sobre las neuronas espejo ofrecen dos lecciones importantes de aplicación práctica al management: el clima afectivo dentro del ámbito de trabajo como componente esencial de una cultura organizacional mayor, y la relevancia de lo que algunos psicólogos llaman "aprendizaje vicario", es decir, aquel que tiene lugar por imitación y apelando a la vivencia directa.

Al implementar planes de formación de personas, las neuronas espejo son facilitadoras para la acción, debido a que, cuando observamos a otra persona hacer algo, nuestro cerebro se prepara automáticamente para imitarla. De la misma manera, pensar en una acción concreta allana el camino para llevarla a cabo.

Lo relevante para el neuromanagement es que el bostezo es tan contagioso que es suficiente que una sola persona dentro de un grupo humano cualquiera (por ejemplo, la gente que interactúa en un proceso de negociación, o la que integra una junta de directivos de una empresa) deje escapar un indisimulado bostezo para que se esparza rápidamente como un virus. Un individuo bosteza y los demás lo siguen, en una especie de efecto dominó imparable.

Más aún, tan contagioso es el bostezo que es probable que ahora mismo usted no pueda evitar bostezar después de haber leído este texto.

Ahora bien: ¿por qué tenemos en el cerebro neuronas especializadas en espejar una conducta en apariencia tan insignificante como bostezar? Así como poseemos neuronas espejo que nos ayudan a sobrevivir, la naturaleza

Durante una investigación emprendida por Andrew C. Gallup y Gordon G. Gallup, Jr., en la Universidad de Albany, se estudió el bostezo en una muestra integrada por estudiantes universitarios.

Se descubrió que el bostezo actúa como un mecanismo de enfriamiento del cerebro. Durante el día, el cerebro se calienta hasta el punto de quemar, por sí mismo, un tercio de las calorías que consumimos. Por ello, cuando una persona bosteza se incrementa instintivamente el flujo de sangre que aporta el aire fresco.[14]

nos ha dotado también de neuronas espejo que nos incitan a relacionarnos de manera positiva con los demás.

Ya hemos dicho que la risa es contagiosa. Por eso, una comedia resulta mucho más divertida cuando la vemos en un cine colmado de gente que ríe, y es la razón por la que se añaden risas grabadas a las televisadas.

Ahora bien, si en el cine una carcajada o una situación graciosa pueden disparar la risa entre los espectadores, imagine lo que puede acontecer en el clima de una organización si se propicia la alegría.

Hay organizaciones que propician el buen humor y exigen el buen trato entre sus miembros. Probablemente hayan comprendido que estas circunstancias fomentan una sensación de unión o cohesión y aumentan el rendimiento en el trabajo.

Al igual que la risa, la sonrisa es particularmente contagiosa. Por lo tanto, propiciarla, y hacerlo en un contexto auténtico debe ser parte del entrenamiento y capacitación, no sólo de quienes trabajan en relaciones públicas, ventas, atención al cliente, turismo, hotelería, etc., sino también de quienes, dentro de la organización, deben estar en relaciones armónicas con los demás para que "salgan las cosas".

La activación de las neuronas espejo también se produce cuando, en vez de observar una acción en el plano real, simplemente la imaginamos; en otros términos, cuando emplazamos en la mente la representación de un hecho determinado.

Cuando alguien nos sonríe, nuestras neuronas espejo nos incitan con fuerza también a sonreír. La dinámica parece sencilla, pero se trata en realidad de un proceso mediado por la participación de ciertas áreas cerebrales, circuitos neurales y hormonas.

El sistema límbico es una estructura cerebral que, como vimos, tiene entre sus principales funciones la regulación del comportamiento emocional. Una de sus regiones, el séptum, ha evolucionado progresivamente a los fines de la consecución del placer.

Cuando experimentemos placer, el séptum envía una orden para que se liberen en el cerebro una serie de hormonas llamadas endorfinas que, en

[14] Yawning Saves Your Brain From Overheating.

esencia, son moléculas que actúan en el organismo como un analgésico natural, ya que tienen una composición química similar a la de la morfina, por lo que producen un efecto sedante sobre el cuerpo y revitalizan el sistema inmunológico.

Esto explica por qué los líderes con mayor facilidad para la risa son más exitosos, tienen más amigos, poseen mejor salud y una expectativa de vida superior que aquellos que viven de malhumor o enojados.

Llegados a este punto, y si usted tiene la mala suerte de estar entre las personas que sucumben ante el malhumor en estos ambientes de trabajo, por cierto, muy estresantes, le informamos que hay varias actividades que gatillan la producción de endorfinas, como las que siguen.

- El ejercicio físico: provoca un aumento de la cantidad de endorfinas presentes en sangre, lo que contrarresta la fatiga y produce una sensación de vitalidad.
- Las caricias, besos y abrazos promueven la producción de endorfinas. Esta es la razón por la cual nos relajamos y quedamos dormidos después de mantener relaciones sexuales o cuando alguien nos acaricia las mejillas o el cabello durante un tiempo más o menos prolongado.
- El contacto con la naturaleza. El aire de campo, la playa o la montaña.
- La práctica regular de la relajación, el yoga o cualquier otra actividad afín.
- Los masajes: provocan grandes descargas de bienestar, ya que las terminaciones nerviosas en cuello, espalda y piernas transmiten el roce de las manos sobre la piel hasta el cerebro, donde activan la secreción de endorfinas.
- La música clásica: libera endorfinas, y consigue una disminución de la frecuencia cardíaca y respiratoria así como una importante relajación muscular.

Y lo más importante: la risa tiene una notoria influencia sobre la química del cerebro y del sistema inmunológico, por eso, es la mayor y mejor fuente de endorfinas. Sólo es necesario esbozar una leve sonrisa para que el séptum comience a segregarlas.

De todas estas actividades, la última resulta de particular interés para nosotros. Y recuerde que no sólo cuando nos reímos liberamos endorfinas, sino también cuando sonreímos.

Si unimos estos conocimientos sobre las endorfinas al hallazgo sobre las neuronas espejo, obtendremos una comprensión cabal sobre el sustrato químico y biológico que explica algo que los seres humanos conocemos por simple experiencia y en lo que coincidimos: todas las personas que tienen por costumbre obsequiarnos una sonrisa de manera más o menos asidua nos parecen más agradables, simpáticas, nos caen mejor y tendemos a identificarnos con ellas.

Como dato adicional, debe señalarse que generalmente la capacidad de agradar es decodificada o interpretada por los seres humanos como sinónimo de bondad. Es decir, las personas simpáticas también son calificadas como bondadosas.

Imagine la relevancia de estos conocimientos en la vida organizacional. Si un cliente está furioso porque se cometió un error que lo afectó y, apenas entra en su oficina, usted lo recibe con una generosa sonrisa y dialoga mirándolo a los ojos, las neuronas espejo de su cliente, especializadas en decodificar sonrisas, captarán el estímulo, se activarán y, posiblemente, al rato se encuentre sonriendo también.

Por esta razón, y luego de años de formar ejecutivos y vendedores, recomendamos la práctica de la sonrisa como rutina en los planes de formación, ya que esta influye favorablemente en las actitudes de los demás y sus respuestas.

Si usted es líder de un equipo de trabajo, debe saber que lo contrario –por ejemplo, el rostro serio acompañado por una mirada autoritaria– genera aprensión, ya que estimula directamente el sistema límbico, y en particular la amígdala, donde se procesan las emociones negativas.

En los Estados Unidos, la avalancha de juicios anuales por mala praxis en medicina recae, casi invariablemente, sobre los profesionales que presentan las mayores dificultades para espejar a sus pacientes, y en un muy pequeño número de casos, en aquellos que verdaderamente han cometido negligencia.

Recuerde: la sonrisa es, en esencia, una señal de apaciguamiento cuya función es estrechar vínculos entre las personas, generando atracción y receptividad, dos aspectos sumamente importantes no solamente para alcanzar objetivos, sino también para vivir en armonía y disfrutar de nuestro trabajo.

Como vimos en el ejemplo del estudiante de medicina, otro tema muy interesante relacionado con estas neuronas es que **es posible adquirir cierto grado de pericia en una tarea, simplemente repasando mentalmente, visualizando una y otra vez la forma correcta de hacerla**.

El entrenamiento mental es conocido por muchos deportistas que lo utilizan para moldear y refinar sus prácticas reales en el campo de juego mediante auténticos ensayos imaginarios que muchas veces realizan apoltronados en el sillón de su living o del sitio que se ha elegido para la concentración.

De este sencillo axioma se deriva también el éxito de algunos negocios, como el género de terror dentro de la industria cinematográfica, ya que los productores saben muy bien que el miedo cumple una función adaptativa, estrechamente ligada a la supervivencia.

Veamos un ejemplo típico: en las escenas culminantes de una película de terror, una adolescente entre pícara e ingenua lanza un alarido de sorpresa y horror cuando el villano, un psicópata asesino desenfrenado y voraz, al que la protagonista ha dado por muerto en más de una ocasión, resucita por enésima vez y se lanza sobre ella blandiendo en el aire una enorme motosierra.

Entonces, se reproduce en el cine el grito de la chica. Los espectadores "sienten" miedo como si estuvieran viviendo la historia, un miedo de tal magnitud que se traduce en una auténtica activación fisiológica: sudoración fría, transitoria aceleración del pulso cardíaco, dilatación de las pupilas, erizamiento del vello en brazos y piernas (lo que comúnmente llamamos "piel de gallina") y un mayor flujo de sangre hacia las extremidades.

Anatómicamente, las neuronas espejo conforman el sustrato biológico que nos posibilita detectar emociones en el rostro de otra persona y, muchas veces, experimentarlas como si fueran propias.

En el caso del miedo, son estas células nerviosas las que, modeladas evolutivamente y en estrecha vinculación con la amígdala, disparan una respuesta automática que va más allá de nuestra voluntad conciente. La utilidad de estos procesos cerebrales para la supervivencia radica en que, en situaciones de peligro o de alto riesgo, resultaría poco funcional detenernos a reflexionar sobre lo que conviene hacer.

Esta misma dinámica de la película de terror funciona con otras emociones. Cuando decimos que el carácter de un líder es determinante del clima que se vive en su sector, estamos hablando también del funcionamiento de neuronas espejo. Si un líder vive eternamente ansioso, enojado y de mahumor, es muy difícil para los integrantes de su equipo sustraerse a ese malestar y preservar su alegría.

- **La resonancia empática alude a un circuito cerebro a cerebro que pone a quienes la experimentan a funcionar como una unidad, en una misma sintonía emocional.**

Estos conocimientos tienen muchas aplicaciones en neuromanagement, ya que el cerebro humano ha evolucionado para poder conectarse emocionalmente con otros cerebros, más allá de nuestra conciencia. Con un buen ejercicio mental, podemos trabajar para emplazar en la mente las emociones positivas necesarias para generar un buen clima organizacional.

Háblele a su gente con voz calma y relajada, y comprobará cómo le responden de la misma manera; asista a un partido de fútbol e insulte al árbitro, y verá cómo decenas o cientos de cerebros de otros fanáticos se irán alineando con el suyo si realmente cometió una injusticia. La emoción en común promueve el contagio colectivo, y esto ha sido demostrado por numerosos experimentos.

En las organizaciones, la clave para alcanzar una mayor productividad en el trabajo y, consecuentemente, llevar a cabo con éxito los proyectos que se emprenden, tiene una base fundamental en la armonía social, el factor que posibilita no sólo el desarrollo, sino también la potenciación de los talentos individuales que se suman cuando se conforman equipos de trabajo.

En cuanto a los líderes, es posible capacitarlos para que logren inducir emociones de connotación positiva de muchas maneras diferentes, más allá de los conocimientos relativos a su área de gestión, como la producción, las finanzas o el marketing.

El rasgo distintivo de todo líder es, precisamente, la capacidad para ver las cosas con la perspectiva de los demás, la pericia para persuadir y motivar, y la habilidad para fomentar la cooperación y la resolución de conflictos.

Quienes ocupan puestos jerárquicos o de rango clave dentro de la estructura de una empresa y por alguna razón no han desarrollado una adecuada cognición social, invariablemente presentarán fallas para decodificar y entender con naturalidad cómo se sienten los demás y, en consecuencia, ofrecer respuestas oportunas o pertinentes.

EL EXPERIMENTO DE LA UNIVERSIDAD DE YALE

En un experimento realizado en la Universidad de Yale, se entrenó a dos actores para que representaran personajes emocionalmente opuestos y se los introdujo en sendas reuniones de directorio donde se estaban discutiendo temas financieros.

El primer actor debía mostrarse sonriente, agradable, cooperativo y respetuoso. El segundo debía comportarse de manera hostil, agresiva, hiriente e intolerante.

En un relevo del estado anímico de los asistentes a cada reunión realizado a posteriori, se comprobó que, en general, aquellos que habían participado del primer grupo acabaron sintiéndose alegres y reconfortados, mientras que los del segundo grupo manifestaron sentirse deprimidos y angustiados, independientemente del estado anímico original que presentaban al comenzar la reunión.

Lo más significativo fue que la mayoría de los participantes aseguraron desconocer la razón que los había impulsado a cambiar su humor.

En el marco de un clima laboral estresante, una amígdala sobreestimulada coloca a la persona en una modalidad hipervigilante y defensiva.

Las llamadas hormonas del estrés, como el cortisol y la noradrenalina, cuando invaden el torrente sanguíneo provocan una activación fisiológica difícil de controlar desde la voluntad conciente, incompatible con un funcionamiento mental sano que es condición esencial para la motivación, la imaginación, la resolución creativa de problemas y la toma de decisiones inteligente.

En este sentido, la neurociencia ha demostrado que un estado de ansiedad crónica, difusa, constante, conduce inexorablemente a cuadros de fatiga física y mental, en los casos más benignos, e indefensión y depresión profunda en los extremos.

Por ello, propiciar el desarrollo de la inteligencia emocional colectiva debe ser el objetivo principal a alcanzar en toda organización inteligente, ya que tal vez constituye el factor más importante para potenciar el capital intelectual de una empresa, en tanto el trabajo en equipo conforma el rasgo distintivo de las organizaciones eficaces.

3.3. Hacia un concepto de inteligencia social

Cuando se habla de inteligencia social, se habla, fundamentalmente, del saber conciente y metaconciente que una persona ha acumulado para conectarse armoniosamente con los demás.

Este concepto abarca no solamente la capacidad para generar relaciones satisfactorias con otros individuos (como dijimos al hablar de inteligencia emocional), sino también las habilidades que nos permiten detectar actitudes no deseadas y anticiparnos a sus consecuencias.

Cuando decimos, por ejemplo, frases como “esta persona no me resulta confiable”, o bien, “parece una persona decente”, estamos aplicando un tipo de inteligencia intuitiva que hemos aprehendido al vivir en sociedad. Por eso, en un contexto como el ejemplificado, hablamos de inteligencia social.

La inteligencia social se manifiesta en el trato cotidiano que establecemos con todas las personas con las que nos relacionamos: compañeros de trabajo, de actividades deportivas, alumnos, profesores, amigos... incluso con desconocidos.

En términos de Daniel Goleman,

> *estamos diseñados para ser sociables y participamos constantemente en un “ballet neuronal” que nos conecta, de cerebro a cerebro, con quienes nos rodean.*

Y más aún: las relaciones sociales tienen un efecto biológico. Ya hemos dicho que quienes no logran vivir en armonía con su entorno son proclives a experimentar emociones negativas, como rabia, desesperanza, estrés o depresión, lo cual revela que la ausencia de inteligencia social es capaz de enfermar.

Lo que acabamos de decir ha sido demostrado por un experimento dirigido por un psicólogo de la Universidad Carnegie Mellon, el profesor Cohen, en el que participaron 151 mujeres y 125 hombres.

Durante la investigación, se expuso a las mujeres y a los hombres al virus del resfrío. En el grupo más introvertido, el 62% se enfermó, mientras que en el otro, integrado por personas que tenían relaciones sociales en varias de las categorías establecidas por el experimento, el porcentaje de resfriados fue del 35%. La conclusión del profesor Cohen es que las buenas relaciones sociales hacen a las personas más inmunes, en coincidencia con la conclusión de Goleman acerca de que "las buenas relaciones actúan como vitaminas, mientras que las malas son puro veneno". Estamos de acuerdo.

Además de enfermarnos, sin inteligencia social no podremos establecer relaciones exitosas con el mundo exterior, sentirnos bien en diferentes ambientes culturales, negociar, dirigir empresas, integrar equipos de trabajo y, fundamentalmente, liderarlos.

La inteligencia social depende, en gran parte, de las habilidades perceptivas metaconcientes, es decir, de esa ventana por la cual ingresa una enorme cantidad de información sobre el mundo sin que nos demos cuenta y, desde las profundidades de la mente, nos orienta para saber cómo actuar.

En el siguiente apartado profundizaremos en un tema que consideramos central para una mejor comprensión de lo que significa la inteligencia social en neuromanagement.

3.4. La cognición social

Aprender sobre inteligencia social para poder desarrollarla nos exige recurrir a este tema en el que están profundizando actualmente los especialistas en neurociencias.

- **La cognición social puede definirse como el conjunto de procesos cognitivos implicados en cómo la gente piensa sobre ella misma, otras personas, situaciones sociales e interacciones.**

En estos procesos varias estructuras cerebrales juegan un papel clave: las cortezas sensoriales superiores (percepción de los signos sociales), la amígdala (significado emocional de los estímulos y teoría de la mente) y la corteza prefrontal ventromedial (toma de decisiones y razonamiento social). Todas ellas actúan como mediadores entre las representaciones perceptuales de los estímulos sensoriales y la recuperación del conocimiento que el estímulo puede gatillar[15].

La cognición social reconoce normas, convenciones y escenarios que permiten comprender y controlar la vida social en todos los niveles.
Con la perspectiva de la psicología social cognitiva, abarca al individuo en sus relaciones con otros individuos, grupos y marcos sociales concebidos como estímulos del entorno sobre los que deben operar los procesos cognitivos.

Esta definición nos lleva a analizar cuáles son los principales componentes de la cognición social.

- La cognición social comprende el **conocimiento social**, esto es, las acciones, roles y reglas que actúan como guías en las situaciones sociales en las que habitualmente se desenvuelven los individuos.
- Dichas acciones constituyen en el marco de referencia que nos permite saber cómo debemos actuar en determinadas circunstancias sociales, cuál es nuestro rol y cuáles son las razones por las que participamos en cada situación, por ejemplo, cuando nos anunciamos en la recepción de un hotel o ingresamos a una clase en la universidad.
- El **significado emocional de los estímulos** alude a la capacidad cerebral para percibir las emociones de nuestros interlocutores.
- La **teoría de la mente** se entiende aquí como la habilidad para captar el rol de otros individuos, comprender sus puntos de vista o atribuirles una intención; por lo tanto, juega un papel fundamental en la cognición social.

Cuando hay lesiones neurológicas en determinadas áreas, los trastornos en la conducta social son evidentes. Uno de los casos más famosos que han estudiado los científicos es el de Phineas Gage, un empleado de los ferrocarriles norteamericanos a quien una barra de metal le atravesó el cráneo en un accidente de trabajo.

Antes del accidente, Gage era un hombre agradable, con una mente equilibrada, capaz para llevar a cabo sus planes, organizado y respetado por sus pares. Posteriormente, se convirtió en un individuo con una conducta social inapropiada.

15 Tomado textualmente del trabajo sobre cognición social presentado por los doctores Allegri, R., Butman J. y Abel C., "Bases cognitivas de la conducta social humana", en el Congreso Internacional de Neuropsicología; en Internet: http://www.serviciodc.com/congreso/congress/pass/conferences/Butman.html

En términos de su médico, John Harlow (quien lo atendió en los años posteriores al accidente), "había perdido el alma"[16].

Sin duda, como en la cognición social es fundamental la capacidad de reproducir en nuestro propio cerebro un estado emocional similar al de otro individuo, es necesario que estén sanos los mecanismos de interpretación de los signos relevantes.

Ya hemos visto que las personas que sufren de autismo no tienen capacidad para atribuir un estado mental o inferir una emoción en otra persona. Lo mismo ocurre con individuos que han sufrido alguna lesión importante en áreas vinculadas a la cognición social.

3.5. Lenguaje corporal e inteligencia social

> *Vuestro rostro, mi señor, es un libro donde los hombres pueden leer extrañas cosas.*
>
> Shakespeare
> *Macbeth* (acto I)

El cuerpo humano, a través de lo que comunican los gestos, el tono de voz, la postura, la mirada, es una especie de compendio de significados que es necesario aprender a leer para desarrollar inteligencia social[17].

Esto es así porque en todo proceso de interacción entre personas la mayor parte de la comunicación se efectúa por canales no verbales.

Nuestro cuerpo no necesita palabras para comunicar si estamos alegres, enojados, tristes, positivos, o negativos, y tampoco para que un interlocutor sepa si nos simpatiza, o nos resulta desagradable.

Recordemos que las neuronas en espejo se disparan tanto cuando hacemos un gesto, por ejemplo, de disgusto, como cuando observamos a otro hacer el mismo gesto, y que estas neuronas se ubican justamente en la zona cerebral donde se procesa el habla.

Precisamente, uno de los aspectos más fascinantes de la comunicación humana es que la verdad no siempre se transmite a través de las palabras, sino de un conjunto de símbolos no verbales (gestos, posturas, movimientos, tonos, vestimenta, etc.) que nos orientan para percibir no sólo los sentimientos o el estado de ánimo de otra persona, sino también, y fundamentalmente, sus intenciones.

---

16 Este caso fue intensamente estudiado por Antonio y Hanna Damasio, durante sus investigaciones para analizar el papel de la corteza prefrontal ventromedial en la toma de decisiones y el razonamiento social.

17 Para profundizar sobre el lenguaje corporal, ver Braidot, N.: *Venta inteligente.* Puerto Norte-Sur, Madrid, 2ª ed., 2007, Cap. 10.

Muchas veces es suficiente con observar el rostro de otra persona para intuir su carácter, ya que las expresiones habituales suelen dejar huellas.

A su vez, y aquí retomamos el tema de las neuronas espejo, cuando un gesto revela alegría, tristeza o repugnancia, la persona que lo observa tiende a sentir de la misma manera[18].

> Las neuronas en espejo constituyen la base biológica de la inteligencia social. El lenguaje de los gestos activa las neuronas espejo: ayuda a leer las intenciones de los demás y a predecir su comportamiento.

Anatómicamente, para leer e interpretar las expresiones del rostro de otra persona necesitamos de las cortezas visuales primarias occipitales, la corteza temporal superior y el gyrus fusiforme.

Saber esto es de gran utilidad para la investigación en neuromanagement: si deseamos indagar nuestra capacidad para interpretar las expresiones de los demás, una de las maneras es reproducir la expresión del rostro de otra persona en el propio, analizar el sentimiento que desencadena y observar las áreas cerebrales que se activan.

Lo interesante del lenguaje no verbal es que el cuerpo contradice, muchas veces, lo que expresan las palabras, o que los ojos, como diría el poeta español, desmienten las sonrisas que hay en los labios. Por ello, cuando creemos intuir que estamos ante una persona poco sincera, lo que ocurre es que nuestro sistema cerebral está detectando que existe incongruencia entre ambos tipos de mensajes.

En el caso de la mirada, su procesamiento es relevante en la cognición social. El hemisferio derecho es preponderante en el procesamiento emocional de rostros y se cree que habría una mayor capacidad de percepción del estado emocional a través del procesamiento de la mitad superior de la cara (ojos, mirada) que a través del procesamiento de la mitad inferior (boca)[19].

De esto se desprende que, aun cuando un individuo se esfuerce en desarrollar técnicas como la simulación, la inhibición o el enmascaramiento de sus verdaderas intenciones, no siempre lo logrará, debido a que los sentimientos se expresan siempre de una u otra forma en el rostro.

En el próximo capítulo, en el que abordaremos el tema de la inteligencia intuitiva, profundizaremos en el funcionamiento de este tipo de mecanismos, así como también en la relevancia de sus aplicaciones en neuromanagement.

---

[18] M.L. Phillips *et al.* : "A specific neural substrate for perceiving facial expressions of disgust", *Nature*, 389:650, 1997, p. 495-497.

[19] Ruiz, J.C., García Ferrer, S., y Fuentes, I.: "La relevancia de la cognición social en la esquizofrenia" en *Apuntes de Psicología*, 24 (1-3), 2006, p. 137-155.

Capítulo **10**

Inteligencia intuitiva y creatividad en la toma de decisiones

En el animal, los objetivos están predeterminados por lo que llamamos instinto; en el hombre, en cambio, los objetivos están determinados a través de la imaginación creadora.

Y aquí reside la grandeza y la pequeñez del hombre. Si, a través de su imaginación, predetermina su vida, también tendrá la pequeña estatura de esos objetivos.

Si, a través de su imaginación, propone a su mecanismo creador grandes objetivos, es posible que su vida se vea coronada por grandes éxitos.

Ricardo Gerula

1. La inteligencia intuitiva en neuromanagement

En el mundo de las organizaciones y, fundamentalmente, cuando analizamos los casos exitosos, solemos preguntarnos: ¿cómo hicieron para "inventar" negocios millonarios de un día para el otro? ¿Cómo tuvieron semejante "olfato"? ¿Cómo se dieron cuenta de que la clave estaba en salir de un sector industrial para incursionar rápidamente en otro? ¿De dónde surgió el coraje para invertir en una unidad de negocios determinada cuando había tan poca información disponible sobre las tendencias?

Al buscar respuestas para estas preguntas nos damos cuenta de que, más de una vez, no existe una explicación racional que pueda llevarnos a

> *La forma menos elevada de pensar es la del reconocimiento básico de un objeto.*
>
> *La más elevada, la intuición global del hombre, que ve todas las cosas como parte de un único sistema.*
>
> **Platón**

comprender qué llevó a esos líderes "visionarios" a encarar emprendimientos que, francamente, nos dejan boquiabiertos.

En nuestra vida personal sucede algo parecido. A veces nos resulta difícil comprender cómo tomamos determinadas decisiones: lo hicimos, sin embargo, no sabemos por qué. La respuesta, a nuestro criterio, tiene un único nombre: intuición.

La intuición es esa voz interior que nos habla cuando percibimos con absoluta independencia de nuestros procesos concientes. Es todo eso que captamos con nuestros sentidos y solemos describir como corazonada, presentimiento, instinto.

Conceptualizada de este modo, la intuición puede definirse como una especie de lenguaje interno que facilita la percepción y la comprensión de los acontecimientos que se nos presentan cuando debemos tomar una decisión, y funciona de manera mucho más rápida que el reconocimiento conciente del entorno. Por ello

las intuiciones deben entenderse como hipótesis que plantea el metaconciente, subestimarlas es un error.

Detrás de una intuición puede haber un conjunto de relaciones que el cerebro conciente es incapaz de captar, por eso, quienes confían en el poder de la intuición no analizan de dónde viene el impulso que los guía, simplemente lo escuchan y lo aplican.

Además, los procesos intuitivos se relacionan frecuentemente con conocimientos previos que pueden adquirirse mediante un proceso de aprendizaje implícito y explícito, y constituyen un complejo patrón de conocimiento tácito que no puede ser descripto a partir de elementos simples, como el razonamiento conciente.

Muchas veces, la respuesta a: "¿Cómo se te ocurrió esta idea tan buena?" es: "No lo sé". Desde este punto de vista, la intuición es, como dice Golberg, "una sensación vaga y confusa que proporciona algo así como un indicio o un sentido de dirección"[1].

---

1 Golberg, Philip: *Las ventajas de la intuición.* Diana, México, 1990.

Sin embargo, el racionalismo de nuestra cultura moderna hace que una gran cantidad de personas desconfíen de la intuición y no crean en ella. Otras tienden a pensar que se trata de una capacidad que sólo posee un grupo de elegidos, una especie de poder místico con fuertes connotaciones de espiritualidad, debido, probablemente, a que la historia de la humanidad da cuenta de grandes inventos que se han gestado durante los sueños, o, al menos, en estados de ensoñación o de menor grado de conciencia. Sin embargo, este fenómeno no obedece a revelaciones caídas del cielo, sino a la actividad de la inteligencia intuitiva, que opera desde el metaconciente aun cuando dormimos y, ya ha sido comprobado, tiene un sustrato neurobiológico.

La índole menos racional y conciente de la intuición crea una sensación angustiante en quienes están acostumbrados a la lógica de la certeza; sin embargo, la inteligencia intuitiva no es algo sobrenatural, una especie de poder mágico de algunos excéntricos. Es una capacidad que todos podemos desarrollar.

Recuerde:

el origen de todas las funciones cognitivas, del comportamiento y del conocimiento humano, incluso el intuitivo, se encuentra en el cerebro.

1.1. Neurobiología de la intuición

Las neurociencias modernas permiten comprender y explicar los neurocircuitos que participan en los mecanismos denominados intuitivos.

Tal como vimos en el Capítulo 9, las investigaciones encabezadas por Damasio y Bechara pusieron de manifiesto que a la toma de decisiones subyace un componente afectivo que es precedido por un estado corporal que ellos denominaron "marcador somático".

En el caso de la intuición, esta hipótesis se aplica a las sensaciones que aparecen como una "corazonada" para encauzar nuestras decisiones hacia los resultados más convenientes.

El mecanismo es producto de un aprendizaje; las experiencias de recompensa o castigo

El hecho de que parte de la información que alberga nuestro metaconciente nos llegue durante los sueños parece deberse a las microdescargas eléctricas neuronales que se registran en el lóbulo temporal en esos momentos.

Sin el lóbulo temporal, no podríamos interpretar lo que nos importa emocionalmente, por lo tanto, no tendríamos acceso a nuestras intuiciones.

que surgen de la interacción con el medio, generan estados que actúan como guía para la toma de decisiones, marcando en forma positiva o negativa el curso de acción acorde a un objetivo adaptativo a largo plazo.

En síntesis

Los procesos intuitivos poseen características específicas:

- **Operan con un bajo nivel de conciencia.**
- **Se relacionan frecuentemente con conocimientos previos que permiten aumentar la eficacia en la resolución de problemas y toma de decisiones.**
- **Permiten aplicar en forma rápida un modo típico de accionar en un panorama dado.**

Los procesos intuitivos son útiles siempre y cuando exista una experiencia previa de aprendizaje implícito que los avale. Si no se tiene en cuenta esto, pueden constituirse en un obstáculo.

Nuestra mente está diseñada de tal forma que no poseemos todas las respuestas en todo momento. Gran parte de nuestra experiencia está latente, aguardando en procesos no concientes.

Por lo tanto, no sería bueno para ella que, ante cada situación que se nos presenta en el trabajo o en cualquier otro ámbito de la vida, estemos obligados a tomar una decisión siguiendo todos los pasos: recordar experiencias, evaluarlas, definir alternativas.

Para optimizar sus procesos, el cerebro utiliza un atajo: ante una situación que identifica y reconoce como cierta, recupera la reacción más adecuada que recuerda y la propone *sin dar razones ni explicaciones.* Cuando está bien entrenado, mejora sustancialmente nuestra performance y capacidad de respuesta.

Veamos un ejemplo: seguramente, alguna vez le tocó debatir ideas o participar de una negociación con diferentes personas y percibió que una de ellas, llamémosle Mónica, era particularmente confiable.

Si pudiera tomarse un momento para explorar el porqué, descubriría que su sensación es producto de la intuición, y esta el resultado de rasgos, actitudes o comportamientos de Mónica que le recuerdan a los de otra persona, María Paz, que es digna de su confianza.

También podemos pensar en una situación completamente diferente: usted percibe que Mónica no es sincera. Probablemente esto se deba a que su cerebro aprendió que determinadas conductas que Mónica exhibe son similares a las de otras personas que su memoria ha archivado como no confiables, y toma sus recaudos.

Como vemos, para que una respuesta anticipada accione como una señal de alarma es necesaria una etapa previa en la que se haya registrado una experiencia de aprendizaje.

La estructura fundamental en este mecanismo es la amígdala, que permite registrar el efecto emocional de las recompensas o castigos causados por una conducta en particular, una función necesaria para anticipar las consecuencias de nuestras decisiones en el futuro.

En una segunda etapa, referente a la capacidad de anticipación, el procesamiento de las señales somáticas emocionales activadas por una nueva situación se asocia al funcionamiento de la corteza prefrontal ventromedial.

En resumen: la amígdala es crítica para detectar en una primera experiencia las consecuencias (recompensas o castigo) de una decisión, y la región prefrontal ventromedial es fundamental para anticiparse a las consecuencias de una decisión en acciones futuras, producto del aprendizaje logrado en la primera experiencia.

En el proceso de toma de decisiones intervienen:

- un sistema impulsivo manejado por la amígdala: indica placer o displacer con relación a las posibles opciones;
- un sistema reflexivo manejado por la corteza prefrontal (en especial ventromedial): detecta las futuras consecuencias desencadenadas por esas mismas opciones.

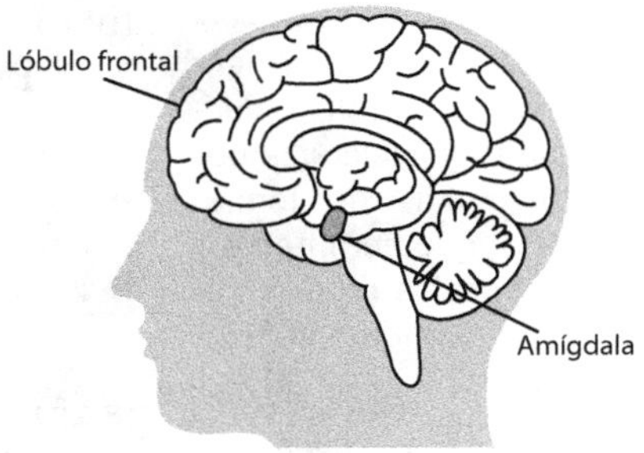

Ante una decisión, y a través de un proceso de aprendizaje facilitado por la amígdala, la persona delibera entre distintas opciones para el futuro.

Con cada opción evaluada trae a la mente el estado somático, mediante la corteza prefrontal ventromedial, que fue disparado por esa misma conducta en el pasado hasta que, finalmente, arriba a una decisión. Esto puede ocurrir por dos caminos: uno cortical, conciente, y uno subcortical, no conciente.

Las aplicaciones de estos conocimientos que suministran las neurociencias son particularmente relevantes para puestos laborales clave en las organizaciones.

Además de ayudar a explicar por qué y cómo ocurren estos fenómenos, permiten conocer mejor las capacidades y límites de cada miembro y entender mejor de qué manera estos pueden generar valor para la empresa.

En el ámbito de las organizaciones, un gerente que carezca de capacidad para procesar estas señales emocionales tendrá inconvenientes para anticipar las posibles consecuencias negativas o positivas de determinados cursos de acción.

Esta dificultad se revela en aquellas personas que guían sus decisiones en búsqueda de una recompensa inmediata, aun a riesgo de provocar consecuencias negativas en el futuro (como la pérdida de empleo o la resistencia a salir de un negocio que, si bien es rentable, está amenazado porque los competidores tienen más fuerza).

Sin duda, la conducción en un contexto como el actual no es fácil. Quienes tenemos entre manos los destinos de una organización, o de sus áreas clave, por lo general debemos tomar decisiones en muy poco tiempo, lo que nos enfrenta a situaciones de riesgo e incertidumbre.

Cuando las pistas con que contamos no son suficientes para analizar los costos y beneficios de cada elección, los marcadores somáticos[2] permiten dirigir nuestras decisiones hacia las mejores opciones sin necesidad de invertir una gran cantidad de tiempo en analizar.

La expertícia y, en consecuencia, la capacidad intuitiva, pueden entrenarse y acelerarse utilizando programas de formación vivencial que permiten experimentar con las representaciones de la realidad en ambientes seguros.

Estos programas incluyen una educación a nivel gerencial para que los participantes identifiquen y comprendan sus intuiciones y las utilicen de manera inteligente.

Precisamente, una característica que distingue a las personas con intuición más desarrollada, por lo general, a los entrepreneurs y a los gerentes y directivos más capaces, es que actúan en forma rápida y certera.

Estas personas están más allá del aprendizaje que genera cada situación.

Cuando no les es posible realizar un análisis completo, ya sea por déficit de información, por presión del tiempo o porque no lo consideran necesario, actúan con intuición y... ¡les va muy bien!

2 Véanse capítulos 1 y 9.

1.2. El rol de los hemisferios cerebrales en la inteligencia intuitiva

Las denominadas "corazonadas" por lo general tienen que ver con registros del hemisferio derecho; sin embargo, parecería que este necesita del izquierdo para elaborar un argumento racional que exprese lo que se intuye.

Esto significa que, sin la participación del hemisferio izquierdo, los mensajes que emite el derecho, por ejemplo, cuando algo nos dice que debemos invertir en tal o cual negocio, pueden ser difíciles de comprender.

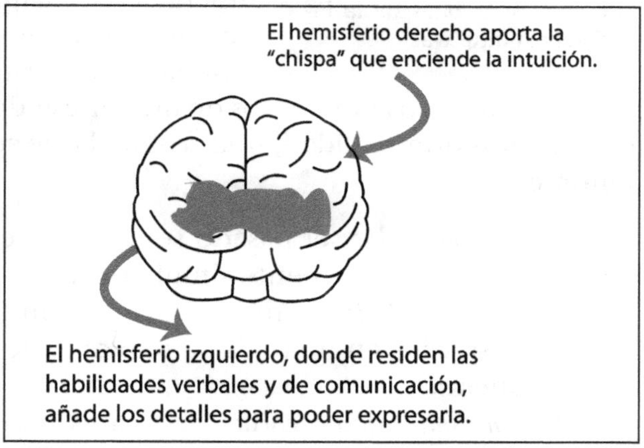

El hemisferio derecho aporta la "chispa" que enciende la intuición.
El hemisferio izquierdo, donde residen las habilidades verbales y de comunicación, añade los detalles para poder expresarla.

Este trabajo conjunto de ambos hemisferios ha sido demostrado por varios experimentos científicos cuando, al cortar el cuerpo calloso, se observó que los hemisferios quedaban desconectados y cada uno actuaba en forma independiente.

Si bien se considera al hemisferio derecho como receptor intuitivo, también se ha podido localizar un lóbulo a través del que se transmite la intuición con toda su energía: el **temporal**[3].

La función del lóbulo temporal es fundamental para las experiencias visuales y auditivas, así como para los sueños y las emociones intensas. También otorga significado a nuestras experiencias y tiene un papel central en la formación de los recuerdos, que son esenciales en el sistema de comunicación de la intuición.

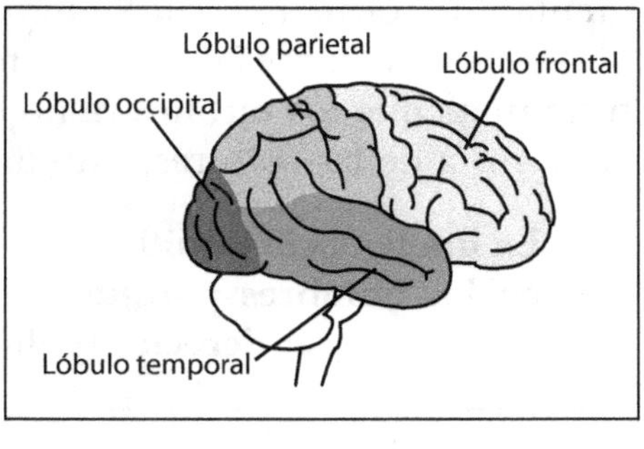

Dentro del lóbulo temporal se sitúan el hipocampo –que contribuye a formar los recuerdos verbales– y la amígdala.

Algunos científicos creen que el lóbulo temporal es sensible a las frecuencias bajas de energía electromagnética, es decir, la corriente en la que

[3] El lóbulo temporal está ubicado en la parte inferior del cerebro, cerca de los oídos.

El fenómeno por el cual la desconexión del lóbulo frontal deja en total libertad los procesos relacionados con el flujo de nuestras emociones se conoce como "estanqueidad cerebral".

Los recuerdos cargados de sentimientos, almacenados en el cerebro y en el cuerpo, forman parte de la gran red de comunicaciones de la inteligencia intuitiva.

(suponen) se transmite y recibe la información intuitiva.

Mediante neuroimágenes, se ha observado que las personas particularmente intuitivas experimentan cambios en el lóbulo temporal y que, en la mayor parte de los casos, estos se producen durante los sueños.

El lóbulo frontal[4], que en estados de vigilia actúa como una especie de gran censor porque alberga el pensamiento crítico, queda suprimido cuando dormimos. Tal vez por eso en los sueños casi nada parece imposible.

Durante esos momentos de menor estado de conciencia (metaconciencia) vivimos otra realidad, una realidad que se caracteriza por los siguientes fenómenos.

- *Atemporalidad*: el pasado se une con el futuro y con el presente, en forma prácticamente simultánea.
- *Aespacialidad:* se unen situaciones que ocurren en diferentes lugares o espacios en una misma realidad, de manera que tampoco hay distancias.
- *Aindividualidad*: cada persona es una interrelación, es decir, varias personas en una. Así, vivimos y sentimos la pluralidad, no sólo la individualidad.

Estos fenómenos no se producen de igual modo en todos los individuos. De hecho, la inteligencia intuitiva varía muchísimo de uno a otro, así como su claridad. Algunos reciben con fuerza las señales, otros las experimentan de forma más sutil e indirecta.

Más aún: la idea de que las mujeres tienen una mayor capacidad intuitiva innata que los varones ya no es simplemente una creencia arraigada en la mayoría de las culturas, sino un hecho comprobado científicamente.

La inteligencia intuitiva está más desarrollada en las mujeres que en los hombres porque el hemisferio izquierdo femenino tiene más acceso al derecho (y durante más tiempo) que el masculino.

4 El lóbulo frontal, ubicado delante del parietal, se ocupa de las funciones cerebrales más integradas, como pensar, incorporar conceptos, planificar. Además, desempeña una función importante en el registro conciente de las emociones.

Esto se debe, entre otras razones, a que el cuerpo calloso femenino es más ancho que el masculino.

Esta diferencia comienza a registrarse a las veintiséis semanas de vida: las niñas tienen un cuerpo calloso más grande que los niños, por lo tanto, tienen más conexiones entre las dos mitades del cerebro. Dicha configuración orgánica hace que las mujeres puedan pasearse por todo el interior de su cerebro cambiando de hemisferio en cualquier momento.

El cerebro masculino está más lateralizado y compartimentado. La mayoría de los hombres tiende a usar una sola zona de su cerebro por vez y a permanecer en ella hasta terminar una tarea.

La neuroanatomía demuestra que el modo en que las hormonas afectan ciertas zonas del cerebro, entre ellas, el lóbulo frontal y la amígdala, tiende a dar superioridad a las mujeres en las tareas que requieren cambios rápidos entre hemisferios, mientras que los hombres son superiores en las tareas que demandan el uso de un solo hemisferio por vez.

También se ha comprobado que las mujeres utilizan su hemisferio derecho más que los hombres, lo cual contribuye a explicar por qué son más intuitivas. Si a esto le sumamos el hecho de que poseen más conexiones entre los hemisferios, podemos comprender por qué tienen una mayor facilidad para comunicar sus corazonadas cuando las experimentan.

Ahora bien, esto no significa que la inteligencia intuitiva tenga su campo fértil en el ámbito femenino. De hecho, hay una enorme cantidad de testimonios de grandes ideas que han sido incubadas en el cerebro masculino y reveladas mediante fenómenos que ellos mismos denominaron corazonadas.

- **Por lo general, las personas intuitivas, independientemente de su sexo, tienen una maravillosa capacidad para prestar atención a muchas cosas en todas partes, a su mundo exterior y a su mundo interior.**
  Observan, como Leonardo da Vinci, todo lo que les interesa y estimula y, al mismo tiempo, perciben cosas que la mayoría no capta porque están concentradas únicamente en la tarea que tienen entre manos.

Recapitulando

Neurobiología de la intuición

- **A toda toma de decisión subyace un comportamiento afectivo que es precedido por un estado corporal denominado "hipótesis del marcador somático".**

- **Esta hipótesis se refiere a aquellas sensaciones corporales que aparecen como una señal de alerta para encauzar las decisiones hacia los resultados más convenientes.**
- **Las experiencias pasadas de recompensa o castigo actúan como guía para la toma de decisiones, al marcar en forma positiva o negativa el curso de acción acorde con un objetivo adaptativo a largo plazo.**

Como veremos más adelante, es un error considerar que aquellos en quienes predomina el hemisferio izquierdo no tienen capacidad creativa. Lo mismo podemos decir sobre la inteligencia intuitiva. Lo real es que conocer cómo funciona nuestro cerebro debe servirnos, en este caso, para superar nuestras debilidades escuchando esa voz interior que se manifiesta en forma de intuición.

2. La inteligencia creativa: ¿talento de algunos elegidos?

> ***Todo es gestación y alumbramiento. Dejar que cada impresión y cada germen de sentimiento lleguen a la madurez por sí mismos en la oscuridad, en lo inexplicable, en el inconciente, más allá del alcance de nuestra inteligencia, y aguardar con profunda humildad y paciencia el alumbramiento de una nueva claridad: sólo eso es la vida del artista.***
>
> **Rainer Maria Rilke**

Las opiniones relacionadas con lo que, a nuestro criterio, es el extremo superior de la inteligencia, la creatividad, son variadas y a veces contrapuestas.

Hay quienes argumentan que la inteligencia creativa es una especie de talento natural del que ha sido dotado un grupo de elegidos, y quienes sostienen que la creación es una especie de don divino.

Nosotros no coincidimos con estos conceptos. Si consideramos que la creatividad es un don de algunos elegidos, estamos subestimando nuestras propias capacidades. Además, inteligencia y creatividad no pueden comprenderse como fenómenos separados.

- **Los seres humanos hemos sido dotados de un potencial creativo prácticamente ilimitado.**
- **Ese potencial puede desarrollarse si aprendemos a utilizar nuestro cerebro.**
- **No existe inteligencia sin creatividad, ni creatividad sin inteligencia.**

Sin duda, la creatividad es una habilidad que todos podemos desarrollar a lo largo de la vida y, más aún, la simple observación de la realidad desdibuja los argumentos de quienes sostienen que es privilegio de unos pocos.

Al igual que en el famoso cuento del patito feo, la historia muestra numerosos casos de personas que, sin ningún tipo de chispa aparente, han logrado creaciones extraordinarias luego de trabajar durante años (en muchos casos, sin saberlo) en el desarrollo del inmenso potencial de su cerebro metaconciente.

Como veremos en el presente capítulo, las neurociencias revelan, día a día, datos sorprendentes sobre nuestro potencial. Por lo tanto, si logramos reconocer esa extraordinaria capacidad que, como humanos, nos abarca prácticamente a todos, estaremos dando un gran paso hacia el desarrollo de nuestra mente creativa.

2.1. ¿Qué significa crear?

Crear es lo que nos diferencia de los animales (con quienes compartimos las habilidades límbicas) y de las máquinas (con las computadoras compartimos la capacidad de razonamiento lógico).

Si bien muchos simios se comportan como si poseyeran mentes parecidas a la del hombre y son capaces de coordinar sus acciones, por ejemplo, para romper un huevo o cazar una presa, nunca se ha observado que puedan combinar sus habilidades para construir instrumentos sofisticados.

Precisamente, las facultades superiores que poseemos los seres humanos son las que nos han permitido combinar los elementos de la naturaleza para edificar nuestras casas, nuestras ciudades, nuestros puentes y llegar a la Luna.

Estos ejemplos revelan, a su vez, que no estamos ante un fenómeno estrictamente individual o hereditario, ya que **la vida social es decisiva en la evolución de la inteligencia creativa.**

> **La *creatividad* se define como la capacidad de un individuo para generar nuevas e inusuales ideas, desviándose de esquemas estereotipados del pensamiento.**
>
> **Es el proceso que, acompañado por la memoria, permite resolver rápidamente problemas o situaciones nuevas.**
>
> **La *actividad creativa* es un proceso mental heterogéneo que incluye diferentes propiedades del pensamiento (facilidad para generar ideas, capacidad para la asociación semántica, originalidad de las ideas, imaginación, fantasía y procesamiento semántico). Incluye la integración de estas múltiples funciones cerebrales a la experiencia de vida de un individuo.**

Nicholas Humphrey[5] lo explica muy bien:

...la habilidad social es inseparable del intelecto y aquí, por fin, las facultades intelectuales necesarias son de la más alta categoría; el juego de las maquinaciones sociales no se puede jugar basándose sólo en el conocimiento acumulado (...) Exige un nivel de inteligencia que no tiene paralelo en ninguna otra esfera de la vida.

Además de estas interesantes reflexiones de Humphrey[5], hemos encontrado en la obra del neurofisiólogo William Calvin[6] un concepto que compartimos:

...yo veo a la inteligencia como el montaje escénico definitivo de la neurofisiología, el resultado final de muchos aspectos de la organización cerebral de un individuo que le permite hacer algo que nunca se ha hecho antes.

En las sociedades humanas, muy pocas creaciones son radicales. La mayoría consiste en una nueva combinación de elementos ya existentes. Incluso un mismo estímulo puede provocar una conducta estándar en un individuo y un acto creativo en otro.

A veces, se necesita una base de conocimiento para crear. De hecho, no hubiera sido posible enviar una sonda a Marte sin recurrir a la matemática y a la física. Sin embargo, las definiciones de inteligencia creativa que hacen hincapié en el conocimiento o en los mecanismos sinápticos de la memoria son reduccionistas, porque se apoyan en el razonamiento lógico.

Como veremos,

la lógica se vincula con el pensamiento conciente, que busca lo ya aprendido para encontrar una solución o una nueva combinación.

La creación se vincula con el pensamiento intuitivo, metaconciente, el que realmente conduce a soluciones novedosas y, muchas veces, inesperadas.

Por lo tanto,

la creación requiere la combinación de todas nuestras capacidades cerebrales de manera eficaz.

---

[5] Humphrey, N.: *A History of the Mind: Evolution and the Birth of Consciousness.* Simon & Schuster, New York, 1992.

[6] Calvin, W.: *La evolución de la inteligencia antes y ahora.* Debate, Madrid, 2001.

Ante esta perspectiva, la pregunta que surge es: ¿por qué, si todos los seres humanos sanos nacemos con esta poderosa herramienta que no fue construida en Sillicon Valley, sino a través de millones de años de evolución, no somos capaces de utilizarla con todo su potencial?

Según lo que hasta ahora hemos entendido, la respuesta a este interrogante podría verse reflejada claramente en nuestro sistema de pensamiento.

Si cambiamos nuestra actitud, podemos trascender lo meramente visible a nuestros ojos y ver más allá, escuchar nuevos sonidos, experimentar otras sensaciones; en otras palabras, podemos percibir el mundo ampliando los márgenes de libertad de nuestros tesoros ocultos, de nuestras profundidades mentales, para hacer realidad ese poder, ejerciendo la inteligencia creativa que todos podemos desarrollar.

2.2. Los mecanismos cerebrales de la inteligencia creativa

Como la actividad cerebral durante un proceso creativo puede observarse mediante resonancia magnética, las neurociencias modernas constituyen un gran avance para corroborar la afirmación de que la inteligencia creativa puede estimularse y, consecuentemente, potenciarse.

En el momento en que se escribe esta obra (2008), circulan por las revistas científicas los resultados de una investigación que ha corroborado que determinados pensamientos estimulan las zonas cerebrales relacionadas con la creatividad, mientras que otros no; es decir, que las zonas que utiliza el cerebro durante el pensamiento creativo son diferentes de las que utiliza cuando se realiza algún tipo de razonamiento basado en la lógica lineal[7].

La investigación, emprendida en forma conjunta por las universidades de Drexel y Northwestern (Estados Unidos), ha revelado que **existen patrones de actividad cerebral que funcionan *antes* de que nos enfrentemos a un problema**, lo cual es compatible con nuestra idea de que la creatividad casi siempre procede del pensamiento intuitivo, **metaconciente**.

En opinión de los investigadores, el momento en que se produce la "comprensión" repentina es fruto de un trabajo cerebral que se desarrolla antes de que se alcance la solución y, más aún, sostienen que "podemos pre-

[7] Fuente: *tendencias21.net*, publicación electrónica sobre ciencia, tecnología, sociedad y cultura.

pararnos mentalmente para ese momento antes de que se nos presente un problema para resolver".

En otros términos:

una persona puede decidir pensar de una manera determinada, sin necesidad de que haya un problema concreto.

Según ha revelado la investigación, cuando tenemos que resolver algo, y para ello se necesita que comprendamos, los patrones del funcionamiento cerebral revelan que seguimos los siguientes pasos:

dirigimos nuestra atención hacia adentro, nos preparamos para activar nuevas líneas de pensamiento y, quizá, incluso acallamos los pensamientos más irrelevantes. Por lo tanto, somos capaces de prepararnos mentalmente para encontrar las soluciones utilizando diversos modos de pensar (analítico, intuitivo, imaginativo, creativo) y, lo que resulta sorprendente, nuestra elección hará que la actividad cerebral varíe en función del tipo de pensamiento que desarrollemos.[8]

Anatómicamente, los mecanismos cerebrales relacionados con la creatividad demuestran la intervención de una gran cantidad de estructuras en su desarrollo, sobre todo, regiones corticales altamente evolucionadas en el ser humano.

Asimismo, se observa que estructuras más primitivas, como las que componen el sistema límbico, también participan en su funcionamiento.

En el acto creativo, el aprendizaje se da por medio de la información de la recompensa, que se utiliza para elegir entre las opciones previamente conocidas y las nuevas que aparecen, para ejecutar y dirigir el comportamiento hacia una meta.

Este proceso está mediado por neurotransmisores como la dopamina, que se generan sobre todo en el área tegmental ventral, y por la corteza temporal intermedia, que interviene en la detección y predicción de recompensas. Por su lado, la amígdala y la región orbitofrontal consideran los valores y las expectativas relativos a la recompensa.

La representación de las metas, que se generan cuando la actividad creativa comienza, se mantiene en el lóbulo parietal, el área premotora y la corteza prefrontal dorsolateral.

Por otra parte, la motivación por alcanzar dicha meta, que no es más que la anticipación de una recompensa condicionada, se correlaciona con la actividad del striatum ventral.

---

8 Martínez, Yaiza: "Descubren el mecanismo cerebral de la creatividad", en *tendencias21.net.*

Como vemos, inteligencia y creatividad están directamente relacionadas, ya que ambas son el resultado de un complejo procesamiento ejecutivo y tienen una base neurobiológica similar, porque interactúan con la memoria de trabajo, la planificación, el razonamiento, la abstracción y la velocidad perceptiva.

Uno de los primeros autores que se preocuparon por ubicar anatómicamente el proceso de creatividad es Silvano Arieti[9].

Luego de diferentes estudios, propuso que la creatividad se asocia con el incremento en el funcionamiento de la corteza témporo-occípito-parietal, con un incremento en la interacción con la corteza prefrontal.

Martindale, otro autor citado en esta obra, da cuenta de las diferencias encefalográficas en individuos con un alto índice de creatividad que presentaron una actividad mayor en las áreas parieto-temporales derechas, así como mayores índices de actividad alfa y una sobre-actividad fisiológica.

Otra investigación reciente realizada con personas que poseen un alto índice de creatividad evaluado por la prueba de Torrance de pensamiento creativo (que mide el flujo sanguíneo cerebral con tomografía computarizada por emisión de fotones), puso de manifiesto que las áreas del cerebro que presentaban mayor incremento metabólico se diferenciaban según el tipo de tarea, verbal o gráfica.

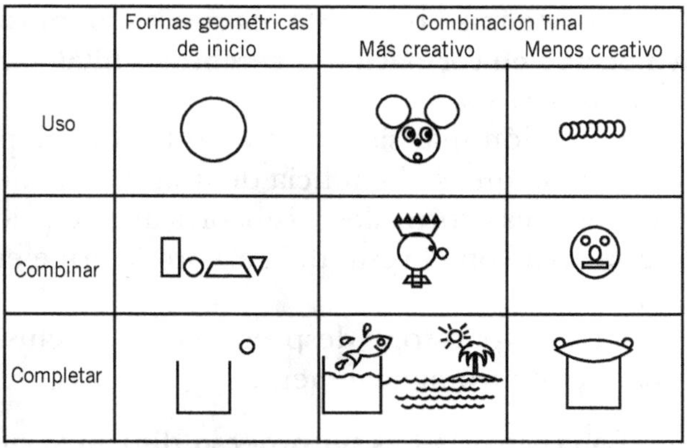
Formas geométricas de inicio
Combinación final
Más creativo
Menos creativo
Uso
Combinar
Completar

En el Test de Pensamiento Creativo de Torrance se suministra a los participantes una serie de figuras simples (columna de la izquierda) y se les solicita que hagan un dibujo con esas mismas figuras (fila de arriba). Luego se les pide que las combinen de alguna forma (fila del medio) y, finalmente, que las completen para crear un dibujo mayor y más complejo (fila de abajo).

La actividad creativa para la parte verbal del test demostró activación de áreas tales como: giro frontal medio izquierdo, giro recto derecho (incluido en el desempeño de tareas cognitivas complejas y en el procesamiento de emociones).

9 Arieti, Silvano: *La creatividad. La síntesis mágica.* FCE, México, 1993.

La actividad creativa es tan compleja como el sistema que la produce; el cerebro no es una computadora de fines generales, sino más bien un dispositivo sumamente especializado que ofrece una gran cantidad de respuestas automáticas que se utilizan de una manera adaptativa, como resultado del aprendizaje adquirido.

Estas estructuras mantienen una estrecha relación con la corteza del cíngulo anterior y con otras áreas del sistema límbico, lóbulo parietal inferior derecho, asociadas con el procesamiento multimodal y el giro parahipocámpico derecho, que no sólo se ha asociado con la memoria, sino también con el procesamiento de la novedad.

La conclusión de esta investigación hace hincapié en que el índice de creatividad se asocia con un mayor flujo sanguíneo de las áreas involucradas en el procesamiento multimodal, el procesamiento de emociones y en funciones cognitivas complejas.

Por tal razón, el proceso de creatividad se realiza en una amplia zona del cerebro y, a su vez, sustenta la importancia de las emociones y de las experiencias anteriores en el proceso creativo.

En este mismo sentido, **es posible demostrar que el pensamiento creativo ocurre en formaciones cerebrales bilaterales, es decir, compromete ambos hemisferios.**

La región más significativa es la corteza prefrontal, específicamente el área lateral, que se beneficia de una gran conectividad neuronal con el resto de las áreas corticales y subcorticales. La riqueza en la interconectividad de esta área con el resto del cerebro la erige en una pieza clave para el proceso creativo.

De lo expuesto se desprende una conclusión que es altamente relevante para el neuromanagement:

> **La creatividad es un proceso dinámico que puede desarrollarse y promoverse. Asimismo, diferentes aspectos socioculturales o educativos pueden atrofiarla.**
>
> **Sin embargo, los estímulos externos y el aprovechamiento de experiencias anteriores, sumados a un adecuado funcionamiento interhemisférico, permitirían y facilitarían la actividad creativa.**

Sin duda, la comprensión de los circuitos cerebrales que intervienen en la producción creativa y en circuitos alternos que se interponen con estos es fundamental para entender cómo en las organizaciones se generan las producciones innovadoras o, por el contrario, no se generan. Por esta razón,

la capacitación en creatividad debe estar orientada a la estimulación de los neurocircuitos en los que esta se apoya, específicamente en el circuito de recompensa, por medio del establecimiento de metas claras y el subsiguiente refuerzo que se logrará cuando estas se alcancen.

¿Cómo se implementa esto? Las actividades de tipo analógico que fomenten la comprensión de los hechos externos desde el hemisferio cerebral derecho serán de gran aplicación.

De igual modo: los programas de capacitación diseñados para el desarrollo de la creatividad mejoran la toma de decisiones y la eficiencia en la generación de proyectos, ayudan a solucionar problemas dentro de la organización y potencian la imaginación y el flujo de ideas en publicidad.

En general, la creatividad se encuentra estrechamente ligada a la innovación, a la creación de nuevos conocimientos, lo cual constituye el activo más importante que tienen hoy en día las empresas para ser competitivas en un entorno tan cambiante.

En el siguiente capítulo analizaremos el proceso creativo a la luz de los conocimientos que suministran las neurociencias, haciendo hincapié en los estados neuronales que lo caracterizan.

Capítulo 11

Estados neuronales asociados al proceso creativo

La intuición y la creatividad constituyen el extremo superior de la inteligencia, son la fuerza subyacente de la evolución de la humanidad, del cambio organizacional y de nuestro crecimiento personal y profesional.

Néstor Braidot

1. La inteligencia creativa en neuromanagement

La creación de una empresa, de una unidad exitosa de negocios, de un nuevo producto, de un nuevo servicio, de una forma innovadora de atender a los clientes es, siempre, el resultado de las ideas y de los sueños de personas proactivas, con visión de futuro.

Desde el momento en que comienza a incubarse una idea, el trabajo es intenso y se pone a prueba no sólo la capacidad individual, sino también la inteligencia creativa de los equipos que se conforman para trabajar con pasión en la generación de un nuevo proyecto.

En este sentido, tanto los emprendedores como quienes tienen en sus manos la construcción del destino de una organización que ha crecido y continúa haciéndolo, por lo general son individuos visionarios, capaces de explotar oportunidades de negocios a partir de una innovación.

Personas que, sobre la base de una idea inicial, cuentan con la inteligencia necesaria para motivar a su gente e implementar un proceso que suele culminar en nuevas combinaciones de productos y servicios que se constituyen en una propuesta de valor para los clientes y para las personas que integran la organización.

No es casual que la historia de los negocios en el mundo entero revele que, en una abrumadora cantidad de casos exitosos, el principal capital que respaldó los proyectos no ha sido el financiero sino las ideas.

Basta con citar como ejemplos a Michael Dell (Dell Computers), Bill Gates (Microsoft), Larry Ellison (Oracle) y Steven Jobs (Apple), empresarios que se convirtieron en millonarios casi de un año para el otro.

En el caso de Dell, él mismo cuenta que, cuando tenía 20 años, se despidió de sus padres, subió dos computadoras a su coche viejo y se dirigió a la ciudad de Austin, en Texas. Desde su dormitorio, y con sólo 1.000 dólares para comenzar, inició la empresa que hoy es una de las corporaciones más grandes del mundo.

Cuando se le pregunta cómo hizo, suele decir que "se guió por su intuición", respuesta que coincide con los conceptos que desarrollamos en el capítulo anterior.

La "lamparita" de Dell se encendió en el momento en que encontró una oportunidad donde otros no la vieron: se dio cuenta de que el canal tradicional para vender computadoras era ineficiente, caro y no agregaba valor.

Su inteligencia creativa se puso de manifiesto cuando desarrolló su famoso modelo directo: fabricar computadoras por pedido. A partir de esta idea, y de su capacidad para formar un equipo de personas altamente motivadas, el crecimiento de su negocio fue exponencial.

¿Cree usted que ese chico era un ser superdotado? Si responde afirmativamente a esta pregunta, no coincidimos. Dell es uno de los tantos ejemplos de alguien que fue capaz de concebir y aplicar con éxito una idea nueva o diferente.

Ahora bien, ¿es necesario nacer con una capacidad como la de Dell? Nuevamente, no. La inteligencia creativa, al igual que todas las demás, también puede desarrollarse siempre que trabajemos en pos de ese objetivo.

Al respecto, subrayamos lo que dijimos en el primer capítulo: uno de los principales objetivos del neuroliderazgo es equipar a los integrantes de la organización con recursos neuronales para que, cualquiera que sea la situación que se presente, puedan responder rápidamente.

En este concepto está siempre presente la necesidad de trabajar sobre los neurocircuitos que dan soporte a la creatividad: a medida que aumenta la variedad de conexiones neuronales, aumenta la capacidad para incubar mejores ideas y llevarlas a la práctica. ¿Cómo hacerlo?

En el presente capítulo suministraremos, a la luz de las neurociencias modernas y de los casos que revela la historia, un conjunto de ideas para que el lector comience a trabajar en el desarrollo de su propia inteligencia creativa.

Antes, y en función de nuestra experiencia como académicos y consultores, nos permitimos brindarle algunos consejos.

- Anímese a tomar decisiones aun en contextos de alta incertidumbre: las personas que necesitan certezas no tienen condiciones para ser creativas.
- Sea proactivo: busque el cambio, como hizo Dell, y explótelo como una oportunidad.

  Tenga presente que la inteligencia creativa conlleva la producción de futuro, y que el éxito no depende de la estabilidad, sino de la capacidad para crear cosas nuevas y convencer a la gente sobre la importancia de trabajar en la generación de nuevas ideas.
- Lidere su propia inteligencia emocional: la armonía con uno mismo y la actitud positiva, además de contagiar a los demás, constituye un caldo de cultivo extraordinario para las mejores ideas.
- Trate de estar atento a los cambios que se producen en la sociedad: los cambios en los estilos de vida, como la preocupación por la salud, el deporte, la seguridad, la cirugía estética y el bienestar físico, han creado oportunidades de negocios que han sido capitalizadas por empresas muy pequeñas en el mundo entero: no es necesario tener "espaldas anchas" como Dell o Bill Gates.
- Implemente un proceso de flexibilidad ante el cambio y defiéndalo contra viento y marea. Los ejecutivos y los líderes exitosos se caracterizan por una gran visión, no sólo para generar nuevas oportunidades de negocios, sino también para recrear constantemente las actuales, aprovechando cada coyuntura favorable.
- Organice equipos de trabajo cuyos integrantes se reúnan para generar ideas, lo hagan con constancia y en forma "personal".

Alguien tendría que enseñarles a los colegas jóvenes que el cassette no es un sustituto de la memoria.

La grabadora oye, pero no escucha, repite pero no piensa, es fiel, pero no tiene corazón, y su versión literal no será tan confiable como la de quien pone atención a las palabras vivas de su interlocutor.

Gabriel García Márquez

Es cierto que la autopista de la información facilita el diálogo entre personas

ubicadas en diferentes lugares del planeta, por lo tanto, es útil para captar nuevas ideas.
Sin embargo, no tiene capacidad para provocar el efecto multisensorial que se necesita en los procesos creativos.

Por último, tenga presente que el éxito casi siempre está precedido por el deseo y la voluntad de llevar adelante un proyecto en el que se cree. En este sentido, la inteligencia creativa tiene, entre sus principales aliados, la capacidad de seducir, de establecer muy buenos contactos y superar los problemas que suelen interponerse a partir del manejo hábil de las relaciones con uno mismo y con los demás.

Recuerde

El mundo cambia y sigue cambiando. Siempre habrá mercados por descubrir, productos para desarrollar, nuevos negocios en los cuales incursionar y nuevos sistemas para crear propuestas de valor para los clientes.

Lo que necesitamos para ver más allá del horizonte es, simplemente, intuición y creatividad.

2. El proceso creativo

Un proceso creativo consiste, sencillamente, en la producción de una idea nueva y única. No es casual que suela ilustrarse mediante una lamparita que se enciende de repente sobre la cabeza de un individuo.

Sin embargo, la creatividad parece ser uno de los aspectos más misteriosos del ser humano y cualquier tentativa de aclarar los procesos del cerebro detrás del pensamiento creativo actualmente es especulativa.

Aun así, y gracias a la tecnología aplicada a la generación de neuroimágenes y al interés investigativo por comprender los procesos mentales de mayor complejidad, es posible proponer un modelo testeable neurocognitivamente de funciones cognoscitivas más altas, incluyendo los procesos creativos.

Al igual que otros tipos de pensamiento, el creativo incluye la manipulación cerebral de imágenes ejecutivas, perceptuales y simbólicas, por lo tanto, puede ser ejercitado.

Algunas veces, este proceso consiste en un ordenamiento de hechos en una nueva configuración a partir de un determinado aspecto de la realidad, en otras, se basa en encontrar pautas o relaciones donde antes no existían o no se habían observado.

En cualquier caso, siempre se requiere cierta elaboración cerebral anterior, sea esta conciente o metaconciente.

Al igual que en la mayoría de los aspectos de la vida, el pensamiento creativo no "cae del cielo". Es necesario hacer un trabajo previo en el que, de una manera u otra, "el tema" esté instalado en nuestra cabeza.

Al respecto, nos parece muy pertinente lo que decía Johan Strauss: uno de los mitos más arraigados acerca del pensamiento creativo es que se produce espontáneamente, más como resultado de una intuición que de la aplicación del pensamiento conciente.

> ***Un deseo ardiente y un propósito fijo, combinados con una intensa resolución, traen resultados. El pensamiento concentrado y determinado es una fuerza tremenda.***
>
> **Johann Strauss**

En nuestra opinión, esto es cierto *siempre que* nuestra mente esté preparada para ello, porque el flash de la intuición no es otra cosa que la culminación de un proceso metaconciente desencadenado con anterioridad.

Por ello, encontramos una idea o una solución cuando las piezas finalmente encajan para concluir sobre algo en lo que hemos estado pensando durante cierto tiempo.

No es casual, como veremos en esta obra, que gran parte de los descubrimientos científicos se produjeran durante períodos que los grandes inventores suelen definir como "de pensamiento inconciente".

> ***La historia de la ciencia puede ser considerada como una serie de matrimonios de ideas anteriormente tenidas por extrañas unas a las otras o incompatibles entre sí.***
>
> ***En estas bodas, el "casamentero" es el inconciente.***
>
> **Arthur Koestler**

La explicación de este fenómeno es, como vimos en el capítulo anterior, que el cerebro metaconciente procesa mucha más información de la que podemos imaginar y, más aún, lo hace de una manera mucho más comprensiva que el cerebro conciente.

Por eso, cuando se trata una cuestión sutil que está fuera de las categorías habituales y necesitamos crear, siempre es mejor dejar trabajar a nuestro metaconciente.

¿Cómo hacerlo? Al igual que en otros aspectos de la vida, "cada maestrito tiene su librito". No obstante, existen numerosas técnicas, como la captación metaconciente y la meditación, que pueden ayudarnos a acceder a las profundidades de nuestra mente.

2.1. Estados, momentos e interrelaciones

Tal como hemos visto, hay grandes coincidencias en cuanto a que el momento culminante de la creación, el momento *éureka*, se produce en forma espontánea e inesperada.

Si bien es cierto que la iluminación por lo general surge cuando no estamos realizando un esfuerzo conciente, también es cierto que no ocurrirá si previamente no preparamos nuestra mente para tal fin; en otros términos, si no atravesamos una serie de momentos que pueden ser secuenciales o estar interrelacionados.

Para abordar este tema, tomaremos como referencia la teoría desarrollada por Graham Wallas, enriqueciéndola con nuestro propio aporte.

2.2. El pensamiento focalizado

La etapa del pensamiento focalizado en un tema o problema a resolver se caracteriza por un período de intenso trabajo conciente, aunque sin éxito en cuanto a los objetivos de lograr una solución novedosa en el muy corto plazo. Muchas veces, los resultados que finalmente se obtienen no están relacionados con el problema en sí, sino con otro u otros, instalados en el metaconciente.

Un buen ejemplo es el de Arquímedes: cuenta la historia que descubrió el principio de la hidrostática cuando, sumergido en la bañera, pensaba intensamente en un problema que le había confiado un rey de Siracusa.

Este rey le había encargado una corona de oro a un artesano y sospechaba que habían sustituido parte del oro por plata. Al sumergir la corona, Arquímedes pudo determinar el volumen del agua desalojada. Al conocer su peso, pudo demostrar que el artesano efectivamente intentaba engañar al rey. Observemos qué interesantes son, para el tema que nos ocupa, las siguientes reflexiones de Plutarco:

> *...dedicado por completo a sus trabajos e investigaciones, Arquímedes se olvidaba de comer y descuidaba su persona, hasta tal punto que, cuando era obligado por la fuerza a bañarse y perfumarse, solía trazar figuras geométricas en las cenizas del*

fuego y diagramas en los ungüentos de su cuerpo, y estaba embargado por una total preocupación y, en un muy cierto sentido, por una posesión divina de amor y deleite por la ciencia.[1]

El estímulo inicial que da impulso a la aplicación de la inteligencia creativa no siempre es un pedido específico, como le ocurrió a Arquímedes cuando buscaba una respuesta para el rey de Siracusa. A veces suele presentarse en forma de algo inexplicado, de una fantasía, o de una incongruencia.

Otro ejemplo es, nuevamente, el de Einstein: se dice que gestó su teoría de la relatividad cuando imaginaba cómo sería volar montado en un haz de luz.

Ahora bien: ¿qué ocurre en un mundo que seguramente debe ser de mucho interés para gran parte de los lectores de este libro, el mundo de los negocios?

En el mundo de los negocios, hay grandes ideas que se han presentado en forma inexplicable, espontánea, como emergentes de épocas de grandes crisis en las que era necesario imaginar una nueva forma de llegar a los clientes. Los resultados pusieron en evidencia que la inteligencia creativa funciona mejor ante situaciones complejas e indefinidas (en las que la información aparece incompleta o difusa).

> **La inteligencia implica flexibilidad y tiene mucho que ver con la improvisación.**
>
> **Por ello, la creatividad no se refleja sólo en habilidades extraordinarias (como enviar un hombre a la Luna o a Marte), sino también en la solución de los problemas más simples y menos predecibles que se nos presentan día a día en las empresas.**

En el caso de los entrepreneurs, un experto en esta clase maravillosa de innovadores, Shumpeter, descubrió que la creatividad es tanto más fecunda cuanto más rica es en experiencias y cuando existen evidencias de que las nuevas ideas serán sustentables, es decir, cuando tienen grandes posibilidades de convertirse en un negocio concreto.

Lo interesante es que, justamente, la mayor parte de las situaciones a las que se enfrentan los líderes de las empresas de nuestra era se manifiestan en contextos como el descripto por Wescott[2]. Por eso insistimos tanto en la necesidad de alejar el pensamiento de las recetas que fueron útiles en el pasado para abrir nuevos caminos.

En situaciones complejas, el cerebro humano tiene recursos ilimitados.

1 Puertas M. A. y Vega L.: *Arquímedes: El método.* Alianza, Madrid, 1986.
2 Westcott, M.: *Toward a Contemporary Psychology of Intuition.* Holt, Rinehart & Winston, New York, 1968.

Por eso, ante la incertidumbre, la decisión de "permitirse" tomar distancia de un problema y poner la mente conciente en otra parte se convierte en un factor importantísimo para que surjan ideas creativas.

Ahora bien: no todas las innovaciones que contribuyeron al desarrollo de la humanidad y de los negocios tuvieron como impulso la concentración en un tema específico o la necesidad urgente de innovar para no desaparecer. Hay otras que surgieron a partir de dos grandes disparadores que aparecieron repentinamente: la intuición, de la que ya hablamos, y la *curiosidad.*

2.3. La curiosidad

El deseo por conocer lo que nos rodea es un impulso natural que se registra desde el nacimiento. Cuando la curiosidad se mantiene activa a lo largo de la vida, los resultados pueden ser sorprendentes.

> ***Así como el hierro se oxida cuando no lo usamos, y el agua estancada se pudre, o con el frío se vuelve hielo, así nuestro intelecto se pierde cuando dejamos de usarlo.***
>
> **Leonardo da Vinci**

Si nos detenemos a leer sobre los grandes genios de la historia universal, descubriremos que casi todos poseían una intensa curiosidad.

En el caso de Leonardo da Vinci, se sabe que la curiosidad fue el combustible que alimentó su genio a lo largo de toda su vida y que nunca menguaron su interés por investigar y cuestionar el saber de su época.

Observemos qué interesante es lo que escribió en su momento sobre este impulso.

> *Estuve vagando por el campo en busca de respuestas a las cosas que no entiendo. ¿Por qué hay conchas en las cimas de las montañas, junto con huellas de corales y de plantas y de algas que usualmente se encuentran en el fondo del mar? ¿Cómo se forman varios círculos de agua alrededor del punto donde ha caído una piedra? ¿Por qué se sostiene un pájaro en el aire? Estas cuestiones y otros extraños fenómenos ocupan mi pensamiento a lo largo de mi vida.*[3]

Qué interesante, ¿verdad? Sin embargo, el mundo no ha aprendido la lección de Leonardo.

Casi siempre, la habilidad que se premia es la capacidad para resolver problemas en forma lineal mientras que la curiosidad, el amor por la experimentación, la capacidad lúdica, el pensamiento metafórico, que son cuali-

---

3 Gelb, M.: *Inteligencia genial.* Editorial Norma, Bogotá, 1999.

dades que juegan un rol central dentro del pensamiento creativo, suelen estar en un segundo plano.

- **La inteligencia creativa se potencia cuando existen una curiosidad intensa, una mente abierta y un sinnúmero de preguntas formuladas desde diferentes puntos de vista.**

¿Será por esa formación que la creatividad, a veces, nos resulta tan esquiva? Si todos los seres humanos poseemos un hemisferio derecho, todos deberíamos tener una fuente de ideas; sin embargo, más de una vez nos quedamos paralizados ante las circunstancias. ¿Por qué sucede esto?

Observemos a los niños: la mayoría son auténticas usinas generadoras de energía innovadora: una tabla y una manta vieja se transforman en un fuerte medieval, el palo de una escoba se convierte con la mayor naturalidad en el caballo de El Zorro.

¿Qué nos pasa cuando llegamos a adultos? Las investigaciones sugieren que todas las personas inician sus vidas como verdaderos motores creativos y que la cultura juega un papel gradual pero inexorable de censura y represión, y lamentablemente esto también pasa en las empresas.

La escuela pone un elevado énfasis en enseñar a los chicos a resolver problemas correctamente; sin embargo, soslaya la creatividad.

Este sistema sesgado y arbitrario nos domina los primeros veinte años de nuestra vida: crecemos condicionados por exámenes, admisiones para la universidad y ámbitos laborales que casi siempre demandan y recompensan el pensamiento lógico, el lenguaje, y la inteligencia práctica. La propensión al pensamiento analítico se premia desde la más temprana infancia en detrimento del pensamiento creativo, que queda relegado a un segundo plano.

A medida que transcurre el tiempo y maduramos, se vuelve más difícil superar estas barreras impuestas por la cultura si no trabajamos para lograrlo.

De hecho, si usted siempre piensa de la misma manera como lo ha hecho durante años, invariablemente obtendrá como resultado lo mismo que viene obteniendo hasta ahora: las ideas de siempre.

Y en esto tampoco son inocentes las empresas. Algunas soluciones creativas suelen partir de un problema claramente determinado, algo sobre lo cual nos exigen que pensemos, por ejemplo, el diseño de un producto capaz de satisfacer un conjunto de necesidades reveladas por la inteligencia de marketing.

Sin embargo, y como bien dice Michael Gelb, "el respeto a las reglas puede ser útil para dotar a la sociedad con trabajadores aptos para una línea de montaje, pero no nos preparará para un nuevo Renacimiento"[4].

2.4. La incubación

La incubación es un período durante el cual no existe una reflexión conciente sobre el problema, y sin embargo el cerebro continúa trabajando en la búsqueda de su solución.

> La existencia de un período de incubación, es decir, de un trabajo metaconciente, está probada por la súbita iluminación que experimenta una persona cuando cree haber encontrado una idea genial.

Según Ehremberg, la incubación "da tiempo de integrar la información recién recibida con la ya almacenada y permite que las ideas se combinen y conecten entre sí"[5]. Seguramente es lo que le pasó a Arquímedes cuando, concentrado en la corona del rey de Siracusa, halló el principio de la hidrostática.

Esta etapa del pensamiento metaconciente tiene sus propios tiempos, no puede acelerarse ni controlarse. Cuando se inicia, sigue su propio ritmo hasta llegar a término.

Puede durar meses, incluso años; sin embargo, su eficacia no está necesariamente ligada a un eje de tiempo. El matemático Henri Poincaré señaló, con respecto a este período:

> *Cuando trabajamos en algún tema arduo, el primer intento no suele conducirnos a nada. Entonces nos tomamos un descanso, breve o prolongado, y volvemos a ponernos manos a la obra.*
> *Durante la primera hora, igual que antes, seguimos sin encontrar nada, y entonces, repentinamente, la idea clave se nos aparece en la mente.*
> *El papel de esta labor inconciente es, en el caso de la invención matemática, incontestable, y podrían hallarse trazas de él en otros casos en que resulta menos evidente.*[6]

Durante los últimos años, se han realizado numerosos experimentos que verifican estas afirmaciones de Poincaré.

---

4 Ibídem.

5 Ehrenberg, Miriam y Ehrenberg, Otto: *Cómo desarrollar una máxima capacidad cerebral.* Edaf, Madrid, 3ª ed., 1986.

6 Poincaré, H.: *Ciencia y método.* Espasa Calpe, Buenos Aires, 1944.

La mayoría de ellos consiste en presentar a los participantes un problema que normalmente no pueden resolver en un primer intento, por lo cual se les da una nueva oportunidad luego de una pausa.

Los resultados que se obtienen con esta técnica siempre mejoran. Más aún, las pausas largas permiten obtener mejores ideas que las más cortas y esto se debe, algunas veces, a que las personas optan por relajarse, alcanzando los estados de ensoñación o de menor grado de conciencia que describimos en el capítulo anterior (apartado 1.2) cuando hablamos *atemporalidad, aespacialidad* y *aindividualidad.*

El período de incubación proporciona el tiempo necesario para conceptualizar el problema con una perspectiva nueva, ya que la pausa ayuda a liberar la enorme riqueza de información que alberga el metaconciente.

> **Cuando creamos, la pausa permite que los intentos erróneos y los caminos sin salida se olviden de modo que, cuando volvamos a emplazar el tema en nuestro pensamiento, lo hagamos con una mentalidad más abierta.**
>
> **No lo olvide: el descanso aumenta las posibilidades de que funcione a pleno nuestra inteligencia metaconciente.**

En esta etapa es fundamental la relajación, debido a que la búsqueda de una respuesta bajo presión siempre interviene negativamente en su gestación.

Concientemente, es posible que pensemos que no estamos realizando ningún progreso en la búsqueda de una solución cuando la pausa consiste, por ejemplo, en tomarnos unas vacaciones al lado del mar para conectarnos con la naturaleza y disfrutar de nuestro tiempo libre.

Sin embargo, nuestro metaconciente puede continuar avanzando lo suficiente como para revelarnos, cuando menos lo esperamos, la respuesta que buscábamos.

Si bien olvidarnos de un problema para ganar inspiración puede ser particularmente difícil, y alejarnos del tema acuciante durante un tiempo requiere un esfuerzo cognitivo considerable, es cierto que **la creatividad no prospera bajo presión**.

Recuerde:

la inteligencia creativa se incrementa cuando logramos aminorar el ritmo.
Pensar relajado posibilita estados cognitivos más amplios, ideas más abstractas y, consecuentemente, más flexibles.

Para la mayoría de las personas, las mejores ideas surgen cuando sus mentes están concentradas en actividades alejadas de su vida profesional. Esto es posible gracias a que el hemisferio derecho continúa trabajando en el problema, según su modalidad de procesamiento no conciente de la información.

Una vez que el cerebro cuenta con todo el material necesario para abordarlo, tiene lugar el proceso de incubación, que algunos psicólogos han homologado a una especie de fermentación de ideas. Un poco de relajación y distancia cambia nuestra perspectiva mental sin que seamos plenamente concientes de ello.

Dicho cambio de perspectiva permite tomar caminos alternativos que posibilitan un acercamiento más imaginativo al problema. Transcurrido cierto tiempo, el resultado de esta nueva configuración de asociaciones combinadas aparece en la conciencia y es percibido como una repentina iluminación.

Una de las técnicas que más se utilizan en la actualidad para potenciar el pensamiento en la etapa de incubación es la **visualización creativa**, y esto no es casual. La mayor parte de los testimonios sobre la iluminación coincide en que el denominado “momento éureka” se ha producido en forma visual, y muchas veces, durante el sueño.

Einstein decía que él siempre visualizaba todos los problemas sobre los que trabajaba, y también las soluciones.

Elias Howe ideó parte de la máquina de coser mediante la imagen de una aguja con un ojo en la punta.

Como vemos, los momentos de creatividad tienen lugar fuera de la esfera de la conciencia y no es posible activarlos a voluntad o influirlos de alguna manera. Lo que sí podemos hacer es sembrar en nuestra mente la semilla de la creatividad. Luego, el proceso de germinación requerirá un tiempo que no podemos ni conviene acelerar.

Por último, nos parece interesante destacar que las personas creativas practican una disciplina que está por encima de todas las demás: la paciencia.

2.5. ¿Qué ocurre cuando dormimos?

- **Cuando dormimos o tenemos ensoñaciones en vigilia, el pensamiento no queda suspendido, sino que se sitúa en un orden diferente.**
  Durante los sueños, se relajan los controles concientes y nos liberamos de las elucubraciones que restringen la inteligencia creativa.

Uno de los ejemplos más famosos de un acto de creación que, según su autor, Friedrich August von Kekulé, se produjo durante un sueño, es el de los anillos del benceno, una de las estructuras fundamentales de la química orgánica.

Kekulé relató su descubrimiento de la siguiente manera:

> *Volví mi butaca hacia el fuego y me adormecí. De nuevo, los átomos caracoleaban y danzaban ante mis ojos. Esta vez, los grupos atómicos más pequeños se mantenían, modestamente, en segundo plano.*
> *El ojo de mi mente, al que repetidas visiones de esta naturaleza habían dado mayor agudeza, era capaz ahora de distinguir estructuras mayores, de múltiples configuraciones: largas hileras, a veces más íntimamente ceñidas unas a otras, todas ellas enroscadas y entretejidas entre sí, serpeando a modo de culebras. Mas, ¡atención! ¿Qué es eso?*
> *Una de las culebras había mordido su propia cola, y la figura que formaba giraba sobre sí misma, burlonamente, ante mis ojos. Como por el chispazo de un relámpago, me desperté.*[7]

Como vemos, el pensamiento metaconciente puede generar combinaciones novedosas de ideas porque es menos rígido y especializado que el conciente. Esto hace que todo parezca posible en los sueños, donde las conexiones entre un pensamiento y otro parecen ser infinitas.

Ahora bien, ¿qué dicen los especialistas en neurociencias sobre estos procesos? Si bien todavía no están escritas todas las respuestas a las preguntas sobre los sueños, las investigaciones están bastante avanzadas.

En Alemania, un equipo de investigadores de la Universidad de Lübeck estudió la actividad cerebral en un grupo de participantes mientras dormían. Posteriormente, llegó a la conclusión de que la actividad neuronal es más eficaz cuando dormimos profundamente.
En opinión de estos especialistas, "Durante el sueño nacen las mejores ideas, por ello, es el mejor aliado de la genialidad".[8]

Cuando dormimos profundamente, la atención se retira de los sistemas sensoriales que se mantienen activos en estado de vigilia. Como nuestros procesos mentales se dirigen hacia dentro, son mucho más ricos y relajados.

---

7 Ricarte José M.: *Creatividad y comunicación persuasiva*, publicado por Universitat de Valencia, España, 1988.

8 Conclusiones de Allan Hobson (especialista de la Harvard Medical School de Boston), quien lideró un experimento reciente sobre el sueño.

Esto significa que, aunque el cuerpo esté dormido, la mente no lo está, sino que practica activamente un tipo distinto de conciencia.

A diferencia de lo que ocurre con el pensamiento característico del estado de vigilia, los sueños se caracterizan por imágenes y sensaciones muy vívidas, en las que los acontecimientos fluyen de manera no racional ni lineal.

Esta alteración de la conciencia se produce también cuando desviamos nuestra atención de los canales sensoriales habituales, por ejemplo, cuando, poco antes de dormirnos, comenzamos a alejarnos lentamente de los estímulos externos y visualizamos imágenes de gran riqueza, que se suceden unas a otras de manera aparentemente inconexa. Sin embargo, en una investigación realizada en los Estados Unidos se observó que, durante el sueño profundo, las neuronas producen nuevas zonas de contacto. En ese estado, el cerebro desecha las sinapsis o contactos que no necesita y fija los nuevos[9].

Sin que lo notemos, el cerebro pasa revista a lo sucedido durante el día, reforzando las asociaciones existentes y dejando huellas en la compleja red neuronal. Soñamos con imágenes y conceptos que viajarán de una zona a otra del cerebro antes de que pasen a formar parte de la memoria.

Al respecto, el análisis de los resultados de una investigación emprendida por científicos canadienses[10] los llevó a inferir que los recuerdos pueden aparecer entre cinco y siete días después en nuestros sueños y que esta aparición ocurre durante el proceso de almacenaje, es decir, cuando los recuerdos se trasladan de una región cerebral a otra antes de pasar a la memoria de largo plazo.

El hipocampo contribuye a la formación del contenido de los sueños (y, posteriormente, de los recuerdos) porque su actividad aumenta durante la llamada fase REM (Rapid Eye Movement), caracterizada por un movimiento ocular rápido.

El hipocampo registra y retiene temporalmente la nueva información que ingresa a través de los sistemas sensoriales (lugares, aromas, sonidos, sabores, personas, etc.).
Mediante la conexión entre el hipocampo y la amígdala, el cerebro registra las emociones vinculadas a hechos contextuales que pasan

9 Investigación dirigida por Allan Hobson, Harvard Medical School de Boston, Estados Unidos.
10 Fuente: revista *Nature*. Investigación emprendida en el Dream and Nightmare Laboratory of Montreal, Canadá.

a los almacenes de memoria. Recientemente, se ha descubierto que, además de intervenir en los registros de las memorias concientes, el hipocampo actúa como mediador en memorias episódicas que no emergen a la conciencia.

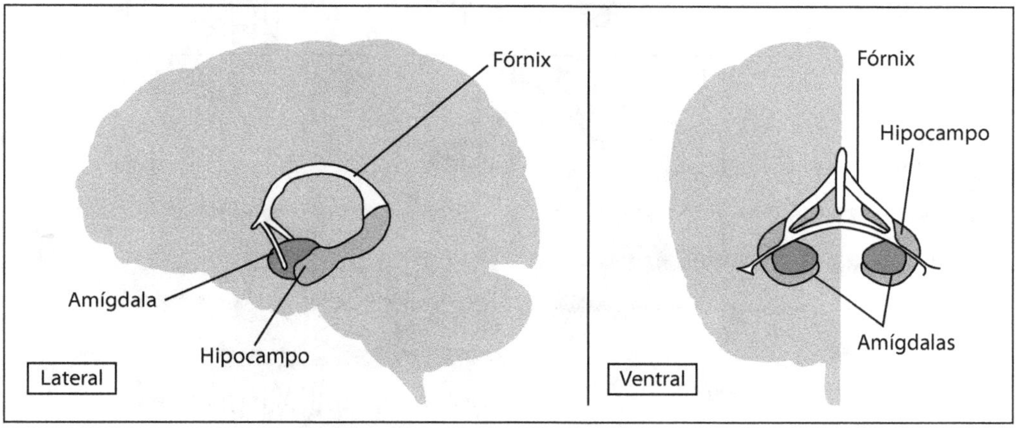

En la misma línea de investigación, un grupo de científicos de los Estados Unidos[11] concluyó que la plasticidad en el cerebro depende de la etapa REM del sueño.

Cuando permanecemos despiertos, nuestras ondas cerebrales muestran un ritmo regular. A medida que nos vamos durmiendo, se vuelven más lentas y menos regulares. A este estado se lo denomina NREM (Non-Rapid Eye Movement), que significa sueño sin movimiento ocular rápido.
Cuando ha transcurrido aproximadamente una hora de sueño NREM, las ondas cerebrales comienzan a mostrar un patrón más activo. Este estado es el REM (Rapid Eye Movement).
Durante el sueño REM, el cerebro se activa eléctrica y metabólicamente, y recibe un aumento importante del flujo sanguíneo, de manera similar al estado de vigilia. Es el nivel en el que se producen los sueños más vívidos, aquellos que los neurocientíficos suelen definir como "estrafalarios".

---

11 Investigación emprendida en la Universidad de California, liderada por Marcos Frank.

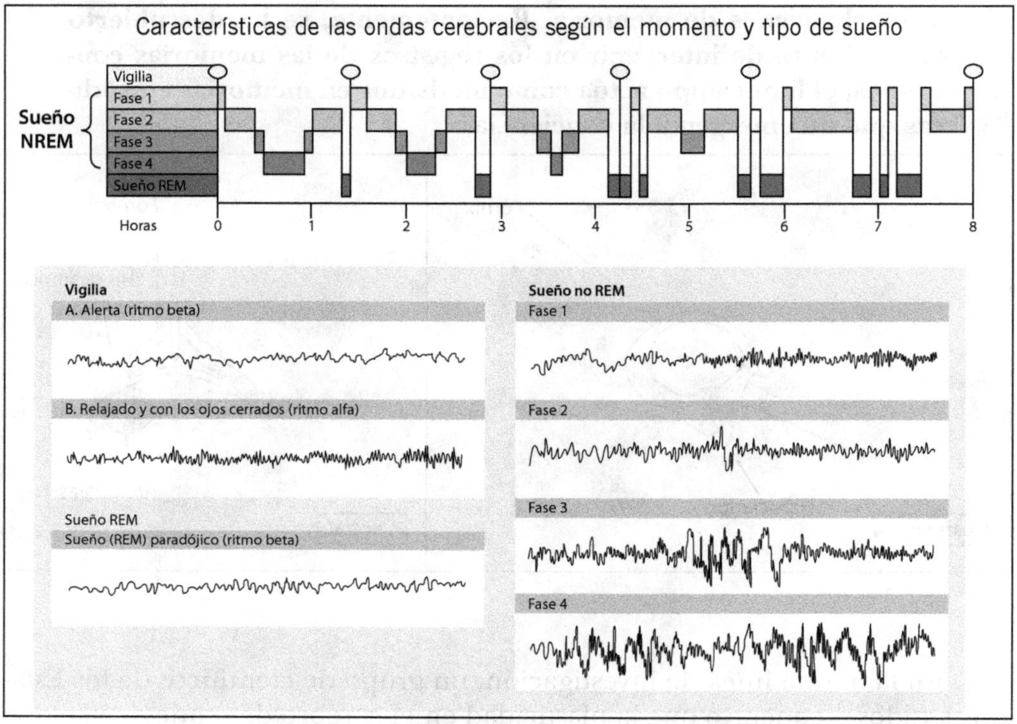

Tal como se observa en las imágenes, el sueño es un estado de gran actividad. A nivel orgánico, incluye cambios hormonales, metabólicos y bioquímicos, entre otros. A nivel mental, es imprescindible para lograr un buen equilibrio psicofísico.

En función de lo expuesto, podemos inferir que el sueño solidifica la información en la memoria y mejora su calidad. Tal vez por eso cuando tomamos distancia del tema en el que estamos pensando y descansamos, logramos una visión más clara sobre un problema que nos aquejaba el día anterior o, mejor aún, llegamos al maravilloso momento de la iluminación.

2.6. La iluminación

Esta es la etapa que se conoce como éureka, "momento en que la amalgama calidoscópica de ideas en la mente se fusiona de repente en una nueva pauta o modelo"[12].

12 Ehrenberg, Miriam y Ehrenberg, Otto: *Op. cit.*

Con frecuencia, la iluminación suele estar acompañada de un sentimiento de certidumbre del tipo: "lo encontré", que es lo que significa *éureka* en griego. Sin embargo, en la mayor parte de los casos esta etapa produce una especie de visión de la solución que es preciso verificar.

Poincaré sostiene que se cercioró más tarde, "por pura conciencia", de la exactitud de su intuición, ya que estaba seguro de estar en lo cierto cuando le sobrevino la iluminación. El motivo que lo llevó a verificarla fue su obligación hacia los demás.

Luego de la iluminación, el pensamiento conciente vuelve a aparecer para someter la idea creativa a exámenes y comprobaciones. En el ámbito de las organizaciones, este proceso se denomina "convergencia" y lo que se busca es determinar si la idea puede convertirse en realidad y cómo debe comunicarse para lograr el apoyo de los demás.

Recapitulando

- La inteligencia creativa opera de un modo similar al de la evolución biológica: "la imaginación y la intuición son a las ideas lo que la mutación a los animales: crean variedad de formas nuevas, muchas de las cuales son menos viables, peor adaptadas a las exigencias del medio ambiente que las ya existentes, pero algunas, tal vez sólo unas pocas, son viables, además de novedosas"[13].
- En este proceso, el metaconciente es el generador de ideas, tanto de las que son viables como de las que no lo son. Por ello, el rol de la mente conciente es examinarlas una a una para asegurarse de que las más capaces sobrevivan.

Al respecto, y bajo el concepto de "darwinismo neuronal"[14], Edelman plantea que el desarrollo de diferentes rutas en el cerebro está determinado por un proceso de selección natural. Las conexiones que operan en beneficio del animal se refuerzan; las que no, se desvanecen.

En opinión de Claxton[15], esta analogía se ve limitada por el hecho de que el metaconciente (que él denomina "submente"), contrariamente a los

---

13 Gerard, R.W.: "The Biological Basis of the Imagination". En: *The Scientific Monthly*, Volume 62, p. 477-499.

14 Edelman, G.: *NeuralDarwinism: The Theory of Neuronal Group Selection.* Basic Books, New York, 1992.

15 Claxton, G: *Cerebro de liebre, mente de tortuga. Por qué aumenta nuestra inteligencia cuando pensamos menos.* Urano, Barcelona, 1999.

procesos de mutación genética, genera no sólo variaciones aleatorias de lo que ya existe, sino también constructos complejos y bien elaborados. En sus términos, la submente funciona con una inteligencia que, según parece, la mutación no posee.

La mente creativa posee un equilibrio dinámico, integrado, entre la intencionalidad y la visualización de las acciones.

Es capaz de moverse con flexibilidad entre la modalidad difusa, sintética y borrosa de la intuición (relacionada con la etapa de incubación e iluminación) y la modalidad centrada y analítica del pensamiento conciente (relacionada con la etapa de preparación y verificación).

Por ello, la invención y el descubrimiento siempre conllevan una asociación de pensamientos que interactúan en nuestra mente profunda. Como el cerebro almacena gran cantidad de información, cuando buscamos una solución creativa, la cantidad de posibles asociaciones de ideas es enorme.

El metaconciente dirige la actividad cerebral de combinación de ideas, recorre las redes neuronales, analiza el valor potencial de cada asociación e informa al conciente sobre aquellas que son valiosas.

El gran matemático H. Poincaré decía que el inconciente ensaya y desecha muchas combinaciones sin valor y trae a nuestra mente conciente aquellas que apelan a nuestro sentido estético, a nuestro sentido de belleza. Por consiguiente, razonaba, “la invención creadora en las ciencias o en las matemáticas es similar a la creatividad artística”.

3. Estados neuronales vinculados con el pensamiento creativo. Algunos experimentos

A esta altura de nuestra exposición, estimamos que al lector no le caben dudas de que la inteligencia creativa encuentra su mejor caldo de cultivo cuando se desarrolla a partir del pensamiento relajado, desenfocado, de tipo contemplativo.

Este proceso tiene su correlato en la capacidad del cerebro para que una activación neuronal se extienda y configure una red de relaciones a un nivel de intensidad que produce pensamientos concientemente difusos.

Algunos experimentos científicos demuestran que la creatividad está asociada con un estado neuronal de poca definición. Uno de ellos es el de Colin Martindale, quien realizó el seguimiento de la excitación cortical mediante un electroencefalograma que le permitía registrar el tipo de actividad en el cerebro de los participantes.

Un aspecto del experimento consistió en llevar un registro de los datos de activación cerebral de personas que participaban en dos tipos de tests: uno de inteligencia (diseñado para que aplicaran el pensamiento analítico) y otro de creatividad (diseñado para que utilizaran la imaginación).

Los participantes fueron divididos, en principio, en dos grupos. Uno de ellos estaba integrado por personas que generalmente se mostraban creativas y el otro por individuos que no mostraban esta característica. Se observó un aumento cortical igual en los dos grupos cuando llevaban a cabo el test de inteligencia, tomando como referencia un perfil relajado.

Cuando trabajaban en el test de creatividad, el electroencefalograma de los no creativos era el mismo que en el test denominado "de inteligencia"; sin embargo, el nivel de excitación de las personas creativas era inferior, incluso, que la puntuación de su perfil relajado.

En un estudio posterior Martindale dividió la tarea creativa en dos etapas. En la primera, que denominó de inspiración y se basaría en la intuición, los participantes debían inventar una historia. En la segunda, que requería un trabajo más conciente para elaborar y organizar coherentemente los argumentos, debían escribirla.

Los sujetos que habían sido incluidos en el grupo de los no creativos mostraron el mismo nivel (alto) de excitación en ambas etapas, mientras que los creativos mostraron una excitación baja durante la etapa de intuición y alta durante la de elaboración[16].

Estos resultados, sumados a los de otros experimentos científicos que hemos consultado, demuestran que las etapas que atraviesa el proceso creativo tienen su correlato en el funcionamiento fisiológico del cerebro.

Durante la etapa inicial (fase de preparación), se utiliza el pensamiento conciente al reunir información a través de la atención focalizada. Aquí el cerebro actúa como si los grupos neuronales estuvieran bien definidos.

---

[16] Martindale, C.: *Creativity and connectionism*, tomado de Claxton, G., *Op. cit.*

Si el problema es sencillo de resolver, esta configuración neuronal puede ser suficiente para hallar rápidamente la solución. Si no lo es, la mente ingresa en un camino más intrincado.

Como el pensamiento analítico, conciente, no tiene capacidad para extenderse con gran amplitud y profundidad, esta tarea es realizada por el metaconciente que, al activar diversas asociaciones neuronales, interviene eficazmente en la búsqueda de las soluciones creativas. Precisamente,

en la fase de incubación, el pensamiento se relaja y eso permite que diferentes redes neuronales se disparen a la vez. En realidad, cuando dejamos de buscar una solución y ponemos la mente "en otra parte", el problema se ubica en algún lugar del cerebro para que este continúe trabajando hasta que la respuesta aparezca cuando menos lo esperamos.

En otros términos: si un grupo neuronal activa un enlace entre redes desconectadas, es posible que sea suficiente para que la solución llegue repentinamente a la conciencia, y produzca el momento de iluminación.

A su vez, durante la etapa de incubación el cerebro se toma su tiempo para que los conceptos erróneos sean reemplazados por otros, es decir, para que un problema pueda ser conceptualizado y resuelto desde otro punto de vista.

Claxton explica con mucha claridad cómo se produce este proceso:

Imaginemos que la actividad en la red neuronal fluye por un canal y llega a un punto de decisión, un cruce de caminos. ¿Por dónde debe seguir? Bajo circunstancias normales, puede admitirse que toda actividad debe seguir la ruta mejor establecida. Si uno de los ramales del cruce está más profundamente marcado y/o está más alimentado que el otro, entonces ese será el preferido.

Si el punto de partida del pensamiento sobre un problema concreto se encuentra en el punto "A" (ver ilustración de la página siguiente), y la solución puede hallarse en el punto "!", al seguir el grosor de las líneas se observa que la naturaleza de este tramo de red es tal que es imposible ir desde "A" hacia "!", ya que daríamos vueltas en torno al mismo círculo. En cambio, si podemos acceder a la misma sección del circuito desde otro punto, "B", descubriremos que sí se puede llegar a "!" sin dificultad.

Esto significa que cuando abandonamos el pensamiento conciente (dejamos de concentrarnos deliberadamente en un problema)

permitimos que nuestro metaconciente recorra todas las asociaciones.
Podemos descubrir que hemos dejado de pensar en "A" y que estamos pensando en "B". Así es como la solución, que en un primer momento no encontrábamos, aparece de repente. Este es el instante de la iluminación.

REDES NEURONALES EN LA RESOLUCIÓN DE PROBLEMAS

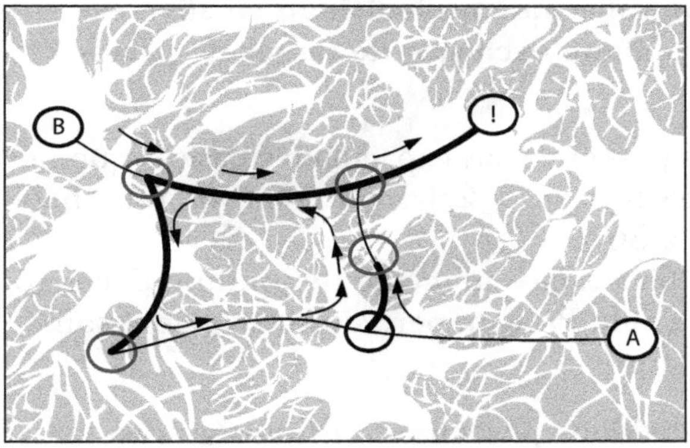

El gráfico muestra cómo un cambio en el punto de entrada puede solucionar un problema para el que previamente no se hallaban ideas. La activación sigue el trazo más grueso en cada cruce.[17]

Como vemos, no tiene sentido forzar a la mente. En términos de Claxton, las tormentas de ideas y las ensoñaciones mientras estamos despiertos son formas efectivas de conocimiento, ya que capitalizan la bioquímica cerebral.

Cuando llegamos a "!" pasamos a la fase siguiente, de verificación, donde intervendrá nuevamente el pensamiento conciente para analizar en detalle la respuesta que se ha desencadenado.

4. Cuándo y por qué no somos creativos

Regresemos a la pregunta que nos hacíamos al comenzar este capítulo: la inteligencia creativa ¿es un talento natural de algunos elegidos? Nuestra respuesta, que el lector seguramente podrá inferir a esta altura, es que, si bien hay personas más creativas que otras, este tipo de inteligencia puede desarrollarse y, más aún, contamos con infinidad de recursos para hacerlo.

[17] Claxton, Guy: *Cerebro de liebre, mente de tortuga, Op. cit.*

Hay quienes sostienen que los individuos creadores poseen ciertos rasgos psicológicos que los diferencian de los demás. En nuestra opinión, esto puede ser cierto, pero sólo en parte, ya que la capacidad de pensar creativamente es una habilidad que todos podemos desarrollar, siempre que tengamos potencial para implementar los cambios necesarios.

La inteligencia creativa no es un fenómeno misterioso, que revela procesos intelectuales "extraordinarios" en sujetos dotados de un talento singular.
Tampoco se ha podido comprobar que un individuo creativo extraiga su capacidad de un conjunto exclusivo de rasgos de personalidad.

Sin embargo, aunque todos poseemos las capacidades básicas que nos permiten adaptarnos a situaciones nuevas, es ∅306, ser creativos, estas habilidades difieren de un individuo a otro.

Obviamente, aunque todos hiciéramos un curso de pintura, pocos (o, tal vez, ninguno) podría dibujar como Picasso, pero estas facultades son de tipo dominio-específicas, por lo tanto:

Hay habilidades que los individuos poseen en distintos grados y que se despliegan en campos creativos determinados.

En el mundo de las organizaciones, existen evidencias de que hay algunas facetas que confieren un carácter especial a los sujetos creativos; sin embargo, **no se trata de destrezas notables que devienen de pericias técnicas, sino más bien de la capacidad para hacer emerger lo mejor de la inteligencia al liberar al pensamiento de sus bloqueos.**

Un caso extremo de pérdida de inhibición tiene sus raíces en causas anatómicas, cuando el tejido nervioso del lóbulo frontal y el temporal del hemisferio izquierdo se atrofia.

Este cambio puede traer como resultado conductas socialmente inapropiadas que nos hacen decir, por ejemplo, ¡qué loco está este sujeto!

Irónicamente, esta falta de autocontrol puede redundar en un incremento de la creatividad y del talento necesario para el arte, como la pintura y la escultura. Vincent Van Gogh es un buen exponente de este modelo, particularmente en los últimos años de su carrera.

Otro caso muy interesante es el de Joyce Chang, una profesora de arte de la Escuela de San Francisco, que desde muy pequeña había manifestado afición por la pintura. Ella utilizaba siempre una gran variedad de técnicas para sus cuadros, pero siempre dentro del realismo: le gustaba pintar paisajes y personas en situaciones de interacción social, pero tan literalmente como podía.

Un día de 1986, a la edad de 43 años, Chang empezó a experimentar problemas para desarrollar su trabajo; tenía dificultades para preparar las clases y planificar las lecciones de todos los días. Actividades que antaño podía realizar fácilmente se le fueron volviendo progresivamente más complicadas e inabordables. Para 1996, la profesora Chang ya no podía recordar los nombres de sus alumnos y fue obligada a retirarse prematuramente.

Desconcertada y asustada, decidió consultar al neurólogo Bruce Miller, director del Centro de Memoria y Envejecimiento de la Universidad de California.

Miller la sometió a una serie de estudios y finalmente le diagnosticó demencia frontotemporal, una forma de proceso neurodegenerativo temprano, antiguamente conocido como el mal de Pick, que altera estructuralmente, como su nombre lo indica, los lóbulos frontales y temporales del cerebro.

La demencia frontotemporal es una enfermedad neurológica caracterizada por muerte neuronal acelerada y atrofia cortical. Como afecta en sus primeros estadios los lóbulos frontales y luego se expande hacia los lóbulos temporales, provoca un severo cuadro de desinhibición, caracterizado por notable introversión y fallas importantes en la cognición social.

El paciente con demencia frontotemporal se conduce impulsivamente, guiado por recompensas inmediatas, ya que no logra regular su conducta de acuerdo con expectativas relacionales, y muestra un involuntario pero absoluto desprecio por toda forma de convención social.

Sin embargo, a medida que la enfermedad de la profesora Chang avanzaba, curiosamente su arte comenzó a volverse más original y creativo.

Aparentemente, la falta de inhibición le permitía romper las barreras que antiguamente limitaban sus pinturas al realismo. Joyce Chang ahora era una pintora impresionista y abstracta. Su obra, que siempre había sido correcta pero acotada, de pronto se revelaba cargada emocionalmente.

Paradójicamente, Joyce Chang, con su cerebro alterado por la patología, estaba empezando a experimentar inesperados brotes de talento.

Pero este no fue el único caso con el que tomó contacto el doctor Miller. Algún tiempo después, llegó a su consultorio un hombre con importantes déficits cognitivos, pero con un talento artístico inusual, y una mujer con un acceso súbito de genialidad artística, cuando antes no había manifestado ningún interés cotidiano por el arte.

Algunos de los pacientes con demencia tratados por Miller desarrollaron pasión por la pintura e incluso llegaron a ganar premios.

Otro paciente comenzó a interesarse por la música, cuando antiguamente era lo último que le importaba en la vida. Todos los pacientes recibieron del doctor Miller el mismo diagnóstico: demencia frontotemporal.

Impresionado por estos repentinos brotes creativos en pacientes con daño cerebral, Miller y otros neurólogos se abocaron a desentrañar el misterio que encierra la chispa de la creatividad en el cerebro.

Bruce Miller llegó a la conclusión de que el hemisferio izquierdo puede bloquear la creatividad del hemisferio derecho.

Con la ayuda de resonancia magnética funcional, logró determinar que sus pacientes con demencia frontotemporal habían perdido grandes contingentes de neuronas, sobre todo del hemisferio izquierdo.

En consecuencia, estas personas presentaban graves dificultades para hablar y no tenían ningún respeto por las normas sociales. Justamente esa falta de inhibición era lo que les permitía florecer a sus talentos artísticos.

Miller trazó paralelos entre genios creativos como Vincent Van Gogh y Francisco Goya, quienes solían ignorar las expectativas sociales, y desarrollaron estilos poco ortodoxos que se oponían a las convenciones de sus respectivas épocas.

Como vemos, hay grandes artistas que a menudo exhiben la habilidad de trascender las barreras sociales y cognitivas, y es común hallar personas similares en las agencias de publicidad, particularmente entre los creativos.

4.1. Factores que conspiran contra la inteligencia creativa

En el caso de las personas sanas, para lograr una visión diferente de las situaciones que enfrentamos cotidianamente y generar respuestas novedosas, debemos, en primer lugar, identificar cuáles son las causas que estrangulan el pensamiento creativo, para trabajar sobre ellas. A continuación, enumeramos las principales.

4.1.1. Los mapas mentales

La percepción de la realidad está fuertemente condicionada por la construcción que cada sujeto realiza sobre ella. Tal como dice el Talmud, "no vemos las cosas como son; vemos las cosas como somos".

Si usted observa la figura de la derecha, seguramente verá un cubo con una orientación determinada. Si continúa observando, la orientación puede invertirse en menos de un segundo.

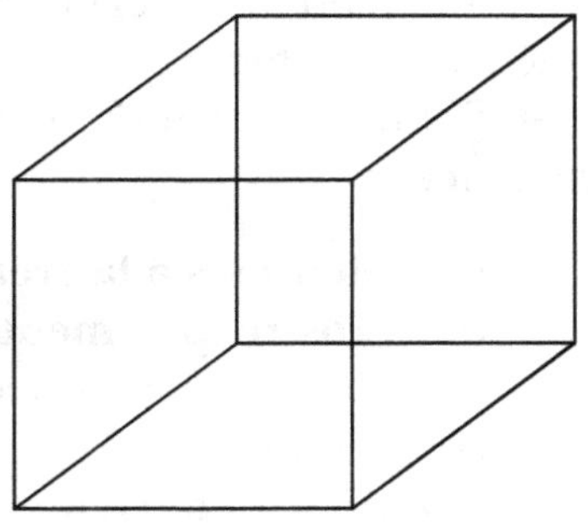

Cubo de Necker

A esta inversión se la conoce como "reestructuración espontánea", y significa que la percepción ha sido "reestructurada": al invertirse la orientación, cambian las relaciones entre los elementos de la figura.

Este fenómeno es consecuencia de la forma en que funciona el cerebro: la imagen de un objeto provoca una serie de excitaciones configuradas de cierta forma en el campo visual.

En algunos casos, esta configuración puede convertirse en otra diferente, apenas en segundos. Cuando esto ocurre, lo que percibimos cambia repentinamente.

En el proceso creativo puede producirse una situación similar. De repente ¡encontramos la solución! Esta aparición súbita se debe a una reestructuración espontánea, similar a la que se produce en la percepción sobre la forma del cubo de Necker.

Además, cuando el cubo de Necker se invierte, lo hace como un todo, y no por partes. Lo mismo ocurre cuando un problema es reestructurado en la forma descripta: cambian todas las partes del problema y también sus relaciones.

De este modo, se alcanza una nueva forma de comprensión, no sólo de los elementos que intervienen, sino también de la manera en que estos están relacionados. Esta nueva forma de comprensión llega de modo natural e inmediato (como cuando Arquímedes dijo "¡Éureka!"), y no en etapas.

Si bien el ejemplo que hemos citado tiene que ver con un aspecto particular de la percepción visual, es una excelente metáfora para analizar lo que ocurre cuando dos personas observan un mismo aspecto de la realidad pero lo interpretan en formas completamente diferentes.

Estas diferencias en las interpretaciones se deben a la presencia de *mapas mentales,* es decir, del conjunto de ideas y creencias preconcebidas que se han ido formando a lo largo de la vida.

En las empresas, los mapas mentales actúan como filtros a través de los cuales organizamos y damos sentido a nuestras experiencias, por eso, nos llevan a aceptar determinados puntos de vista y a rechazar otros, a decidir qué es aceptable y qué no lo es.

Si bien operan en forma permanente, rara vez somos concientes de este proceso.

Los bloqueos a la creatividad se producen, en gran parte, porque nuestros mapas mentales nos impiden experimentar fenómenos que desafíen las estructuras y los supuestos previos que hemos construido.

¿Cómo ser concientes de estas estructuras? ¿Cómo cambiarlas?

En su libro *La estructura de las revoluciones científicas*, Thomas Kuhn[18] dice que, cuando se acumulan suficientes anomalías (hechos imposibles, pero innegables), la comunidad científica se ve forzada a revisar su modelo mental (que él denomina "paradigma").

> *Los sentidos no nos dan una imagen directa del mundo, más bien nos proveen de evidencias para verificar las hipótesis que construimos acerca de lo que se encuentra a nuestro alrededor.*
>
> Richard Gregory

En el plano personal, cuando un individuo se cansa de intentar resolver sus problemas infructuosamente, se encuentra en el punto en que debe examinar la validez de sus supuestos y creencias.

Al hacerlo, puede encontrar un punto de vista más abarcativo; en otros términos, puede darse cuenta de que no tiene por qué aceptar el limitado menú de opciones a las que lo constriñe su modelo mental, sino que puede expandir su pensamiento en nuevas direcciones.

Por lo tanto,

gran parte del trabajo para desbloquear la inteligencia creativa consiste en transformar el mapa del mundo que está almacenado en nuestros modelos mentales, teniendo en cuenta que "el mundo" no es otra cosa que una construcción personal que puede cambiar si somos capaces de desafiar nuestros propios dogmas[19].

Por otra parte, el pensamiento creativo es el que casi siempre prevalece en el cerebro de quienes se preocupan por desafiar permanente situacio-

[18] Kuhn, T.: *La estructura de las revoluciones científicas*. México, Fondo de Cultura Económica, 2006.

[19] Una de las técnicas más eficaces para cambiar nuestros mapas mentales y orientarlos hacia los objetivos que queremos lograr es la de "mapas de inteligencia dinámicos", desarrollada en el Brain Decision Braidot Centre sobre la base de trabajos de Tony Buzan. Para mayor información, invitamos al lector a ingresar en el sitio www.nestorbraidot.com.

nes nuevas. Si todo cambia, nunca puede haber una correspondencia perfecta entre una situación y lo que pensamos sobre ella. La respuesta tendrá que fundarse en la coincidencia, sólo parcial, entre la situación y la forma en que la percibimos a través de los filtros de nuestros mapas mentales.

Y hay más: a la lucha contra nuestros propios mapas mentales debemos sumarles las controversias que generan los ajenos. La historia de la humanidad da cuenta de numerosos casos de avances gestados por personas que pusieron en cuestionamiento los paradigmas de su época a pesar de las consecuencias que podía acarrearles tal actitud.

Uno de los casos más injustos que, a nuestro criterio, ha tenido lugar, fue el castigo impartido a Galileo por confirmar experimentalmente que el centro del universo era el Sol. Otro gran desacierto fue el despido de Thomas Edison de su trabajo por "malgastar tiempo" en inventar un aparato que grababa automáticamente los mensajes, sin importar la velocidad a la que fueran enviados.

Graham Bell también tuvo lo suyo: la mayoría de la gente consideraba al teléfono como un aparato demasiado tonto para usarlo, lo cual lo llevó a luchar durante años. Y lo más insólito: un comité académico rechazó la teoría de la relatividad de Einstein.

El mundo da cuenta de numerosos errores cuya calificación de imperdonables ya no tendría sentido; simplemente, pueden servirnos para tener más en claro el efecto nocivo del pensamiento estructurado a partir de mapas mentales cuando estos no se ponen en tela de juicio.

4.1.2. El pensamiento lógico

Al enfatizar en los procesos concientes, impedimos el flujo de ideas que surge de la riqueza de las asociaciones que realiza nuestro metaconciente. Para verlo con mayor claridad, tomemos como ejemplo la observación que realiza James Adams sobre los descubridores de la estructura del ADN (James Watson y Francis Crick):

> *Watson y Crick confiaron fuertemente en la inspiración, la iteración y la visualización. A pesar de que ambos eran excelentes bioquímicos, no disponían de precedente alguno a partir del cual pudieran deducir sus estructuras, y tuvieron, por lo tanto, que fiarse mucho en el pensamiento "a zurdas" (intuitivo, no lógico).*[20]

[20] Adams, J.: *Conceptual Blockbusting; A Guide to Better Ideas.* W. W. Norton, New York, 1996.

Según Adams, los descubridores del ADN no podían basarse en trabajos anteriores. En consecuencia, se vieron obligados a recurrir a su intuición para crear algo absolutamente nuevo.

Al analizar la obra de algunos científicos que han trascendido por su aporte a la humanidad, varios investigadores han ido más allá, destacando que, al carecer de educación formal, sus procesos intelectuales se desarrollaron con mayor libertad.

Uno de los ejemplos que se cita con frecuencia es el de Faraday[21], que no recibió ningún tipo de educación formal, y el de Darwin que, aunque la tuvo, no fue suficiente para apuntalar su originalidad.

Parecería que una mente liberada de la forma tradicional de afrontar un problema, es decir, que deja de lado el razonamiento lógico, tiene mayores probabilidades de encontrar soluciones hasta entonces inimaginadas.

Si bien, como ya hemos dicho en otro apartado, el hombre no podría enviar una nave al espacio sin conocimientos sobre física y matemática, abundan los casos que revelan que algunas de las "grandes mentes" han logrado penetrar en lo desconocido mediante saltos de intuición, dejando de lado la preparación académica y la lógica lineal.

Más aún: casi todos los experimentos realizados con problemas que admiten más de una solución revelan que los participantes tienen dificultades para encontrar la más sencilla porque se ajustan a reglas aprendidas y las aplican en forma casi automática.

Esto mismo ocurre, con demasiada frecuencia, en el ámbito de las organizaciones. Los miembros de un equipo pueden estar convencidos de que "piensan" en cada problema cuando este se les presenta, sin embargo, suelen ser incapaces de plantearse cada nueva situación de modo renovado. ¿El resultado? Terminan siempre dando el mismo tipo de respuesta aunque haya otras por descubrir.

4.1.3. La experiencia anterior

Cuando recurrimos a recetas que fueron útiles en el pasado, corremos el riesgo de encerrarnos en un único punto de vista, lo cual impide el flujo de ideas necesario para resolver un problema nuevo. Como bien dice De Bono, "para descubrir un tesoro puede ser necesario excavar un hoyo nuevo (...).

---

21 Michael Faraday, físico y químico inglés que, con muy escasa formación académica (comenzó a trabajar a los 13 años), logró demostrar la relación existente entre los fenómenos magnéticos y los eléctricos mediante estudios autodidactas.

Pensar verticalmente equivale a profundizar más en un agujero existente, pensar lateralmente significa abrir agujeros nuevos"[22].

Puede decirse que, dado que el mundo está en una situación de cambio permanente, ninguna respuesta puede ajustarse a una situación presente si se fundamenta en una o varias experiencias pasadas. Esto explica por qué el factor básico para el desarrollo de las empresas ya no es el capital financiero, sino las ideas.

Las organizaciones innovadoras son hábiles en el arte de responder creativamente a cualquier tipo de cambio en su entorno; sin embargo, no basta con saber adaptarse a los cambios, ni siquiera con tener la capacidad de predecirlos: hay que generarlos.

Para que esto sea posible, es necesario dejar atrás los caminos conocidos. Estos sólo nos conducirán a encontrar soluciones que pueden estar al alcance de todos. Para obtener ventajas competitivas, es inevitable deshacerse de la experiencia pasada que bloquea todo acto creativo.

4.1.4. Los juicios

En el mundo de las organizaciones, uno de los bloqueos más importantes a la creatividad es la presunción de que una idea pueda considerarse absurda o inviable. Las evaluaciones negativas de los demás pueden afectar la autoestima, e impedir así el flujo natural de las ideas.

Lamentablemente, es común que algunas personas reaccionen ante las ideas que consideran excéntricas acribillando al autor con razones por las cuales estas no funcionarán, aun cuando no se hayan tomado el tiempo necesario para explorarlas en profundidad.

Para superar esta barrera, sencillamente hay que evitar caer en la trampa. Lo importante es conservar la magia del proceso creativo, defendiendo las ideas y salvándolas del rechazo prematuro.

4.1.5. La autocrítica

Alex Osborn, creador del "brainstorming" o "tormenta de ideas", sostiene que todas las personas poseen capacidad creativa y divide la mente pensante en dos componentes: la mente enjuiciadora, que analiza, compara y elige, y la mente creadora, que visualiza, prevé y genera ideas.

---

[22] De Bono, E.: *El pensamiento lateral. Manual de creatividad*, Paidós, Barcelona, 1993.

Según Osborn, nos vamos haciendo cada vez más críticos y más enjuiciadores con el correr de los años, porque la mayor parte de las situaciones no requieren creatividad, sino capacidad crítica, por lo tanto, esta se va fortaleciendo con el paso del tiempo haciéndonos rechazar ideas que podrían resolver un problema si les diéramos una oportunidad.

Como los prejuicios distorsionan la percepción, es muy posible que tengamos que hacer esfuerzos para darles sentido a situaciones desconcertantes, sin advertir que lo problemático no es la realidad, sino nuestra manera de interpretarla.

En este sentido, hay una coincidencia con respecto a lo que nosotros hemos afirmado sobre las dificultades que genera la fijación a determinados modelos mentales.

Tengamos presente también que una de las características de la mente humana es la tendencia a llenar un hueco explicativo con una historia, con lo cual a veces le damos lugar a elementos que conjeturan en nuestro razonamiento.

4.1.6. La ausencia de motivación

Tanto la información biográfica como los estudios psicológicos coinciden en que las personas que se distinguen por su capacidad creativa generalmente son excepcionales en lo que atañe a su nivel de motivación. Einstein, Newton, Disney, Leonardo, todos ellos son ejemplos de individuos entregados enteramente a su trabajo, por el que sentían verdadera pasión.

> **Si bien la motivación, por sí misma, no genera soluciones innovadoras, es cierto que los individuos creativos se entregan hasta tal punto a su labor que suelen olvidarse del mundo que los rodea.**
> **Dedicar mucho tiempo a pensar en un problema, ya sea en forma conciente o metaconciente, aumenta la probabilidad de que se produzca algún acontecimiento casual que sirva de ayuda.**

Un ejemplo de una vida notable en la cual el azar parece haber desempeñado algún papel es el de Darwin, cuyo abuelo estaba interesado en la evolución. Si a esto le sumamos su motivación, podemos comprender por qué fue capaz de trabajar durante 51 años para producir nada menos que ¡119 publicaciones!

Para cerrar este apartado, le suministramos algunas ideas.

PASOS PARA UNA CONFIGURACIÓN MENTAL CREATIVA

1. *Asombro*: trate de preservar y potenciar su capacidad para el asombro y mantener constante un espíritu de descubrimiento. Tome por modelo la curiosidad propia del niño acerca del mundo que lo rodea. Incorpore el hábito de cuestionar cosas que otros consideran obvias.
2. *Motivación*: tan pronto como una tenue chispita de interés se encienda en su mente con respecto a algún tema en particular, apodérese de ella.
3. *Coraje intelectual*: anímese a ver más allá de los principios aceptados y de las perspectivas habituales. Combata viejos preceptos tales como "nosotros siempre lo hemos hecho de esta manera".
4. *Relajación*: tómese un tiempo para soñar despierto, porque frecuentemente en esos momentos es cuando aparecen las mejores ideas. Busque el mejor modo de relajarse y póngalo en práctica concientemente.

5. Funciones de los hemisferios cerebrales en la inteligencia creativa

Hemos subrayado una y otra vez que al ponernos en contacto con nuestro mundo interior, con nuestra emotividad, es el hemisferio derecho el que genera un tipo de pensamiento denominado imaginativo.

Aquí profundizaremos más en este tema, ya que consideramos de suma importancia analizar también el rol del hemisferio izquierdo para que las mejores ideas puedan ser puestas en práctica en el mundo de las organizaciones.

Durante mucho tiempo se pensó que algunos genios eran "únicamente hemisferio derecho"; en otros términos, que sus cerebros estaban "ladeados". Se atribuía a los artistas –por ejemplo Mozart o Picasso– un gran desarrollo del hemisferio derecho y a los científicos –como Einstein o Newton–, del izquierdo.

En el caso de Einstein (que, además, tocaba muy bien el violín), los investigadores han encontrado evidencias de que era relativamente corto en habilidades atribuidas al hemisferio izquierdo. Esto abrió el campo a la especulación acerca de que su genio extraordinario podía atribuirse a un hemisferio derecho hiperdesarrollado.

Estas especulaciones se basan en análisis biográficos según los cuales Einstein tenía dificultades con el lenguaje (una capacidad del hemisferio izquierdo). Él mismo reconoció esa limitación: "Cuando leo, oigo mis propias

Uno de los aspectos más sorprendentes de Einstein es que tenía un don especial para la conceptualización visual y para tipos de matemática relacionados con configuraciones espaciales: una capacidad del hemisferio derecho.

palabras, escribir es difícil, y me resulta muy arduo comunicarme de esta manera". [23]

Einstein tampoco era un genio para la matemática, que depende del hemisferio izquierdo. Se cuenta que, durante su permanencia en la Universidad de Princeton, tras ganar el Premio Nobel de Física, tuvo problemas para explicar a los estudiantes cómo se efectuaban los cálculos.

Cuando su tío, Jakob Einstein, le enseñó el teorema de Pitágoras, pensó que era tan evidente a partir de una simple imagen visual, que no necesitaba ningún tipo de comprobación.

Sin embargo, desarrolló un método bastante diferente del que se enseñaba en los colegios para explicarlo ¡antes de cumplir 10 años!

Su inteligencia comenzó a florecer luego de dejar el sistema escolar alemán, caracterizado como autoritario, y matricularse en el Colegio Kanton de Aarau, en Suiza. El método de enseñanza de este último se basaba en que un pensamiento orientado de forma visual era lo mejor para que las mentes jóvenes se desarrollaran libremente.

Posiblemente, las ideas de Einstein en cuanto a que el pensamiento era básicamente algo imaginario y no verbal se deba a la influencia de este método. Él sostenía que las palabras o el lenguaje sólo llegaban a su mente durante la última fase, cuanto tenía que traducir sus visiones a una forma comunicable.

De este ejemplo, y de unos cuantos que no podemos relatar porque exceden el marco de esta obra, se desprende con claridad que sería muy reduccionista decir que una persona, por ejemplo, un creativo publicitario, utiliza únicamente su hemisferio derecho o, a la inversa, que un gerente de Finanzas utiliza únicamente su hemisferio izquierdo.

Al respecto, una hipótesis muy interesante que intenta explicar el fenómeno de la iluminación, así como también por qué algunas personas son más creativas que otras, sostiene que todas las formas creativas tienen asiento anatómico en circuitos neuronales con *predominio* del hemisferio derecho.

Sin embargo, y aun cuando ambos hemisferios trabajen en formas diferentes, lo hacen de manera *complementaria.* Mientras el hemisferio izquierdo sigue una modalidad secuencial y analítica, el derecho procesa información en paralelo mediante un abordaje global u holístico.

---

[23] Ricarte, José M: *Op. cit.*

> *En el hombre normal, con la comisura interhemisférica intacta, existe un flujo de información continuo entre un hemisferio y otro.*
>
> *Ello pone de manifiesto que quien tiene las riendas últimas, la decisión final, es una estructura unitaria.*
>
> **Fernando García Rodríguez**

También es menester aclarar que el hemisferio derecho es una estructura cerebral que puede funcionar de manera automática e independiente, sin la participación de la voluntad y fuera de la esfera de la conciencia.

Una investigación reciente llevada a cabo en la Universidad de Sydney respalda esta idea. Utilizando estimulación electromagnética intracraneana (una técnica que permite "apagar" transitoriamente y a voluntad zonas más o menos específicas del cerebro), se reclutó a un grupo de voluntarios a los que se les solicitó, en un primer momento y a manera de pre-test, que realizaran algunas actividades artísticas ligadas al hemisferio derecho, como hacer dibujos de memoria, armar collages, y hacer estimaciones visoespaciales.

Luego, los participantes fueron sometidos a sesiones breves de estimulación magnética aplicada directamente en el hemisferio izquierdo con el propósito de disminuir por un corto período de tiempo su actividad eléctrica.

Finalmente, en una tercera instancia, y en fase de post-test, se pidió a los sujetos experimentales que volvieran a realizar las mismas actividades artísticas del pre-test. Los resultados fueron asombrosos: con el hemisferio izquierdo "adormecido", el hemisferio derecho quedó en plena libertad de acción.

Los voluntarios con el hemisferio derecho ahora convertido en dominante consiguieron hacer dibujos y collages mucho más complejos, sofisticados y ricos en detalles. Asimismo, fueron mucho más precisos para resolver problemas visoespaciales una vez convertidos (al menos por un tiempo breve) en auténticos y talentosos artistas.

Sin embargo, es incorrecto asumir que el hemisferio izquierdo atenta contra la genialidad creativa y, del mismo modo, que esta depende únicamente del derecho.

En síntesis

- No toda idea no convencional es necesariamente una idea innovadora.
- Un auténtico trabajo creativo, antes que nada, debe ser útil, relevante en algún aspecto, y efectivo; y es justamente el **hemisferio izquierdo** el que **se ocupa de evaluar y someter a juicio todo destello que provenga del hemisferio derecho**. Por lo tanto,

la inteligencia creativa comprende todo el cerebro.

> **Tomando como base investigaciones que permiten comprender los mecanismos mediante los cuales los estados de conciencia-metaconciencia que intervienen en la creatividad, pueden optimizarse, el Brain Decision Braidot Centre ha desarrollado un programa de entretenimiento neurocognitivo compatible con el funcionamiento del cerebro.**
>
> **Practicadas con constancia, y mediante estimulaciones cerebrales, estas técnicas facilitan de manera integral el desarrollo de las habilidades requeridas en todo proceso creativo: tanto estimulando el pensamiento analítico propio del hemisferio izquierdo (que conduce a un mejor dominio del área de estudio, así como propiciando los períodos de incubación metaconcientes con génesis en el hemisferio derecho.**

Más aún, el pensamiento analítico también es requerido en los momentos de inspiración creativa.

Dichos momentos no aparecen de la nada, sino que están basados en un conocimiento sólido previamente adquirido.

Los individuos creativos (como los arquitectos, los escritores y los publicistas) son generalmente expertos en su disciplina y trabajan arduamente.

Albert Einstein le dedicó años, y lo hizo rigurosamente, al estudio de problemas físicos y matemáticos, y hasta filosóficos, antes de dar con la ecuación central de la teoría de la relatividad.

Thomas Edison, autor de 1.093 patentes diferentes, en algún momento aseguró: "La genialidad es 1% de imaginación y 99% de transpiración".

Varios psicólogos que han propuesto múltiples y diferentes modelos de creatividad coinciden en que existe un período de preparación, al cual hacía alusión Edison. Esta fase es compleja y requiere una importante cantidad de tiempo y esfuerzo.

Una vez que el desafío está identificado y definido, es necesario examinarlo desde todos los lados posibles para incluir nuevas posibilidades de análisis.

Como vemos, los momentos éureka, además del trabajo intenso del pensamiento metaconciente, de la relajación y de las pausas, también son el resultado del trabajo conciente, del compromiso y la dedicación que están presentes toda vez que nos trazamos una meta o sentimos pasión por un tema y nos sumergimos en él.

Al respecto, la psicóloga Shelley Carlson, de la Universidad de Harvard, llegó a interesantes conclusiones en 2003.

Cuando analizó los diversos trabajos artísticos de una muestra importante de estudiantes, encontró una correlación entre algunos alumnos eminentemente creativos y el puntaje obtenido en tests psicológicos estandarizados, diseñados para medir un aspecto cognitivo llamado "inhibición latente".

La inhibición latente es una especie de filtro que permite al cerebro decantar estímulos irrelevantes en todo proceso de percepción. Dicho de otra forma, la inhibición latente permite enfocarse en la información protagónica en detrimento de datos accesorios o secundarios. Por ejemplo, es probable que en este momento mientras usted está leyendo este libro, no sea del todo conciente de que se encuentra sentado en una silla y que hay objetos alrededor captados por su visión periférica.

Como la creatividad depende primariamente de la capacidad para integrar piezas de datos aparentemente inconexos, un rango bajo de inhibición latente es vital. En este sentido, es bueno filtrar algo de información; sin embargo, no demasiada.

Otra investigación realizada por medio de neuroimágenes (PET) en el año 2000, referente a las neuroestructuras implicadas en la creatividad verbal (construcción de historias, relatos, etc.), reveló que las estructuras que se veían implicadas eran las regiones de la corteza prefrontal de ambos hemisferios.

Asimismo, se pudo observar que el pensamiento creativo en tareas referentes al lenguaje producía una alta activación del área prefrontal izquierda y que las actividades creativas verbales que incluyen el lenguaje (pero que requieren un alto nivel imaginativo y con un alto grado de dificultad) registraban una mayor activación del área frontal derecha.

Esta investigación arrojó resultados referentes a la percepción subjetiva y real de la complejidad de la tarea, que demostraron que la activación del giro cingular derecho estaba relacionada positivamente con el nivel de dificultad subjetivo del individuo y negativamente con la complejidad real del ejercicio.

Al mismo tiempo, la actividad en el giro frontal inferior y en el lóbulo parietal inferior se relacionaba positivamente con la complejidad de la tarea y negativamente con la dificultad subjetiva del individuo.

El punto de comparación entre las imágenes cerebrales cuando la tarea era compleja y cuando la tarea era sencilla se encontró en la activación de estructuras del hemisferio derecho (áreas de Brodmann 10, 11, 45) para las actividades complejas; con lo cual se determinó la importancia de la activación del hemisferio derecho por sobre el izquierdo para la aparición de una nueva asociación ya que, aunque está demostrado que ambos hemisferios participan en el proceso creativo, es el hemisferio derecho el que normalmente provee la respuesta novedosa al problema.

En general, hay bastantes coincidencias entre los científicos en cuanto a que el hemisferio derecho intervendría en las abstracciones de alto nivel capaces de facilitar asociaciones indirectas. Como se dice coloquialmente, en la resolución del callejón sin salida.

Esta resolución se daría por momentos de inhibición del hemisferio izquierdo (que se centra en el foco del problema) y activación del hemisferio derecho, que al percibir las múltiples partes como un todo, agrega la información relevante para que las nuevas asociaciones sean formadas, de modo de generar iluminaciones.

Llegados a este punto, es decir, al final del capítulo, posiblemente el lector haya arribado a las mismas conclusiones que nosotros: ¡qué tema apasionante!

Por esta razón, y fundamentalmente por la importancia del desarrollo de la inteligencia creativa en el neuromanagement, al final de esta obra suministramos un conjunto de ejercicios que, practicados con constancia (recuerde los ejemplos de Edison y Einstein), ayudarán a mitigar el efecto de los factores que conspiran contra el desarrollo de la creatividad y, al mismo tiempo, a potenciar las propias capacidades cerebrales.

PARTE IV

NEUROAPRENDIZAJE Y MEMORIA

LA INFORMACIÓN Y EL CONOCIMIENTO COMO INPUTS EN LAS ESTRATEGIAS DE NEUROMANAGEMENT

Capítulo **12**

Del aprendizaje al neuroaprendizaje

Si no se aprende, la sinceridad se trueca en grosería;
la valentía, en desobediencia;
la constancia, en caprichoso empecinamiento;
la humanidad, en estupidez;
la sabiduría, en confusión;
la veracidad, en ruina.

Confucio

1. Hacia la generación de neuroplasticidad autodirigida

¿Por qué un capítulo sobre aprendizaje en un libro sobre neuromanagement?

Esta pregunta, que tal vez se haya formulado el lector, posee una respuesta tan sencilla como contundente, que nos remite a algunos de los conceptos centrales que desarrollamos en el Capítulo 1, en el que destacamos los grandes temas en los que deberemos trabajar con constancia para optimizar las funciones de nuestro *tablero de comando cerebral operativo* y, paralelamente, de nuestro *tablero de comando estratégico cerebral de largo plazo.*

Comenzaremos, entonces, y a manera de introducción y fundamentación de los contenidos que abordaremos en esta parte de esta obra, por rememorar lo que denota la expresión "neuroplasticidad autodirigida" y qué significa aprender y recordar en términos de optimización del funcionamiento del cerebro.

- La neuroplasticidad es el fenómeno mediante el cual el **aprendizaje** y la experiencia modifican continuamente al cerebro en forma temporal o permanente.
- Todo lo inscripto en la naturaleza fisiológica del sistema nervioso **a través del aprendizaje** predispone a las personas a actuar de determinada manera, tanto en el plano interno de las organizaciones como en su rol como clientes y consumidores.
- La optimización de las habilidades requeridas para cada puesto de trabajo, en todos los niveles y sin distinción de jerarquías, depende, en gran parte, del trabajo con constancia para **aprender** y mejorar los mecanismos de **memoria**.
- Si desarrollamos capacidades para **generar nuevas conexiones sinápticas a través del aprendizaje y la experiencia**, estaremos en condiciones de crear organizaciones y profesiones dinámicas que puedan tener éxito en un contexto donde domina lo imprevisible.

La capacidad de las organizaciones y de los individuos que las componen para aprender rápidamente y en forma sostenida constituye una de las mejores ventajas competitivas.

Ante una realidad cada vez más ambigua, la neuroplasticidad autodirigida se convierte en un componente insoslayable de la estrategia.

Como también hemos dicho, vivimos en un mundo globalizado, sumamente complejo y sujeto a constantes y fuertes cambios.

Tal heterogeneidad nos obliga, si queremos que nuestra organización trascienda la inmediatez del presente y se proyecte hacia el futuro, a fomentar y potenciar al máximo la capacidad de aprendizaje de cada una de las personas que la conforman y en todos sus estratos jerárquicos.

Insistimos en que la estrategia hoy no pasa por analizar e intentar prever circunstancias externas. Pasa por la capacidad para enfocar las soluciones en el interior de la organización, incorporando programas de trabajo que apunten al desarrollo del cerebro individual para construir un cerebro organizacional preparado para tomar las decisiones correctas en forma prácticamente instantánea ante cualquier circunstancia externa.

Precisamente, uno de los valores nucleares del neuroliderazgo es la capacidad para decidir sobre la marcha, porque la velocidad con que cambian los escenarios de negocios permite pausas muy breves, o ninguna.

En un contexto como el descripto, no existe materia prima más preciosa que el natural e inherente potencial del cerebro para aprender y, más aún, en toda expansión de la inteligencia, de la capacidad creativa, de la habilidad para percibir e interpretar las relaciones entre los hechos, están presentes los procesos de aprendizaje.

No hablamos aquí del concepto clásico de aprendizaje, es decir, del que adquirimos luego de años y años de educación formal, sino de **neuroaprendizaje**, porque aprender no es simplemente incorporar información, sino convertir esa información en conocimiento nuevo, útil para nuestra vida y para el crecimiento profesional y organizacional.

Los avances en las neurociencias y en la neuropsicología suministran aplicaciones de enorme utilidad para optimizar las zonas cerebrales y neurocircuitos comprendidos en los procesos de aprendizaje y memoria.

1.1. El arte de aprender

Tal como hemos visto en los capítulos anteriores, nuestros cinco sentidos son receptores especializados en información sobre el medio ambiente y, como tales, suministran al cerebro un conjunto de señales a las que este les otorga significado.

En el caso del aprendizaje, lo importante no es la información que recibimos, sino las modificaciones que los datos producen en nuestro entramado cerebral: los neurocircuitos que se generan y cómo estos cambios pueden influir ante situaciones similares en el futuro.

Así, y durante toda la vida, vamos aprendiendo infinidad de cosas, la mayoría de ellas sin realizar ningún tipo de esfuerzo conciente de retención: la información pasa a nuestros almacenes de memoria como un proceso natural que registra, en forma conciente y metaconciente, todos los datos que alcanzan un determinado umbral de significación.

De este modo, voces, objetos, rostros, lugares, sonidos, imágenes, sensaciones, aromas y sabores se van incorporando a nuestro almacén de recuerdos junto a nuestras vivencias y las emociones que estas nos han provocado, e imprimen en nuestra memoria tanto las imágenes como las construcciones simbólicas que elaboramos.

Ahora bien: ¿por qué, cuando queremos hacer un viaje mental hacia el pasado, reciente o lejano, no todas las impresiones que hemos almacenado afloran con la misma fluidez?

¿Por qué, cuando se trata de recordar algunos momentos de la infancia, los paisajes que disfrutamos en nuestras vacaciones, las películas de Chaplin o, simplemente, los libros que más nos gustaron, los recuerdos surgen a borbotones, mientras que, a duras penas, logramos rescatar algo de lo que

La pérdida de memoria después del aprendizaje es enorme. Si bien durante el período de una hora se produce un pequeño incremento en la memorización de la información que acabamos de adquirir, ya que el cerebro integra los nuevos datos, a este lapso le sigue una espectacular disminución en la que, al cabo de 24 horas, el 80% de los detalles puede perderse.

La proporción es prácticamente independiente del tiempo que se haya consumido en incorporar el conocimiento. Así, un curso de tres días puede olvidarse al cabo de una o dos semanas, con las consiguientes pérdidas para las empresas que invierten en capacitación.

Mediante la comprensión de los mecanismos de atención, de los ritmos y de los tipos de memoria que intervienen en los procesos de aprendizaje, se puede evitar esta pérdida y, fundamentalmente, formar a las personas para que puedan aprender a aprender.

estudiamos en primer año o de lo que dijo un expositor en el curso al que asistimos... la semana pasada?

El sentido común nos diría que no recordamos algunas cosas porque, simplemente no nos interesaron. Y esto es cierto.

Sin embargo, más de una vez intentamos recuperar conceptos que aprendimos en la escuela o en la universidad porque los necesitamos en el presente, y no logramos hacerlo.

¿Por qué? ¿La falla está en nuestras capacidades cerebrales para procesar la información? ¿En el sistema de enseñanza-aprendizaje? ¿En nuestras habilidades para memorizar? ¿En las dificultades para prestar atención dada la vorágine de la vida cotidiana, que no nos permite concentrarnos en una cosa por vez?

La respuesta no es una sola. No es casual que la neurobiología sugiera que no sólo el entorno en el que aprendemos, sino también las moléculas que intervienen en los procesos mentales superiores tienen su responsabilidad en estos mecanismos[1], y que la neuroeducación surgida recientemente apunte a investigar cómo aprendemos y cómo deben transmitirse los conocimientos para que sean aprehendidos.

Este último punto es muy importante. Durante mi experiencia como catedrático he comprobado que la información transmitida en forma exclusivamente oral, típica de los centros académicos tradicionales, deja huellas muy débiles en la memoria de largo plazo.

Por eso muchos alumnos no pueden recordar lo que en algún momento supieron muy bien.

¿Cómo hacer para enseñar mejor? ¿Cómo hacer para aprender mejor? ¿Cómo actúan los mecanismos cerebrales que intervienen cuando incorporamos nueva información, la procesamos y memorizamos?

---

1 Kandel, Eric: *En busca de la memoria: el nacimiento de una nueva ciencia de la mente.* Katz, Madrid, 2007.

Con la idea de responder estas preguntas, que me hice durante años y años de dedicación a la formación de empresarios y gerentes y a la capacitación en empresas, comencé a investigar cómo podían aplicarse los avances de las neurociencias a este campo fundamental de la actividad humana.

Parte del resultado de este trabajo se expone en esta sección del libro, en la que iremos analizando las principales diferencias entre el aprendizaje, es decir, la forma tradicional en que hemos ido incorporando conocimientos, y el neuroaprendizaje, que, a mi criterio, es la disciplina más prometedora para romper con el viejo paradigma e implementar los cambios que necesitamos para ser mejores educadores y mejores aprendientes.

El avance de las neurociencias en el estudio de los mecanismos de aprendizaje y memoria es apasionante.

Si logramos capitalizarlo, estaremos mejor preparados para retener la información que es relevante, tomar decisiones con un mayor grado de certeza, implementar planes de capacitación más eficaces y, sobre todo, para generar una mejor relación con nosotros mismos y los demás.

1.2. Del aprendizaje al neuroaprendizaje

Durante los primeros 6 años de vida, los cambios en el cerebro humano se caracterizan por la multiplicación de las sinapsis, es decir, por el desarrollo de neurocircuitos a través de los cuales se transmite la información incorporada. En este fenómeno de maduración neurológica intervienen activamente el aprendizaje y la memoria.

La **memoria**, que además de información sobre nuestra propia historia incluye un conjunto de habilidades, como la de comunicarnos eficazmente con los demás, realizar cálculos, andar en bicicleta, anudar una corbata o jugar al golf, determina **cómo actuamos** y **cómo somos**. Puede decirse que va estructurando nuestra personalidad y, paralelamente, la forma en que respondemos ante las situaciones que se nos van presentando.

En este sentido, el aprendizaje es un proceso por el cual modificamos nuestra conducta para adaptarnos a las condiciones del ámbito en que vivimos. Como el entorno es cambiante por naturaleza, sobrevivir exige una gran plasticidad conductual que, como veremos, tiene su correlato en la plasticidad neuronal.

Anatómicamente, las bases que determinan el comportamiento que resulta del aprendizaje alcanzan un buen grado de desarrollo a los 6 años (en promedio). A partir de allí, evolucionan progresivamente en función de factores innatos (determinados genéticamente) y adquiridos (experiencias, memoria y entorno emocional).

En este devenir, y en una primera aproximación, podemos decir que el aprendizaje abarca el conjunto de operaciones mentales destinadas a procesar información para que, posteriormente, pueda ser evocada. Este hecho revela que

> **el aprendizaje depende, en primer lugar, de la atención (en la cual influye considerablemente el entorno emocional) y, en segundo lugar, de la memoria.**

Siguiendo el razonamiento de Eric Kandel (uno de los mayores artífices del avance de las neurociencias en el estudio de la memoria), quien afirma que "no cabe separar la mente del cerebro", para analizar estos procesos podemos señalar que tanto el aprendizaje como la memoria dependen también de determinadas características anatómicas, por lo cual es necesario indagar sus bases biológicas.

Afortunadamente, los adelantos que se están produciendo en las neurociencias, especialmente en la tecnología destinada a sus investigaciones, se está constituyendo en la promesa del futuro para quienes deseamos aprender más y mejor.

De momento, hay muchos procesos, mecanismos y funciones sobre los que se sabe mucho, otros sobre los cuales se sabe poco, y se multiplican las investigaciones cuya interpretación genera controversias, incluidas las de Kandel.

Sin embargo, hay temas que ya no se discuten, por ejemplo, que el gran científico Donald Hebb[2] estaba acertado cuando, hace más de cincuenta años, señaló que los recuerdos podían estar almacenados en modificaciones sinápticas y que estas modificaciones estaban distribuidas extensamente en el cerebro[3].

Tampoco se discute que el aprendizaje depende de la atención, selección, almacenamiento y consolidación de información, lo cual no significa, como veremos luego, que nos esforcemos en retener datos mediante la repetición, por ejemplo, leyendo diez veces el mismo texto para un examen.

---

2 Hebb fue el primer científico en postular que la memoria podría comprender subsistemas de almacenamiento temporal de la información dependientes de circuitos reverberantes, y otros más perdurables ligados a cambios estructurales en las neuronas.

3 Hebb, D.: *The Organization of Behavior; a Neuropsychological Theory.* John Wiley & Sons, New York, 1949.

REDES NEURONALES Y APRENDIZAJE

- **Cuando aprendemos, se generan asociaciones que modifican las conexiones sinápticas de los circuitos cerebrales involucrados.**
- **El aprendizaje depende de la memoria para su consolidación, y la memoria no tendría contenidos si no tuviera lugar el aprendizaje.**

Aprender es mucho más que absorber información.
Aprender es aumentar la capacidad cerebral.

Significa que la información se asentará en la memoria siempre que sea valiosa para nuestra vida, lo cual supone una organización neurocognitiva tanto de los estímulos como de los datos que serán almacenados.

Para entender lo que estoy diciendo piense, por ejemplo, en todas las veces que salió aburrido de la universidad o de un curso de capacitación en su empresa.

Aun cuando se tratara de un tema vinculado a su especialidad: ¿qué retuvo? ¿Qué aprendió? ¿Qué disfrutó? Me arriesgo a afirmar que sus respuestas no serán muy alentadoras. Probablemente, debido a que algunas organizaciones continúan implementando los métodos tradicionales (ver recuadro) si bien la mayoría de los problemas con que nos encontramos diariamente requieren métodos de análisis abstractos que incluyan la experiencia emocional.

> El aprendizaje tradicional se basa en el camino de la lógica lineal: la información ingresa a través de la conciencia y luego se recupera mediante algún método de activación más o menos eficiente.
>
> Al separar el desarrollo intelectual del emocional, se dificulta que el potencial de quienes aprenden se exprese en toda su plenitud.
>
> En vez de poner énfasis en la capacidad de elaborar ideas en forma creativa, este tipo de aprendizaje se focaliza en la capacidad de organizar y establecer secuencias de razonamiento a medida que se incorporan nuevos conocimientos.

Al respecto, y en opinión de Greenspan[4],

Tanto el aspecto creativo y generador del pensamiento como el aspecto lógico y analítico proceden, en parte, de la experiencia emocional.
Los empeños de máximo nivel intelectual combinan el pensamiento creativo y el analítico.
Constituyen el producto de nuestro saber acumulado y nuestro nivel de comprensión, basado en nuestra capacidad para realizar abstracciones a partir de la experiencia emocional vivida.

---

4 Greenspan, Stanley L.: *El crecimiento de la mente y los ambiguos orígenes de la inteligencia.* Paidós, Barcelona, 1997.

En la actualidad, y como parte de las estrategias de neuroaprendizaje en las organizaciones, se están utilizando los denominados equipos de trabajo del conocimiento, que apuntan al desarrollo de la memoria transactiva.

La memoria transactiva comprende el conjunto de conocimientos que cada miembro del equipo ha adquirido durante la capacitación e incluye, a su vez, la conciencia sobre el conocimiento que han adquirido los demás.

Los métodos pedagógicos que se implementan tanto para la asimilación de conocimientos como para la interacción se proponen estimular los mecanismos cognitivos a nivel grupal para lograr mayor efectividad en la toma de decisiones.

Incentivando al equipo en su conjunto, estas metodologías promueven la búsqueda e intercambio de nuevos conocimientos aplicables tanto al área a la que pertenecen sus miembros como a toda la organización.

Tal como veremos al abordar el tema de los mecanismos emocionales de la memoria, **si la información se codifica también en función de características afectivas y sensoriales, será mucho más fácil recuperarla y extrapolarla de una situación a otra.**

En cambio, si se separa la emoción de la cognición, priorizando el camino de la lógica lineal, el aprendizaje deviene en un proceso mecánico que dificulta la maduración de las estructuras neurológicas necesarias.

2. Aplicaciones en neuromanagement de las principales teorías sobre el aprendizaje

Las neurociencias han retomado parte de las teorías sobre el aprendizaje para explicar cuáles y cómo son (o pueden ser) los mecanismos biológicos que subyacen a las funciones cognitivas que estas tratan de develar, incluidos los procesos de memoria.

En su última obra, uno de mis autores preferidos, Erick Kandel[5], dice:

> *Aunque el tamaño y la estructura del cerebro humano no se han modificado desde la aparición del* Homo sapiens, *en África oriental, hace unos 150.000 años, la capacidad de aprendizaje de los individuos y su memoria histórica se han incrementado a lo largo de los siglos en virtud del conocimiento compartido, es decir, mediante la transmisión de la cultura.*

Para Kandel,

> *... la evolución cultural obra en paralelo con la evolución biológica y (...) la nueva ciencia de la mente da sustento a la esperanza de que una mayor comprensión de la biología de la memoria permita tratar no sólo su pérdida, sino también el efecto de los recuerdos dolorosos.*

5 Kandel, E.: *En busca de la memoria. Op. cit.*

Como vemos, la convergencia de la neurobiología (Kandel fue Premio Nobel de Medicina en el año 2000) con otras ciencias que estudian el fenómeno del aprendizaje, fundamentalmente la psicología, estaría dada por el interés en explicar no solamente cómo incorporamos nuevas habilidades, sino también cómo se constituyen los significados, cómo se aprenden y retienen los nuevos conceptos y cuáles son las bases neuronales que subyacen a estos procesos.

2.1. El aprendizaje explícito

Los términos explícito e implícito, cuando se aborda el tema del aprendizaje, se refieren a los fenómenos concientes y no concientes, respectivamente, que operan durante los procesos mediante los cuales adquirimos conocimientos, experiencias y habilidades.

El *aprendizaje explícito* es el resultado del pensamiento *conciente* y es siempre *intencional*.

En términos de Dienes y Perner[6], es "saber que se sabe", lo cual connota que, a diferencia del implícito, el aprendizaje explícito es siempre controlable.

Esto se debe a que el conocimiento explícito no es generado por el contexto sino por los individuos, en el sentido de que son estos quienes deciden qué aprender.

El aprendizaje explícito involucra la aplicación de estrategias que dan como resultado un conjunto de conocimientos accesibles a la conciencia.

Cabe destacar aquí que, si bien el aprendizaje de cualquier tarea que luego se transforme en una destreza también es intencional y, al principio, requiere de la atención conciente, no puede considerarse explícito debido a que, una vez que lo aprendido ha sido codificado en la memoria de largo plazo, comienza a ejecutarse de manera rutinaria, es decir, implícitamente.

En las organizaciones, el aprendizaje explícito constituye la principal herramienta de acumulación de conocimientos sobre cómo ejecutar determinadas tareas y, fundamentalmente, de construcción de sus **competencias esenciales**.

---

6 Dienes, Z. y Perner, J.: "A theory of implicit and explicit knowledge", *Behavioral and Brain Sciences*, 22 (5), p. 735-808, 1991.

El aprendizaje explícito está ligado al lenguaje como sistema simbólico de transmisión del conocimiento.

En las organizaciones, muchas veces toma la forma de reglas y normas de comportamiento.

Por si el lector no leyó el excelente libro de Hamel y Prahalad[7],

una competencia esencial es un "conjunto de cualificaciones y tecnologías que permiten a una compañía ofrecer un beneficio que sea percibido como único por sus clientes".

En la miniaturización de teléfonos celulares, en la atención personalizada de empresas como Dell Computers, en la logística de Visa o de Federal Express (que son competencias esenciales en diferentes mercados) está implícito el aprendizaje explícito.

Como la adquisición de competencias esenciales necesita el aprendizaje acumulativo para que podamos hacer cada día mejor lo que mejor sabemos hacer y, al mismo tiempo, explorar **nuevas opciones**, el conocimiento acumulado resultante del aprendizaje explícito se constituye en un capital cognitivo que supera varias veces el valor de los activos tangibles.

Y si en el párrafo precedente hemos utilizado la expresión "nuevas opciones" no lo hemos hecho por casualidad: la mera acumulación de conocimientos en un determinado tipo de competencia esencial no es suficiente. Por ello, cuando sostenemos que el aprendizaje explícito es un activo estratégico incluimos también la capacidad de aprender a aprender, y esto es muy importante.

Desentrañar cómo funciona el aprendizaje explícito dentro de la organización posibilita desarrollar estrategias que permiten enriquecer la experiencia laboral de los miembros que la conforman.

Durante nuestra gestión como consultores, es común que nos encontremos con personas desanimadas porque la empresa para la que trabajan desaprovecha su talento y su inherente potencial para el aprendizaje (en los casos más benignos) o lo minimiza, descalifica o simplemente desconoce (en los de mayor gravedad).

Lamentablemente, son demasiadas las organizaciones que desestiman la capacidad de su gente aun cuando sus propios ejecutivos asisten a seminarios donde se analiza en profundidad el tema de la sociedad del conocimiento y se insiste en la importancia del aprendizaje explícito como capital intangible.

Lo decepcionante es que, a pesar del rol activo que los participantes tienen en estos seminarios, cuando vuelven a sus empresas no cambian de actitud. ¿Por qué sucede esto? ¿Es tan fuerte la "vieja" cultura que no pueden contra ella? ¿No quieren? ¿No tienen tiempo?

---

7 Hamel, Gary y Prahalad, C. K.: *Compitiendo por el futuro.* Ariel, Barcelona, 1994.

En este punto es importante destacar (una vez más) que trabajar no significa, por definición, vivir soportando dosis elevadas de presión y estrés. Trabajar es, también, promover la capacidad de aprendizaje explícito del equipo, dotando de sentido y significado a la tarea que se realiza.

Por lo tanto, si aspira a lidiar eficazmente con una realidad sumamente compleja como la actual, toda organización que pretenda ser exitosa deberá elegir individuos mentalmente flexibles, abiertos, receptivos, capaces de aprender de la experiencia y, fundamentalmente, promover un cambio cultural que haga factibles estos procesos.

Otro aspecto importante que atañe al aprendizaje explícito tiene que ver con la *autorregulación emocional*. Si esta expresión le suena fuera de contexto, le contamos que no es posible trabajar para autoliderar las emociones si no existe una decisión conciente de aprender a hacerlo.

Y este no es un desafío menor. De hecho, aprender a ser empático e internalizar esta habilidad como una respuesta natural y espontánea hacia las personas es mucho más difícil que volverse diestro en la liquidación de jornales o en el análisis del costo de un producto.

Sin embargo, los programas de aprendizaje emocional explícito han puesto de manifiesto, en base a los resultados extraordinarios obtenidos, que si la meta de un ejecutivo es convertirse en un auténtico líder, podrá lograrlo si posee motivación y entusiasmo para ello. Sin duda, la llave que abre las puertas al aprendizaje explícito y, en consecuencia, a la consolidación del saber, es la voluntad de hacerlo.

2.1.1. Aprendizaje explícito y capacitación

La capacitación de las personas es un proceso estructurado de aprendizaje explícito que apunta al logro de la excelencia en los diferentes puestos de trabajo dentro de una organización.

Como su nombre lo indica, al ser conciente y voluntario, el aprendizaje explícito es, también, una decisión individual. En este sentido, para que un proceso de capacitación tenga éxito es requisito fundamental un óptimo nivel de motivación y compromiso de los participantes con el programa.

Para eso, es necesario implementar una metodología que dé protagonismo al que aprende, es decir, que lo coloque en el centro del proceso.

A riesgo de pecar de redundantes, subrayamos que:

- el aprendizaje explícito implica voluntad;
- la voluntad necesita motivación;

- la motivación puede generarse ayudando a los miembros de la organización a percibir la utilidad del aprendizaje;
- al aprender a aprender, las personas pueden expandir al máximo su potencial.

Siguiendo la principal premisa del paradigma sistémico que sostiene que "el todo es más que la suma de las partes", es lícito subrayar que dentro del mundo organizacional la inteligencia del equipo muchas veces supera la inteligencia de sus integrantes por separado.

Es usual que los equipos de trabajo consigan resultados maravillosos que ninguno de sus miembros podría obtener en forma individual.

Para que el aprendizaje en equipo sea una realidad, es necesario el esfuerzo de cada uno de sus integrantes, como dijimos, para hacer a un lado sus esquemas mentales singulares que puedan entorpecer el libre acceso a un auténtico pensamiento grupal y que redunde, a su vez, en una visión compartida de la organización y la realidad toda, de cara a los problemas y las vicisitudes que pudiera deparar el futuro.

Cuando los miembros de un equipo comparten ideas para afrontar las diversas situaciones propias de la vida laboral, pueden desempeñarse con mayor pericia en el momento de resolver un problema determinado, ya que las creencias compartidas acerca de la realidad actúan como herramienta de cohesión del grupo. Muy por el contrario, cuando la construcción social de la realidad no es compartida, se dificulta la apertura al aprendizaje explícito y la puesta en marcha de acciones comunes.

2.2. El aprendizaje implícito

El aprendizaje implícito[8] se va incorporando mediante un proceso de experiencia y retroalimentación durante el cual generamos una especie de competencia no conciente: una vez que hemos aprendido, no nos detenemos a analizar cómo resuelve nuestro sistema nervioso los problemas que se nos van presentando.

---

[8] El nombre "aprendizaje implícito" fue acuñado por Reber, en 1967, para diferenciarlo de "aprendizaje inconciente" y, a su vez, destacar su aspecto no intencional. Reber fue un pionero en implementar técnicas de gramática artificial para comprobar los procesos no concientes del aprendizaje.

Por ejemplo, para andar en bicicleta, casi siempre vamos mejorando progresivamente hasta adquirir la habilidad necesaria para mantener el equilibrio, avanzar y detenernos.

Una vez que hemos aprendido, nuestra mente no conciente se ocupa de dirigir nuestros movimientos sin que tengamos que ocuparnos de la coordinación de cada uno de ellos.

- **El aprendizaje implícito se manifiesta cuando desarrollamos distintas actividades sin tener conciencia de haberlas aprendido.**

Las primeras teorizaciones sobre estos procesos datan de 1890, cuando William James explicaba que, al aprender una tarea, debemos pensar concientemente qué hacer; luego, a medida que vamos avanzando, la conciencia se va desplazando hasta llegar a un punto (cuando hemos aprendido la tarea) en que la llevamos a cabo automáticamente.

Paul Smolensky, un psicólogo conexionista, fue más allá de la simple automatización. En la década de 1990 analizó cómo los procesos concientes se convierten en acciones intuitivas.

Para eso, distinguió entre dos niveles: el *procesador conciente*, que interviene cuando pensamos en la tarea que estamos aprendiendo, y el *procesador intuitivo*, que interviene cuando la dominamos.

Dreyfus y Dreyfus[9] lo explican de la siguiente manera: cuando un piloto novato se convierte en un piloto experto, el despegue se vuelve automático (no necesita pensar paso a paso). Al estar tan familiarizado con su avión (porque ha aprendido) vuela sin pensamiento conciente.

Si bien este es un ejemplo que puede llamar la atención (sobre todo a los que tienen miedo a volar), muchas de las actividades que realizamos diariamente tienen lugar de un modo automático y ajeno a la conciencia.

Los automatismos, que son resultado de procesos de aprendizaje implícito, permiten que ejecutemos secuencias enteras de acciones sin detenernos a pensar que las estamos llevando a cabo.

Como bien dice Monserrat[10] cuando reflexiona sobre el tema,

> *...la razón actúa como la punta del iceberg de una inmensa montaña sumergida de automatismos, condicionamientos, necesidades funcionales, mecanismos neuronales que producen la actividad psíquica, causas estimulares externas e internas, emociones, instintos, etc.*

---

9 Dreyfus, H. y Dreyfus, S.: *Mind over machine: the power of human intuition and expertise in the area of the computer.* The Free Press, New York, 1991.

10 Monserrat, Javier: "El libre albedrío", en http://www.tendencias21.net/.

> ***La vida está construida sobre infinitos automatismos. Son como una necesidad funcional de supervivencia, ya que sería imposible que la conciencia atendiera reflexivamente a todo.***
>
> ***¿Para qué sirve entonces la conciencia? Pues simplemente para sobrevivir mediante la coordinación de la información sensitiva que permite al sujeto impulsar las acciones automáticas. Un camaleón, por ejemplo, sólo con el colículo superior ve la imagen que este produce, detecta el "signo" de la mosca y lanza con toda precisión su lengua para absorberla. Es un "autómata sensitivo".***
>
> **Javier Monserrat**

Como vemos, el aprendizaje implícito no se restringe al campo de las destrezas que hemos decidido aprender, sino que abarca también todo el conocimiento que hemos adquirido sin mediación de algún tipo de intención conciente.

Esto significa que hay muchas cosas que aprendimos sin haberlas emplazado nunca en nuestra mente; sin embargo, influyen a lo largo de nuestra vida sin que nos demos cuenta de este proceso y, sobre todo, resisten el paso del tiempo.

Precisamente, una de las características del conocimiento implícito es que es muy perdurable, no sólo porque sobrevive a lesiones cerebrales que afectan los mecanismos de la memoria, sino también porque comienza a desarrollarse apenas venimos al mundo y resiste el deterioro que provoca el envejecimiento.

Para analizar cómo incorporamos este tipo de aprendizaje, los investigadores utilizan básicamente dos técnicas: la *percepción subliminal* (emisión de estímulos por debajo del umbral de conciencia) y la percepción *supraliminal* (emisión de estímulos por encima del umbral de conciencia).

Por lo general, se recurre al condicionamiento (presentando el estímulo neutro de manera subliminal) o a la enseñanza de tareas que se caracterizan por relaciones complejas entre estímulos (en el caso de la percepción supraliminal).

Lo que se busca, siempre, es evitar que parte de la información sea percibida concientemente.

Sin embargo, a pesar de sus mecanismos no concientes, hay quienes opinan que, aun cuando el aprendizaje implícito es producto de procesos asociativos automáticos que operan con independencia de la cognición, es necesaria la *memoria operativa*[11] para asociar los elementos que se emplazan en la conciencia en un determinado momento.

Otras posiciones, en cambio, defienden que aprendemos sin necesidad de prestarles atención selectivamente a los estímulos. Nosotros creemos que ambas posturas tienen razón: si bien el aprendizaje de destrezas (que exige

---

[11] La memoria operativa comprende el sistema responsable de almacenar y manipular temporalmente una información. Véase el Capítulo 15, donde se desarrolla el tema en profundidad.

la coordinación de movimientos) y el perceptivo (que registra información en las profundidades de la mente) son implícitos, no presentan las mismas características.

Con respecto al primero, un buen ejemplo es la práctica de un deporte: si hemos aprendido a jugar al golf, lo hemos hecho en forma intencional y, aun cuando no nos detengamos a pensar en las reglas o en cuál es la posición adecuada para un golpe, es cierto que necesitamos de la memoria operativa para elaborar estrategias durante el juego.

En este sentido, la práctica constante genera una especie de sobreaprendizaje.

Si bien un golfista experto no se detiene a pensar, sino que ejecuta muchos de sus movimientos en forma metaconciente, cada vez que se le presenta alguna dificultad debe poner en funcionamiento su memoria operativa para enfocar la mente, aunque sea durante segundos, en seleccionar los movimientos más adecuados.

Paralelamente a los experimentos de laboratorio, la permanencia en la memoria del aprendizaje implícito ha sido observada en pacientes amnésicos con lesiones en el lóbulo temporal medial y en el diencéfalo.

Estos pacientes no podían recuperar recuerdos que se habían fijado mediante el aprendizaje explícito; sin embargo, no presentaban grandes dificultades con la expresión del conocimiento implícito.

Con respecto a la segunda postura, también es cierto que gran parte de lo que aprendemos se halla sometido a influencias que no podemos percibir. Un buen ejemplo es la investigación publicada en 1980 en la que se revela que un grupo de personas expresó una notable preferencia por los octógonos irregulares luego de haber sido expuestas a estas figuras geométricas en forma subliminal, es decir, sin tener conocimiento conciente de ello[12].

Además de estos ejemplos de percepción no conciente, para comprender mejor el aprendizaje implícito pensemos, también, en la enorme cantidad de datos de la realidad que incorporamos sin intención de hacerlo.

Usted seguramente sabe cómo distinguir un policía de un militar a partir de sus uniformes; sin embargo, ¿le ha interesado alguna vez este tema en particular? Si su respuesta es "no", tiene un buen ejemplo de aprendizaje implícito no intencional.

En los siguientes apartados, abordaremos las formas de aprendizaje implícito que son tomadas habitualmente en la bibliografía especializada en neurociencias. Partiremos del siguiente esquema.

---

12 Ballesteros, S: "¿Existen procesos afectivos no concientes? Evidencia a partir del efecto de la mera exposición y *priming* afectivo". En *Psicothema*, Vol. 10, N° 3, p. 551-570, 1998.

FORMAS DE APRENDIZAJE IMPLÍCITO
(no conciente)

Aprendizaje asociativo	Aprendizaje no asociativo
↓	↓
Condicionamiento	Habituación Sensibilización

2.2.1. Aprendizaje asociativo: el condicionamiento

Abordamos esta teoría por su enorme importancia para comprender el comportamiento de las personas, tanto en su rol como consumidores como en su conducta cuando forman parte de una organización y, al mismo tiempo, porque la mayoría de los avances en el estudio de los mecanismos biológicos de la memoria y el aprendizaje se basan en lo que Kandel denomina "los protocolos conductistas de Pavlov" (que él intentó traducir en protocolos biológicos).

> *Al fin y al cabo,* dice Kandel, *la habituación, la sensibilización y el condicionamiento descriptos por Pavlov son, en esencia, una serie de instrucciones sobre el modo en que debe presentarse un estímulo sensorial, aislado o en combinación con otros, para que se produzca el aprendizaje.*[13]

Comencemos, entonces, por aprender (o rememorar) en qué consiste el condicionamiento.

> **La palabra "condicionado" remite, básicamente, a una respuesta automática determinada por una experiencia que al repetirse, conduce a asociar o establecer relaciones entre dos estímulos.**

Por ejemplo, cuando el aroma del pan recién horneado nos hace agua la boca, cuando la publicidad nos estimula para asociar un producto con una situación placentera o cuando temblamos si nos llaman de la dirección en épocas de reestructuración porque antes, en una situación similar, estuvimos en la lista de los que tuvieron que irse.

---

[13] La habituación y la sensibilización son las dos formas de aprendizaje no asociativo descriptas por Pavlov.

El principal exponente del condicionamiento fue el científico soviético Ivan Pavlov[14], cuyo experimento más conocido suele denominarse "los perros de Pavlov", en el que utilizó estas mascotas, alimentos y una campana.

Pavlov observó, cuando experimentó con tocar la campana segundos antes de alimentar a los perros, que al cabo de un cierto tiempo estos comenzaban a salivar tan pronto como la oían tañir, aun cuando el alimento no estuviera presente.

Esto lo llevó a diferenciar dos tipos de estímulos: el *condicionado*, que produce una respuesta débil, y el *no condicionado*, que genera una respuesta consistente.

Pavlov consideró al condicionamiento clásico no sólo como un medio para estudiar el aprendizaje, sino también como una forma de acceder a los mecanismos que subyacen a los procesos mentales superiores del cerebro.

En el experimento, la campana introducida artificialmente (estímulo condicionado) se asociaba con el alimento (estímulo no condicionado) y la *respuesta condicionada* era la conducta del perro que reaccionaba salivando con sólo oír el tañido.

En 1940, el gran científico americano Donald Hebb trató de explicar cómo opera el condicionamiento a nivel neuronal.

Su investigación demostró que, cuando se activaban los receptores sensoriales de los ojos y la nariz (el sentido de la vista y el olfato), se estimulaban otras neuronas a través de conexiones sinápticas y, eventualmente, la señal llegaba a las neuronas de la corteza.

Este mecanismo activaba la salivación, y otras neuronas relacionadas con el sentido del oído establecían conexiones débiles (vía sináptica) con las neuronas corticales. Si el sonido de la campana coincidía con la visualización del alimento, las señales de ambos conjuntos de neuronas sensoriales llegaban a las neuronas corticales al mismo tiempo. Eventualmente, las sinapsis de los nervios auditivos se fortalecerían hasta que el sonido de la campana fuera suficiente como para que el perro salivara.

Eric Kandel, en su formidable libro sobre la memoria publicado en 2007, relata un experimento similar realizado en la Universidad de Michigan por Robert Doty, quien demostró que

> *cuando existe condicionamiento, el cerebro no requiere activación de las zonas vinculadas con la motivación, sólo exige la combinación de dos estímulos.*

---

14 Ivan Petrovich Pavlov fue un notable fisiólogo ruso. Recibió el Premio Nobel por sus estudios sobre el sistema digestivo en 1904.

Por lo tanto, el aprendizaje asociativo se revela cada vez que, en función de nuestra experiencia, vinculamos dos sucesos que normalmente ocurren juntos, aun cuando estén relacionados temporalmente o por casualidad; por ejemplo, cuando asociamos la llamada inesperada del director con un despido porque hemos sido "marcados" por los procesos de reingeniería que vivimos en el pasado.

Las primeras experiencias, mediante las cuales se forman estas asociaciones, generan cambios en el cerebro, lo que evidencia que muchos sucesos que comienzan como psicológicos, como la angustia o el placer que provocan ciertas vivencias, terminan generando una respuesta biológica.

Veamos cómo es este proceso utilizando un ejemplo más feliz que el que proporciona la reingeniería: cuando un dato de la realidad ingresa por el sistema perceptual y pasa a la memoria de largo plazo, se genera un patrón de actividad neuronal.

Como este patrón se almacena mediante la asociación de datos (imaginemos el maní, su aroma, la imagen de los granos, las mejores marcas), el registro de un solo estímulo vinculado con el maní dispara actividad en el resto de la red.

Por lo tanto, y al igual que los perros de Pavlov que salivaban al escuchar la campana, a los humanos se nos hace agua la boca ante la percepción de un aroma que anuncia algo delicioso, como el maní recién tostado, o, a la inversa, solemos sentirnos muy angustiados ante sucesos que, en el pasado, estuvieron asociados con algún tipo de infortunio, aunque no lo estén en el presente.

> Anatómicamente, los mecanismos celulares del aprendizaje no descansan en propiedades especiales de cada neurona, sino en las conexiones que estas establecen con otras células de su propio circuito neuronal.

Otro fenómeno muy interesante que explica la teoría del condicionamiento, de gran utilidad para el management, es el de su *extinción*: cuando se ha generado el condicionamiento y se produce la presentación repetida del estímulo condicionado sin que este vaya seguido del estímulo incondicionado, la respuesta condicionada va desapareciendo gradualmente.

En el caso de los perros de Pavlov: si los animales tienen asociado el tañido de una campana con el momento en que reciben sus alimentos, y la señal se presenta luego varias veces sin que este se les sirva, gradualmente dejarán de salivar.

En el ámbito de las organizaciones, lo que se enuncia pero no se cumple sin que medie ningún tipo de debate ni de explicación sobre el porqué, termina por "extinguirse" y convertirse en el típico *laissez faire*.

En un ámbito de consumo: si un cliente asocia la calidad con una marca por efecto de la estrategia de marketing, y luego de comprarla varias veces comprueba que tal calidad no existe, esta asociación se extinguirá y entonces se inclinará hacia la competencia.

Cabe destacar que extinción no es lo mismo que olvido, porque no implica borrar un recuerdo, sino aprender algo nuevo. Por ejemplo, cuando una marca no cumple con su promesa, el cliente decepcionado aprende que no tiene que volver a adquirirla; asimismo, cuando una empresa no cumple con lo que promete a sus empleados, estos pierden interés en alcanzar los objetivos.

Es posible que este fenómeno esté asociado a una sensación de frustración acompañada por una reacción emocional negativa frente a las ansias de recompensa.

Con una perspectiva neurocientífica, numerosos estudios han comprobado que en los casos de frustración, tiene lugar la activación de la ínsula anterior derecha y de la corteza ventral prefrontal derecha; curiosamente, las mismas estructuras que participan en el procesamiento del dolor, tanto emocional como físico[15].

2.2.2. Aprendizaje no asociativo: habituación y sensibilización

La habituación

> **Nos *habituamos* cuando aprendemos a ignorar estímulos que se reiteran, pero que no son significativos, como el sonido de los autos que pasan por una avenida próxima a nuestro hogar o el tictac de un reloj.**
>
> **Cuando nos acostumbramos a determinados mensajes sensoriales, el cerebro automáticamente deja de prestarles atención.**

Técnicamente, la habituación se caracteriza por una reducción de la respuesta ante un estímulo repetitivo y, tal como su nombre lo indica, está estrechamente relacionada con el acostumbramiento.

Por ejemplo, si nos mudamos del conurbano a un barrio céntrico de la ciudad para evitar el largo viaje hasta la oficina, a medida que avance el tiempo nos iremos acostumbrando progresivamente a determinados ruidos y dejaremos de registrarlos.

En las empresas, el conocimiento de los mecanismos de la habituación es esencial para promover ámbitos de trabajo ricos en variedad de estímulos.

---

15 Abler, B., *et al.*: "Neural Correlates of frustration", en *Neuroreport* N° 16, 669-672, 2005.

Sabemos ahora que el cerebro literalmente deja de responder ante la repetida presentación de un mismo estímulo sensorial o estímulos similares. Cuando el fenómeno de habituación se multiplica o generaliza dentro del lugar de trabajo, ya se trate de una oficina, un departamento comercial o una gerencia, se consolidan rutinas que facilitan la ejecución sistematizada y eficaz de determinadas tareas que pueden convertir a las personas en expertas dentro de un área de desempeño.

Sin embargo, el contraejemplo de las bondades de esta forma de aprendizaje implícito está dado por el acecho de cierto grado de embotamiento cognitivo que atenta contra la creatividad, el pensamiento lateral y la automotivación, todas virtudes humanas deseables y muy valoradas dentro del management, que requieren siempre como impulso una cuota mínima de desafío.

El cerebro se desarrolla, expande su arborización dendrítica y sus conexiones sinápticas cuando se mantienen alejadas las rutinas que llevan a automatismos cognitivos y comportamentales.
Un ambiente de trabajo estimulante mantiene al cerebro en forma, así como la práctica regular del deporte combate el sedentarismo y promueve el bienestar físico. Por el contrario, *un cerebro habituado es un cerebro inactivo.*

Cuando el fenómeno de habituación se propaga dentro de una compañía, se asientan las bases para el estancamiento intelectual y creativo. El resultado es una organización pasiva, confortablemente adormecida, poco competitiva, ya que ha dejado de responder a los sutiles cambios que día a día se observan en el mercado.

Entre las investigaciones más recientes sobre la habituación, una de las más trascendentes es la que emprendió Eric Kandel sobre la aplysia americana, un caracol marino que habita en las costas de California.

Durante los experimentos, se observó que el animal reaccionaba ante un estímulo táctil (un ligero chorro de agua) con una actitud defensiva, contrayendo sus branquias, pero a medida que el chorro continuaba con la misma cadencia, el animal se adaptaba y este comportamiento se registraba en su memoria, en la que se conservaba durante algún tiempo.

Kandel observó que el comportamiento de adaptación de la aplysia perduraba en la memoria a largo plazo y que el aprendizaje producía cambios en sus circuitos cerebrales: las sinapsis entre la neurona sensitiva (que reaccionaba ante el chorro de agua) y la motora (que activaba los músculos de las branquias) se hacían más estables y se comunicaban con mayor facilidad mediante mensajeros nerviosos, porque la experiencia se había consolidado.

Tal vez por eso Kandel sugiere que en el cerebro humano la memoria puede almacenarse en circuitos neurales que no tienen esa función específica y, más aún, algunos científicos estiman que los cambios adaptativos presinápticos son responsables no sólo de aprendizajes simples, como la habituación, sino también de la memorización a corto plazo.

Posiblemente, a esta altura el lector se pregunte: ¿qué tiene que ver mi cerebro con el de un molusco? Esta pregunta es totalmente lógica, sin embargo, tiene dos respuestas comprensibles: a) el cerebro humano tiene cerca de cien mil millones de neuronas, lo cual dificulta el estudio de procesos como el descripto; y b) muchas investigaciones en neurobiología se basan en similitudes como las siguientes:

> En la aplysia califórnica, el sistema nervioso es simple y tiene aproximadamente 20.000 neuronas.
>
> Como su potencial sináptico es grande, Kandel pudo trazar mapas de conexiones neurales célula por célula y elaborar un diagrama de las conexiones que intervienen en un comportamiento determinado.

- las neuronas de la retina humana son muy similares a las de la mosca de la fruta;
- los circuitos cerebrales relacionados con las emociones en los seres humanos son muy similares a los de los reptiles;
- la consolidación de experiencias en forma de aprendizaje se basa en mecanismos bastante parecidos en la mayor parte de las especies, incluidos los mamíferos superiores y los humanos;
- las neuronas y sinapsis humanas son muy similares a las neuronas y sinapsis de algunos organismos simples, como la aplysia.

Volviendo al tema que más nos ocupa, el de los humanos, podemos decir que la habituación es, simplemente, el reconocimiento de estímulos reiterados que, en forma metaconciente, pasamos por alto porque no constituyen ningún tipo de amenaza o molestia insoportable.

En este sentido, se trata de un mecanismo que organiza la percepción. Al suprimir respuestas ante estímulos que no son riesgosos, la habituación evita que tengamos la mente ocupada en registrar cosas irrelevantes.

Imagine qué ocurriría, por ejemplo, si, además de leer el informe que le acaban de enviar de la Dirección, y sobre el cual tiene pocos minutos para emitir su opinión, dedicara parte de sus recursos cerebrales a escuchar el ruido que procede del acondicionador de aire. Sería imposible.

En este sentido, el costado negativo de la habituación sería que, al pasar por alto aquello a lo que nos hemos acostumbrado, no le prestamos suficiente atención a aspectos que deberían resolverse porque afectan negativamente cualquier proceso de cambio.

Otro fenómeno que no queremos soslayar, porque afecta la productividad de las personas, es la habituación a los ruidos en los puestos de trabajo. Aunque no lo notemos, muchas veces son estos sonidos los responsables del cansancio aparentemente inexplicable que sentimos o, peor aún, de nuestro malhumor.

La sensibilización

En sentido opuesto a la habituación opera otro mecanismo cerebral, el de la sensibilización, que se conoce también como "pseudocondicionamiento".

> **En vez de pasar por alto un estímulo, la sensibilización hace que el cerebro intensifique su respuesta debido a que antes un estímulo similar resultó intenso o nocivo.**

Por ejemplo, cualquier persona se puede alterar si escucha, de repente, un sonido similar al de una bomba. Del mismo modo, quienes han tenido la horrible experiencia de presenciar un tsunami tenderán a correr apenas noten una variación en el movimiento de las olas, y ni hablar de quienes viven cerca de un volcán apenas oyen un sonido fuera de lo normal en las montañas.

Si bien estos ejemplos refieren a casos extremos, nos sirven para explicar el valor que tiene para la supervivencia este tipo de aprendizaje implícito: al archivarse en el cerebro bajo la forma de temor aprendido, la sensibilización es un poderoso recurso para alejarnos de los peligros.

Piense, por ejemplo, que usted debe reunirse con un cliente en los Estados Unidos, se encuentra caminando por la Quinta Avenida, en Nueva York, y, de repente, se produce un apagón.

Estar rodeado de gente en una gran ciudad es algo muy común, sin embargo, en ese momento siente mucho miedo, tal vez por la información almacenada en su memoria sobre los delitos que suelen cometerse en este tipo de situaciones.

> **La sensibilización, que suele definirse como "excitación vigilante", es la forma más elemental de aprendizaje implícito, un componente principal del comportamiento humano.**

En este caso, el estímulo intenso está representado por el apagón, y la sensibilización, por la cadena de respuestas que seguramente manifestará ante cualquier movimiento que, cuando había luz, ni siquiera hubiera notado.

Ahora bien:

> **a diferencia de la habituación, que produce una disminución de la transmisión sináptica en las neuronas sensoriales, la sensibilización implica el aumento de la transmisión sináptica.**

En términos de Kandel,

> *Después de que un animal descubre que un estímulo es nocivo, aprende a responder de una manera típicamente más intensa frente a una variedad de otros estímulos. Particularmente, se hace más viva la preparación de los reflejos defensivos de retirada y huida.*
>
> *Este cambio, llamado sensibilización, es una forma de aprendizaje no asociativo, más complejo que la habituación. (...) Al igual que en la habituación, la sensibilización tiene una forma a corto plazo, que dura minutos, y otra a largo plazo, que dura días y semanas.*

Recapitulando

- Habituación y sensibilización son formas de aprendizaje parecidas, pero opuestas, que se reflejan en modificaciones en la eficiencia sináptica. Por eso, los científicos aceptan que muchas formas de aprendizaje y de memoria de corto plazo están relacionadas con cambios en la funcionalidad sináptica.
- Se ha descubierto que un determinado conjunto de conexiones sinápticas puede modificarse en sentido opuesto a partir de formas distintas de aprendizaje: la habituación atenúa la sinapsis, mientras que la sensibilización y el condicionamiento la refuerzan.
- Se cree que estos cambios en las conexiones sinápticas son los mecanismos celulares que sustentan el aprendizaje y la memoria de corto plazo; asimismo se estima que la memoria a largo plazo depende de modificaciones más sustanciales y permanentes del tejido nervioso, como la generación de nuevas sinapsis y, a su vez, de reorganización de las conexiones entre neuronas.

En el momento en que se escribe esta obra, las bases neurobiológicas del aprendizaje constituyen una especie de hervidero como tema de investigación.

Se espera que, con ayuda de los nuevos métodos de acceso a las estructuras cerebrales, fundamentalmente las técnicas de neuroimagen, los científicos puedan corroborar varias hipótesis explicativas.

De momento, la ciencia ha descubierto que muchas de las funciones sensoriales, motoras y cognitivas relacionadas con el aprendizaje siguen varias vías neurales, que la misma información se procesa en paralelo en distintas regiones del cerebro y que, cuando se lesiona una estructura determinada, como el hipocampo, la persona afectada tiene grandes dificultades para aprender.

Sin duda, el desarrollo de la neurobiología es un gran punto de partida para el estudio del aprendizaje: luego de los descubrimientos de la Dra. Brenda Milner[16], se llegó a la conclusión de que determinadas regiones del cerebro son necesarias para determinados tipos de memoria, y consecuentemente, para determinados tipos de aprendizaje.

A ello debemos sumarle el convencimiento de que el aprendizaje modifica la intensidad de las conexiones sinápticas entre las neuronas y que, si hay muchas formas de aprendizaje, se debe a que existen distintos perfiles y combinaciones de estímulos y que estas distintas combinaciones originan tipos de almacenamiento diferentes entre sí.

2.3. Aplicaciones en las organizaciones

La repetición aleatoria o arbitraria de un estímulo que provoque aversión entre los miembros de una compañía puede generar alteraciones en el humor, la motivación, el desempeño y el compromiso con la organización.

Por ejemplo, las dificultades de algunos gerentes para asumir que de los errores se aprende suele llevarlos a aplicar castigos injustos a quien se equivoca. Estos castigos suelen consistir en la pérdida de premios y la marginación en épocas de ajustes salariales o ascensos.

La consecuencia es la generación de un estado de sensibilización que, invariablemente, y como una especie de círculo vicioso, repercutirá negativamente en el rendimiento del empleado que fue sancionado por el "delito" de equivocarse.

En estos casos, la sensibilización (como refuerzo de neurocircuitos que participan en el miedo) propicia cuadros de ansiedad y estrés que dejan a la persona afectada en una condición de vulnerabilidad emocional tal que pue-

[16] La Dra. Brenda Milner es considerada una pionera en el estudio de la neurociencia. Su trabajo ha contribuido en forma decisiva al conocimiento del cerebro y sus funciones (aprendizaje, memoria y habla). También investigó la especialización hemisférica y el papel determinante del hemisferio derecho en el recuerdo de la localización de los objetos en el espacio.

de interferir negativamente en sus procesos mentales más complejos, y alterar así su capacidad para la resolución de problemas y la toma de decisiones.

En un contexto como el descripto, por cierto muy frecuente en las organizaciones, la sensibilización opera como un fenómeno que literalmente facilita la aparición de la angustia y la hipervigilancia. El individuo queda, sin proponérselo, selectivamente atento a posibles señales de peligro, ya que su lugar de trabajo se ha convertido en un ámbito poco seguro y confiable.

Este estado de susceptibilidad psicológica está mediado por un proceso de sensibilización signado, a su vez, por la imposibilidad de anticipar un clima laboral relajado y contenedor.

Sin duda, la percepción de estar a merced de sucesos que escapan a nuestro propio control, pero que nos afectan, puede llevarnos a una fragilidad psíquica caracterizada por una disminución o pérdida de la autovaloración y, peor aún, a la resignación, al desinterés por el trabajo y a la apatía.

Esto exige tener muy presente el concepto de sensibilización dentro de la organización (fundamentalmente cuando se ocupa un puesto de mando o jerárquico) a los fines de mantener una línea de conducta que respete una idea directriz sensata, capaz de contribuir a la creación de un ámbito de trabajo donde se acepte que somos humanos y, a veces, podemos equivocarnos, de modo de ofrecer seguridad y estabilidad a los integrantes del equipo.

Tengamos presente que

> **todo estado de sensibilización será más extremo, profundo y nocivo cuando a la alta frecuencia de presentación del estímulo que provoque aversión (ya se trate de un castigo específico, alguna forma de maltrato emocional, etc.) se sume la arbitrariedad y la imposibilidad de protegerse en quien lo padezca.**

Como vemos, saber cómo aprendemos, cómo nos habituamos y cómo nos sensibilizamos a nivel cerebral constituye un área del conocimiento que el neuromanagement no puede dejar de lado, tanto en sus contenidos como en sus aplicaciones.

Capítulo **13**

Cómo potenciar nuestra capacidad cerebral a través del neuroaprendizaje

Me lo dices, y lo olvido.
Me lo enseñas, y lo recuerdo.
Me haces intervenir, y aprendo.

Benjamín Franklin

1. Neuroaprendizaje: un recurso de funciones múltiples en las organizaciones

En un contexto de neuromanagement, el neuroaprendizaje constituye un recurso de funcionalidad múltiple, no sólo porque pone en primer plano la aplicación de dimensiones no exploradas por las técnicas tradicionales para mejorar el desempeño de los miembros de una organización, sino también porque contribuye a la potenciación de sus capacidades cerebrales.

Desde este enfoque, el neuroaprendizaje es, también, **una actividad generadora del cambio**. Al integrar los nuevos conocimientos con el ejercicio cotidiano del trabajo, se convierte en un recurso estratégico de enorme importancia, ya que sus resultados pueden evaluarse en términos de competitividad. Sin duda, el éxito de las organizaciones depende más de recursos intelectuales que de recursos de capital o financieros.

En un mundo en el cual el conocimiento forma parte de la gestión estratégica es imprescindible desarrollar "entramado neural" a través del aprendizaje.

El rol del neuroliderazgo no es preconcebir estrategias deliberadas, sino facilitar el proceso de potenciación de capacidades cerebrales para que los equipos de trabajo puedan generarlas por sí mismos.

A nivel personal, aprender aumenta la autoestima y la motivación. A nivel grupal, el bienestar individual que provoca el aprendizaje se traduce en bienestar colectivo.

No es casual que las prácticas gerenciales que se constituyen en un modelo de éxito se asienten tanto en el aprendizaje individual como en el organizacional.

De ese modo, y por eso hablamos de "recurso de funcionalidad múltiple", **el neuroaprendizaje crea futuro.**

Las empresas de avanzada son aquellas que logran aprovechar al máximo el entusiasmo de su gente por incorporar y aplicar nuevos conocimientos.

No es nuevo para el lector que vivimos en la sociedad del conocimiento; de hecho, el tema ha sido instalado en la bibliografía desde hace tiempo.

Lo distinto, tal vez, sea el hecho de que en un contexto tan imprevisible como el que nos toca vivir, las organizaciones no tienen alternativa: además de someter a constantes revisiones el conocimiento que han acumulado, deben ser capaces de generar conocimientos nuevos, y hacerlo en forma continuada.

En este sentido, la importancia del aprendizaje permanente radica en que este constituye la llave maestra para mantener o desarrollar la agudeza mental necesaria para analizar a gran velocidad las relaciones entre los hechos y descubrir, en el menor tiempo posible, las mejores opciones para una toma de decisiones eficaz.

Sin duda alguna, y por ello subrayamos este concepto prácticamente en toda esta obra, los directivos que ejercitan sus funciones cognitivas a través de un programa estructurado que brinde al cerebro una gran variedad de estímulos estarán mejor preparados para decidir dentro de un contexto organizacional ambiguo, signado no sólo por la incer-

NEUROAPRENDIZAJE

- El conocimiento produce un estado de bienestar que supera con creces la incertidumbre que genera la ignorancia.
- Para llegar a ese nivel de experiencia placentera debemos aprovechar todos los recursos con que contamos.

Aprender cómo funciona nuestro cerebro hará de nosotros mejores "aprendientes".

tidumbre, sino también por los momentos de confusión que genera un entorno de negocios muchas veces caótico.

En este capítulo, comenzaremos por explicar cómo aprenden las personas y cuál es el rol de la neuroeducación, resaltando la relevancia del aprendizaje individual para el aprendizaje colectivo, es decir, el que se gesta como resultado de la sinergia de las mentes individuales y hace más competitivas a las organizaciones.

2. Neuroaprendizaje y neuroeducación

El neuroaprendizaje y la neuroeducación son dos caras de una misma moneda: ambas disciplinas son producto de la convergencia de las neurociencias con la neuropsicología y la neuropedagogía.

El neuroaprendizaje estudia los procesos por los cuales la nueva información genera cambios duraderos en las conexiones neurológicas.

Parte de la base de que el cerebro registra y almacena datos de maneras diversas, según el contexto, la modalidad sensorial, el equilibrio biológico del momento y, fundamentalmente, la carga emocional.

> El aprendizaje sostenido redunda en un refuerzo y aumento del contingente sináptico, es decir, en una mayor telaraña de conexiones neuronales que constituyen el sustrato neurobiológico que posibilita un mejor rendimiento cerebral en el procesamiento general de la información.

La neuroeducación parte de la premisa de que la mente humana no es una especie de disco rígido donde la información puede ser, simplemente, colocada.

Ello se debe, en parte, a que todo dato que ingresa no es neutro, sino que está teñido por la percepción de quien lo percibe y, a su vez, por la información que se encuentra almacenada en su cerebro. Esto exige considerar cómo son los modelos del mundo de quienes aprenden y diseñar programas a su medida para facilitar la incorporación de conocimientos.

En otros términos,

- **el neuroaprendizaje se concentra en la enorme capacidad del cerebro para percibir, incorporar y agrupar gran cantidad de información en patrones neuronales y relacionarla, sorteando las restricciones del procesamiento secuencial (que caracteriza al pensamiento conciente) y aprovechando los recursos potenciales de nuestra mente completa sin las barreras que imponen la lógica lineal, el tiempo y el espacio.**

Dado que la misión del neuroaprendizaje es indagar cómo el ser humano puede acceder mejor al conocimiento, los esfuerzos se concentran en investigar de qué manera el cerebro construye los significados y cómo se aprenden mejor nuevos conceptos y nuevas habilidades, incluyendo entre estas últimas no sólo los procedimientos sencillos, como jugar al golf, conducir un coche, sumar y restar o escribir sin errores ortográficos, sino también los más complejos, como los vinculados a la toma de decisiones y resolución de problemas en las organizaciones.

2.1. Redes hebbianas y neuroaprendizaje

Uno de los hallazgos más significativos de las neurociencias, y allí se focaliza la neuroeducación, tiene que ver con el rol del aprendizaje en la construcción de la mente al modificar las estructuras del cerebro. Por eso, las investigaciones actuales continúan tomando como referencia las ideas de Donald Hebb.

Donald Hebb afirmó que la huella de un recuerdo fruto del aprendizaje se produce y se mantiene por medio de modificaciones celulares que primero trazan y luego consolidan la estructura espacial de las redes neuronales.

En su opinión, el aprendizaje sólo sería posible si existiera una simultaneidad temporal del funcionamiento de dos neuronas conectadas entre sí, una presináptica y otra postsináptica.

Ese funcionamiento simultáneo permitiría la conformación de circuitos neuronales y sería el factor desencadenante de la formación de los recuerdos.

Tomando como base estas ideas, los neurobiólogos explican el proceso de aprendizaje de la siguiente manera.

- Las células cerebrales incorporan la nueva información a través de mediadores presinápticos, que potencian la creación de nuevas conexiones interneuronales, y postsinápticos, que actúan sobre los canales iónicos y facilitan su apertura.
- Estos cambios en la estructura del cerebro están ligados a un fenómeno que se conoce como "plasticidad cerebral".
- La información resultante del aprendizaje cambia la estructura del cerebro.
- Dichos cambios modifican la organización funcional del cerebro.

Cabe destacar que las ideas hebbianas sobre el aprendizaje, que suponen un gran avance, son las que prevalecen en la mayor parte de la bibliografía científica.

Sin embargo, los conocimientos precisos sobre las bases neurobiológicas del aprendizaje aún no están consolidados, y el proceso de investigación no es sencillo debido, entre otros, a dos factores:

a. la codificación de datos implica un conjunto de sistemas y subsistemas que subyacen en neurocircuitos y estructuras anátomo-funcionales; y
b. los procesos neurobioquímicos del cerebro, en los cuales los neurotransmisores desempeñan un rol esencial, son complejos. Se sabe que la plasticidad sináptica está mediada por proteínas y glicoproteínas, por neurotransmisores (entre ellos, glutamato, noradrenalina, acetilcolina y dopamina) y también por hormonas y opiáceos que, se supone, actúan tanto en zonas específicas como en circuitos funcionales.

Por último, cabe destacar que cuando Hebb elaboró su teoría, la ciencia no contaba con el equipamiento que existe en la actualidad para explorar los mecanismos cerebrales. Recién en 1973, cuando Bliss y Lomo presentaron su trabajo sobre el proceso de potenciación a largo plazo, las hipótesis de Hebb pudieron ser confirmadas empíricamente. Comenzaremos, entonces, por explicar este proceso.

2.2. El proceso de potenciación a largo plazo

Tal como vimos en el Capítulo 2, los órganos sensoriales están informando continuamente al cerebro sobre lo que pasa a nuestro alrededor, y las células cerebrales transmiten esta información comunicándose entre sí mediante señales eléctricas.

Cuantas más veces experimente una célula el mismo estímulo, más fuerte se vuelve la señal eléctrica, lo que permite a las células distinguir entre información nueva e información conocida.

Se considera que este fenómeno, denominado "potenciación a largo plazo" en la literatura especializada, interviene en el aprendizaje y la memoria, por esa razón su base molecular está siendo investigada intensamente.

En enero de 2007, un grupo de científicos del Laboratorio Europeo de Biología Molecular, ubicado en Italia, en colaboración con investigadores de la Universidad Pablo de Olavide, en Sevilla (España), identificó una molécula que desempeña un papel clave en el aprendizaje, llamada TrkB.

Esta molécula (estudiada en ratones) se encuentra en la superficie de las células del hipocampo y se comprobó que, cuando se enfrentan con un estímulo conocido, estas células generan una potenciación a largo plazo.

Veamos gráficamente cómo es para comprenderlo con más claridad:

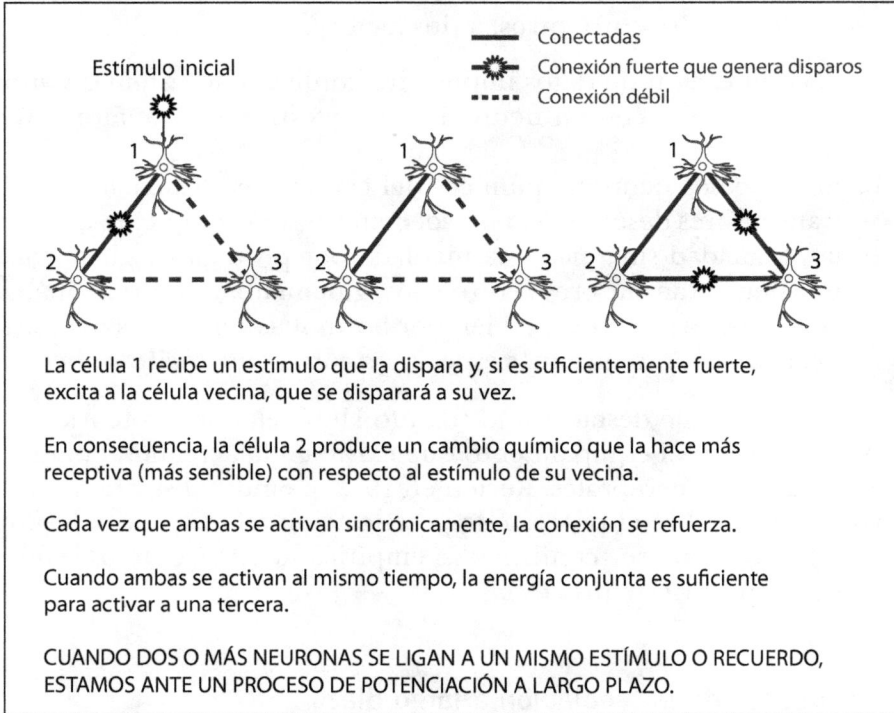

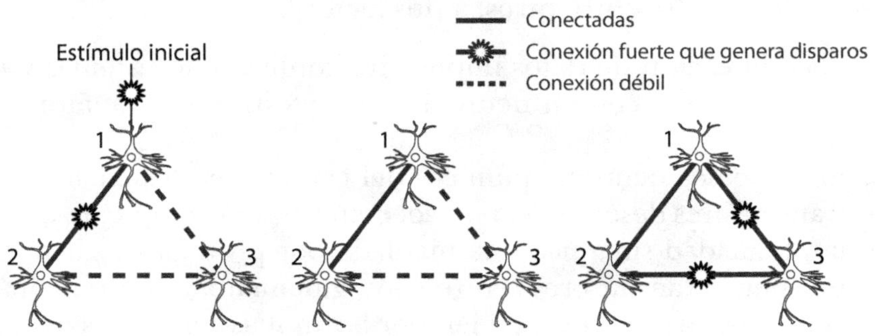

La célula 1 recibe un estímulo que la dispara y, si es suficientemente fuerte, excita a la célula vecina, que se disparará a su vez.

En consecuencia, la célula 2 produce un cambio químico que la hace más receptiva (más sensible) con respecto al estímulo de su vecina.

Cada vez que ambas se activan sincrónicamente, la conexión se refuerza.

Cuando ambas se activan al mismo tiempo, la energía conjunta es suficiente para activar a una tercera.

CUANDO DOS O MÁS NEURONAS SE LIGAN A UN MISMO ESTÍMULO O RECUERDO, ESTAMOS ANTE UN PROCESO DE POTENCIACIÓN A LARGO PLAZO.

Ejemplo:

El disparo de una neurona puede ser rápido o lento. Cuanto más rápido es, mayor es la descarga eléctrica, lo que aumenta las probabilidades de que se dispare una neurona vecina.

Una vez que una neurona vecina se ha disparado, se genera un cambio físico que la deja más sensible a una nueva estimulación que proceda de la misma neurona que la impactó inicialmente. Si la primera se activa otra vez durante ese período, tendrá mayores probabilidades de dispararse. Este segundo disparo hará que la segunda se haga más receptiva, y así sucesivamente.

Con el correr del tiempo, los disparos repetidos reúnen a las neuronas entre sí, de manera tal que, ante la activación de una, se activarán también todas las que anteriormente se habían relacionado: de esta manera se forman los recuerdos que almacenan todo lo que aprendemos a lo largo de la vida.

Ahora bien, para que se produzca la potenciación a largo plazo, es necesario un estímulo fuerte que active varias fibras aferentes juntas. Este proceso tiene características asociativas similares a las encontradas en el condicionamiento clásico (recordemos que Pavlov explicó cómo los estímulos simultáneos llegan a evocar respuestas semejantes, aunque tales respuestas hubieran sido evocadas al principio sólo por uno de ellos).

Cuando llegan dos estímulos excitatorios, uno fuerte y otro débil, a la misma región de las dentritas de la célula piramidal, el estímulo débil se encontrará potenciado sólo si se activó asociado a otro fuerte. Estas características son las que se toman como referencia para explicar que la potenciación a largo plazo en una región, que los científicos denominan CA1, es asociativa, mientras que en otra región, que denominan CA3, es no asociativa.

Como vemos, estas investigaciones dan la esperanza de que, en un futuro tal vez no muy lejano, la ciencia halle el camino para ayudar a los humanos a mejorar sus mecanismos de aprendizaje y memoria.

2.3. Las ondas cerebrales: cómo potenciar las capacidades de aprendizaje

En la Parte II de esta obra vimos que el cerebro funciona como una especie de válvula reductora que sólo admite el paso a nuestra conciencia de partes de la realidad, y que una enorme riqueza de información y recursos se aloja en nuestra mente profunda, metaconciente, sin que nos demos cuenta de este proceso.

Esta mente profunda es la que nos permite percibir a través de significados que no tienen las limitaciones que impone el conciente, por lo tanto, constituye una modalidad mucho más rica y elevada.

Para comprender cómo podemos aprender utilizando a pleno nuestra capacidad cerebral, recordemos que el cerebro transmite información a diferentes frecuencias, mediante impulsos eléctricos[1] que se convierten en ondas cerebrales.

Veamos cómo es este proceso repasando parte de lo que ya hemos aprendido incluso en este capítulo.

1. **El cerebro funciona mediante conexiones sinápticas que se establecen entre neuronas formando circuitos.**
2. **Estas conexiones se forman en función de los estímulos que recibimos, fundamentalmente, por el aprendizaje.**

---

1 Rose, C. y Nicholl, M.: *Aprendizaje acelerado para el siglo XXI*. Omega, Barcelona, 1999.

3. **En este proceso intervienen neurotransmisores que son impulsados por la actividad eléctrica (ondas cerebrales).**
4. **La frecuencia de las ondas cerebrales varía según el estado de conciencia.**

La actividad cerebral se calcula en hertz (Hz) o en ondas (bandas de Hz) que varían significativamente. Los cambios en estas frecuencias (que se pueden registrar mediante encefalogramas) producen cambios en los estados de conciencia y en el organismo.

Si bien los estados de conciencia que distinguen los científicos son los de vigilia y sueño, y las fronteras entre ambos,

> **los cambios en la actividad eléctrica del cerebro revelan sensaciones y emociones que, por ejemplo, aun siendo típicas del estado de sueño, pueden ser generadas en estado de vigilia. Saber esto es muy importante ya que el rendimiento intelectual depende del tipo de onda predominante en cada momento.**

Se distinguen cinco tipos de ondas cerebrales: gamma, beta, alfa, theta y delta, que difieren de manera considerable entre sí, sobre todo en los períodos en los que estamos totalmente despiertos o profundamente dormidos.

Gamma: se detectan en estados de vigilia, cuando estamos sumamente atentos. Revelan una alta activación de las neuronas, típica de los momentos en que nos hallamos sumergidos en procesos de creación y resolución de problemas. Su frecuencia es de 30-40 ciclos por segundo.

Como hay regiones del cerebro que intervienen (o se especializan) en determinadas funciones, se infiere que la presencia de ondas gamma refleja procesos de coordinación y/o reorganización de las conexiones neuronales generados también por entrenamiento mental.

Por ejemplo, el aumento de los ritmos gamma en la corteza frontal, observado mediante electroencefalograma, indica que esta región desempeña un papel importante en funciones mentales complejas, como el pensamiento abstracto, la creatividad y la toma de decisiones.

En síntesis, los procesos que los científicos asocian a la presencia de estas ondas son integración, percepción de objetos significativos y procesos relacionados con la atención conciente.

Beta: es el patrón de onda cerebral característico del cerebro en estado conciente, es decir, cuando estamos completamente despiertos y atentos a todo lo que nos rodea, por ejemplo, cuando dialogamos o intentamos analizar y resolver un problema en la oficina. Se caracterizan por una frecuencia de entre 13 y 25 ciclos por segundo.

Alfa: es el patrón de onda cerebral característico de los estados previos al sueño, en los que estamos mentalmente despiertos, pero nuestro cuerpo se encuentra completamente relajado, es decir, en la frontera entre lo conciente y lo inconciente.

Tienen una frecuencia de entre 8 y 12 ciclos por segundo.

Theta: son las ondas que nuestro cerebro emite durante las primeras fases del sueño, en las que normalmente procesa la información sobre lo que hemos vivido durante el día. Su frecuencia es de entre 4 y 7 ciclos por segundo.

En 2007, un equipo de la Universidad norteamericana de Wisconsin-Madison dirigido por el científico Giulio Tononi descubrió un método para generar artificialmente las ondas cerebrales características del estado de sueño profundo.

Para ello desarrolló una técnica denominada estimulación magnética transcraneal (TMS), que excita las neuronas del cerebro mediante corrientes eléctricas muy leves.

Como la actividad ondulatoria lenta es esencial para *la capacidad de aprender, pensar y recordar*, la enorme importancia de este descubrimiento radica en la posibilidad de resolver el problema de las personas que sufren insomnio y, a su vez, de crear un dispositivo que nos permita obtener, en pocas horas, los mismos beneficios para el cerebro que obtendríamos durmiendo una noche entera.

Delta: es el patrón de onda cerebral que emitimos cuando estamos profundamente dormidos y tiene una frecuencia de entre 1/2 y 3 ciclos por segundo.

Un tema muy interesante relacionado con las ondas theta y delta es que dormir nos permite mejorar la memoria.

Durante la vigilia, el cerebro crea miles de conexiones sinápticas, porque constantemente estamos recibiendo estímulos; durante el sueño, la actividad cerebral ondulatoria se hace cada vez más débil.

En esos momentos de menor estado de conciencia (en los que vivimos, como se ha dicho, una realidad caracterizada por atemporalidad, aespacialidad y aindividualidad) se reestructuran los entramados neuronales[2] y, al despertarnos, las conexiones sinápticas vuelven a recobrar su fuerza porque han sido reorganizadas por transmutación con memorias anteriores.

En otros términos: durante el sueño se reestructura la memoria, uniendo lo vivido durante el día (que se refleja en lo que soñamos) con todo lo

[2] Véase el Capítulo 10, Apartado 1.2.

Las ondas cerebrales también pueden manipularse mediante la meditación basada en el uso de imágenes.

Durante un experimento realizado en la Universidad de Pensilvania, mientras los participantes estaban meditando, las imágenes (obtenidas por tomografía SPECT) mostraron una actividad inusual de la región prefrontal dorsolateral y un decaimiento de la actividad del área de orientación del lóbulo parietal, que procesa la información sobre el espacio y la ubicación del cuerpo en él.

que ya se encuentra grabado en el cerebro; de ese modo se regraban experiencias fusionadas (las del día con las anteriores).

Esto explica por qué aquello en lo que pensamos con más intensidad, y sobre todo, antes de dormirnos, tiende a fijarse con mayor facilidad.

Como vemos, el estudio de las ondas cerebrales es de gran importancia para optimizar los procesos de aprendizaje.

Según los investigadores, los momentos en que realizamos un esfuerzo conciente para asimilar información cuando estamos aprendiendo algo nuevo se caracterizan por la predominancia de ondas beta.

Posteriormente, el estado alfa, es muy poderoso para ayudarnos a rememorar y fijar los conocimientos debido a que, al estar relajados, nuestro cerebro está más abierto y receptivo.

En estado alfa no sólo la información se almacena mejor a largo plazo; también se ha comprobado que existen pautas espacio-temporales de actividades neuronales que nos conectan con la infinita cantidad de recursos que existen en nuestra mente profunda, metaconciente.

Es en este estado relajado, pero de vigilia, en el que suelen surgir las ideas que nos permiten desarrollar nuevos conceptos, debido a que el metaconciente recorre varias partes de las redes neuronales para encontrar una o varias relaciones sobre los temas que nos han mantenido ocupados durante el día.

Bajo el patrón beta, absolutamente conciente, muchas veces no logramos comprender las situaciones demasiado complejas y, mucho menos, llegar al fondo de ellas. En cambio, las ondas alfa están asociadas con un tipo de inteligencia vinculada no sólo con la creatividad, sino también con la intuición, la genialidad y la sabiduría.

El análisis de las ondas alfa, gamma y theta proporciona una base científica que sustenta la importancia de la relajación para acceder a nuestro interior, ya que su frecuencia es la que sintoniza con el metaconciente e impulsa el pensamiento creativo.

Cuando predominan estas ondas y las theta (típicas del ensimismamiento profundo), disminuye la actividad del hemisferio izquierdo (característica del pensamiento lógico y analítico).

La atención se retira de los sistemas sensoriales que se mantienen activos en momentos de vigilia y logramos un estado mental mucho más fluido y relajado, en el que predominan las profundidades de interrelación neuronal y emocionales del hemisferio derecho, más creativo e intuitivo.

Esto explica por qué, cuando comenzamos lentamente a desconectarnos de los estímulos externos antes de dormirnos, se nos aparecen imágenes de gran riqueza que suelen sucederse entre sí de manera aparentemente desconectada.

Si bien este estado es espontáneo, desde hace milenios se vienen practicando técnicas de relajación y meditación con el fin de alcanzar niveles mentales superiores. Lo nuevo es que, en la actualidad, los científicos pueden observar la actividad cerebral que se genera mientras las personas meditan.

En una investigación realizada en los Estados Unidos se comprobó que los monjes budistas que llevaban largo tiempo practicando meditación presentaban una gran actividad en la corteza prefrontal izquierda, y la amplitud de las ondas gamma observadas en algunos de ellos eran las mayores de la historia registradas en personas sanas.

Durante un experimento realizado en la Universidad de Madison, Estados Unidos, los científicos llegaron a la conclusión de que la meditación podría inducir modificaciones cerebrales duraderas en quienes la practican con constancia[3].
Se pudo observar que los meditadores experimentados generaban oscilaciones rápidas en las frecuencias gamma y que esta actividad era mucho más elevada que la de personas que llevaban sólo una semana de entrenamiento en meditación.
Los científicos infieren que, en este caso, las ondas gamma reflejan la coherencia de la actividad cerebral típica de estados de atención constante, por lo tanto, la meditación puede contribuir al desarrollo del cerebro.

En las organizaciones de avanzada, lo que se busca al incentivar a las personas para que mediten es crear un estado armónico que, además de facilitar el aprendizaje y la creación de relaciones armónicas con los demás, potencie las capacidades intelectuales e intuitivas imprescindibles para mejorar los procesos de toma de decisiones.

---

3 En la Universidad de Wisconsin-Madison trabajan desde 1992 con el Dalai Lama y otros monjes budistas experimentados en meditación.

2.4. Neuroaprendizaje y dominancia cerebral

Como seres humanos, somos todos diferentes. Si bien hay aspectos que compartimos, como la edad, la ciudad donde vivimos, el nivel socioeconómico, el interés por determinados temas, hay otros, no tan claros ni visibles, que nos hacen únicos, como las características psíquicas y neurológicas que influyen en nuestra predisposición y capacidad para aprender.

Los pedagogos llaman "estilos" a estas características, más o menos permanentes, que marcan la diferencia entre un individuo y otro.

Esto es: cada persona tiene su propio estilo para vestirse, presentarse, dialogar, decorar su casa, etc., y también lo tiene para la hermosísima tarea de aprender.

Si usted observa, por ejemplo, la actitud de sus colegas cuando asisten a una jornada de capacitación, notará que cada uno de ellos tiene su propia manera de tomar notas, seleccionar textos, comprender, preguntar, repreguntar.

Esto se debe, en gran parte, a que cada individuo tiene su propio estilo de pensamiento y organización de la información que se basa tanto en su personalidad como en su propia estructura neuronal. Y más aún: nuestros cinco sentidos no operan del mismo modo cuando estamos aprendiendo.

Recordemos que existen individuos visuales (los que normalmente dicen: "si no lo veo no lo puedo retener", o "recuerdo perfectamente en qué página estaba"), auditivos (registran mejor la información cuando esta les llega a través del oído) y cinestésicos (los que aprenden mejor cuando utilizan el cuerpo, por ejemplo, al actuar en un juego de roles).

Por lo tanto, si antes de aplicar un plan de capacitación una empresa selecciona a los participantes en función de estas características, mayores serán las posibilidades de que el retorno de la inversión sea alto para todos.

En este sentido, la neuroeducación sugiere la necesidad de aplicar un conjunto de tests que definan el perfil neurocognitivo de cada uno de los integrantes y, posteriormente, configurar los programas de crecimiento cerebral que necesita la organización[4].

En el caso del entrenamiento previo al ingreso, los avances en neurociencia cognitiva han suministrado información de enorme utilidad sobre el funcionamiento del cerebro, que ha posibilitado el desarrollo de un conjunto de técnicas neuropsicológicas mucho más seguras para detectar cuáles

---

4 Véase "Neuroselección de personal y determinación de perfiles neurocognitivos para una mejor definición de los programas de capacitación/formación", en www.braindecision.com.

son los candidatos que cuentan con un potencial capaz de añadir valor a la organización.

De este modo, en un grupo de postulantes, es posible detectar a priori quiénes son los que cuentan con los perfiles más convenientes para las organizaciones y, a su vez, que los que posteriormente se integren sean ubicados en el rol que mejor se acomoda a sus capacidades de aprendizaje y a su proyección y crecimiento futuro.

Durante los programas de entrenamiento previo y, del mismo modo, cuando participan quienes ya se encuentran trabajando, es posible evaluar aspectos relacionados con los diferentes componentes de la inteligencia, la capacidad para la toma de decisiones, el tipo de personalidad, el automonitoreo de la conducta y la capacidad para resolver situaciones novedosas.

Todos estos son aspectos centrales que pueden ser cuantificados con los modernos instrumentos neuropsicológicos.

Otro fenómeno de gran importancia, que también se puede observar (y que le ayudará a descubrirse a usted mismo cuando realice las aplicaciones que le proponemos) es el de **dominancia cerebral**, esto es, el predominio de uno u otro hemisferio en el momento de analizar un determinado aspecto de la realidad.

Comencemos por un ejemplo: imagine que, en la empresa en la que usted trabaja, una de las unidades de negocios está perdiendo rentabilidad y eso tiene muy preocupadas a las gerencias responsables.

El Brain Decision Braidot Centre ha desarrollado un conjunto de técnicas de evaluación neuropsicológica que permite una exploración exhaustiva de las funciones cerebrales requeridas en la construcción del perfil de cada puesto, y garantiza una predicción más acertada sobre el desempeño futuro de un candidato, que la que brindan las técnicas de selección tradicionales.

Imagine también que usted es uno de esos gerentes. ¿Qué ocurrirá cada vez que se reúnan a analizar el problema?

Seguramente (a nosotros nos ha pasado; de hecho, le prestamos mucha atención al tema), observará diferentes conductas. Los que tienen un hemisferio izquierdo dominante lo enfocarán mediante un análisis lógico, cuantitativo. No sería extraño que concurran a la reunión con una pila de hojas de cálculo y que se detengan mucho tiempo en los detalles.

Quienes tienen predominio del hemisferio derecho tenderán a pensar en el diseño del producto, en el mensaje de la campaña publicitaria, en el servicio a los clientes, en la motivación de los miembros de la cadena de distribución y, posiblemente, elaboren una propuesta de solución que tenga más base en la creatividad que en un conjunto de cuentas que "cierren".

Estas diferencias en la dominancia cerebral se manifiestan también con mucha claridad en los procesos de aprendizaje. Del mismo modo que, como seres humanos, tenemos estilos diferentes, tenemos también características diferentes en el modo de aprender.

Sin embargo, el sistema educativo occidental (tanto en las universidades como en las empresas) ha presentado la curiosa tendencia a privilegiar, de manera casi excluyente, una modalidad de transmisión del conocimiento compatible con las funciones cerebrales propias o predominantes del hemisferio cerebral izquierdo, en detrimento del gran potencial propio del hemisferio cerebral derecho.

Tal vez, este sesgo, injustificado en nuestros días, se deba al desconocimiento y, a su vez, a las dificultades para cortar con los estilos pedagógicos que se han venido implementando durante décadas, aun cuando no han dado los resultados esperados.

> La presentación diversificada del contenido de cualquier programa de formación será más efectiva si implica la activación neuronal de ambos hemisferios cerebrales.

Ya no es posible ignorar los enormes beneficios que representa la aplicación de programas de capacitación que incluyan la activación neuronal de ambos hemisferios, fomenten la estimulación del cerebro de manera global, y posibiliten una mayor y mejor asimilación de los contenidos a incorporar en base a los perfiles neurocognitivos previamente detectados.

Por ello son tan eficaces las metodologías que implican la utilización de la imaginación, la metáfora, la experiencia de primera mano, directa o vivencial, el arte, la música y la apelación a los cinco canales sensoriales propios del ser humano, más allá de la vista y el oído tradicionalmente priorizados.

Siempre que sea posible, deben incorporarse múltiples entradas sensoriales (vista, tacto, oído, gusto, olfato) que doten de significado al aprendizaje y lo conviertan en un acto vivencial que potencie los procesos de fijación de la memoria.

Ello exige, a su vez, un análisis previo de las particularidades.

- Al ser la realidad una construcción individual, cada aprendiente tiene su propia manera de percibir y aprender.

- La dominancia cerebral, junto con otros fenómenos que nos hacen únicos, determina a qué le prestamos atención, a qué no, y cómo incorporamos mejor el conocimiento.

Para explicar estas particularidades, han surgido teorías muy interesantes en el ámbito de la psicología, entre ellas, las de los estilos de aprendizaje, inteligencias múltiples y autogobierno mental[5] en las que el lector puede profundizar si lo desea.

2.5. La regulación emocional: su importancia para optimizar los procesos de neuroaprendizaje

La autorregulación emocional es la habilidad que nos permite manejar nuestros impulsos.

La mayoría de las veces toma la forma de un diálogo interno continuo que una persona mantiene consigo misma y le posibilita mantener a raya sus emociones negativas: "Bueno... esto no debe ser tan malo como parece, antes de armar un alboroto, veamos cómo se puede solucionar", o bien: "De acuerdo, las cosas no salieron como las había planeado; este es un buen momento para lucirme ante los demás exhibiendo mi capacidad de tolerancia a la frustración".

Quienes poseen un buen entrenamiento para poner a funcionar en el momento adecuado un autodiálogo apaciguador están en mejores condiciones de revertir la angustia o el malhumor repentino que suele aparecer como resultado de un imprevisto laboral, un mal negocio o un problema personal, y dominar los impulsos inadecuados y poco elegantes que normalmente sólo sirven para empeorar la situación.

En un contexto de neuroaprendizaje, las personas que han logrado desarrollar una óptima capacidad de autorregulación emocional son las que mejores resultados obtienen tanto en los ámbitos académicos como en los cursos y seminarios en los que participan.

En la vida laboral, y también en la personal, es común que tengamos dificultades para concentrarnos en lo que dice un expositor o para participar intercambiando ideas sobre el tema que se está desarrollando, porque

---

5 Sternberg, R. J. y Detterman, D. K.: *¿Qué es la inteligencia?*, Pirámide, Madrid, 1988.

tenemos "la cabeza en otra parte". Esta situación empeora cuando se suman emociones negativas.

Si bien estos conceptos son sencillos de comprender, siempre es bueno ilustrarlos con ejemplos ya que funcionan muy bien como sistema de alerta para quienes leen nuestros libros con la intención de mejorar sus actividades de gestión.

Imagine el caso de un gerente de Ventas (con una escasa o nula capacidad para liderar eficazmente sus emociones) que, una hora antes del inicio de un curso de capacitación, recibe un informe en el que le reprochan crudamente la caída de la facturación del último mes.

Ante este panorama, que en realidad es resultado de la habilidad de los competidores para quedarse con parte del mercado gracias a una innovación, este gerente se siente abrumado, tanto, que no puede controlar sus impulsos y llama, furioso, al director.

Después de todo, argumenta, la responsabilidad no es de la fuerza de ventas que él lidera, sino de la gente de Marketing, ¡porque son ellos quienes deberían haber investigado lo que estaba haciendo la competencia!, repite una y otra vez.

Imagine ahora una reacción diferente. El gerente de Ventas no es una persona que se deja manejar por sus impulsos: es dueño de una buena capacidad de autorregulación emocional.

En este segundo caso, optará por un camino muy distinto del de su colega irascible. Posiblemente elija con cuidado sus palabras para explicar cuál es, a su criterio, el origen de estos resultados, sin precipitarse a hacer juicios de valor que pueden resultar hirientes para otros miembros de la organización y complicar más las cosas.

También es posible que haga una pausa para reflexionar sobre la responsabilidad de su propio equipo. Después de todo, una fuerza de ventas eficaz también debe estar alerta a las acciones de los competidores e informar a la gente de Marketing.

En comparación con su colega irritable, este gerente (lejos de desconcentrarse) aprovecha el curso de capacitación para plantear su problema en los momentos de debate y lo hace en tercera persona, es decir, contando el caso sin comprometerse él mismo ni a su organización.

¿Los resultados? Probablemente vuelva a su oficina con nuevas ideas y encuentre la forma de trabajar para salir adelante, en vez de hundirse, como su colega, en el bloqueo que generan la rabia y la sensación de injusticia.

De este ejemplo se desprende con claridad la importancia de la autorregulación emocional en quienes tienen a su cargo funciones de liderazgo. En primer lugar, las personas que logran controlar sus impulsos son más razonables y capaces de crear un ámbito de confianza entre sus pares; en segundo lugar, la mesura siempre evita los conflictos entre los miembros de diferentes equipos de trabajo y favorece la predisposición para trabajar en pos de revertir resultados insatisfactorios.

Independientemente del tema que nos ocupa en este apartado (preparar al cerebro para aprender más y mejor), queremos añadir que la autorregulación emocional tiene un efecto multiplicador descendente. Cuando un gerente es reconocido por su serenidad, receptividad, templanza y respeto por los demás, es respetado y escuchado. No ocurre lo mismo con las personas impulsivas, alocadas o de mal carácter.

En este punto, es importante destacar que quienes saben liderar sus emociones también están mejor preparados para conducir equipos de trabajo durante los procesos de cambio. De hecho, las transformaciones constantes que caracterizan la gestión actual requieren personas con estas características.

Este tipo de aplicaciones genera otros beneficios, tanto en la vida personal como en las organizaciones.

BENEFICIOS DE LA REGULACIÓN EMOCIONAL

- **Libera al pensamiento de los bloqueos que impiden la concentración y, consecuentemente, el aprendizaje.**
- **Potencia la inteligencia creativa y la intuición.**
- **Permite una mayor concentración y fijación de la información en la memoria.**
- **Disminuye la ansiedad y, consecuentemente, el riesgo de estrés.**
- **Ayuda a reducir el denominado "pánico escénico".**
- **Proporciona una mejor integración cuerpo/mente.**
- **Contribuye a la seguridad individual: al ser mayor el rendimiento intelectual, mejores son los resultados, con lo cual se aumenta la autoestima.**
- **Potencia la inteligencia emocional y la empatía, y, por lo tanto, mejora las relaciones con los demás.**

Todo esto redunda en

↓

MAYOR EFICACIA EN LOS PROCESOS DE APRENDIZAJE

MAYOR EFICACIA EN LA TOMA DE DECISIONES

En los próximos apartados veremos algunos casos reales que ilustran los beneficios que aporta la regulación emocional. Invitamos al lector a rememorar los conceptos que presentamos en el Capítulo 9 de esta obra (donde analizamos la importancia de la inteligencia emocional y social en la toma de decisiones).

- La Fuerza Aérea de los Estados Unidos utilizó por primera vez en el año 1998 una batería de evaluación diseñada para medir habilidades emocionales con el objetivo de seleccionar a su personal.
  Los candidatos que lograron la calificación más alta en los ítems **asertividad**, **empatía**, **felicidad** y **regulación emocional** obtuvieron un desempeño tan destacado que permitió al Estado ahorrar alrededor de tres millones de dólares.
  Este hecho impulsó al Departamento de Defensa a utilizar la selección de personal en base a variables netamente emocionales en todas las Fuerzas Armadas.
- Un minucioso estudio realizado por la consultora alemana Egon Zehnder International entre cientos de ejecutivos de primer nivel de ese país, Japón y América Latina, demostró que aquellos con los puntajes más altos en regulación emocional eran más proclives a triunfar que aquellos con puntajes igualmente altos, pero en coeficiente intelectual.
  Esta investigación contribuyó a poner de relieve, una vez más, que la regulación emocional es mejor indicadora de predicción del éxito que la inteligencia racional que evalúan los tests tradicionales.
- Los postulantes seleccionados por la compañía Met Life en base a la variable emocional "optimismo" vendieron durante los primeros dos años 37% más que los individuos reclutados por la misma empresa, pero calificados como pesimistas.
- En la compañía de cosméticos L'Oreal los vendedores seleccionados de acuerdo con sus habilidades emocionales vendieron en su primer año U$S 91.370 más que aquellos que fueron seleccionados con el procedimientos clásico. Además, tuvieron un índice de deserción 63% menor que los vendedores del grupo no emocional.

Como vemos, la capacidad para tolerar las presiones y el estrés mediante la autorregulación emocional está estrechamente vinculada con el buen rendimiento del cerebro. Además de mejorar el desempeño, facilita considerablemente los procesos de aprendizaje.

3. Neuroeducación: el aprendizaje emocional

En el apartado anterior nos concentramos en explicar la importancia de regular las emociones no sólo para optimizar las funciones de las personas en las organizaciones, sino también para que puedan aprender más, mejor y en menos tiempo.

En el presente nos colocaremos en la otra cara de la moneda, es decir, en la de la neuroeducación, para analizar el cómo y el porqué de la importancia de los aspectos relacionados con las emociones para que los conocimientos se fijen con mayor facilidad y rapidez.

Comenzaremos por abordar este proceso anatómicamente debido a que, cuando se activa la amígdala, es señal de que existe un tinte emocional con el cual es matizada la información que vamos incorporando, y esto contribuye a su almacenamiento en la memoria de largo plazo.

Así lo explica Joseph LeDoux, un experto en el tema del cerebro emocional:

> *Las conexiones existentes entre la amígdala y el hipocampo son, en gran parte, las responsables de que las emociones influyan tanto en el aprendizaje.*[6]

El sistema atencional, pilar fundamental sobre el que se apoya todo aprendizaje (con asiento anatómico en la corteza prefrontal del cerebro), se encuentra conectado con estructuras del sistema límbico responsables de la motivación, el libre albedrío y el procesamiento de las emociones.

En 2006 un grupo de científicos del Centro de investigación Fred Hutchinson de Seattle, Estados Unidos, corroboró las afirmaciones de LeDoux sobre el rol de la amígdala, al descubrir un gen, bautizado como neuroD2, que está relacionado con su desarrollo.

Luego de los experimentos, se llegó a la conclusión de que este gen está vinculado con el aprendizaje que se incorpora en un contexto emocional y, más aún, que cuando esto ocurre la información se aloja con mayor facilidad en la memoria de largo plazo.

Otro descubrimiento muy interesante de esta última década es que el aprendizaje emocional, en el que también interviene el tálamo, está mediado por un sistema que puede operar independientemente de nuestra conciencia. Nuevamente recurrimos a LeDoux, quien explica:

> *El hecho de que el aprendizaje emocional dependa de vías que no entran en la corteza cerebral es fascinante, porque sugiere que las respuestas emocionales pueden producirse sin la participación de los mecanismos superiores del procesamiento, que se suponen responsables del pensamiento, el razonamiento y la conciencia.*[7]

---

6 LeDoux, Joseph: *El cerebro emocional.* Planeta, Barcelona, 1999.
7 Ibídem.

Una de las razones biológicas de las grandes ventajas del aprendizaje emocional es la existencia de la vía corta que va desde el tálamo a la amígdala.

Tal como describimos en el Capítulo 9, todo estímulo sensorial, una vez que llega al tálamo, se divide en dos impulsos diferentes. La mayor parte de ese impulso va a la corteza cerebral, pero una parte menor se dirige a la amígdala en lo que constituye una especie de atajo que permite un procesamiento rápido de la información.

El ahorro de tiempo que genera este atajo puede ser una de las causas de que el aprendizaje emocional sea más efectivo, y también más perdurable, que el puramente racional.

La perdurabilidad se comprende con claridad si nos remontamos a nuestra propia infancia, ya que durante los tres o cuatro primeros años de vida el aprendizaje emocional es el más importante de todos, hasta tal punto que cuando un niño sufre daños en los centros de aprendizaje de su cerebro, termina resultando dañado su intelecto.

Precisamente, los traumas que registran los mecanismos de la memoria emocional interfieren siempre en la capacidad para aprender.

Por suerte, una buena terapia puede ayudar a resolver este tipo de traumas y mejorar no sólo la calidad de vida, sino también el estado mental que necesitamos para incorporar conocimientos nuevos.

Sin duda, cuando alguien "se siente mal", sus mecanismos de aprendizaje y memoria funcionan mal. Cuando no se trata de traumas que exijan la ayuda profesional para resolverlos, existe un conjunto de técnicas sencillas que pueden ayudarnos a revertir los estados negativos.

Una de esas técnicas, que está al alcance de todos, es la visualización creativa, que consiste en evocar imágenes, sonidos o recuerdos felices para experimentar mentalmente sensaciones placenteras. Esta técnica, insistimos, funciona porque el cerebro no distingue entre un acontecimiento real y uno imaginario.

En los dos casos se activan los mismos procesos electroquímicos; por lo tanto, si utilizamos esta capacidad positivamente, podemos crear el estado emocional que necesitamos para aprender mejor.

Desde el punto de vista psicológico, el aprendizaje ligado a emociones positivas, además de la vocación y la motivación para alcanzar metas, vigoriza las ganas de seguir adelante, de potenciar las capacidades personales.

A la inversa, cuando las emociones son negativas, como el enojo o la frustación, un sujeto puede sentir que es imposible lograr lo que desea, con lo cual termina abandonando lo que emprende.

Lo que aprendemos en una determinada situación o estado de ánimo se recuerda mejor cuando nos encontramos (o logramos reproducir) tanto la situación como el estado de ánimo. De ese modo, nuestra mente evocará con mayor facilidad los recuerdos felices cuando estamos contentos y los desagradables cuando estamos tristes o deprimidos.

La coherencia de la memoria con el estado de ánimo se observa con claridad en el caso de los sujetos optimistas (que parecen borrar naturalmente los acontecimientos negativos) y, a la inversa, en los depresivos, casi siempre conectados con recuerdos que les provocan tristeza o amargura.

Un clima emocional positivo es uno de los mayores facilitadores del aprendizaje.

En las organizaciones, la solidaridad y el trabajo en equipo son estrategias que promueven la permeabilidad cerebral y la receptividad de quien aprende.

A la inversa, las llamadas hormonas del estrés, como la noradrenalina y el cortisol, que segrega el cerebro como respuesta a situaciones de adversidad o sobrecarga tensional, afectan los procesos de consolidación de la memoria y bloquean la corteza prefrontal, con lo que impiden dirigir y concentrar la atención, alteran la capacidad de resolución inteligente de problemas y enturbian notablemente las habilidades esenciales para la toma de decisiones.

Un modelo interesante para analizar este tema, tomado de la psicología, es el de redes asociativas. El marco teórico parte de la idea de que la memoria está almacenada en estructuras cerebrales cognitivas en las que los sucesos están representados en forma independiente y, al mismo tiempo, vinculados entre sí por nódulos de conocimientos.

Cuantos más nódulos haya conectados entre sí, más fácil será recuperar la información. Por ejemplo, para que un recuerdo aparezca en la conciencia, como ocurre cuando estamos rindiendo un examen, la red asociativa necesita alcanzar un nivel de activación que depende de la cantidad de elementos de la memoria que se activen.

Cuantos más signos hayan estado presentes durante el momento del aprendizaje, por ejemplo, cuando la exposición del profesor se complementó con técnicas visuales o auditivas, o cuando el estudiante estableció analogías con otros hechos o con sus propias vivencias para fijar la información, más fácil será la consolidación del recuerdo y su posterior recuperación.

En el caso de los recuerdos que se han almacenado con una experiencia emocional, la presencia de signos similares que activen esas emociones facilitará, a su vez, la activación de la red asociativa, sobre todo si se recrea el estado emocional en el que el sujeto se encontraba en el momento del aprendizaje. En otros términos, cuando coinciden el estado emocional presente y el estado emocional almacenado junto con el recuerdo, más fácil será evocarlo.

En el momento en que escribo este concepto, viene a mi mente una mañana de primavera, en la que una anciana fue a verme en las oficinas que acabábamos de estrenar (un caserón antiguo que habíamos reciclado en el barrio de Palermo, en Buenos Aires).

La anciana no estaba interesada en nuestros servicios de consultoría ni en programas de formación, ni en ninguna de nuestras prestaciones: lo que quería era recorrer los ámbitos en los que había vivido durante su infancia, que describió como muy feliz.

Una simple puerta, que continuaba cerrándose en forma imperfecta, como cuando ella era pequeña, activó a pleno una catarata de recuerdos (los psicólogos dirían: su "red asociativa") vinculados con emociones intensas, y estos trajeron otros y otros, como si cada pasillo, cada habitación, cada ventana, actuara como una llave diminuta que abría, uno a uno, los baúles en los que se encontraban lo que la mujer definió como "sus tesoros".

No tengo ninguna duda, sobre todo cuando rememoro su emoción, de que el estado afectivo presente y el estado emocional pasado de la anciana (alegría, felicidad) coincidían. Posiblemente haya sido este factor el que hizo que en un momento me comentara: "Cuántas cosas, que creía olvidadas, he recordado". Tal vez algo de razón haya tenido Penfield cuando decía que nuestros recuerdos están perdidos "sólo en apariencia"[8] .

Este pequeño ejemplo nos sirve también para comprender que la relación entre el aprendizaje y el estado de ánimo exige considerar la relación entre los estímulos y los recuerdos (el contexto de memorización en el que se vivieron las experiencias), debido a que muchos recuerdos sólo pueden evocarse en un estado mental determinado, y no en otro.

En tal sentido, los recuerdos dependientes del estado de ánimo son explícitos y suponen asociaciones entre la experiencia y el contexto emotivo.

Por ejemplo, para recuperar un recuerdo muy lejano, se necesita un estímulo que coincida casi a la perfección con la información almacenada en

[8] Penfield, W.: *The Mystery of the Mind: A Critical Study of Consciousness and the Human Brain.* Princeton University Press, 1975.

la memoria a largo plazo, como la puerta que cerraba en forma imperfecta en nuestras oficinas que emocionó tanto a la visitante.

Mientras ella recorría los ámbitos en los que había pasado gran parte de su niñez, observé que experimentaba muchas sensaciones de sorpresa (obviamente, habíamos realizado cambios); sin embargo, varios detalles aparentemente insignificantes la llevaban a recuperar recuerdos completos de acontecimientos que ella creía olvidados.

Como vemos, la idea de que el cerebro registre y guarde todos los detalles no puede descartarse en absoluto. Hay partes del conocimiento almacenado en la memoria que no necesitan refrescarse continuamente; parecería que cuando registramos una experiencia, y esta va unida a un sentimiento o a un estado de ánimo específico, más fácil es el arraigo del enagrama y su posterior recuperación.

Recapitulando

- **Las diferentes vivencias a las que nos enfrentamos cotidianamente promueven la creación de redes neuronales nuevas y refuerzan conexiones sinápticas preexistentes.**
- **Mediante el aprendizaje, la arquitectura del cerebro cambia permanentemente y se establecen nuevas conexiones entre las neuronas de la corteza cerebral, que es la parte pensante, siempre que exista la posibilidad de interacción con un medio rico y variado en estímulos emocionales.**
- **Las experiencias de vida, en particular las emocionales, esculpen literalmente el cerebro, y propician así el desarrollo y crecimiento del árbol dendrítico entre las neuronas, que son las células cerebrales participantes en todos los procesos cognitivos, pilares y sustrato biológico del aprendizaje.**

En definitiva, un aprendizaje basado en la vivencia directa o de primera mano, que trascienda la limitada capacidad pedagógica de un libro de texto o una clase oral, es imprescindible para el desarrollo de nuestras múltiples inteligencias y compatible con los conocimientos actuales sobre el funcionamiento del cerebro.

Todas las personas sanas llegamos a este mundo con un cerebro potencialmente apto para desarrollar plenamente nuestras conexiones neuronales. Trabajar en pos de su crecimiento constituye una especie de plataforma anatómica de nuestras múltiples inteligencias.

En este sentido, y como bien dice Fernando Cárdenas[9]:

Un cerebro podría ser visualizado como una extensa e inestable matriz tridimensional sobre la cual constantemente están ocurriendo rápidas modificaciones debidas a impulsos nerviosos que desean adquirir relevancia, minimizando unos la importancia de otros, incrementando el funcionamiento de redes neuronales ya establecidas, creando nuevas rutas para la información o transfiriendo la función de determinados circuitos.

4. Metacognición

Por metacognición se entiende un conjunto de operaciones, actividades y funciones cognoscitivas que son llevadas a cabo por una persona que recurre a sus mecanismos cerebrales para recabar, producir y evaluar información y, al mismo tiempo, conocer, controlar y autorregular su propio funcionamiento intelectual.

El neologismo "metacognición" está formado por la palabra griega *metá* ("fuera, después") y la latina *cognoscere* (conocer); significa "más allá del conocimiento".

El prefijo griego meta (*metá*) denota, entre otras acepciones, *cambio, transformación, posterioridad.* En este sentido, *metacognición* es un término que alude a lo que viene después de o acompaña a la cognición, y se interpreta como "la cognición de la cognición", es decir, como el "conocimiento acerca del conocimiento".

Esto significa que el individuo racionaliza y es conciente de que posee un conjunto de procesos mentales que le posibilitan el aprendizaje, por lo tanto, tiene capacidades para reflexionar sobre el nivel que ha adquirido.

4.1. Metamemoria: la memoria de la propia memoria

Para comprender mejor estos conceptos, vamos a remontarnos a sus inicios, cuando en 1969 Tulving y Madigan (sus precursores) sostenían que uno de los rasgos más característicos del ser humano es su capacidad de tener memoria de su propia memoria. A partir de estas ideas se acuñaron los términos "metamemoria", "metacomprensión" y, finalmente, "metacognición".

Cada individuo es el único conocedor de su nivel de conocimiento y de sus posibilidades. Esto significa que ninguna persona que (parafraseando a los abogados) esté en pleno uso de sus facultades mentales, puede ignorar

[9] Cárdenas, F.: "El cerebro, aquella inestable matriz", 2002, en: www.psicologiacientifica.com.

su nivel de conocimientos y tampoco sus representaciones de la realidad. Mucho menos, sus propias capacidades y limitaciones.

Campione, Brown y Connell distinguen las siguientes dimensiones de la metacognición.

- El conocimiento conciente que las personas tienen acerca de la cognición, acerca de ellos mismos como individuos capaces de aprender y solucionar problemas, y de los recursos con que cuentan para ello.
- El monitoreo (autogestión) por parte de quienes aprenden de sus propias habilidades cognitivas.
- La habilidad para reflexionar tanto sobre los conocimientos adquiridos como sobre los procesos de manejo de esos conocimientos.

Durante años prevaleció la idea de que el cerebro pierde su plasticidad y capacidad de cambio con el tiempo.

Afortunadamente, en la actualidad existen evidencias de que no es así: el cerebro retiene su plasticidad hasta muy entrada la edad adulta y, posiblemente, durante toda la vida.

4.2. Aplicaciones en la vida profesional y organizacional

Como vimos, la metacognición permite a un sujeto ser conciente de qué tareas puede hacer porque cuenta con capacidades para ello y cuáles no.

Observe qué interesante es este concepto en la vida organizacional, cuando debemos ayudarnos con lo que las personas opinan sobre sí mismas y su potencial para ubicarlas en el lugar en el que puedan aportar mayor valor.

Precisamente, una de las dimensiones de la metacognición, relacionada con la capacidad de un individuo para manejar sus propios recursos cognitivos y supervisar su desempeño intelectual, conduce a la noción de *estrategias de control ejecutivo* (ECE), que se utilizan para evaluar, sobre la base del éxito o del fracaso, las actividades cognitivas llevadas a cabo durante la resolución de algún problema o la realización de alguna tarea intelectualmente exigente.[10]

---

10 Nickerson, R.: "Kinds of Thinking Taught in Currents Programs". *Educational Leadership,* 42(1), p. 26-36, 1984.

Esto significa, ni más ni menos, que hacer un cuadro sobre el estado de situación de nuestros conocimientos con el fin de explotar nuestras fortalezas y trabajar para llevar al mínimo nuestras debilidades. En otros términos, aprender a aprender.

Para Aparicio, con quien coincidimos plenamente[11],

> *aprender a aprender genera independencia y responsabilidad, promueve la autonomía y, de paso, amplía indefinidamente los horizontes del ser humano en su deseo de acceder al conocimiento y de producirlo.*

> La metacognición es útil para ayudarnos a analizar nuestras desventajes en un campo de conocimiento en particular, evaluar si nos conviene invertir nuestros recursos intelectuales para mejorar, o bien, si nos conviene migrar hacia otros campos del saber incorporando conocimientos que sean verdaderamente aplicables en función de nuestras propias elecciones.

Esto significa dejar de lado los procesos de adaptación y utilizar, en nuestro beneficio, un cuestionamiento permanente de todo.

Por eso, siempre digo en mis seminarios que "cambiar" no es otra cosa que "incorporar capacidad de cambiar", y esto también es "aprender a aprender", es "metacognición".

Inevitablemente, el mundo en el que nos toca vivir exige un proceso de aprendizaje continuo.

Por fortuna, sólo tenemos que mirar a nuestro alrededor para encontrar un montón de ejemplos de aplicación práctica de esto que, a priori, parece teórico:

- El estudiante mediocre que, a un paso de graduarse como ingeniero, cambió sus metas y hoy es un brillante sociólogo.
- El empleado más brillante de una corporación tecnológica que decidió profundizar en un campo de conocimientos para crear su propia empresa en los alrededores de Silicon Valley.
- El brillante director de una corporación que "colgó" su diploma, "aprendió" sobre mermeladas y hoy las fabrica con éxito en una isla, donde también vive.

Estos casos que relatamos como ejemplos son reales. Tal vez le parezca que se trata de personas que, simplemente, quisieron cambiar su vida luego de leer un libro de autoayuda. Sin embargo, no es así.

---

[11] Aparicio de Escorcia, B.: "La lectura como forma de acceso al conocimiento", en revista *Lenguaje* N° 18, Universidad del Valle, Colombia, 1991.

Todos ellos se detuvieron a pensar en lo que sabían y en lo que realmente querían saber para utilizar de un modo mucho más eficaz sus propios recursos.

En el caso del ingeniero, el golpe de timón no fue otra cosa que el resultado de una evaluación de sus debilidades en materia de conocimientos y de la búsqueda de un campo más fértil para desarrollarse. Esto tuvo su correlato, por supuesto, en la planificación de estrategias de aprendizaje, por eso hoy es sociólogo y dueño de una consultora especializada en investigación de mercados.

Como vemos,

la metacognición tiene que ver no solamente con la capacidad para evaluar qué sabemos y cuánto sabemos sobre lo que sabemos. Es, también, la capacidad para planificar lo que vamos a hacer en materia de conocimientos, controlar su ejecución, y evaluar sus resultados.

Como lo que sabemos procede, ni más ni menos, que de nuestros almacenes de memoria, en los próximos capítulos abordaremos en profundidad este tema verdaderamente apasionante.

Capítulo 14

El arte de recordar

La memoria es lo que define "quiénes somos".
Si tememos perder nuestros recuerdos es, precisamente,
porque si esto ocurre nos perdemos a nosotros mismos.

Sheila Ostrander y Lynn Schroeder

1. Memoria y aprendizaje: los escultores del cerebro

En el Capítulo 1 de esta obra hemos desarrollado conceptualmente lo que denominamos las dos plataformas de planeamiento y toma de decisiones: *el tablero de comando cerebral operativo* y *el tablero de comando estratégico cerebral de largo plazo.*

El tablero de comando cerebral operativo se relaciona con la **memoria** de trabajo (el sistema cerebral responsable de operar y manipular temporalmente la información cuando tomamos decisiones en el día a día) y el tablero de comando estratégico cerebral de largo plazo opera con las funciones neurocognitivas más elevadas, entre ellas las que intervienen en los procesos de **aprendizaje**.

Hemos subrayado que el trabajo constante y sistemático para desarrollar ambas estructuras agiliza los neurocircuitos que dan soporte a las actividades de gestión y que, a medida que aumenta la variedad de conexiones neuronales como resultado del aprendizaje y la memoria, aumenta la capacidad cerebral para generar mejores soluciones.

En el presente capítulo (y en el que le sigue) veremos cómo el descubrimiento de los mecanismos neurofisiológicos que subyacen a muchos de los procesos cerebrales necesarios para una adecuada toma de decisiones ha significado una verdadera expansión de las fronteras de aplicaciones prácticas para el mundo empresarial.

Ambos fenómenos cognitivos, aprendizaje y memoria, antaño utilizados como sinónimos de "educación" y fuertemente asociados a la formación de los niños y los estudiantes, adquieren hoy, a la luz de la neurociencia, una dimensión mucho más abarcativa que incluye también al adulto, dentro de una noción más vasta de aprendizaje sostenido y permanente como la herramienta más natural, más amigable y en mejor sintonía con el cerebro para obtener resultados extraordinarios.

El aprendizaje ya no se circunscribe a instituciones como la escuela, la universidad o los cursos de capacitación que se dictan en las empresas. Tampoco es deseable que los conocimientos incorporados constituyan un bagaje adquirido, estático y "para siempre" que sólo sirva para ser aplicado de la misma manera, una y otra vez, como si se tratara de una fórmula rígida o una receta inmodificable.

Precisamente por eso resaltamos la importancia de la *neuroplasticidad autodirigida* como recurso para seguir aprendiendo, lo cual significa esculpir y reesculpir nuestro cerebro a lo largo de toda la vida.

Sin duda, permanecer receptivos a nuevos elementos formativos, tanto por caminos formales como informales, constituye la mejor ventaja competitiva en un mundo vertiginoso y cambiante.

Al escribir estas líneas recuerdo que, en cierta ocasión, alguien definió a la estupidez (en el sentido de falta de flexibilidad mental) como la expectativa de alcanzar resultados diferentes haciendo siempre lo mismo.

Dentro de una organización, muchas veces ocurre que, independientemente del esfuerzo, la dedicación y el empeño que pongamos en resolver un problema, los resultados que obtenemos no son los que esperábamos. Esto se debe, en la mayor parte de los casos, a la aplicación de "recetas" aprendidas en el pasado que anestesian los neurocircuitos que dan soporte al flujo de nuevas ideas.

Este tipo de gestión parece estar vinculada a la "biblioteca", es decir, a la forma en que tradicionalmente nos han enseñado a pensar la organización y, del mismo modo, a la forma en que las organizaciones del pasado nos han enseñado a pensar a nosotros, contradiciendo los requisitos necesarios (que ahora conocemos) para un aprendizaje eficaz o, como me gusta decir, para un aprendizaje compatible con el enorme potencial de desarrollo de las capacidades cerebrales.

Como sostiene Peter Senge, "los problemas en el aprendizaje son devastadores para los niños y acarrean consecuencias para toda la vida". Lo mismo ocurre en las organizaciones.

Para que no nos suceda algo así, no podemos quedarnos estáticos, sino participar en el modelado del aprendizaje, lo que exige entender cómo funciona la llave que le abre la puerta, es decir, la memoria.

2. ¿Qué es la memoria?

La memoria puede ser definida de muchas maneras: es la imagen que llega a nuestra mente cuando pensamos en un acontecimiento de nuestra infancia, es la capacidad de conducir un automóvil en forma aparentemente automática, sin siquiera registrar cuándo aceleramos o hacemos un cambio; es la sensación de plenitud que experimentamos cuando recordamos el día que nacieron nuestros hijos, es saber cómo se suma, se resta, se divide y se multiplica.

La memoria es, también, el miedo que sentimos ante la amenaza de un huracán o la angustia que nos provoca regresar a un lugar en el que, por alguna razón u otra, no hemos sido felices.

Casi todas las formas de aprendizaje contenidas en la memoria son adaptaciones del sistema cerebral al entorno que nos permiten incorporar conocimientos nuevos y, a su vez, responder apropiadamente a las situaciones que hemos experimentado antes.

Esto significa que los conceptos de memoria y aprendizaje están estrechamente relacionados. Mientras el aprendizaje es un proceso mediante el cual adquirimos información y experiencia, la memoria se refiere a la persistencia de lo aprendido en un estado que puede ser evocado posteriormente. En este sentido, la memoria es el resultado del aprendizaje[1].

Ahora bien, ¿en qué lugar del cerebro se encuentra la memoria? ¿Hay alguna estructura, por minúscula que sea, que tenga la misión de guardar nada menos que nuestros recuerdos?

Años atrás, fundamentalmente, cuando Broca comprobó que el lenguaje se genera y se comprende en regiones específicas del cerebro, se albergó la esperanza de localizarla.

---

1 Cardinali, D.: *Manual de Neurofisiología.* Edit. por el autor, Universidad Nacional de Buenos Aires, 2006.

Más tarde se argumentó que no existe dicha estructura, y en esta línea de pensamiento se ubica Kandel.

En opinión de este científico (Premio Nobel de Medicina en el año 2000), hay razones para suponer que la memoria de largo plazo se almacena en la corteza, en la misma zona donde se procesa la información original.

Por ejemplo, dice Kandel:

> *los recuerdos de imágenes visuales se guardan en diversas zonas de la corteza visual, mientras que los recuerdos de experiencias táctiles se guardan en la corteza somatosensorial.*[2]

El Dr. Cardinali[3], en coincidencia con gran parte de la comunidad científica, opina que no existe un centro cerebral donde esté localizada la memoria como si fuera una entidad unitaria; por el contrario, sostiene que la memoria es el resultado del procesamiento en paralelo de información en distintas zonas debido a que "el cerebro está preparado para realizar en forma simultánea la computación de hechos particulares o dimensiones del mundo exterior e interior".

A partir de esta condición, la define como un cambio, más o menos permanente, en los circuitos neuronales que procesan la información sensorial; sobre la base de que un acontecimiento es analizado por el cerebro en sus variados aspectos en paralelo (y por diversos sistemas neuronales), llega a las siguientes conclusiones:

- la memoria es localizada en el sentido de que áreas individualizables procesan aspectos específicos de un estímulo polisensorial;
- la memoria es generalizada, ya que se activan en forma simultánea numerosos sistemas en la representación interna del mundo extero e interoceptivo.

> Un avance esperanzador para el estudio de la memoria se produjo en la biología molecular.
>
> Con el descubrimiento del ADN recombinante y la clonación, se desarrollaron técnicas que permiten identificar genes en el cerebro y determinar su función.

Para Eric Kandel, hubo un cambio total de panorama en la investigación sobre la memoria luego de los trabajos de la doctora Milner[4] en Canadá, ya que se descubrió que ciertas regiones del cerebro son imprescindibles para algunas formas de memoria, lo cual indicaría que no hay

---

2 Kandel, E.: *En busca de la memoria: el nacimiento de una nueva ciencia de la mente.* Katz, Madrid, 2007.

3 Cardinali, D.: *Op. cit.*

4 Véase el Capítulo 13.

una estructura específica, unitaria, y permite inferir que hay lugares donde se almacenan los recuerdos.

La cuestión que sigue intrigando a los científicos, apunta Kandel, es cómo se almacenan.

De momento, se ha descubierto que los mecanismos celulares del aprendizaje y la memoria no dependen de propiedades especiales de las neuronas, sino de las conexiones que estas establecen con otras al conformar un determinado neurocircuito.

Otra hipótesis que defiende Kandel es que las combinaciones de genes y sus productos proteicos son determinantes del patrón de interconexiones de las neuronas y de su funcionamiento, por lo cual se infiere que también existe un componente bioquímico en el almacenamiento de los recuerdos.

Las investigaciones con ratones son prometedoras para estudiar los mecanismos biológicos de la memoria humana. En estos animales se ha descubierto que el hecho clave para llevar a cabo la conversión de la memoria a corto plazo en memoria de largo plazo es una síntesis de proteínas nuevas que tal vez pueda alterar físicamente las sinapsis. El mecanismo incluye un par de moléculas que han sido denominadas CREB-1 y CREB-2. Una de ellas activa la formación de la memoria a largo plazo, mientras que la obra la inhibe.

En realidad, resumir todo lo que hemos investigado sobre los avances en el estudio de la memoria nos llevaría no menos de cinco libros como el presente; por eso, en este capítulo y en el que sigue centraremos nuestra atención en abordar las que, a nuestro criterio, son las más relevantes.

2.1. En busca de la ansiada píldora

Tal como dijimos en el apartado anterior, la ciencia continúa con muchas preguntas abiertas sobre el funcionamiento de la memoria.

Lo que ya no se discute es que la experiencia es resultado del aprendizaje y que lo que vamos memorizando modifica las sinapsis.

Por ejemplo, en un paseo en bicicleta interviene la memoria procedural[5] y, en forma simultánea, otros procedimientos que exigen el procesamiento de distintos tipos de información: sensorial (¿es un automóvil o un autobús el vehículo que se aproxima por la izquierda?); cognitiva (si tomo este atajo, acorto camino y llego más rápido); motora (me conviene disminuir la velocidad porque hay demasiados charcos).

[5] La memoria procedural es de carácter automático o reflejo. Este tema se desarrolla en el Capítulo 15.

Este ejemplo es útil para ayudarnos a comprender que no existe un único sistema que maneje los diferentes tipos de información.

En cada actividad que realizamos, pueden intervenir varias áreas sensoriales y motoras y les prestamos atención a los datos del entorno, así como también a los que existen en "nuestro archivo", a medida que surge una necesidad.

Cuando los sentidos nos proveen de uno o más inputs (como el sonido del motor de un camión, que percibimos por el oído, y el sendero que tenemos por delante, que percibimos por la vista), el cerebro automáticamente moviliza una gran cantidad de sensaciones relacionadas debido a que un nuevo estímulo que active una parte de la red neuronal puede activar otras en forma simultánea.

Cualquiera que sea el recuerdo que se forme, el mecanismo que lo produce siempre provoca la activación de un grupo de neuronas. Cuando se dispara una, se disparan varias, y crean un patrón particular de actividad.

Cada neurona puede estar conectada con hasta 100.000 neuronas distintas y establecer varias sinapsis con cada una de ellas. Cada una de esas conexiones (o uniones) puede ser parte de la memoria.

Por lo tanto, si la información que se recibe se procesa y almacena correctamente, podemos inferir que nuestro potencial de memoria es casi infinito.

Cada uno de estos patrones trae incorporada determinada información. Por ejemplo, el camino que debemos recorrer para llegar a la oficina, el número de teléfono de un colega, el nombre de la nueva secretaria, el aroma que eligieron los diseñadores para nuestras oficinas o los movimientos que deberemos efectuar para no perder el equilibrio si tropezamos al salir del ascensor.

A medida que avanzamos en la vida, la memoria se va formando cuando un patrón se repite con frecuencia (o ante sucesos que favorecen su codificación).

Esto significa que cada vez que un grupo de neuronas se dispara ante un estímulo similar –por ejemplo, cada vez que vamos al centro de la ciudad y observamos los edificios que están alrededor de la plaza–, sus conexiones sinápticas se refuerzan. Con el correr del tiempo, los disparos repetidos reúnen a las neuronas entre sí, de manera tal que, ante la activación de una, se activarán también todas las que están relacionadas. A la inversa, cuando no se repiten estímulos similares –por ejemplo, si nos mudamos a otra ciudad y no volvemos a ver la plaza–, los sucesos se olvidan con facilidad.

Hace unos años, Steven Rose[6] decía que cada recuerdo es clonado y

---

6 Rose, Steven: *The Making of Memory: from Molecules to Mind*, Bantam Press, Londres, 1993.

que cada clon es almacenado en un área sensorial diferente del cerebro: la visual, la auditiva, la olfativa, la táctil y la gustativa.

Cuando estimulamos uno de estos clones, afirmaba, se disparan de alguna manera los demás, y se crea la experiencia integral de un recuerdo.

Recientemente, y como ya apuntamos, Kandel sostuvo que es posible que la memoria de largo plazo se almacene en la misma zona cortical que procesa la información original, y hay bastante consenso con respecto a estas ideas.

En cuanto a la actividad neuronal, en junio de 2005 se realizaron investigaciones[7] que llevaron a la conclusión de que determinados recuerdos no dependen de una infinita red de neuronas, sino del trabajo de cada una de ellas. Uno de los experimentos fue realizado con ocho pacientes que sufrían de epilepsia. Estos pacientes debían mirar retratos de personas famosas e imágenes de animales, monumentos y objetos mientras sus reacciones cerebrales eran registradas por los investigadores.

Cuando se examinó la actividad cerebral de los voluntarios, se detectó que algunas neuronas reaccionaban ante el retrato de una persona famosa en particular, mientras que otras se activaban ante la imagen de un lugar o un objeto específico.

Sin embargo, esto no implica que cada persona sea reconocida y recordada por una sola célula cerebral, y tampoco que una única neurona reaccione ante una sola persona o un objeto único, ya que los sujetos que formaron parte del estudio recibieron una cantidad limitada de imágenes para observar. Lo que se descubrió es que algunas células respondieron a más de una persona, o bien, a una persona y a un objeto simultáneamente.

Lo que este experimento sugiere es que el cerebro parece utilizar relativamente pocas células para registrar un recuerdo, contradiciendo así la teoría que argumenta que utiliza una enorme red de neuronas.

> Luego de experimentar con cerebros humanos, los científicos de la Universidad de California y del Instituto Tecnológico de la misma ciudad concluyeron en que el reconocimiento de personas, edificios, lugares, objetos y nombres depende de una o varias neuronas, y no del trabajo de muchas.
>
> En una de las pruebas, la misma neurona de uno de los pacientes reconoció todas las imágenes de la actriz estadounidense Jennifer Aniston, pero no respondió a otras caras famosas y de gente común que no conocía.
>
> En otra prueba, una de las neuronas del participante reaccionó ante fotografías de la Ópera de Sydney y también ante las palabras "Ópera de Sydney", pero no hubo activación ante otros términos, como París y Torre Eiffel.

7 Fuente: revista *Nature*, junio de 2005.

Si los nuevos estudios corroboran estas inferencias, es posible que en el futuro puedan crearse sustitutos de neuronas enfermas, lo cual traería aparejada la curación de varios trastornos, y, por qué no, tal vez ayude a inventar la famosa píldora.

Al respecto, una de las investigaciones más recientes[8], emprendida también por científicos de la Universidad de California (en Irvine), arroja esperanzas sobre el desarrollo de químicos que ayuden a consolidar recuerdos y rememorarlos.

Esta vez, el experimento se realizó con ratones y logró captar varias imágenes de los cambios que se producían en sus conexiones neuronales durante el proceso de aprendizaje. Al observar las modificaciones en las sinapsis, se llegó a la conclusión de que la potenciación a largo plazo[9] codifica varias formas de memoria.

¿Qué significa esto para nosotros, es decir, para quienes nos dedicamos a aplicar estos conocimientos a campos profesionales vinculados con las organizaciones, las empresas, la toma de decisiones y el estudio del comportamiento humano? ¿Estamos cada vez más cerca del hallazgo de nuevos métodos para mejorar la memoria?

En principio, las conclusiones de este estudio son muy útiles para comenzar a explorar cómo algunos factores, fundamentalmente la edad, tienen un efecto específico en las conexiones de las neuronas corticales.

A su vez, las investigaciones continúan en ebullición y circulan por las revistas científicas con un dinamismo otrora impensado. En el momento en que se escribe esta obra, la universidad británica de Surrey publica los resultados de un experimento en el que participaron 16 voluntarios cuyas edades oscilaban entre 18 y 45 años. Todos ellos recibieron una sustancia denominada ampakina (que está en desarrollo para tratar la enfermedad de Alzheimer) en cantidades diferentes.

Se observó que, aun en dosis bajas, esta droga producía un mayor rendimiento y concentración. Posiblemente el lector se pregunte, como nosotros, sobre los efectos colaterales.

Por suerte, no hubo ansiedad ni aumento del ritmo cardíaco o sobretensión, como ocurre con las anfetaminas y otras sustancias. Aparentemente, la ampakina eleva la actividad de un neurotransmisor, el glutamato, y eso es lo que produce la mejora. Estos relatos tienen por objetivo, fundamental-

---

8 Fuentes: Agencia EFE, revista *Journal of Neuroscience*, julio de 2007.

9 Véase el Capítulo 13.

mente, comentarle al lector cuál es el rumbo de la nueva ciencia de la mente en los años por venir.

El mismo Kandel dice, refiriéndose a quienes han dedicado toda una vida al estudio del tema, que "comprendemos algo de los mecanismos celulares y moleculares que intervienen en su almacenamiento, pero debemos avanzar a partir de allí para entender las profundidades sistémicas de la memoria".

2.2. La búsqueda del enagrama

La configuración de un recuerdo en el cerebro se conoce como **enagrama** o huella mnésica. Los enagramas son una especie de sustrato neurofisiológico de nuestros recuerdos.

En términos de Cardinali[10],

> *Un enagrama es el conjunto de cambios neuronales que se producen durante el proceso de memoria. (...) Los enagramas son resultado del aprendizaje y comprenden cambios bioquímicos y estructurales en los circuitos neuronales participantes.*

Si bien la memoria carece de localización cerebral, es decir, no existe un "centro de la memoria", la búsqueda del enagrama ha dominado el estudio fisiológico del aprendizaje y la memoria desde que el biólogo alemán Richard Semon introdujera el término en el siglo XIX.

Esta búsqueda ha originado dos grandes líneas de investigación en neurociencias: la primera pretende descubrir los mecanismos fisiológicos de los que depende el almacenamiento de la información, mientras que la segunda implica la determinación de las estructuras cerebrales que intervienen en dicho almacenamiento.

Uno de los científicos que más han influido en la investigación sobre este tema fue el ya citado Donald Hebb[11] (no es casual que prácticamente en todos los cursos sobre neuroaprendizaje encontremos "aprendizaje hebbiano" dentro del temario).

Basado en la idea de Santiago Ramón y Cajal de que el aprendizaje implica la formación de nuevas

El primer laboratorio de neuropsicología fue fundado en 1930 por Karl Lashley en los Estados Unidos. Luego de años de intenso trabajo experimental, Lashley concluyó que no existía un lugar específico en el cerebro donde se almacenara la información derivada de la experiencia y el aprendizaje.

---

10 Cardinali, D.: *Manual de Neurofisiología. Op. cit.*

11 Véase el Capítulo 13. Los trabajos de Donald Hebb son unos de los más consultados en la investigación científica sobre el correlato neurobiológico del aprendizaje.

La búsqueda del enagrama implica, en primer lugar, la localización de las estructuras del cerebro que cambian con el aprendizaje y, en segundo lugar, la identificación de las zonas que participan en la memoria.

conexiones entre neuronas, en 1949 Hebb presentó su teoría de los ensambles celulares y propuso que la memoria de corto plazo estaba mediada por circuitos neuronales reverberantes.

Uno de sus trabajos más importantes, en el que aborda la organización de la conducta, es considerado base en la hipótesis de que la plasticidad sináptica tiene un papel primordial en el almacenamiento de la información.

Para Hebb, la representación interna de un objeto, por ejemplo un círculo dibujado sobre papel, consta de todas las células corticales que son activadas por este estímulo. Esas células forman agrupaciones a las que él denominó "ensamblados celulares".

En estos conjuntos no intervienen necesariamente células adyacentes, sino que pueden incorporarse conexiones entre células de diferentes partes del cerebro.

Hebb sostuvo que los lugares de almacenamiento de la memoria no son neuronas aisladas, sino grupos organizados de células relacionadas entre sí, y que la representación interna de un objeto se conserva siempre que la actividad repercuta a través de las conexiones del ensamblado celular.

La fuerza de las conexiones sinápticas en la entrada de una neurona puede adaptarse para alcanzar la actividad requerida en la sinapsis de salida. Si dos células se activan al mismo tiempo, la fuerza de la conexión entonces aumenta.

Donald Hebb

Si bien sus presunciones han tenido que modificarse ligeramente a medida que las neurociencias fueron avanzando, hay coincidencias en cuanto a que su modelo reproduce con acierto muchas de las características de la memoria humana.

En cuanto a la localización, luego de las investigaciones de Broca, que identificó en el cerebro las áreas principales del lenguaje, se generó un gran entusiasmo por hallar una zona de la cual dependiera la memoria.

Uno de los primeros en comprobar que algunos procesos están localizados fue un neurocirujano de Montreal, Wilder Penfield. Posteriormente, la doctora Brenda Milner[12], luego de estudiar los casos de pacientes epilépticos a quienes se les había extirpado parte de los lóbulos temporales (para disminuir sus crisis), descubrió que la memoria humana abarca muchos sistemas.

[12] Véase el Capítulo 12, Apartado 2.2.2.

Inicialmente, se creía que las dificultades de memoria provocadas por lesiones en el lóbulo temporal afectaban por igual a todas las formas de aprendizaje y de memoria a largo plazo. Con el correr del tiempo, se comprobó que no es así.

Aunque los pacientes de la doctora Milner tenían dificultades en tareas que implicaban el reconocimiento de lugares, objetos y personas, podían desarrollar perfectamente las habilidades motoras que habían aprendido de modo no conciente.

Uno de los casos estudiados, que trascendió con el nombre de H.M., era el de un paciente epiléptico al que se le practicó una ablación de las estructuras del lóbulo temporal medial: la mayor parte del hipocampo, la circunvolución parahipocámpica, y la amígdala.

Luego de la intervención, el sujeto perdió la capacidad de formar nuevas memorias, sin embargo, conservaba recuerdos de acontecimientos de su vida anteriores a la intervención, como su nombre, el lenguaje, el empleo que tenía y muchas vivencias de su infancia.

Los estudios de la doctora Milner aportaron la primera prueba experimental que permitió a los científicos distinguir posteriormente dos tipos de memoria: la implícita (relacionada con el aprendizaje de habilidades perceptivas y motrices) y la explícita o declarativa (relacionada con acontecimientos autobiográficos y el conocimiento de los hechos).

También se comprobó la importante función que desempeñan el hipocampo y los lóbulos temporales en el almacenamiento de información en el cerebro.

Tampoco tenía dificultades en incorporar nuevas habilidades motoras. Por ejemplo, aprendió a remarcar las líneas del contorno de una estrella mientras miraba su mano y la estrella en un espejo. Lo sorprendente es que, si bien mejoró considerablemente a medida que repetía el ejercicio, al día siguiente de cada sesión no recordaba haberlo hecho.

Este caso reveló no solamente que determinadas funciones vinculadas con la memoria pueden localizarse en regiones específicas del cerebro, sino también que los pacientes que sufren este tipo de amnesia carecen de memoria declarativa[13] (H.M. no recordaba haber dibujado la estrella), pero tienen memoria procedural (día a día la dibujaba mejor).

Al preguntarse por qué las lesiones en el lóbulo temporal medial dificultan (o impiden) la transferencia de información a la memoria de largo plazo, se llegó a la conclusión de que la memoria no es un fenómeno unitario.

Como veremos en este capítulo, varias regiones del cerebro están relacionadas con la memoria y uno de los principales desafíos que afronta la

[13] Véase el Capítulo 15. La memoria declarativa o explícita almacena información sobre personas, lugares y sucesos que se ubican en la conciencia.

neurobiología del aprendizaje es determinar cuáles y cómo son los cambios sinápticos que subyacen a sus mecanismos.

Por lo tanto, en las dos grandes líneas de investigación que mencionamos al principio: a) de qué depende el almacenamiento de la información, y b) qué estructuras cerebrales intervienen en el almacenamiento y recuperación, todavía hay muchas preguntas que continúan abiertas.

3. ¿Por qué olvidamos?

El olvido es un tema de gran debate entre las diferentes corrientes científicas. Tradicionalmente se ha pensado que es, simplemente, una pérdida de información ya almacenada.

Desde este enfoque, olvidar es un proceso *pasivo* en el cual los recuerdos generados por el aprendizaje y la experiencia simplemente van desapareciendo con el tiempo como consecuencia de la muerte neuronal o de la desintegración de determinadas sinapsis.

Sin embargo, y como veremos en este apartado, existen evidencias de que el olvido es, más bien, un proceso *activo.*

Exceptuando el caso de personas con amnesia, lesiones cerebrales o adictas a determinados tipos de drogas, los olvidos son casi tan frecuentes como el aprendizaje en la vida cotidiana; de hecho, el cerebro humano recibe miles de millones de impresiones, pero sólo cuando estas permanecen, es decir, cuando se graban en la estructura neuronal, se forman los recuerdos.

A su vez, no todo lo que observamos es lo que existe para observar y, más aún, nuestros recuerdos rara vez son un registro fiel de lo real.

Como veremos en detalle más adelante,

> **toda la información almacenada en la memoria pasa primero por filtros perceptuales y allí se genera un proceso de transformación mediante el cual se reconstruyen los acontecimientos, muchas veces sobre la base de conjeturas y suposiciones, es decir, de los mapas mentales de cada uno.**

Desde el punto de vista orgánico, la memoria depende del buen funcionamiento de todas las estructuras cerebrales que la sostienen. Si algunas de estas estructuras se deteriora, se deteriora con ella la capacidad plena de recordar.

Sin embargo, este no es el único motivo por el cual olvidamos.

En términos de Lapp[14], el hecho de olvidar, en primer lugar, previene el bloqueo de los canales activos; en segundo lugar, nos permite mantener la atención al liberar temporalmente a la mente de la obligación de centrarse en un punto concreto en un momento determinado.

Por otra parte, la memoria es *selectiva*: retenemos lo que consideramos interesante o bueno para nuestras vidas, y tendemos a descartar aquello que no lo es.

De hecho, un acontecimiento importante, como el ascenso a nuestro primer puesto como director, puede ser retenido para toda la vida, mientras que el rostro del taxista que nos llevó desde el aeropuerto a casa seguramente se borrará en un tiempo muy breve.

Sin embargo, hay una gran cantidad de recuerdos nada gratos de los cuales difícilmente podamos desprendernos debido a la huella que dejan, como los asociados con el miedo.

Por más que la memoria sea selectiva, y que muchas veces nos ayude a descargar del presente el peso del pasado (como dice Lapp), ninguno de los pasajeros que lograron sobrevivir a un accidente aéreo podrán borrar el recuerdo debido a que esas vivencias dejan una impronta indeleble en el cerebro.

Ante un acontecimiento emocionalmente significativo como el del ejemplo, la excitación se desencadena por una ola de neurotransmisores que aumentan la frecuencia de disparo de las neuronas en determinadas partes del cerebro.

Este proceso incrementa la intensidad de lo que percibimos, y produce la inquietud o excitación que acompaña la fijación de los recuerdos en la memoria a largo plazo.

A su vez, los sucesos destinados a la memoria a largo plazo permanecen en alguna parte del sistema límbico durante un cierto tiempo antes de que se asienten definitivamente.

La pérdida de la memoria y/o la incapacidad de aprender se denomina *amnesia*.

Después de un traumatismo cerebral, la pérdida de memoria puede manifestarse de dos formas:

- **la *amnesia retrógrada*: produce una pérdida de memoria para los acontecimientos previos al traumatismo (meses o años), pero se recuperan sin dificultad los recuerdos formados a posteriori del traumatismo;**
- **la *amnesia anterógrada*: genera incapacidad para formar nuevos recuerdos después del traumatismo.**

Las personas con amnesia anterógrada no pueden realizar el pasaje de información desde la memoria operativa a la memoria de largo plazo, pero en general recuerdan sin dificultades acontecimientos previos al traumatismo.

14 Lapp, Danielle C.: *Potencie su memoria.* Plaza & Janés, Barcelona, 1996.

En ese período, el hipocampo suele organizarlos y representarlos una y otra vez, lo cual facilita su consolidación.

Algunos autores utilizan la denominación "cánones neuronales" para referirse al registro de los sucesos enviados desde el hipocampo a la corteza.

Como el hipocampo está conectado con diferentes áreas de la corteza, es capaz de generar una representación global de la experiencia vivida creando una especie de episodio en vez de un conjunto de datos separados del conocimiento.

Durante una investigación realizada en los Estados Unidos sobre un acontecimiento emocionalmente significativo para muchos ciudadanos –el asesinato de John F. Kennedy en 1963–, se comprobó que las personas adultas, que en aquella época tenían más de diez años, pueden recordar con lujo de detalles dónde estaban y qué hacían en aquel momento.

Cada vez que los vuelve a representar, envía mensajes a la corteza (donde cada elemento había sido registrado al principio). Este proceso consiste en realidad en una regeneración de los cánones neuronales originales y hace que estos se graben más profundamente en el tejido cortical hasta que, con el tiempo, queden asentados para siempre.

Los cánones neuronales también se conectan independientemente del hipocampo. Esto permite que un solo aspecto de una experiencia, como el sonido del motor de un avión, nos sirva para recuperar un momento completo que hemos vivido.

Este ejemplo nos permite también comprender el concepto de *anclaje,* ya que cuando recordamos también "traemos" las emociones con las cuales "archivamos".

Aunque el hipocampo es imprescindible para codificar información, hay evidencias de que, cuando se trata de recuerdos relacionados con emociones intensas, estos estarían almacenados (en parte) en la amígdala (núcleo del cerebro emocional).

- **Aunque la memoria puede verse afectada por un traumatismo cerebral, también los cambios químicos en el cerebro pueden acelerar, modificar o retrasar su formación según el tipo de experiencia que vivenciamos.**

Químicamente, hay una gran cantidad de datos que indican que un neurotransmisor, la acetilcolina, está muy relacionado con los procesos de adquisición y consolidación de experiencias.

Por ejemplo, la aplicación de drogas que bloquean los receptores cerebrales para acetilcolina produce un cuadro amnésico, mientras que las que incrementan el tono colinérgico inducen una mejoría en la capacidad de retención.

Como la corteza cerebral, el hipocampo y la amígdala reciben axones que liberan acetilcolina, se entiende mejor por qué algunos hechos se fijan en forma indeleble en la memoria.

Otra de las razones por las cuales olvidamos (que también tiene su correlato orgánico) es el estrés.

Hay casos (entre ellos, el de los veteranos de guerra) que indican que una de las consecuencias graves del estrés es que puede inhibir los mecanismos del hipocampo, con lo cual la persona afectada puede perder su capacidad para almacenar.

También puede ocurrir que el hipocampo esté sólo parcialmente afectado por el estrés, con lo cual el recuerdo se forma de manera débil y fragmentada.

Esto generalmente desencadena un fenómeno que se conoce como "relleno de lagunas mentales" y explica por qué muchos recuerdos no son copias fieles de los acontecimientos, sino reconstrucciones que fusionan la información almacenada en la memoria a largo plazo con la que está presente en el momento en que se producen los hechos.

> En 2007, un equipo de científicos argentinos pertenecientes al CONICET llegó a la conclusión de que el aprendizaje se mantiene en la memoria siempre que se produzca la síntesis de nuevas proteínas en el hipocampo.
>
> También observaron cómo el estrés o un shock nervioso alteran la consolidación.
>
> El experimento demostró que la consolidación es un fenómeno que se produce a nivel molecular y depende de la fabricación de nuevas proteínas en determinadas áreas del cerebro.

Ahora bien, como el estrés no afecta el funcionamiento del núcleo amigdalino, es posible que una persona tenga un recuerdo conciente débil (o ninguno) de una experiencia poco feliz o traumática pero que, al mismo tiempo, forme recuerdos emocionales no concientes bastante sólidos, como ocurre en el caso del condicionamiento del miedo.

El problema que presenta este tipo de recuerdos es que, al ser no concientes, pueden convertirse en una especie de lastre debido a que, desde las profundidades de la mente, suelen actuar como fuentes de ansiedad, ejerciendo una especie de influencia negativa a lo largo de la vida.

Al respecto, dice LeDoux:

> *... si el estrés verdaderamente deteriora el hipocampo y activa el núcleo amigdalino, cabe la posibilidad de que nos lleve a un modo de funcionamiento en el que reaccionamos ante el peligro en lugar de pensar en él. No está claro si esto responde a una adaptación específica o si, simplemente, tenemos la suerte de que, cuando las funciones superiores fallan, nuestra segunda línea de defensa es dejar que la evolución piense por nosotros.* [15]

---

[15] LeDoux, Joseph: *The Emotional Brain.* Simon and Schuster, New York, 1996.

Como las conexiones que van desde las zonas corticales hacia la amígdala son mucho más débiles que las que van de esta a la corteza, LeDoux apunta que esto explicaría por qué las emociones invaden con tanta facilidad nuestros pensamientos concientes y nos cuesta controlarlas.

En cuanto a los cambios químicos, la investigación emprendida sobre el caso Kennedy, entre muchas otras realizadas con personas que habían vivido acontecimientos significativos o traumáticos, llevó a plantear la hipótesis de que las hormonas liberadas por emociones intensas modifican el proceso de formación de los recuerdos, haciéndolos más vivos y perdurables.

La consolidación de la memoria depende del hipocampo.

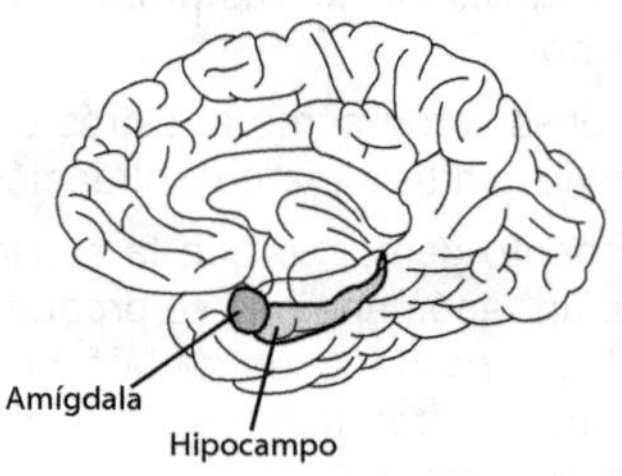

Sin el hipocampo, un individuo no puede asimilar nada nuevo, por lo tanto pierde también la capacidad de aprender.

El lector tal vez se pregunte cuál es la razón por la que no recuerda algunos sucesos que ha vivido en los últimos cinco años y, sin embargo, recuerda perfectamente momentos de su infancia y adolescencia.

La respuesta más aproximada (ya hemos dicho que aún falta camino por recorrer para saber cómo funciona, verdaderamente, nuestra memoria) es que este tipo de disociación entre los recuerdos autobiográficos más cercanos y los más distantes en el tiempo se debe a que los recuerdos más antiguos, distribuidos en distintas zonas de la corteza cerebral, se fijan con mayor permanencia porque tienen que ver con los años en los que se formó el núcleo de la identidad y personalidad de cada sujeto.

Este hecho tiene también un correlato empírico: la mayor parte de las investigaciones han comprobado que los recuerdos más antiguos son menos vulnerables a la amnesia.

Cuando los pacientes afectados observan fotografías de personas populares, como actores o deportistas, por lo general reconocen mejor a quienes estuvieron en el estrellato hace muchos años.

Otra de las razones por las cuales quienes no han sufrido un problema de amnesia recuerdan con mayor claridad las vivencias de su juventud o de su infancia es la repetición. Es muy común que en una reunión con compañeros de estudio o con familiares se rememoren antiguas experiencias, con lo cual se contribuye a consolidarlas en la memoria a largo plazo.

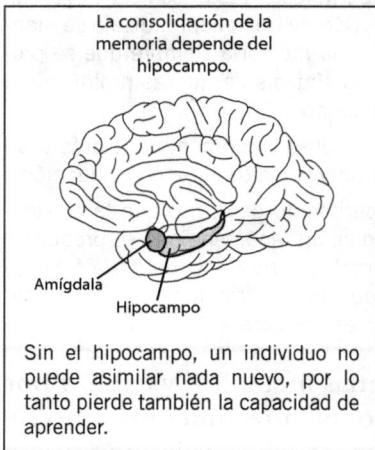

Ahora bien, tal vez usted se pregunte (igual que nosotros): ¿cuál es la verdadera razón por la que muchos recuerdos que en su momento se habían consolidado, hoy no parecen estar en nuestro archivo de memoria? En principio, no hay una única respuesta.

Algunas corrientes, dentro de las neurociencias, argumentan que si la memoria es selectiva, el olvido también lo es. ¿Por qué?

La respuesta es que el olvido se debe (neurológicamente) a dos fenómenos posibles: los circuitos neuronales antes utilizados en el relevo de información entre dos o más puntos son colocados al servicio de otros puntos, o bien, el peso relativo de la actividad de algunos de tales circuitos disminuye a medida que aumenta la relevancia relativa de otros.

En cualquiera de estos dos casos, no olvidamos en forma natural, sino que borramos intencionalmente los recuerdos, aun cuando estas intenciones sean no concientes.

- **Si un estímulo determinado activa el recuerdo de una situación muy angustiante, la corteza prefrontal nos ayudará a rememorar con quién estábamos y qué hacíamos en aquel momento, mientras que, a través del mecanismo del núcleo amigdalino, dicho estímulo desencadenará un conjunto de reacciones emocionales que provocarán cambios orgánicos (como la secreción de hormonas, alteraciones en la presión sanguínea y en el ritmo cardíaco, entre otras).**

En el ámbito de la psicología cognitiva, hay dos hipótesis que intentan explicar por qué se produce este fenómeno. Por un lado, hay recuerdos que se pierden (incluso después de completarse la consolidación) por la simple razón de que las huellas de la memoria en el cerebro decaen con el paso de los años.

La segunda hipótesis es que los recuerdos, es decir, nuestro "almacén de información", son permanentes, y lo que en realidad perdemos es la capacidad para recuperarlos.

Wilder Penfield adhirió a esta segunda hipótesis luego de unos descubrimientos obtenidos en forma imprevista durante operaciones que realizó para aliviar las crisis en enfermos de epilepsia.

Este tipo de intervenciones, que se hacen normalmente con el paciente despierto, tienen una etapa en la cual se estimulan determinadas zonas del cerebro para visualizar dónde están localizadas las capacidades más importantes con el fin de no lesionarlas durante la cirugía.

Penfield descubrió que, en ocasiones, sus pacientes hablaban de acontecimientos muy remotos como si los estuvieran reviviendo. Por ejemplo, uno de ellos aseguraba oír una determinada melodía cuando no había ningún tipo de música en el quirófano.

A raíz de esta y otras experiencias, en las que las personas que eran intervenidas relataban vivencias muy remotas con mucha claridad, se dedujo que existía un tipo de información que parecía grabada en forma definitiva en el cerebro, es decir, que existían enagramas establemente codificados en los circuitos cerebrales que podrían activarse de algún modo para emplazar en la mente información que estaría perdida sólo en apariencia.

Estas deducciones fueron cuestionadas debido (entre otras razones) a que todos los pacientes bajo estudio tenían síntomas epilépticos. Sin embargo, ha sido la investigación basada en este tipo de patologías la que, como vimos en apartados anteriores, reveló mucho de lo que hoy se sabe sobre la participación de determinadas estructuras del cerebro en la formación de la memoria.

De momento, si los recuerdos son permanentes y lo que en realidad perdemos es capacidad para recuperarlos sigue siendo un tema abierto.

Algunos neurofisiólogos han centrado su atención en las condiciones en que la excitación de una neurona se propaga a otra o a muchas otras y han tenido que admitir que la conducción nerviosa se asegura por mediadores químicos tales como la adrenalina, la acetilcolina, la noradrenalina y la serotonina.

También se argumenta que ciertos ácidos nucleicos, como el ARN, que se encuentra en las neuronas junto con el ADN, cumple una importante función en la consolidación de la memoria a largo plazo[16].

No obstante, e independientemente de estas afirmaciones, no hay dudas de que la memoria humana difiere entre personas. Mientras que algunas son capaces de memorizar gran cantidad de información en forma natural, otras lo hacen sobre la base de técnicas que han aprendido, como ocurre cuando los actores trabajan para retener larguísimos parlamentos.

Por último, también olvidamos cuando un recuerdo débil es sustituido por otro más fuerte; en otros términos, cuando existe algún tipo de *interferencia* que hace que la información almacenada se margine o se pierda debido a que otra la sustituye o distorsiona.

La interferencia puede ser *proactiva,* cuando la información antigua, previamente almacenada, interfiere en el aprendizaje o adquisición de nuevos estímulos, o *retroactiva,* cuando la dificultad se presenta para evocar in-

[16] El ácido desoxirribonucleico (ADN) es el que contiene el secreto de la vida, pues esta sustancia, asociada al ácido ribonucleico (ARN), posee la propiedad de reproducir y transmitir los caracteres hereditarios. La función del ARN es la de trascribir el ADN a través de la creación de proteínas.

formación ya consolidada en la memoria como consecuencia de la exposición posterior a material divergente. Dicho de otra forma:

La interferencia proactiva actúa desde el pasado hacia el presente, entorpeciendo el nuevo aprendizaje; mientras que la interferencia retroactiva opera hacia el pasado, de modo que datos presentados en la actualidad alteran la búsqueda en el archivo de la memoria.

Una de las implicaciones de esta visión, en la cual aprender requiere olvidar, es la disociación entre memoria y aprendizaje; en otros términos, existen situaciones en las que el perfeccionamiento de la memoria puede afectar negativamente el aprendizaje.

Esto se debe, en gran parte, a que la memoria tiene estados en continua evolución-involución, por lo tanto, los enagramas no son definitivos y sufren modificaciones a lo largo del tiempo.

También puede suceder que en el almacenamiento con carga emocional algunos aspectos se fijen y otros se olviden. Esto explicaría por qué las personas que han sido víctimas de un delito recuerden los aspectos fundamentales, como la raza o la altura de la persona que los atacó, pero olviden detalles que serían muy importantes para identificarla, como el color del cabello o de los ojos.

A la inversa, un observador externo, que no haya generado tanta adrenalina como el protagonista del suceso, podría aportar una gran cantidad de recuerdos explícitos.

4. Los falsos recuerdos

En el siglo IV a. de C., Aristóteles se preguntaba si la memoria es una sensación o una interpretación:

> *Lo que se recuerda, ¿es la impresión del espíritu o el objeto mismo que la ha producido? Si es la impresión, no recordaríamos poco ni mucho las cosas que están ausentes, y si es el objeto, ¿cómo es que en el acto de sentir la impresión recordamos el objeto ausente que no sentimos? (...) Es necesario suponer que la noción, que el alma contempla, es cierta cosa por sí misma, si bien es igualmente la imagen de otra cosa.*[17]

[17] Aristóteles: *Obras completas.* Universidad Autónoma de México, México, 1945.

El gran filósofo griego, refiriéndose a la mente, decía que tiene la doble capacidad de registrar las sensaciones, de representar la realidad en forma de imágenes (incluso cuando esta no está presente) y, más aún, de conferirle una dimensión individual.

La dimensión subjetiva de la memoria se ha convertido en el centro de interés tanto de los psicólogos como de los especialistas en neurociencias, hasta tal punto que la memoria ya no se considera un almacén objetivo de los acontecimientos, sino una interpretación *subjetiva* de la realidad y de las experiencias, construida por cada protagonista.

Muchos años después, se comprobó que la relativa exactitud con que somos capaces de narrar determinados acontecimientos pasados revela que, **una vez que la información se ha almacenado en el cerebro, nuestros recuerdos no suelen reproducirla con fidelidad.**

Durante un experimento reciente[18], en el que se pidió a los participantes que leyeran historias y luego las contaran, se observó que los relatos que recordaban eran más cortos y más coherentes que los originales, lo cual reflejaba no sólo una reconstrucción, sino también una reorganización y sintetización del argumento que habían leído sin que fueran concientes de esta modificación. Más aún, la investigación reveló que, a menudo, estaban más convencidos de su propia versión que de la primera.

En términos de Kandel,

> *los sujetos no estaban inventando: simplemente estaban interpretando el material original para darle así sentido al recuerdo (...). Observaciones como esta nos llevan a pensar que la memoria explícita de acontecimientos pasados es un proceso creativo de síntesis o reconstrucción.*

En la Parte II de esta obra, al desarrollar el tema de la construcción cerebral de la realidad, hemos dicho que nuestras percepciones difieren cualitativamente de las propiedades de los estímulos que ingresan a través de nuestros sentidos, es decir, de lo "real", y de las percepciones de los demás.

También puntualizamos que este fenómeno se produce porque aplicamos filtros perceptuales que dependen de muchos factores: algunos son externos, como la intensidad, tamaño o contraste del estímulo, y otros son internos, como nuestros intereses, experiencias, necesidades o creencias.

El experimento que hemos relatado, sumado a otros que hemos leído en la bibliografía que consultamos, confirma este proceso de construcción cerebral de la realidad al revelar que la información almacenada en

[18] Kandel, E.; Jessell, T. y Schwartz, J.: *Neurociencia y conducta.* Prentice Hall, Madrid, 1997.

la memoria *se transforma* como resultado de la actividad de nuestros mecanismos de percepción. Repasando estos conceptos en palabras de Kandel:

> *... la percepción sensorial en sí misma no es un registro fiel del mundo externo. Es un proceso de transformación en el cual la información que llega se sintetiza conforme a reglas inherentes de las vías aferentes del encéfalo.*
> *Es también un proceso en el que el individuo interpreta el ambiente externo no sólo desde el punto de vista de una posición específica en el espacio, sino también desde el punto de vista de una posición específica en su propia historia.*

Esto significa que recordar es un proceso en el cual lo que hemos incorporado –por ejemplo, mediante la lectura o la experiencia– se utiliza como una especie de reseña que ayuda al cerebro a reconstruir los acontecimientos.

Y si decimos "reconstruir" es porque **lo que tenemos almacenado en la memoria no es una copia fiel de lo que ingresó por nuestros sentidos, sino un conjunto de representaciones articuladas por nuestros mecanismos cerebrales.**

Estas representaciones también pueden generar "falsos recuerdos", que surgen porque la memoria humana no registra los sucesos con la misma objetividad con que lo haría, por ejemplo, una cámara fotográfica.

Lo que hace el cerebro es crear y recrear la información construyendo significados.

En este proceso, cada individuo genera una versión personal de los hechos que muchas veces *se parece* a lo que aconteció en la realidad. Por ejemplo, dado un accidente de tránsito, el conductor que lo provocó, su abogado, el herido, el médico, el periodista que hace la nota, etc., tendrán diferentes percepciones.

Las conclusiones a las que solemos arribar dependen en buena medida de nuestra capacidad atencional y flexibilidad mental a la hora de seleccionar un aspecto de la realidad sobre el cual nos centramos, movilizando nuestros recursos intelectuales.

Parece complicado, sin embargo, no lo es.

> **Explicamos las cosas que nos pasan, la conducta ajena e incluso la propia, en función de nuestra capacidad para enfocar la *atención* en uno u otro aspecto de la particular realidad que nos toca vivir.**

4.1. Realidad e imaginación: el rol de la percepción y los mecanismos de atención en la construcción de los recuerdos

Para visualizar mejor los conceptos que narramos en el apartado anterior trabajaremos con algunos ejemplos. Podríamos decir aquí que "si la realidad concuerda con la ficción, es pura coincidencia"; sin embargo, no es así. De hecho, estas pequeñas historias surgen de hechos que observamos cotidianamente en las organizaciones.

Comenzaremos por proponerle que se imagine en la siguiente situación y desde allí trate de encontrarle una explicación.

Es su primera semana de trabajo en una empresa dedicada a la venta de seguros generales. Cierto día, Martín, un compañero al que acaba de conocer y que trabaja allí hace tiempo, comienza a maldecir a diestra y siniestra y revolea papeles por el aire.

A sus ojos, el espectáculo resulta grotesco: Martín está verdaderamente enojado; más que eso, está desencajado y furioso, dominado por lo que Daniel Goleman llama un "asalto emocional".

Más tarde, se entera de que el motivo de la ira de Martín es que por enésima vez ha llegado tarde al trabajo. Como la puntualidad es una exigencia clave para el puesto que desempeña, su asignación anual por cumplimiento de objetivos estará notablemente reducida; incluso, puede perderla.

Antes de seguir leyendo, reflexione... ¿Cómo explicaría la vehemencia desubicada de Martín?

Probablemente, usted razone: "Evidentemente, este muchacho no está bien de la cabeza, tanta furia descontrolada no tiene ningún tipo de justificación. Parece ser una persona agresiva, irritable e impulsiva; me conviene mantenerme lo más alejado posible de él".

Ahora bien, ¿cómo explicaría la misma situación si fuera usted el protagonista? ¿De la misma manera? ¿Está seguro?

Existe la posibilidad de que, ante un asalto emocional similar, usted se excuse ante los demás y ante sí mismo y lo justifique: "Bueno, es cierto que me enfurecí, pero ese día todo me salía mal. Además, yo no tengo la culpa de que no se resuelva el problema del tránsito en la ciudad y tampoco de que el gobierno no llegue a un acuerdo con los ecologistas y los estudiantes: ¡todos los días hay manifestaciones que me impiden llegar a tiempo! Para peor, un corte de luz impidió que sonara el despertador, un policía me multó por cruzar un semáforo en amarillo y el tránsito estaba lento porque había árboles caídos en las calles debido a la tormenta. ¡Cómo hacer para no estar mal!"

Días así solemos tener todos; muchas veces, parece que las circunstancias conspiraran en nuestra contra. Sin embargo, en el caso de Martín, usted razona que el descontrol es una característica de la personalidad de su compañero y a ella le atribuye toda la responsabilidad.

En su caso, y ante una situación similar, ha justificado su propia conducta y, más aún, lo ha hecho sobre la base de factores externos: usted no tiene mal carácter, es una buena persona que ha sido víctima de la circunstancias.

El factor clave es el aspecto de la realidad hacia el cual moviliza el foco de atención: más allá de las razones que usted pueda esgrimir, ¿qué cree que pensarán sus compañeros de oficina si, repentinamente, lo ven encolerizado y profiriendo insultos contra todo el mundo?

Por lo general, tendemos a considerar que nuestros asaltos emocionales, aun desproporcionados, son una respuesta justa ante situaciones injustas que nos ha tocado vivir; sin embargo, cuando se trata de los demás, explicamos este tipo de comportamientos subestimando el entorno y apuntando directamente al carácter de las personas.

Desde luego, los demás hacen exactamente lo mismo con nosotros. Y esto es una cuestión de perspectiva, de dirección y selección de la atención.

Veamos algunos ejemplos hipotéticos más.

Una compañía ha contratado a un grupo de personas, entre las cuales se encuentra usted, con la intención de crear un nuevo departamento comercial. Llega el primer día de trabajo y, al entrar en contacto con los miembros del equipo que integrará, esboza su sonrisa más artificial y trata de mostrarse agradable con todo el mundo para caer bien. Esto lo lleva a sentirse ansioso, suspicaz y a la defensiva.

Sin embargo, los demás se ven naturales, relajados y contentos. Entonces se pregunta: "¿Por qué todos parecen tan espontáneos mientras yo estoy hecho un manojo de nervios?". En realidad, todos se encuentran igualmente asustados e incómodos y piensan sobre usted lo mismo que usted piensa sobre ellos.

Otro caso: su jefe lo despide, furioso: "Usted es un inepto, sus informes sólo sirven para engrosar el cesto de basura". Y usted se defiende: "No es mi culpa, estoy estresado porque tengo problemas personales graves".

Y hay más. ¿Qué tal algunos contraejemplos?

Usted sabe perfectamente que los empleados de determinado local de comidas rápidas son sometidos a intensos procesos de inducción, sin embargo, ¿no llega a creer que la señorita que lo ha atendido, que en ningún momento ha dejado de sonreír y le ha agradecido amablemente su elección, es realmente una persona simpática, seguramente con fuertes lazos sociales?

Lo mismo sucede cuando vamos al cine y vemos a Jack Nicholson haciendo de villano desenfrenado o a Harrison Ford como un héroe cándido y bueno. ¿No llegamos a creer realmente que Jack está completamente loco y que Harrison es un buen hombre, honrado, probo y amoroso padre de familia?

A pesar de que sabemos que se trata de una película, la verdad es que nos cuesta sustraernos de la ficción y creemos que tan maravillosas interpretaciones deben ser un fiel reflejo de la personalidad del actor. De este modo se construyen también los denominados "falsos recuerdos".

Como vemos, el foco hacia donde dirigimos la atención está, en buena medida, predeterminado por el espacio físico que ocupamos y también por lo que estamos haciendo en ese momento: observando o actuando.

Cuando somos espectadores, el otro ocupa el centro de nuestra atención, de modo que se erige como la causa de todo lo que ocurre. Cuando somos protagonistas, es el entorno el que ocupa nuestro centro de atención.

Retomemos el primer ejemplo: cuando vemos a Martín enojado, ponemos la lupa sobre su persona en detrimento del ambiente y las circunstancias por las que está atravesando y, a partir de allí, recordaremos los acontecimientos vividos.

Cuando somos nosotros los protagonistas, nuestra atención se concentra mucho más en la situación que estamos viviendo: "No soy yo, son las circunstancias las que me han puesto así". Y esta es la información que se almacena en la memoria.

Uno de los científicos que realizaron un gran aporte para ayudarnos a apuntalar estos conceptos fue Frederic Bartlett[19].

Durante sus experimentos, comprobó que los recuerdos que tenían las personas sobre las formas y los acontecimientos no eran exactos y que se parecían más a las experiencias anteriores de los sujetos que los evocaban, que a la realidad.

En el caso de los recuerdos autobiográficos, Bartlett sostenía que los mismos estímulos no generan las mismas respuestas en personas diferen-

---

19 Bartlett, Frederic C.: *Remembering.* Cambridge University Press, New York, 1967.

tes. Cada una de ellas construye el recuerdo de un mismo episodio en forma particular.

Para explicarlo, este gran psicólogo inglés recurría al siguiente ejemplo:

Tres amigos, un pintor, un amante de la naturaleza y un escalador que salen juntos a pasear por la montaña observan distintos aspectos del paisaje.
Si después les presentamos un trozo de roca, pretendiendo unificar sus recuerdos, nuestra desilusión será grande porque encontraremos en ellos las mismas diferencias de antes, ya que tanto la percepción (observar el paisaje) como la memoria (recordar lo que se ha visto) dependen de las características de la personalidad, de las experiencias y de los intereses individuales.
Cada uno de ellos percibe y recuerda cosas distintas, y en ningún caso el trozo de roca será más auténtico que lo que ellos han visto: el pintor continuará fijándose en las luces y los colores del paisaje, el naturalista en la flora y la estructura física de los valles, y el escalador en las paredes rocosas y las grietas.

En las empresas, todos los días se observan situaciones análogas. Por ejemplo, para un directivo, la implementación de un proceso de cambio significa crecimiento; para un empleado, puede ser sinónimo de posible pérdida de empleo.

Si estas diferencias en la construcción de significados no se pueden manejar, se afectará negativamente el clima organizacional.

Otra psicóloga destacada que ha escrito libros sobre la maleabilidad de la memoria, Elizabeth Loftus[20], suministra varios ejemplos que confirman las afirmaciones de Bartlett, entre ellos, el del general Thorpe, que estaba presente cuando se produjo el famoso bombardeo de Pearl Harbour y describió el suceso en dos oportunidades.

Al comparar ambas versiones, se observó que había varias incongruencias y, más aún, tampoco coincidían con las de otras fuentes.

Otro ejemplo muy interesante es el aportado por Neisser y Harsch[21] sobre el recuerdo que un grupo de sujetos tenía sobre la explosión del *Challenger* en dos fechas diferentes: al día siguiente y varios años después.

En la primera oportunidad, la mayoría dijo recordar muy bien lo que estaba haciendo en el momento en que la prensa difundió la noticia, en la segunda oportunidad, el relato de lo que recordaban había cambiado mucho.

---

20 Loftus, Elizabeth F.: *The Myth of Repressed Memory*. St. Martins Press, New York, 1994 y "The reality of repressed memories", en *American Psychologist*, N° 48, 1993.

21 Neisser, U. y Harsch, N.: "Phantom flashbulbs: False recollections of hearing the news about Challenger". In E. Winograd y U. Neisser (eds), *Affect and accuracy in recall: studies of "flashbulb memories"*. Cambridge University Press, New York, 1992.

Se cree que este tipo de acontecimientos que, como veremos más adelante, se almacenan en el tipo de memoria denominada *flashbulb memory* (memoria de impacto), pueden generar una evocación nítida de las vivencias de cada sujeto.

Sin embargo, son numerosos los casos en los cuales otros factores, como la información que suministran los medios, añaden detalles adicionales que, con el correr del tiempo, distorsionan la fidelidad del recuerdo.

Como hemos dicho, todo parece indicar que muchos recuerdos son reconstrucciones muchas veces imperfectas sobre las experiencias que hemos vivido.

En otros términos, nuestra memoria no contiene reproducciones exactas de las experiencias que la crearon, y el estado en el que nos encontremos en el momento de evocarlas también puede influir en esta reconstrucción.

De todo lo expuesto, se desprende con mucha claridad que:

- no recordamos todo lo que vemos;
- recordamos lo que creemos haber visto;
- nuestra memoria está influida no solamente por acontecimientos previos, sino también por nuestro proceso de percepción de los acontecimientos actuales.

Otro ejemplo, por cierto muy actual, que suministra también Elizabeth Loftus, tiene que ver con un hecho que se produjo un año antes de que escribiéramos esta obra: "Durante los ataques de los francotiradores en Washington, todo el mundo decía haber visto una camioneta blanca".

Lo cierto es que **los falsos recuerdos pueden "sentirse" como verdaderos y que la mente humana puede inventar acontecimientos que jamás han ocurrido y archivarlos como reales.**

4.2. Reconstrucción en positivo: el rol de la visualización creativa

Varias investigaciones han demostrado que algunas zonas del cerebro que utilizamos para percibir aspectos de la realidad y las que utilizamos para imaginarlos coinciden.

Esto explicaría por qué un hecho imaginado en forma vívida, es decir, con los cinco sentidos, puede dejar la misma marca que un hecho que realmente ha ocurrido.

Durante una investigación emprendida en la universidad estadounidense de Northwestern, en Chicago, se descubrió que la imaginación puede llegar a adquirir en la memoria tanta verosimilitud como los hechos, hasta tal punto que las personas suelen estar convencidas de que lo que han imaginado es real.
En el experimento (realizado con scanners), se midió la actividad cerebral de los voluntarios mientras estos observaban imágenes de objetos reales y también cuando los imaginaban a partir de las indicaciones de los investigadores.
Se observó que las zonas destinadas a generar imágenes visuales se activaban con mucha fuerza cuando los voluntarios tan sólo imaginaban los objetos y, más aún, de los relatos que se escucharon luego del experimento se desprendió que muchos narraban como real lo que en realidad habían imaginado.[22]

Este tema nos lleva a la importancia de la visualización creativa que, subrayamos una vez más, no consiste en pensar ingenuamente, sino en educar nuestro pensamiento para generar un estado de bienestar que ayude a potenciar nuestras capacidades intelectuales y, a su vez, a alcanzar lo que nos proponemos en la vida.

La visualización creativa –no lo olvide–, no es más que nuestra imaginación aplicada a cualquier objetivo que deseemos alcanzar. Cuando el cerebro almacena lo percibido o lo imaginado, algunas de las zonas que participan coinciden.

En el experimento que hemos mencionado, estas partes fueron el precuneus, la corteza parietal inferior derecha y el giro cingulado anterior. Las tres mostraron una notable activación ante imágenes que no eran reales.

A través del scanner, los investigadores llegaron a prever qué imágenes serían recordadas y cuáles no en función de la actividad que se observaba en el hipocampo izquierdo y en la corteza prefrontal izquierda (zonas activadas tanto durante la imaginación como ante la presentación de imágenes reales).

Como vemos, un tema más que interesante. El aspecto positivo de estos descubrimientos es que la imaginación creativa mejoraría nuestra vida. El lado oscuro, por el hecho de que los falsos recuerdos pueden afectar la verdad y esto conduce a sesgos en la información. Por ejemplo, en las

---

22 Fuente: revista *Psychological Science*, p. 655-660, octubre de 2004.

investigaciones de mercado es común que las personas mientan y que no lo hagan intencionalmente.

4.3. Aplicaciones en publicidad

En los Estados Unidos, una investigación demostró que es posible hacer que las personas modifiquen episodios fabricando sucesos que luego se recuerdan como reales.

Esta vez, el equipo fue dirigido por Elizabeth Loftus[23] y los resultados probaron que, cuando a una historia se le añaden detalles relativos al tacto, gusto, olor y oído, las posibilidades de que sea considerada real por el cerebro aumentan considerablemente[24].

¿Imagina el impacto de estos conocimientos en publicidad? Ya no hay dudas de que los detalles sensoriales de las estrategias de comunicaciones, cuando están bien elegidos, actúan como una especie de materia prima para que las personas registren positivamente tanto una marca como la imagen institucional de una organización.

Si bien queda mucho camino por recorrer, se sabe bastante sobre las características de los recuerdos creados artificialmente. Lo importante, como decimos siempre, es que los hechos no dependen de las herramientas en sí, sino de las intenciones de quienes las utilicen.

De momento, los estudios en neurociencias permiten comprender qué estímulos desencadenan la activación de determinados neurocircuitos frente a otros mediante los cuales la información es percibida y, a su vez, cómo se van configurando los recuerdos sobre las marcas a partir de estos estímulos.

Sin duda, estos avances son de enorme utilidad para el desarrollo de estrategias de *neuroplanning*, ya que permiten sintonizar la información que se desea transmitir con el modo en que el cerebro aprende y la integra al sistema de significados almacenado en la memoria.

Por ejemplo, los estudios de los diferentes neurocircuitos, entre ellos, los del placer y el displacer, determinan dónde enfocar el mensaje y en qué escenas hacer hincapié para que este sea recordado positivamente.

---

23 Psicóloga cognitiva de la Universidad de Washington, experta en memoria; ha testificado como perita en más de 150 juicios en los Estados Unidos en los últimos 16 años sobre lo falible que resulta la memoria en diversas situaciones.

24 Fuente: http://www.tendencias21.net.

Este proceso no sólo se complementa con la repetición, que refuerza el aprendizaje, sino también con la activación de los sistemas emocionales que, como vimos en el Capítulo 13, además de facilitar la incorporación de la información, hacen que esta se fije con mayor facilidad y perdure en el tiempo.

En el próximo capítulo ampliaremos los temas descriptos aquí, mediante el análisis de la dimensión temporal y los tipos de memoria. Luego de este análisis veremos que no sólo es posible, sino también imprescindible, mejorar nuestro funcionamiento cerebral para hacer más efectiva nuestra labor en las organizaciones y, por supuesto, en nuestra vida personal.

Capítulo **15**

Dimensión temporal y construcción de recuerdos

Implicancias en neuromanagement

La imaginación está hecha de convenciones de la memoria.
Si yo no tuviera memoria, no podría imaginar.

Jorge Luis Borges

1. La importancia de la memoria en el mundo organizacional. Preguntas y respuestas

Tal como lo sugiere el título, comenzaremos este capítulo con un conjunto de preguntas que intentaremos responder no sólo en este apartado, sino también durante el desarrollo de los conceptos que abordaremos en los siguientes.

¿Por qué dos ejecutivos de la misma edad y similar formación pueden tomar decisiones completamente diferentes ante la aparición de un mismo problema?

¿Cómo es posible que, mientras algunos gerentes pueden atender varios asuntos al mismo tiempo, otros, aun cuando son brillantes en su especialidad, no pueden manejar más de un tema por vez?

¿Por qué los profesionales y empresarios que han decidido embarcarse con constancia en un programa de entrenamiento neurocognitivo mejoran sustancialmente su gestión? ¿Cómo hacen para pensar y decidir tan rápido sin equivocarse? ¿Cuál es el secreto?

Si bien no hay una única respuesta para estas preguntas, es cierto que en la gestión eficaz existe un denominador común (vinculado con el desarrollo de las funciones cognitivas más elevadas): la memoria. Y como bien dice Borges (la verdad es que me encantó esa frase), "la imaginación está hecha de convenciones de la memoria"[1].

Ahora bien, ¿qué ocurre cuando sucede lo contrario? ¿Por qué algunas personas se encuentran abrumadas ante una enormidad de información que da vueltas por su cabeza? ¿Por qué suele ser complicado imaginar rápidamente una solución? ¿Qué datos faltan? ¿Dónde era que estaban?

Más allá de los factores de personalidad que conspiran contra el pensamiento eficaz, como la ausencia de regulación emocional o la comodidad que genera la habituación, hay otros cuyo análisis no podemos soslayar.

Uno de ellos es la implementación masiva de la tecnología en los ámbitos cotidianos de trabajo y en el hogar.

Si bien me cuesta imaginar que alguien sea capaz de desprenderse de su agenda electrónica o de su computadora –de hecho, yo jamás podría–, cierto es que la dependencia de estos aparatos afecta la ejercitación de la capacidad mnésica indispensable para desarrollar una idea, resolver un problema o vehiculizar una acción específica.

Otros de los factores que influyen son la ansiedad derivada de contextos de alta incertidumbre y la depresión que provoca el estrés. Si bien hay situaciones que son inevitables, las circunstancias caóticas en que se desenvuelven las organizaciones actuales muchas veces resienten el funcionamiento satisfactorio de la memoria.

Asimismo, y este punto es de vital importancia, la forma en que cada persona comprende e interpreta sus olvidos y sus errores (como la toma de una decisión desacertada) y, fundamentalmente, la forma en que el sistema organizacional reacciona ante los fracasos, tienen una gran influencia.

Cuando los errores no se capitalizan como oportunidades para aprender, quienes se equivocan saben que tendrán que soportar represalias. Esto suele conducir a estados de indefensión y baja autoestima que generan una especie de círculo vicioso del cual suele ser difícil salir para pensar con claridad.

---

1 En "Jorge Luis Borges presenta su nuevo libro 'que se ha escrito solo'", entrevista de Fietta Jarque para el periódico *El País*, Madrid, 2 de junio de 1985.

Sin embargo, ninguno de los factores que he mencionado es inmodificable. Prácticamente todos se encuentran dentro de la esfera de nuestro control.

Con esto no quiero decir que siempre podamos modificar el entorno; de hecho, las denominadas "variables incontrolables" son las que más desvelan a los ejecutivos de hoy en día.

Lo que sí podemos hacer es un trabajo interesante sobre nosotros mismos para mejorar nuestras funciones cognitivas y, a la vez, evitar los bloqueos que generan situaciones como las que hemos descripto.

Sin duda, el buen funcionamiento de la memoria, además de facilitar el buen desempeño en la vida profesional, nos hace libres.

A la inversa, la dificultad para recordar genera dependencia: de la agenda, de los informes, de los compañeros de trabajo, de la computadora, del block de notas.

> La memoria no está localizada en una estructura separada o en una serie de ellas.
>
> Tampoco ocupa un único lugar físico en el cerebro.
>
> Es una función integrada de circuitos neuronales y su formación, almacenamiento y recuperación dependen del trabajo conjunto, simultáneo y secuencial de varios sistemas cerebrales.

Afortunadamente, el cerebro no es una estructura rígida, esto es, no nacemos con una capacidad inmodificable para almacenar y recuperar información.

El cerebro es un órgano sumamente permeable, con un alto potencial para el aprendizaje y la adaptación a las más complejas situaciones. Por lo tanto, su óptimo funcionamiento depende de nosotros, y no de la naturaleza ni de las circunstancias.

Como veremos en este capítulo, la memoria puede ejercitarse y desarrollarse. Para eso, es muy importante conocer cómo funciona.

En este capítulo analizaremos cuáles son sus dimensiones temporales y sus mecanismos principales de codificación. Estos conocimientos teóricos nos serán de gran utilidad para comprender el porqué de las aplicaciones que proponemos al lector en el Capítulo 16.

2. El curso temporal de los recuerdos

Casi todas las experiencias humanas, ya sea marcar un número de teléfono, estudiar para un examen, escuchar una nueva melodía, ver una película o anudar una corbata, implican incorporación, retención y evocación de información.

Parte de esa información se retiene por períodos muy breves (como los nombres de los extranjeros con los que nos encontramos para redondear un contrato, la dirección del lugar donde se hizo la reunión, o el precio del producto que compite con el nuestro), mientras que otra permanece en nuestra memoria durante días, semanas, años o incluso durante toda la vida.

Estas diferencias temporales dan lugar a tres tipos de memoria: la sensorial, la de trabajo (o de corto plazo) y la de largo plazo. Para explicar cómo se producen estas diferentes formas de almacenamiento de información, tomaremos como base uno de los modelos que, a nuestro criterio, es de los más claros: el de Atkinson y Shiffrin, al que hemos hecho nuestro propio aporte.

- **La información sensorial se mantiene durante un período muy breve (entre 1/2 y 1 segundo para la visión, y entre 3 y 4 segundos para la audición). Los dos tipos de memoria sensorial más explorados son la *memoria icónica*, que almacena la información que recibimos a través de la vista, y la *memoria ecoica*, que almacena la información que recibimos a través del oído.**

2.1. La memoria sensorial

La memoria sensorial[2] almacena en forma inicial y momentánea la información que percibimos a través de los sentidos (vista, oído, tacto, gusto, olfato), por ejemplo, el sonido de un tren, la imagen de las luces de un semáforo, la temperatura del agua que nos moja cuando llueve o la textura de una superficie que tocamos.

Estos estímulos, si bien tienen una duración muy breve, se caracterizan por suministrar información suficiente para producir una respuesta, como aminorar la marcha al acercarnos a la barrera o desechar un alimento porque no lo encontramos sabroso.

Cuando no hay ninguna razón para retener la información que llega del medio ambiente, esta se pierde en forma inmediata. A la inversa, si la atención cuenta con algún anclaje, como ocurre cuando conocemos a un cliente con quien volveremos a reunirnos, los datos continúan su camino hacia la memoria de corto plazo.

---

2 Como la memoria sensorial se relaciona claramente con el registro de los estímulos del medio ambiente, algunas corrientes científicas no la ubican como una categoría dentro de la memoria, sino como parte del proceso de percepción (un requisito necesario para que, posteriormente, se produzca el almacenamiento de información).

En este contexto, la **atención** puede definirse como el proceso por el cual registramos los estímulos importantes e ignoramos los irrelevantes *en forma conciente*, ya que gran parte de la información que logra atravesar nuestros filtros perceptuales se aloja en el metaconciente sin que nos demos cuenta de lo que está ocurriendo.

Durante el procesamiento cerebral de los estímulos sensoriales, interviene un mecanismo llamado "reconocimiento de patrones", que nos ayuda a distinguir, por ejemplo, un gato de un perro, un pastor alemán de un chihuahua, un sabor dulce de uno amargo, una "A" de una "Z".

En la actualidad se reconocen, básicamente, tres enfoques sobre el reconocimiento de patrones, todos ellos de gran utilidad para quienes, en las organizaciones, tienen la misión de comunicar y hacerlo de la manera más eficiente posible.

- **Modelo perceptivo por igualación:** según este modelo, el reconocimiento de patrones procede igualando los estímulos externos con copias exactas que tenemos almacenadas en la memoria.
  Este modelo es válido para explicar, por ejemplo, cómo distinguimos las letras del abecedario o los números.
- **Prototipos:** a diferencia del modelo anterior, el de prototipos sugiere que lo que se almacena no es una copia exacta de cada estímulo, sino más bien una construcción cerebral abstracta (partiendo de esta premisa, un prototipo no representa a un objeto concreto de una determinada categoría, sino que contiene los elementos que están presentes en todos o en la mayor parte de los casos).
- **Análisis de rasgos:** la información sensorial que ingresa es analizada a partir de atributos perceptivos específicos, denominados rasgos.
  Una vez realizado este análisis, el cerebro verifica si existen características similares en la información almacenada en la memoria.
  Algunos experimentos, entre ellos los de Hubel y Weisel, han corroborado que existen células (en varios lugares de las vías visuales y en varias capas de la corteza visual del lóbulo occipital) que se activan como respuesta a estímulos específicos que están caracterizados por sus rasgos.
  Esto indica que algunas combinaciones de características, como las que conforman la identidad del pueblo mexicano, por ejemplo, actúan como estímulos desencadenantes para que ciertas neuronas se activen.

Otro trabajo científico muy importante[3] sobre las conductas asociativas de las neuronas es el experimento realizado en los Estados Unidos donde se comprobó que, cuando una persona ve una flor[4], las neuronas de su cerebro trabajan activamente para crear una imagen que responda al color, a la forma y a la distancia a la que esta se encuentra de los ojos.

En este sentido, color, forma y distancia pueden considerarse características que se analizan a partir de atributos perceptivos específicos. En cuanto al reconocimiento de patrones, esta investigación parece evidenciar que, ante un estímulo visual, el cerebro verifica si existen (y cuáles son) características similares en la información almacenada en la memoria (como el color y la forma) para crear una imagen del objeto que se percibe.

Cada zona de la corteza visual dispone de neuronas que desempeñan funciones diferenciadas y se agrupan según su capacidad para detectar diversas características de un objeto físico, como sus bordes o colores.

Posteriormente, se genera un mecanismo de asociación neuronal para que la combinación de características percibidas permita la construcción de una imagen completa de lo percibido.

Un aspecto muy interesante relacionado con la memoria sensorial es que **no tenemos un registro conciente de toda la información que está ingresando** porque el cerebro permite el paso a nuestra conciencia de partes de la realidad, mientras que el resto se aloja en nuestro metaconciente.

Este procesamiento es instantáneo, opera en paralelo y es ilimitado en cuanto a su capacidad de almacenar información.

Precisamente, durante los días en que escribíamos esta obra, siempre atentos a los nuevos experimentos porque las neurociencias están avanzando a una velocidad sorprendente, salieron a la luz los resultados de una investigación emprendida por científicos franceses[5] según los cuales el cerebro humano es capaz de percibir nocio-

---

[3] El equipo de investigación estuvo integrado por científicos del MIT (Massachusetts Institute of Technology) y de la Universidad de Pensilvania, Estados Unidos.

[4] La técnica utilizada para analizar el caso de la flor, capaz de reproducir imágenes de grandes zonas del cerebro, es uno de los avances más notables en equipamiento para ayudar a los investigadores a entender cómo las neuronas pueden trabajar juntas para coordinar funciones más complejas. Si bien hay muchísimos experimentos en los que se han captado imágenes de neuronas en acción, sólo se había podido observar un grupo por vez.

[5] Fuente: Proceedings of the National Academy of Science. La investigación fue emprendida por el Departamento de Neuroimaginería Cognitiva del Instituto Francés de Salud e Investigación Médica y el Hospital Pitié-Salpêtrière de Francia.

nes abstractas (como las vinculadas a los significados de las palabras) antes de que podamos leerlas.

- **Se calcula que menos de una centésima parte de la información sensorial que cada segundo impacta en los sentidos tiene capacidad para captar la atención, y de esta, que sólo una vigésima parte logra atravesar esta primera fase para llegar (tal vez) a un almacenamiento estable.**

Los investigadores utilizaron una técnica de presentación visual subliminal: emitieron una serie de flashes con palabras de varias connotaciones (amenazantes, neutras o alegres) cuya duración no permitía a los participantes[6] efectuar una lectura conciente.

Durante el experimento, se detectó una respuesta de la amígdala relacionada con el valor emocional de las palabras, lo cual reveló que **existe una decodificación inconciente previa a que la conciencia pueda otorgarles un significado.**

Para no sesgar la información, se incluyeron palabras neutras emocionalmente y unas cuantas que eran perceptibles por la conciencia.

Esto permitió comprobar que se activaba la misma región del cerebro en ambos casos (lectura conciente y lectura metaconciente).

De este modo, se detectó que **existen procesos mentales ultrarrápidos que preceden a la toma de conciencia de la realidad** y que el cerebro realiza un tratamiento instantáneo, intuitivo y global de la información sin que nos demos cuenta de ello.

2.2. Memoria de trabajo o memoria operativa: el tablero de comando cerebral on line[7]

La denominación *working memory* fue acuñada por Alan Baddeley a principios de los '70 para sustituir el concepto de memoria a corto plazo[8]. Es el nombre utilizado para referirse a un sistema responsable de almacenar y manipular *temporalmente* la información.

---

6 Los participantes eran enfermos de epilepsia pero no registraban ningún tipo de daño en la amígdala. Esta es la razón por la cual parte de la comunidad científica opina que los resultados de esta investigación pueden generalizarse.

7 Las expresiones "memoria provisional", "memoria operativa", "memoria de trabajo" (*working memory*) y "memoria a corto plazo" son diferentes denominaciones de este sistema.

8 Aunque en parte de la bibliografía se continúe llamando memoria de trabajo a la memoria de corto plazo, se sabe que ambos son nombres que se han modificado a medida que los nuevos descubrimientos así lo han exigido.

Por ejemplo, cuando elaboramos los argumentos para exponer los cursos de acción a seguir en el plan estratégico del próximo año, estamos utilizando nuestra memoria de trabajo.

Dado que la información con la que opera abarca todo lo que estamos pensando en un determinado momento, se suele definir a la memoria de trabajo como nuestra "conciencia actual", un estado de la mente en el que se retiene y repasa la información durante el tiempo necesario para tomar una decisión, o bien procesarla para su almacenamiento ulterior en la memoria a largo plazo, como ocurre cuando estudiamos.

Esto hace que su principal característica, en comparación con la memoria de largo plazo, sea su capacidad limitada. De hecho, no hay muchos temas sobre los cuales podamos pensar simultáneamente.

La memoria de trabajo no procesa únicamente la información del momento presente, también depende de los conocimientos y experiencias que hayan sido almacenados previamente. Esto significa que utiliza dos fuentes básicas que interactúan: el medio ambiente (la nueva información sensorial que ingresa) y la que está archivada en la memoria a largo plazo.

Por ejemplo, imaginemos que recorremos un supermercado y nos detenemos en el sector de bebidas. El diseño elegante de la botella y la etiqueta de una cerveza y su nombre llaman nuestra atención.

Esta imagen es transmitida a través del sistema visual hacia el tálamo visual y, posteriormente, hacia la corteza visual, donde se crea y retiene una representación sensorial del producto en un buffer de memoria intermedia de objetos visuales.

Las conexiones entre la corteza visual y las redes corticales de la memoria a largo plazo activan otros recuerdos, por ejemplo, los nombres de otras marcas de cerveza que conocemos, la que actualmente preferimos, la imagen de los amigos con quienes nos encantaría disfrutarla o, simplemente, el placer de calmar la sed.

De este modo, la información almacenada en la memoria a largo plazo emerge momentáneamente en la memoria de trabajo para que podamos utilizarla.

Aunque mayor que la inmediata o sensorial, **esta memoria es también muy limitada**; algunos experimentos sugieren que dura entre 15 y 30 segundos, excepto que haya repetición o que siga siendo utilizada de alguna manera en forma transitoria.

Esto último sucede cuando leemos un informe en la oficina o elaboramos una presentación y la repasamos antes de exponerla. Mientras hacemos estas tareas, solemos permanecer en este nivel durante un tiempo prolongado (por eso el nombre de memoria de trabajo).

La limitación en capacidad de la memoria de corto plazo es muy estudiada para diseñar técnicas de neuroaprendizaje. Si los participantes en un curso son inducidos a atender simultáneamente una multiplicidad de información, este tipo de memoria puede desbordarse, con lo cual se ocasionan pérdidas de tiempo y, a la vez, se corre el riesgo de que los nuevos conocimientos no puedan ser incorporados.

Mecanismos de activación

Cuando la información se inserta en la memoria a corto plazo, puede ser *activada* deliberadamente en un proceso de dos etapas.

La primera, exige tomar la *decisión conciente* de prestarle atención al estímulo, por ejemplo, fijar el nombre de determinado perfume porque realmente nos gustó; la segunda, establecer algún tipo de anclaje que facilite su memorización (por ejemplo, el diseño del envase, su color, el significado que connota el nombre o cualquier otro recurso mnemotécnico).

A la inversa, si no hay codificación o no continuamos procesando la información en la memoria de trabajo (dejamos de pensar en el tema), el olvido es rápido y permanente.

2.2.1. Aplicaciones en neuromanagement

Como vimos, la memoria de trabajo permite mantener y manejar la información temporalmente con el objeto de comprender el lenguaje, hacer cálculos, razonar y solucionar problemas, en definitiva, lo que hacemos cuando estudiamos, trabajamos o llevamos a cabo una actividad cognitiva.

- **En neuromanagement, la memoria de trabajo es el soporte del *tablero de comando cerebral operativo*, el sistema que utilizamos para monitorear temporalmente la información cuando tomamos decisiones en el día a día, es decir, cuando resolvemos tanto los conflictos como las situaciones que se presentan en el devenir cotidiano del trabajo.**

En el mundo laboral, y debido a las diversas exigencias que plantean tanto la ejecución de las tareas inherentes a nuestra actividad como los procesos de negociación, ventas, presentaciones e intercambio de ideas, es imprescindible contar con una memoria de trabajo bien ejercitada.

¿Cómo hacerlo? Un buen recurso es generar espacios para practicar la aritmética mental, que más de uno de nosotros ha suprimido porque es más cómodo utilizar el Excel o una calculadora, aun cuando hay profesiones en las cuales hacer cálculos mentalmente es muy importante.

Por ejemplo: ¿se imagina a un corredor de Bolsa que sea incapaz de sacar cuentas mentalmente? Difícil, ¿verdad? Posiblemente, usted piense: "Bueno, pero yo no soy un corredor de Bolsa". De acuerdo. Sin embargo, no crea que su trabajo es tan diferente en cuanto a la necesidad de procesar rápidamente gran cantidad de información.

En el plano interno de las organizaciones, es común que un gerente sea interrumpido varias veces mientras lee un informe, lo analiza y prepara sus argumentos para exponerlo. Del mismo modo, una secretaria debe estar atenta a todos los temas de agenda, al teléfono que suena sin interrupción, a los mensajes que no paran de bajar en su correo electrónico. ¡Cuántas cosas al mismo tiempo!

Es suficiente con pensar durante unos minutos en las tareas que hacemos diariamente para darnos cuenta de la importancia de contar con una memoria de trabajo bien desarrollada, capaz de retener los números que necesitamos operar y, en forma paralela, continuar con la atención dividida en la variedad de asuntos que tenemos que atender.

¿Cómo hacer para mejorar? ¿Hay otro recurso, además de la aritmética? Afortunadamente, las neurociencias están avanzando a grandes pasos y ya se sabe que este sistema implica la activación e inhibición de una compleja red neuronal ubicada a lo largo de varias estructuras cerebrales.

Mediante ejercicios practicados con constancia, el trabajo de estas estructuras puede agilizarse. También se conocen los circuitos de activación y cómo difieren según el tipo de tarea que requiera la utilización de la memoria de trabajo.

Por ejemplo, en 2006, Moore y Cohen demostraron cómo personas dedicadas a tareas visuales recurrentes activaban un número mayor de áreas cerebrales (corteza prefrontal dorsolateral, surco intraparietal y corteza occipitotemporal) durante la codificación y el mantenimiento en una tarea de memoria de trabajo visual, a diferencia de otro grupo que, al no estar expuesto a tareas visuales recurrentes, no activaba ninguna de estas áreas mientras realizaba la misma tarea.

Esta investigación sugiere que al crear experticia en tareas visuales se aumenta la activación cerebral de áreas que facilitan la evocación y el procesamiento de los datos visuales, lo que incrementa la probabilidad de aparición del recuerdo a partir del desarrollo de la capacidad asociativa y mnemónica, y mejora de este modo el funcionamiento general de la memoria de trabajo.

En otro experimento, pudo identificarse la activación del surco intraparietal[9] –al que se atribuye la capacidad de codificar un número mayor de detalles sobre la información visual recibida–, y se hallaron evidencias del rol que esta zona y la corteza prefrontal dorsolateral tienen en el uso de conocimientos previos (experticia en tareas visuales) para facilitar la codificación y el mantenimiento de la información en la memoria de trabajo[10].

Como puede imaginar el lector, estos avances (y otros similares) son extraordinarios para el desarrollo de técnicas cuya aplicación permita optimizar la memoria de trabajo.

Hoy sabemos que la aritmética y las prácticas con tareas visuales de diferentes modalidades que requieran o se asemejen a las que desempeñamos en nuestro trabajo dan muy buen resultado. ¿Por qué no comenzar?

Si usted es un gerente que frecuentemente debe trabajar con dígitos, como ocurre en Marketing y Finanzas, puede realizar ejercicios aritméticos que incluyan su visualización mental, y lo mismo ocurre a las secretarias: si logran memorizar los números telefónicos, se independizan de la agenda. Imagínese cuánto pueden agilizar su tarea si se implementan actividades de capacitación que las ayuden a desarrollar su memoria de trabajo.

En el caso de los directivos, que deben planificar estrategias constantemente y, al mismo tiempo, atender muchos asuntos, jugar al ajedrez *visualizando mentalmente* el tablero y las diferentes alternativas de jugada puede ser de gran ayuda.

Lo que se busca es generar experticia mediante actividades visuales que movilicen el surco intraparietal y, de este modo, promover la capacidad mnemónica del cerebro, optimizando la memoria de trabajo.

Afortunadamente, esta investigación sobre el aspecto visual también puede ser un punto de partida para avanzar en estudios que permitan conocer (y luego entrenar) la memoria de trabajo en sus diferentes modalidades, como la auditiva y sensitiva, entre otras.

De momento, otro estudio muy interesante que ofrece herramientas de aplicación para mejorar el funcionamiento de este sistema es el de Cohen, realizado en 2004. Mediante fMRI, se buscó explicar y comparar los mecanismos neurales de la memoria de largo plazo asociativa con el mantenimiento de la memoria de trabajo.

Los resultados mostraron que, durante ambos procesos, se activaban subregiones temporales inferiores según el tipo de objeto que estaba

[9] Todd y Marois, 2004; Xu y Chun, 2006.
[10] Bor y Owen, 2006.

emplazado en ese momento en la memoria (según si producía o no alguna asociación con experiencias anteriores).

También se observó cómo la corteza prefrontal anterior y el hipocampo eran fuentes de guía para la reactivación de las representaciones del objeto en la recuperación asociativa.

Esto nos permite inferir que la capacidad de mantenimiento de información en la memoria de trabajo está fuertemente influida por las experiencias anteriores que han sido guardadas en la memoria de largo plazo, en especial, aquellas que comprometen al circuito de recompensa, un tema de enorme relevancia en neuroliderazgo.

También se observó que un grupo de neuronas del lóbulo temporal exhibían actividad sostenida cuando se mantenía en la memoria de trabajo información sobre objetos que eran de preferencia de quien los observaba. Imagine la implicancia de estos descubrimientos en neuromarketing.

La asociación de situaciones laborales recurrentes con experiencias satisfactorias previas facilita el funcionamiento de la memoria de trabajo.

Por eso, es fundamental incluir estas experiencias en las capacitaciones a través de actividades que incentiven la integración de estas memorias a las situaciones actuales.

Sin duda, las aplicaciones de las neurociencias a las necesidades específicas de cada puesto, así como también a las estrategias de cada una de las áreas de gestión, tienen un potencial extraordinario que repercute no solamente en el desarrollo del capital intelectual de la compañía, sino también, y consecuentemente, en sus objetivos de rentabilidad.

2.3. La memoria de largo plazo

La memoria de largo plazo es más permanente y tiene una capacidad mucho mayor que todas las anteriores. El proceso de almacenamiento de información en este sistema se denomina **consolidación**.

En condiciones normales, la memoria operativa desaparece rápidamente y, si no se trata de un tema o acontecimiento significativo, no se transforma en memoria de largo plazo, es decir, no se consolida.

Para explicar el paso de la información de la memoria operativa a la memoria de largo plazo, Donald Hebb formuló una hipótesis que aún está vigente.

Conjeturó que la memoria operativa tiene su correlato en ciertas alteraciones eléctricas de un grupo o de una red de neuronas que se conectan momentáneamente entre sí por un flujo de corriente eléctrica[11].

> *La consolidación puede compararse con el trabajo de un jardinero que pone guías o poda algunas ramas inútiles para dar una forma organizada y duradera a la copa de un árbol.*
>
> **Donald Hebb**

Este flujo recorre un circuito neuronal que él denominó "circuito reverberante" para indicar que la información lo recorre varias veces, en forma repetitiva, para ingresar en la memoria.

En esta fase puede producirse una serie de fenómenos que bloqueen la transformación de la memoria operativa (inestable) en memoria a largo plazo (una red de neuronas conectadas entre sí por sinapsis nerviosas nuevas y estables).

Para entender mejor este concepto, por cierto complicado, imaginemos un avión que, a punto de aterrizar, se ve obligado a volar en círculos sobre un aeropuerto (memoria operativa) debido a la interferencia provocada por un fenómeno meteorológico o porque otra nave con problemas necesita primero la pista. Si en vez de dirigirse hacia un aeropuerto próximo el avión puede continuar esperando, finalmente podrá aterrizar (memoria a largo plazo).

- **El paso de la información desde la memoria operativa a la memoria de largo plazo requiere la estabilización de las sinapsis nerviosas o la formación de otras nuevas.**

Una vez que una memoria se instala (logra "aterrizar"), el proceso de consolidación se favorece cada vez que se la repasa, por ejemplo, cuando, evocando los acontecimientos que hemos vivido o los temas que hemos aprendido, los emplazamos en nuestra mente actual.

Si el repaso se prolonga en el tiempo, como ocurre con los profesores que releen, profundizan y actualizan año tras año los temas que enseñan, se reduce la velocidad del olvido.

El paso de la información desde la memoria operativa a la memoria de largo plazo requiere la estabilización de las sinapsis nerviosas o la formación de otras nuevas.

La *repetición* es uno de los métodos más comunes que utilizamos para fijar algo en la memoria, como ocurre cuando escribimos o visualizamos varias veces un número de teléfono. Sin embargo, ha sido demostrado en muchos experimentos que este no es el mejor procedimiento ya que cuando no

---

[11] Véase también el Capítulo 14, Apartado 2.2.

existe ningún tipo de anclaje, la información puede desaparecer en poco tiempo.

Esto explica por qué los actores, que deben memorizar textos larguísimos, rara vez emplean la repetición. La mejor técnica para memorizar es recurrir a todos los puntos de anclaje de la memoria.

Este tipo de memorización, que se conoce como "codificación elaborada", implica una interacción entre el sujeto que debe recordar (el actor) y el objeto del recuerdo (sus parlamentos) a partir de todos los sistemas de referencia posibles que existan en la mente para encontrar puntos de asociación entre una idea y otra.

Se estima que en la memoria a largo plazo no existen límites para la cantidad de datos a retener. De hecho, cuanta más información se haya almacenado, más se podrá seguir guardando ya que se "habrán aumentado las posibilidades de asociaciones más ricas e intensas y de una mejor integración de los nuevos materiales"[12].

Según Bower, en la memoria a largo plazo tenemos almacenadas estructuras como las siguientes.[13]

- Modelos del mundo que nos rodea, incluyendo representaciones correspondientes a imágenes de objetos y lugares.
- Conceptos de objetos, sus propiedades y las reglas que los relacionan.
- Creencias acerca de la gente, de nosotros mismos y destrezas de interacción social.
- Actitudes, valores y objetivos sociales.
- Destrezas motrices –tales como nadar, manejar automóviles, patinar, etcétera– y habilidades para solucionar problemas.
- Destrezas para comprender el lenguaje verbal, la música y la pintura.

Estas estructuras se relacionan con diferentes modos de almacenar la información y de recuperarla y, a su vez, tienen su correlato en las formas de memoria que se conocen.

Por eso, si bien los conceptos y sus relaciones están organizados en forma de redes neuronales, para comprender cómo se forman estas redes es necesario distinguir entre la naturaleza de la información, las imágenes, el conocimiento declarativo (saber qué) y el conocimiento procedural (saber cómo), que dan lugar a los distintos tipos de memoria.

---

12 Ehrenberg, Miriam y Ehrenberg, Otto: *Cómo desarrollar una máxima capacidad cerebral.* Edaf, Madrid, 3ª ed., 1986.

13 Bower, G. H.: "Mood and memory", en *American Psychologist,* N° 36, 1981.

3. Diferentes tipos de memoria

A lo largo de la vida, aprendemos y recordamos una cantidad de cosas diferentes y es fundamental tener en cuenta que la información que incorporamos, ya sea sensorial, cognitiva o motriz, no es procesada y almacenada por un mismo sistema neuronal. Tampoco se ha descubierto ninguna estructura cerebral ni mecanismo celular individual que explique, por sí mismo, cómo se produce todo el aprendizaje.

Precisamente, una de las cuestiones más importantes que está comenzando a responder la neurociencia se vincula con el *modo* en que incorporamos, almacenamos y evocamos los diferentes tipos de información y, si bien los psicólogos han realizado un gran aporte al establecer distinciones entre los distintos tipos de memoria, lo que se busca en la actualidad es determinar cuáles son las estructuras cerebrales que intervienen, así como también los circuitos neuronales que tienen asociados.

Ya hemos dicho que los "archivos" de información en la memoria humana no se ubican en diferentes lugares (como ocurre cuando organizamos nuestros papeles en distintas carpetas), sino en categorías complejas de relaciones (asociaciones neurales) que están estrechamente vinculadas con el modo de operar del cerebro.

> **Cada dato que ingresa es percibido, interpretado, almacenado o desechado en función del contexto en que se genera y, al mismo tiempo, de otros datos que cada sujeto tiene guardados en su memoria.**

Esto explica por qué son las asociaciones neuronales lo que nos permite ubicar la información, tanto en el momento de registrarla como en el momento de buscarla, posteriormente, para emplazar en la mente el recuerdo de un acontecimiento vivido o para realizar una elaboración conceptual.

Como veremos en este apartado, las dimensiones temporales de la memoria dan lugar a distintos tipos de memoria que se almacenan y se recuperan de diferentes maneras. Si bien en cada proceso participa una complicada red de interacciones en el cerebro, todos constituyen una especie de sistema unitario o, lo que es lo mismo, una memoria integral en la que cada uno juega un papel distinto pero necesario en la adquisición de habilidades y en la construcción del conocimiento.

Para facilitar la incorporación de los conceptos que analizamos en los apartados anteriores a los que abordaremos en esta parte de la obra, al lector le será de gran utilidad el siguiente gráfico.

DIMENSIONES TEMPORALES Y TIPOS DE MEMORIA

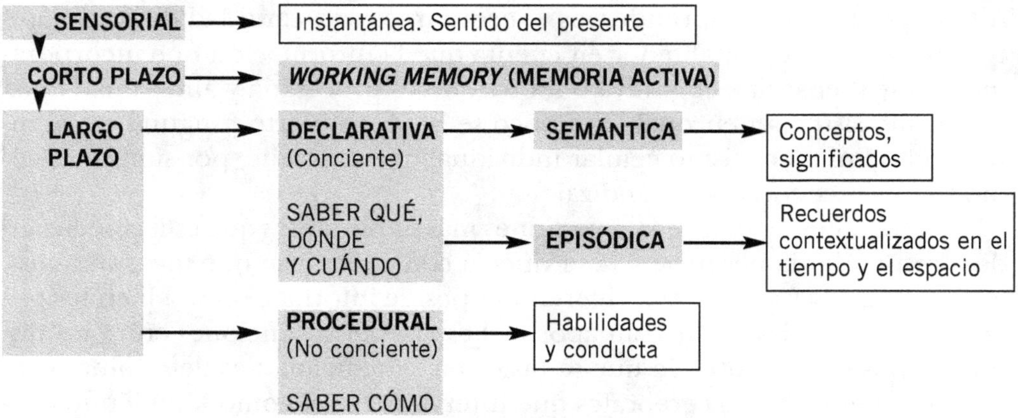

3.1. La memoria declarativa

> **La información sobre el mundo que nos rodea (como el rostro de nuestro abuelo o el color del mar), junto con el aprendizaje que hemos incorporado mediante la educación formal, la lectura o la observación de hechos, se acumula en la memoria declarativa.**

La **memoria declarativa** o **explícita** almacena información sobre personas, lugares y sucesos que se ubican en la *conciencia.*

Es la memoria de **los hechos y acontecimientos** y se divide en dos grandes tipos: **episódica** (la que nos ayuda a recordar, por ejemplo, el nombre del libro que leímos la semana pasada) y **semántica** (la que nos permite describir sus contenidos)[14].

Normalmente, este tipo de memoria se manifiesta mediante enunciados declarativos, por ejemplo: "Ayer festejamos el primer año de nuestro hijo" (acontecimiento autobiográfico), o bien, "Cero grado no significa que no haya temperatura" (conocimiento de un hecho). La principal característica de este tipo de memoria es que los recuerdos pueden evocarse por un acto *voluntario.*

A su vez, la formación de la memoria declarativa depende de procesos cognitivos, tales como las evaluaciones, analogías, comparaciones e inferen-

[14] Sobre ambos tipos de memoria profundizaremos en los próximos apartados.

cias que realizamos cuando estudiamos o analizamos un hecho de la realidad.

Cuando la información se almacena en la memoria semántica, casi siempre se transforma en conceptos y estos son mucho más fáciles de retener que los momentos puntuales en los que se han producido los acontecimientos vividos (acumulados en la memoria episódica).

Esto hace que se la ubique dentro de la memoria a largo plazo y que se la considere ilimitada en su capacidad para almacenar, estructurar y reestructurar la información.

3.1.1. Memoria semántica y memoria episódica

La **memoria semántica** puede definirse como una especie de depósito de significados que tenemos almacenados en nuestra memoria a largo plazo. Contiene todo el conocimiento que hemos incorporado durante la vida.

La **memoria episódica** contiene información sobre recuerdos contextualizados, estrechamente relacionados con experiencias personales (autobiográficas) en espacios y tiempos específicos.

Por ejemplo, al recordar que el personaje excéntrico que interpretaba Johnny Depp en la película *Charly y la fábrica de chocolates* se llamaba Willy Wonka, que cinco niños tuvieron la fortuna de acceder a la fábrica y que el director, Tim Burton, pintó a esos niños como réplicas de sus padres, estamos recurriendo a nuestra memoria *semántica.*

En cambio, para recordar que vimos la película el viernes 13 de mayo de 2005 y que llovía torrencialmente cuando salimos del cine, estamos recurriendo a nuestra memoria *episódica.* Tal como se desprende del ejemplo, un mismo acontecimiento puede hacer que los dos tipos de memoria se conecten entre sí.

Tener en cuenta estas dos subdivisiones de la memoria es muy importante para entender de qué modo está representada la información y por qué es recuperada diferencialmente.

La memoria semántica revela un depósito de conocimientos acerca de los *significados* y de las relaciones entre estos, mientras que la memoria episódica representa *hechos o sucesos* que reflejan detalles de acontecimientos vividos, independientemente de su significado.

En realidad, los recuerdos semánticos comienzan como recuerdos episódicos y se extienden a través de la exposición repetida en contextos diferentes, hasta que se vuelven parte del conocimiento que tenemos incorporado sobre el mundo.

Otra característica que diferencia ambos sistemas es que los hechos almacenados en la memoria episódica han sido explícitamente codificados, mientras que la memoria semántica posee capacidad deductiva y es capaz de generar información que nunca se ha aprendido puntualmente, pero que está implícita en sus contenidos. Esto se debe a que el almacenamiento de la información tuvo como punto de partida una elaboración simbólica, abstracta y conceptual, independiente de los hechos.

Por esta razón, la memoria semántica es la que nos permite constituir nuestra propia concepción de la realidad; es la que nos capacita para hacer deducciones, generalizaciones, analogías y elaboración de conceptos que, plasmados en diferentes formas de expresión, exteriorizan nuestro pensamiento creativo, entendiendo la creatividad no simplemente como un hecho combinatorio, sino como una expresión de la inteligencia, de la capacidad para generar ideas, de encontrar pautas o relaciones donde antes no existían o no se habían observado.

- **La memoria episódica parece depender ampliamente de las regiones mediales de los lóbulos temporales, pero también intervienen otras estructuras. Los lóbulos temporal medial y frontal izquierdos son más activos en el aprendizaje de palabras, mientras que el temporal medial y frontal derechos lo son en el aprendizaje de imágenes.**

3.2. La memoria procedural

La **memoria procedural** (que se conoce también como memoria implícita) es de carácter automático o reflejo y puede evocarse *involuntariamente*, es decir, *sin un esfuerzo conciente*; por ejemplo, los movimientos que realizamos mientras conducimos un coche o manejamos una máquina.

Es la memoria de **las habilidades o la conducta**, la que nos ayuda a no tener que pensar, todas las veces, cómo se abre una puerta.

Tiene que ver con el aprendizaje de habilidades motrices o perceptivas registradas en nuestros procesos cerebrales metaconcientes, por ejemplo, caminar, nadar, conducir, tipear (aun cuando para incorporarlas hayamos necesitado de la atención conciente).

Todas las habilidades perceptivas y motrices, así como el aprendizaje de reglas (como las que caracterizan a un deporte o un idioma), se registran en la memoria procedural, que depende significativamente de la repetición.

Por eso, el aprendizaje relacionado con la memoria procedural, que se adquiere a través de instrucciones o por imitación, puede evaluarse luego del entrenamiento repetido en una tarea, como jugar al golf, tocar el violín o, simplemente, anudar una corbata.

Una distinción importante entre ambos tipos de memoria es que una gran parte de los recuerdos declarativos se forman y se olvidan con el tiempo.

Por ejemplo, un individuo poco interesado en geografía, difícilmente recuerde cuáles son los ríos más importantes de Europa (memoria semántica).

En cambio, los recuerdos vinculados con procedimientos, como conducir, anudar una corbata o jugar al fútbol, normalmente permanecen activos a lo largo de toda la vida.

La memoria procedural se va formando lentamente, mediante ensayos y errores, y, a diferencia de la declarativa, normalmente no puede expresarse en palabras.

Es posible que olvidemos el día en que montamos por primera vez una bicicleta (recuerdo vinculado a la memoria implícita o procedural), pero nuestro cerebro recuerda perfectamente lo que debemos hacer cada vez que demos un paseo (memoria explícita o declarativa).

4. La memoria emocional

La memoria emocional es una de las principales fuerzas que actúan sobre nuestros procesos cerebrales y, en consecuencia, sobre nuestra conducta.

En estos procesos (estrechamente ligados al aprendizaje emocional) juega un papel decisivo la amígdala[15], que participa tanto en la recepción y procesamiento de los estímulos que ingresan a través de los sistemas sensoriales (inputs), como en las respuestas que generamos (outputs).

Esta pequeña estructura también puede activar recuerdos emocionales que tenemos almacenados y, al mismo tiempo, desencadenar respuestas espontáneas sin que nos demos cuenta de cuáles son exactamente las razones, debido a que gran parte de los recuerdos permanecen en el metaconciente, ya sea porque no queremos evocarlos, o porque están relacionados con vivencias que hemos experimentado antes de los tres años de edad, cuando el hipocampo aún no había madurado lo suficiente.

Esta permanencia en las profundidades de la mente sugiere por qué algunos recuerdos emocionales suelen atormentarnos durante el sueño o nos impiden relacionarnos armónicamente con los demás en estado de vigilia.

No es casual que a las personas que sufrieron el atentado del 11 de setiembre en los Estados Unidos los psicólogos les sugieren que escriban

---

15 Los descubrimientos sobre los circuitos nerviosos del cerebro emocional han puesto en discusión las teorías científicas sobre el sistema límbico al asignar a la amígdala un papel principal. En opinión de LeDoux, ante situaciones que provocan emociones, la amígdala asume el control antes de que el neocórtex (el cerebro pensante) tome algún tipo de decisión.

sobre su experiencia o que hablen sobre ella lo más que puedan, como parte del tratamiento del estrés postraumático.

En todas las situaciones de contenido emocional –ya sean negativas, como el miedo o el terror, o positivas, como la alegría y la euforia– se desencadena una reacción orgánica, generada por el sistema nervioso.

Cuanto más intensa es la activación de la amígdala, más imborrable es la huella que deja en nosotros una experiencia que nos ha emocionado profundamente.

Parecería que el cerebro utiliza dos sistemas de registro de memorias, uno intelectual y otro afectivo.

Esto hace que los hechos comunes, como la fecha en que se produjo la Revolución Francesa o la estética de la última película de Almodóvar, se almacenen de diferente manera que los recuerdos con una intensa carga emocional, como las fechas en que nacieron nuestros hijos.

Ahora bien, como el método de comparación de la amígdala es asociativo (compara la experiencia presente con lo que ocurrió en el pasado), puede ocurrir que, sobre la base de algunos datos similares registrados en la memoria, desencadene respuestas que no son compatibles con los sucesos del momento o nos lleven a comportarnos de manera irracional.

Goleman explica muy bien este concepto al ejemplificarlo con el caso de una camarera que derramó una bandeja con seis platos cuando vio la figura de una mujer con una enorme cabellera pelirroja y rizada, idéntica a la de aquella por la cual su ex marido la había abandonado. Este es el mecanismo que tienen los recuerdos emocionales no concientes que nos condicionan durante nuestra vida de adultos.

Como la amígdala puede llevarnos a reaccionar con un arrebato de rabia o de miedo antes de que el córtex sepa lo que está ocurriendo, solemos actuar como la camarera: nuestras emociones se ponen en marcha antes que nuestro pensamiento y, a veces, en forma completamente descontextualizada.

4.1. La memoria emocional en la toma de decisiones

El sistema emocional tiene incorporado un conjunto de respuestas aprendidas, por eso, y al estar relacionadas con la memoria, las emociones son imprescindibles para orientar nuestro comportamiento cuando tenemos que decidir.

En términos de Antonio Damasio[16]:

Cuando los centros cerebrales relacionados con las emociones están dañados, las personas lesionadas se convierten en algo parecido a un autómata. Al no poder sentir, tienen grandes dificultades para decidir.

Todo indica que para tomar decisiones, y hacerlo bien, dependemos tanto de la memoria emocional como del cerebro pensante.

Recordemos que nuestros pensamientos concientes son meros moderadores de las fuerzas que surgen de nuestro mundo interno y que, cuando un pensamiento entra en conflicto con una emoción que se archivó con un recuerdo determinado, los circuitos neuronales del cerebro hacen que esta última tenga una enorme influencia.

En otros términos: si bien hay reacciones cerebrales que suelen calificarse como toscas (porque las células que intervienen sólo permiten un procesamiento rápido e impreciso de la información), las valoraciones que realiza la neocorteza, separadas de la memoria emocional de la amígdala, afectan la toma eficaz de decisiones (recordemos que Damasio llegó a esta conclusión luego de estudiar el caso de pacientes que tenían lesionadas las conexiones entre la amígdala y el lóbulo prefrontal).

Al cortarse el circuito entre la amígdala y el lóbulo prefrontal, queda suprimido el nexo entre el pensamiento y la memoria emocional. Por esa razón, los sentimientos son indispensables para la toma *racional* de decisiones, ya que son ellos, más que la lógica, los que orientan a las personas en la dirección más adecuada.

Las corrientes actuales en neuropsicología adhieren a estas afirmaciones. Si bien la cognición ha aportado una gran plasticidad adaptativa al hombre y le ha permitido sobrevivir prácticamente en cualquier ambiente, se argumenta que sigue siendo la vida emocional el cimiento sobre el cual se sustenta el psiquismo, y que la emotividad es esencial, incluso en procesos en los cuales tradicionalmente se la ha considerado perjudicial, como el relacionado con la toma de decisiones.

En palabras de Goleman, con quien coincidimos,

El intelecto no puede funcionar adecuadamente sin el concurso de la inteligencia emocional, y la adecuada complementación entre el sistema límbico y el neocórtex, entre la amígdala y los lóbulos prefrontales, exige la participación armónica entre ambos. Sólo entonces podremos hablar con propiedad de inteligencia emocional y de capacidad intelectual.

---

16 Damasio, Antonio R.: *El error de Descartes: la razón de las emociones.* Andrés Bello, Madrid, 1999. Véase el Capítulo 1, "El caso Elliot".

Sin duda,

la desconexión de la memoria emocional se transforma en una desventaja para afrontar las diversas situaciones que nos impone la vida, no sólo en los ámbitos personales, sino también (y esto es relevante) cuando la toma de decisiones nos pone a prueba en las organizaciones en las que actuamos.

En cuanto al almacenamiento de la información, la forma en que las personas controlan sus reacciones ante situaciones emocionales, afecta posteriormente sus recuerdos. El fenómeno de automonitoreo permanente del estado emocional se denomina "supresión expresiva" en el ámbito de la psicología y consiste, básicamente, en el control estricto de las emociones, ya sea por temor a sufrir, a hacerse vulnerable o a causar daño.

Sin embargo,

la invalidación emocional, tan frecuente en las organizaciones, termina socavando la capacidad que todo manager debe tener para distinguir los hechos relevantes para la toma de decisiones.

Esto no significa que para razonar debamos estar regidos por nuestra memoria emocional. Significa que, a pesar de su enorme potencial, el cerebro humano tiene recursos limitados en el área cognitiva, esto es, en el conocimiento y en el aprendizaje.

Si esos recursos se concentran demasiado en el control estricto de las emociones, difícilmente encontremos el camino más acertado.

4.2. La memoria del miedo

En situaciones de amenaza para el organismo, se activa la amígdala, que es parte del cerebro límbico. El miedo puede ser adquirido o aprendido, por asociación o condicionamiento, pero también puede tratarse de un temor ancestral, configurado evolutivamente en la medida en que al hombre primitivo le fue útil para adaptarse para sobrevivir en condiciones adversas.

En las empresas, los mecanismos de la memoria emocional tienen una relevancia mucho mayor de la que, a simple vista, podemos inferir.

En nuestras relaciones con los demás, en las opiniones que emitimos, en la evaluación que hacemos de los sucesos, en los planes que elucubramos, en el optimismo y en la frustración que sentimos, gravitan recuerdos que han sido archivados con sentimientos aun ante sucesos de un corte aparentemente racional.

Por ejemplo, cada vez que recordamos un acontecimiento, como aquella vez que la fusión con otra empresa no significó un mejor destino para los empleados, sino una reestructuración galopante que nos afectó, la angustia que sentimos vuelve desde las profundidades de la mente con tanta fuerza que nos impide ver que los cambios actuales no traen consigo la desazón, sino la posibilidad de crecer, de construir un mejor futuro para todos.

Esta desazón, que se produce siempre ante procesos de cambio cuando las organizaciones no comunican a las personas sus verdaderos objetivos (obviamente, creando resistencia), tiene parte de su origen en la memoria del miedo, que activa los mecanismos neuronales que controlan las respuestas relacionadas con cualquier tipo de peligro aun cuando estos no existan en la realidad.

Independientemente de las experiencias que nos van formando durante nuestra vida adulta, se cree que este tipo de memoria ya funciona al nacer e incluso antes, y se considera un logro evolutivo porque permite no sólo la detección, sino también una rápida respuesta de nuestro organismo ante las situaciones de peligro.

En el siguiente gráfico podremos ver con claridad cómo el cerebro comienza a responder ante un peligro potencial.

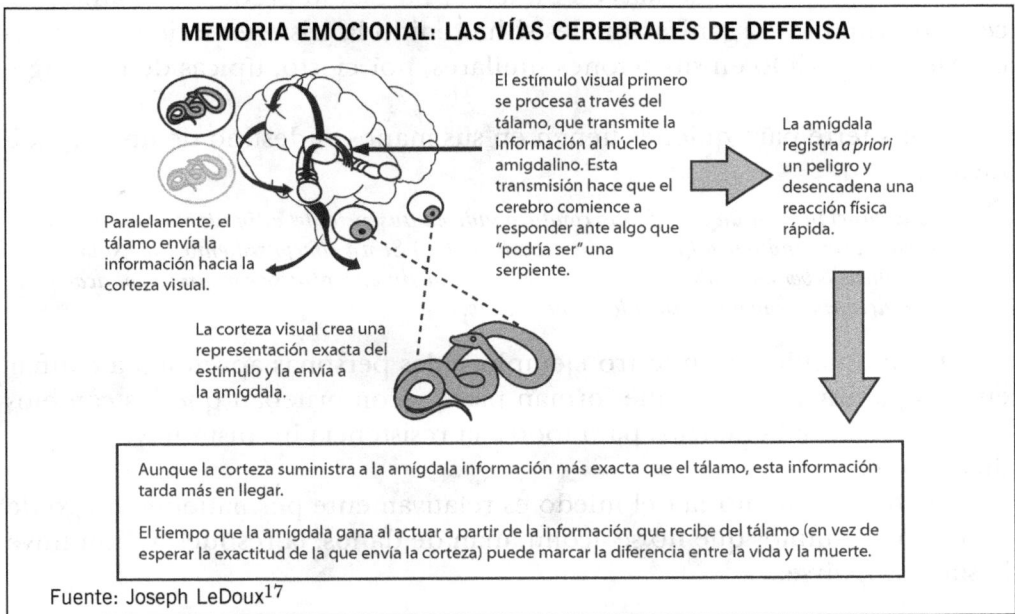

MEMORIA EMOCIONAL: LAS VÍAS CEREBRALES DE DEFENSA

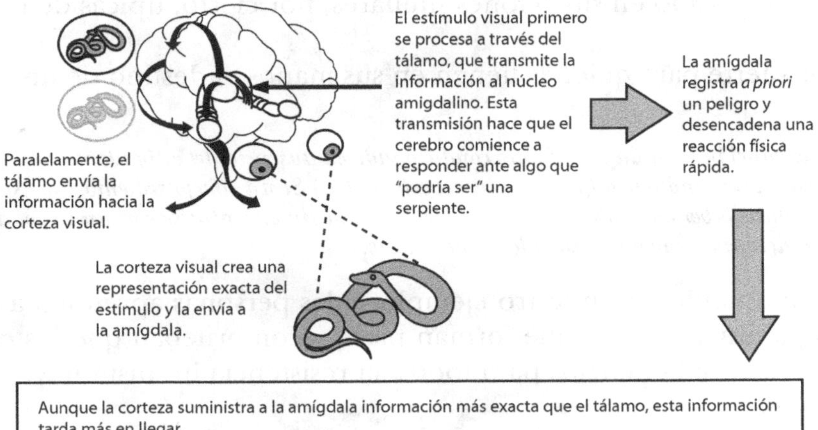

El estímulo visual primero se procesa a través del tálamo, que transmite la información al núcleo amigdalino. Esta transmisión hace que el cerebro comience a responder ante algo que "podría ser" una serpiente.
La amígdala registra *a priori* un peligro y desencadena una reacción física rápida.
Paralelamente, el tálamo envía la información hacia la corteza visual.
La corteza visual crea una representación exacta del estímulo y la envía a la amígdala.

Aunque la corteza suministra a la amígdala información más exacta que el tálamo, esta información tarda más en llegar.

El tiempo que la amígdala gana al actuar a partir de la información que recibe del tálamo (en vez de esperar la exactitud de la que envía la corteza) puede marcar la diferencia entre la vida y la muerte.

Fuente: Joseph LeDoux[17]

[17] LeDoux, Joseph: *El cerebro emocional*, Planeta, Barcelona, 1999.

Como sabemos, la información llega por dos vías diferentes. La primera es más rápida (subcortical) y la segunda, más lenta, pasa por la corteza. De este modo, y sobre la base de la investigación realizada por LeDoux, el cerebro crea un camino más corto para que la amígdala reciba algunas señales directamente de los sentidos y emita una respuesta antes de que estas señales sean registradas por el neocórtex.

Este sería el sustrato anatómico que explica por qué se producen ciertas reacciones (que en nuestra vida cotidiana solemos denominar "impulsos emocionales") que nos llevan a actuar sin darnos tiempo para pensarlas concientemente.

Para explicar el condicionamiento del miedo, LeDoux recurre también a un ejemplo muy sencillo:

> *Si el perro del vecino nos muerde, probablemente seremos más precavidos cuando volvamos a caminar por su territorio. Su casa y su jardín, así como ver y oír al perro, se habrán convertido en estímulos emocionales porque los asociamos a un suceso desagradable.*[18]

Este ejemplo nos ayuda a comprender por qué algunos hechos que no conllevan amenazas de peligro son percibidos como si estas existieran. Nos atrevemos a suponer que más de un lector ha estado preocupado ante procesos de cambios organizacionales si ha tenido la triste experiencia de haber sido despedido en situaciones similares, por cierto, típicas de la reingeniería.

Por suerte para quienes tienen en sus manos el destino de una organización,

> *La exposición repetida al estímulo condicionado en ausencia del estímulo no condicionado puede conducir a la extinción del reflejo. (...) Si un conejo sediento y asustado sólo puede beber en el abrevadero y acude cada día sin encontrarse con un zorro, acabará actuando como si nunca lo hubiera visto.*

Continuando con nuestro ejemplo, si las personas aprenden a confiar en la organización de la que forman parte y comprueban que los cambios traen realmente beneficios para todos, la resistencia irá disminuyendo gradualmente.

Si bien la memoria del miedo es relativamente permanente, luego de repetidos estímulos que no se acompañan de daños, la respuesta disminuye hasta extinguirse.

---

[18] Ibídem.

Por el contrario, cuando hay razones para que se desencadenen los mecanismos del miedo condicionado, es decir, cuando los despidos son altamente probables porque cada tres meses los gerentes deciden reducir personal, la amígdala actuará como una especie de "servicio de vigilancia" provocando emociones que desencadenan la resistencia al cambio.

Cuando suena la alarma de miedo, la amígdala envía mensajes urgentes a cada uno de los centros fundamentales del cerebro, y genera respuestas tales como cambios en el ritmo cardíaco y secreción de hormonas que estimulan los sentidos, que ponen al cerebro en estado de alerta.

Los recuerdos vinculados con el miedo (y también con otras emociones) quizás nunca desaparezcan del todo. A esto contribuye que existen más conexiones desde la amígdala hacia la corteza que a la inversa, por lo que es más fuerte la tendencia automática al miedo que la capacidad para inhibirlo en forma voluntaria.

Además de estos invalorables aportes realizados por LeDoux para ayudarnos a comprender los mecanismos de la memoria emocional, nos parece de gran relevancia una teoría publicada por científicos de la Universidad de Washington[19], según la cual

> *nuestro cerebro, además de contar con mecanismos que actúan como un sistema de alerta en casos de peligro, también es capaz de memorizar en forma no conciente determinadas señales y advertirnos que hemos cometido un error incluso antes de que tomemos una decisión equivocada.*

En estos mecanismos interviene la *corteza cingulada anterior*[20] (vinculada con la atención y las emociones) que activa nuestro sistema de alarma a nivel no conciente: registra el entorno, calcula las posibles consecuencias y nos ayuda a ajustar nuestro comportamiento según el nivel de peligro que pueda representar cada situación.

Para probar la hipótesis que sustenta esta teoría, se experimentó con participantes jóvenes y sanos (es decir, sin ningún tipo de lesión cerebral) que debían responder a una serie de señales (flechas que miraban hacia la derecha o hacia la izquierda y aparecían repentinamente en la pantalla de una computadora, sobre fondo azul o blanco) pulsando uno u otro botón

---

19 Everding, G.: "Brain region learns to anticipate risk, provides early warnings, suggests new study in *Science*". En: http://news-info.wustl.edu/tips/page/normal/4804.html

20 La corteza cingulada se ubica encima de los lóbulos frontales y divide ambos hemisferios cerebrales.

según su dirección. De vez en cuando, estas señales eran intercaladas con otras (por ejemplo, una segunda flecha mayor y con otra dirección) que forzaban a los jóvenes a pulsar el botón contrario.

Se observó que, mientras los participantes realizaban su tarea, un área cerebral aprendió a reconocer que la señal azul indicaba un potencial mayor de error, en otros términos, les "advertía" que su comportamiento tendría consecuencias no favorables.

Si bien la inquietud que los llevó a realizar este experimento era forzar a los participantes a tomar una decisión para observar qué pasaba en el cerebro, se advirtió que, como resultado de incrementar el tiempo de aparición de la segunda flecha, los jóvenes aprendían a manejar mejor su respuesta, y disminuía la tasa de errores sin ser concientes de este proceso.

En otros términos: a un nivel no conciente, habían detectado sucesos acerca de los cuales los investigadores no les habían informado que podrían producirse, y el sistema de alerta de la corteza cingulada anterior los ayudó a responder favorablemente.

Las imágenes cerebrales tomadas mediante resonancia magnética confirmaron que el cerebro de estos jóvenes había aprendido el verdadero significado de las señales y, en función de ello, ajustó sus comportamientos.

Este experimento parecería darle la razón a LeDoux cuando dice que "es posible que el cerebro sepa si algo es bueno o malo antes de saber exactamente qué es".

4.3. La memoria de impacto

La denominación *flashbulb memory* ("memoria de destello" o "memoria de impacto"), fue acuñada por los psicólogos para referirse a los recuerdos que son especialmente fuertes y nítidos debido a que se registraron junto con una carga emocional muy significativa.

Por ejemplo, y a título personal, jamás olvidaré lo que estaba haciendo minutos después del atentado en la estación de Atocha, en Madrid, porque mi hija Natalia vivía muy cerca de allí. Tampoco olvidaré (calculo que jamás) nuestro diálogo telefónico cuando tuve la suerte de comunicarme con ella apenas lo supe a través de los medios.

Entre los últimos descubrimientos sobre la base biológica de este tipo de memoria[21] se encuentran los de un equipo de la Universidad de Califor-

---

[21] LeDoux, Joseph: *Op. cit.*

nia, liderado por Jim MacGaugh. Durante experimentos realizados con ratas, estos científicos notaron que, si se inyectaba adrenalina inmediatamente después del aprendizaje, se generaba un recuerdo intenso de la situación en la que este se había producido.

De allí dedujeron que, si la adrenalina es segregada en forma natural ante una situación determinada, como nos pasó especialmente a quienes teníamos seres queridos en peligro aquel fatídico 11 de marzo, los momentos vividos permanecerán prácticamente indelebles en la memoria de largo plazo.

Cada vez que evocamos aquel día, el recuerdo conciente, explícito, es mucho más intenso que el de cualquier otra situación que no hubiera estado acompañada de una emoción fuerte.

Para comprobar empíricamente su hipótesis, Mac Gaugh y Cahill realizaron una exploración que consistió en pedir a varias personas que leyeran un cuento sobre un niño que montaba en bicicleta. Ese cuento tenía dos versiones.

El primer grupo leyó una muy sencilla, en la que el niño paseaba, regresaba a casa, dejaba la bicicleta y luego acompañaba a su madre en coche hasta el hospital en el que trabajaba su padre, que era médico. El segundo grupo leyó otra, en la que el niño era atropellado por un coche y trasladado por esa causa al hospital.

Luego de la lectura, se inyectó placebo a la mitad de los participantes de cada grupo y una sustancia que bloquea los efectos de la adrenalina a la otra mitad. Entre los sujetos que habían recibido el placebo, los que habían leído la historia que concluía en un accidente recordaban muchos más detalles que los que habían leído el relato incruento.

A la inversa, los sujetos que habían recibido la sustancia que bloqueaba la secreción de adrenalina no evidenciaron ninguna diferencia al recordar ambas versiones. Esto permitió descubrir que el bloqueo de adrenalina neutralizaba los efectos de la intensificación del recuerdo por un estímulo emocional.

Esta sintética explicación biológica de los estados emocionales que intervienen en la formación de la memoria de impacto sugiere, en opinión de MacGaugh, algunas aplicaciones prácticas: como los soldados suelen sufrir crisis traumáticas durante los sucesos espantosos que presencian en las guerras, tal vez sea posible bloquear los efectos de la adrenalina inmediatamente después de la experiencia para evitar la enorme angustia que provoca este tipo de recuerdos, y suministrarles una mejor calidad de vida en el futuro.

En nuestra opinión, lo ideal sería evitar las guerras para siempre. Pero como las creaciones aterradoras del hombre parecen no tener fin, y esto se ha visto con claridad tanto en los ataques terroristas como en las respuestas que engendraron, estos avances científicos pueden servir (en parte) para aliviar el dolor de aquellos que, por una razón u otra, no tienen más opción que sobrellevar la pesada carga de un horror del que han sido partícipes, aunque jamás hubieran querido provocarlo.

5. Entrenamiento neurocognitivo: aplicaciones en neuromanagement

El título de este apartado, que cierra no solamente este capítulo, sino también las cuatro partes de esta obra en las que, en forma amena, hemos desarrollado el soporte teórico-práctico que consideramos necesario para comprender cómo funciona el cerebro humano, es, a su vez, una especie de hilo conductor hacia el capítulo siguiente, en el que presentaremos un conjunto de ejercicios que serán de gran utilidad al lector para que comience a trabajar en su entrenamiento neurocognitivo y disfrute de sus enormes beneficios.

Para comenzar, es necesario tener presente que en toda organización los programas de trabajo colectivos comienzan por los programas de trabajo individuales, es decir, aquellos que cada miembro emprende para desarrollar sus propias capacidades y agregar valor a las funciones que ha elegido desempeñar y a la organización en su conjunto.

Por lo tanto, es sobre esa base, es decir, sobre los recursos neuronales individuales, donde comienza la construcción de los recursos neuronales colectivos, soportes indiscutidos de la inteligencia organizacional.

Recuerde:

a medida que aumenta el rendimiento neurocognitivo, aumenta la capacidad de percepción, planificación, toma de decisiones, creatividad, liderazgo emocional y motivación. En todas estas capacidades está presente la necesidad de aprender y memorizar.

Manos a la obra.

Capítulo **16**

Neuromanagement aplicado

Estimulación neurocognitiva para mejorar el rendimiento cerebral

1. Neuroplasticidad autodirigida: un recurso invalorable al alcance de todos

En el primer capítulo de esta obra hemos señalado que la actividad de management sostuvo su funcionamiento en modelos e instrumentos de aplicación *externa*, y que lo que en realidad necesitamos para afrontar el entorno en el que se desenvuelven las organizaciones actuales son instrumentos de aplicación *interna*, es decir, recursos que no se deben buscar en la biblioteca, sino en el potencial cerebral de las personas que integran los equipos de trabajo y, por supuesto, en el de sus líderes.

Esto significa que si aspiramos a permanecer en carrera dentro de una organización, y lo mismo ocurre a nivel individual, esto es, cuando decidimos desarrollarnos profesionalmente fuera del marco de una empresa, es imprescindible contar con una mente aguda, que funcione a su máximo potencial.

Afortunadamente, y gracias a la neurociencia moderna, que finalmente logró superar la vieja y equivocada dicotomía entre cuerpo y mente, sabemos que las funciones cognitivas elevadas del ser humano dependen de un adecuado soporte físico: el cerebro.

Más aún: si el entrenamiento neurocognitivo se erige como una herramienta maravillosa para el crecimiento intelectual es, justamente, porque actúa en este doble sentido.

Por un lado, permite optimizar muy rápidamente las funciones específicas que deseamos desarrollar, por el otro –y sin duda alguna este es el aspecto más sorprendente–, permite, literalmente, modelar el cerebro.

Esto significa que contamos con una herramienta que, bien utilizada, nos convierte en escultores de nuestros propios circuitos neuronales y nos brinda la posibilidad de modelarlos en nuestro beneficio, como si estuvieran constituidos por arcilla o cualquier otro material maleable.

Tal vez el lector piense que exageramos en este ejemplo; después de todo, ha leído en el Capítulo 7 que el cerebro termina de madurar en la adultez temprana[1], y que este tiempo de neurodesarrollo es el que permite adoptar diversos estilos neurocognitivos.

Sin embargo, también hemos visto a lo largo de esta obra que un entorno favorable contribuye a la generación de nuevas conexiones entre neuronas y que, en la edad adulta, el cerebro posee una enorme capacidad para reorganizarse siempre que exista la decisión de trabajar con constancia en pos de ese objetivo.

Partiendo de esta premisa, y de la necesidad de suministrar al lector un soporte metodológico para que aplique algunos de los conceptos que ha leído en la parte teórica, especialmente los vinculados con el tema de *neuroplasticidad autodirigida*, en el presente capítulo organizamos un conjunto de ejemplos y ejercicios cuya finalidad no es otra que estimularlo para que comience a transitar el verdadero camino de la innovación en liderazgo y gestión organizacional.

En función de nuestra propia experiencia, así como también de los resultados que han obtenido quienes, junto con nosotros, han participado en diferentes programas de entrenamiento neurocognitivo, podemos afirmar que son notables los avances que se observan cuando se aplican estas prácticas, dado que están diseñadas para estimular cada función cerebral en particular.

Como soporte metodológico, cabe destacar que son numerosas las investigaciones que han demostrado que la estructura anátomo-cerebral que corresponde a la capacidad cognitiva que se estimula expande sus conexiones, y multiplica y refuerza las sinapsis.

---

[1] Apartado 3.1.

Por ejemplo, en el caso de los diseñadores gráficos se ha observado que poseen un lóbulo parietal más desarrollado en comparación con personas dedicadas a otras profesiones. De la misma manera, los taxistas expertos son dueños de un hipocampo mayor, ya que la estimulación altamente frecuente de la memoria episódica, la memoria semántica y la visoespacialidad les permite construir mentalmente mapas virtuales de la ciudad en la que trabajan.

Del mismo modo, un profesional que, como parte de sus actividades de gestión en las organizaciones, debe interactuar de manera cotidiana con muchas personas y manejar simultáneamente una gran cantidad de información, puede desarrollar el potencial de lo que hemos denominado "tablero de comando cerebral operativo" para hacerlo de manera más efectiva.

Recordemos que este tablero de comando se relaciona con la memoria de trabajo, cuyo asiento biológico se ubica en el lóbulo frontal (en coincidencia con la capacidad de organización, planificación y toma de decisiones), y que los modernos estudios con resonancia magnética funcional han permitido determinar una correlación positiva entre el tamaño de las diferentes áreas del cerebro y las variables ambientales que actúan como vía de estimulación directa.

En cuanto a la frecuencia de este tipo de entrenamiento neurocognitivo, algunas investigaciones recientes han corroborado que son suficientes diez sesiones para obtener un beneficio en la función estimulada, equivalente a la pérdida o el deterioro que, por el contrario, ocurriría de manera espontánea y natural por falta de estimulación en un lapso de entre siete y catorce años.

Recordemos también que el cerebro humano comienza a gestarse alrededor del decimoctavo día de embarazo y que, a partir de allí, se desarrolla para poder lidiar con las diferentes vicisitudes propias de la vida. Esta evolución, sin embargo, sólo nos brinda el hardware, dejando enteramente en nuestras manos el diseño del software.

En otros términos: el cerebro humano no viene acompañado de un manual de instrucciones acerca de cómo utilizarlo y tampoco de un seminario intensivo sobre cómo sacarle el máximo provecho.

Descubrirlo es algo que nos corresponde a nosotros y, por primera vez en la historia del management, nos encontramos ante un horizonte cargado de asombrosas e infinitas posibilidades para desarrollar lo que hemos denominado "tablero de comando cerebral a largo plazo".

En este sentido, el programa de entrenamiento neurocognitivo computarizado desarrollado por el Brain Decision Braidot Centre fue pensado para brindar una estimulación cerebral personalizada sobre la base de las fortalezas y debilidades cognitivas, que se cuantifican mediante un pormenorizado estudio neuropsicológico.

Este tipo de entrenamiento propicia situaciones novedosas que desplazan al cerebro de su zona de confort mediante una variedad de estímulos que representan un verdadero desafío para optimizar sus funciones. En todos los casos, el trabajo se concentra en las capacidades de mayor relevancia para el tipo de actividad que cada individuo desempeña en una organización, así como también en su vida cotidiana.

Para que el lector incursione en forma amena en este tema que, a primera vista, puede parecer complejo aunque en realidad no lo es, comenzaremos por suministrar casos y ejemplos, como los extraídos del mundo del deporte, y, posteriormente, lo invitamos a realizar sus propias prácticas a partir de un conjunto de ejercicios que, como modelos, presentamos en el presente capítulo.

2. Neuromanagement deportivo: entrenamiento neurocognitivo y autorregulación emocional

2.1. El caso Hamilton

Lewis Carl Hamilton es un piloto inglés de automovilismo de 22 años de edad. En poco tiempo de trayectoria logró superar en gran medida el estándar de carrera alcanzado por otros pilotos. En 2007 ingresó a la Fórmula 1, y ese mismo año estuvo muy cerca de ganar el título.

En el Gran Premio de Australia logró un meritorio tercer puesto, detrás de Kimi Räikkönen y Fernando Alonso, y es el primer piloto en llegar al podio en su debut desde que Jacques Villeneuve lo hiciera en el Gran Premio de Australia de 1996.

En las dos siguientes carreras finalizó segundo y se convirtió en el primer automovilista de la historia en conseguir tres podios consecutivos tras su iniciación. En el Gran Premio de España, en Montmeló, finalizó en la segunda posición y llegó al primer puesto del mundial de pilotos. En el Gran Premio de Canadá, Hamilton impresionó nuevamente al mundo de la Fórmula 1 cuando logró su primera *pole position.*

En el circuito Gilles Villeneuve, obtuvo su primera victoria en la Fórmula 1 y logró colocarse como único líder de la campaña, al frente de su compañero de equipo, Fernando Alonso. En el Gran Premio de los Estados Unidos de 2007, la disputa entre los dos pilotos de McLaren se acentuó más, ya que Lewis Hamilton, que logró la *pole position*, resultó ganador tras una constante lucha con Alonso, y obtuvo su segunda victoria consecutiva en el Gran Premio de Francia.

¿Cuál es el secreto de semejante nivel de éxito en tan corto plazo?

Lewis Hamilton hizo un entrenamiento cerebral muy avanzado, enfocado especialmente en la memoria visual y en aumentar las sensaciones, los canales de comunicación entre los hemisferios cerebrales y la velocidad de procesamiento de toda información relevante para lograr un óptimo desempeño automovilístico.

Como resultado de este entrenamiento, puede utilizar más puntos de referencia almacenados en su memoria visual, notablemente mejorada, que le permiten percibir en forma anticipada cualquier desviación del camino deseado.

Hamilton también es capaz de realizar las correcciones necesarias con mayor antelación que otros pilotos cuando ha errado centímetros la trayectoria o frenada ideal. Esto le permite tomar decisiones a la velocidad que exige su profesión.

Como sabemos, el ser humano no ha sido diseñado para conducir coches de Fórmula 1, que reaccionan casi al instante y a una velocidad que supera el funcionamiento normal del cerebro. Dado que las neuronas prácticamente no tienen tiempo para responder o analizar ante situaciones tan vertiginosas, ¿qué se puede hacer para aumentar o mejorar el desempeño en una actividad de estas características?

Sin duda, uno de los recursos más extraordinarios es el entrenamiento neurocognitivo para rediseñar o conectar de otra manera los neurocircuitos participantes y, de este modo, ganar no sólo poder sensorial, sino también velocidad de decisión y acción.

Ahora bien, ¿por qué, a pesar de sus hazañas, este notable piloto no pudo acceder al título de campeón del mundo? Es plausible, en nuestra opinión, que la falta de un entrenamiento paralelo en regulación emocional haya constituido el "talón de Aquiles" de Hamilton. Una vez erigido en la nueva promesa de la Fórmula 1, cometió numerosos errores (en sus últimas carreras) que cercenaron sus sueños y aspiraciones, y todo indica que un inadecuado manejo y canalización del estrés ha sido responsable de su inesperado fracaso.

De este caso se desprende que, si a su programa de entrenamiento neurocognitivo Hamilton hubiese sumado un trabajo sistemático de regulación emocional, los resultados habrían sido diferentes.

El entrenamiento neurocognitivo expande la capacidad cerebral.

Junto con la regulación emocional, proporciona un adecuado equilibrio que permite afrontar las situaciones más difíciles y controlarlas con pericia.

¿Por qué no lo hizo? Tal vez pensó, como les ocurre a muchas personas, que las emociones negativas están fuera de la esfera de nuestro control y eso lo llevó a desatenderlas, cuando en realidad no es así. Tal como hemos subrayado varias veces en esta obra, las emociones negativas no constituyen una variable incontrolable. Todos estamos en condiciones de canalizar lo que sentimos de manera positiva si hacemos un trabajo sistemático para lograrlo.

En la Fórmula 1, la abundante práctica en las pistas, real y sostenida, es un recurso imprescindible para ganar una carrera. Sin embargo, unos cuantos casos demuestran que no es suficiente.

Afortunadamente, las neurociencias aplicadas proporcionan recursos que años atrás eran impensados: **un entrenamiento neurocognitivo estructurado y sistematizado permite optimizar las funciones cerebrales, como la velocidad de procesamiento de la información y la rapidez de respuesta**.

En el mundo del deporte (recordemos los ejemplos que proporcionamos también sobre el tenis) son muchos los profesionales que utilizan estos recursos, y lo mismo ocurre en las empresas. Sin embargo, resulta muy curioso que en lo referente al liderazgo de las propias emociones muchas personas consideren que no tienen nada que aprender.

Tal como analizamos en el Capítulo 13 (apartado 2.5.), la autorregulación emocional es la habilidad que nos permite monitorear nuestros impulsos, y eso no significa reprimir emociones, sino canalizarlas en nuestro beneficio.

En este sentido, puede ser de utilidad una analogía propuesta por Matthieu Ricard[2]:

> *Si nos caemos al mar de las emociones negativas, podemos ahogarnos en ellas, o bien, utilizarlas para nadar hasta la costa y salvarnos.*

Desde luego, el secreto aquí está en saber nadar, y está claro que sólo se puede aprender a nadar mediante un buen entrenamiento, exactamente lo mismo que se necesita para regular las propias emociones y, de este modo, afrontar con éxito las presiones y el estrés que, como sabemos, son también moneda corriente en las organizaciones.

---

2 Monje budista francés que vive en el Tíbet. Es doctor en genética molecular y sostiene que la mente humana es moldeable y se puede entrenar para alejar los pensamientos negativos. Su cerebro está siendo estudiado por científicos de la Universidad de Wisconsin, Estados Unidos.

2.2. El caso "Los Pumas"

Otro ejemplo representativo de los resultados que proporciona el entrenamiento neurocognitivo en la práctica del deporte lo constituye el caso de Los Pumas (la selección argentina de rugby). Estos deportistas, que obtuvieron el tercer puesto en el Mundial de Rugby de 2007, participaron de un programa integrado por diferentes ejercicios cerebrales que incluyeron el uso de una computadora.

Los principales beneficios de este tipo de entrenamiento son los siguientes.

- Aumento de la velocidad de reacción ante los movimientos del balón, así como también de los movimientos estratégicos de otros jugadores.
- Mejora de la visión periférica y del movimiento sacádico (la ilusión óptica que genera el sentido de la vista cuando observamos algo que se mueve en forma rápida a nuestro alrededor, ya sea un objeto o una persona).
- Aumento de la capacidad de concentración.
- Disminución del estrés.

A nivel cerebral, este tipo de entrenamiento permite activar una mayor cantidad de neuronas, con lo cual se mejora no sólo la rapidez de los movimientos en el campo de juego, sino también la velocidad en la toma de decisiones.

3. Entrenamiento neurocognitivo en las organizaciones

Los casos presentados en los apartados anteriores dan cuenta de los beneficios que pueden obtenerse al aumentar las capacidades cerebrales en forma acorde con las necesidades de la actividad que desempeñan las personas, tanto a nivel individual (Hamilton) como en el trabajo en equipo (Los Pumas). También reflejan los resultados no del todo satisfactorios a los que podemos arribar si estos programas no son acompañados por un entrenamiento en autorregulación emocional (Hamilton).

En la vida organizacional, constantemente debemos afrontar nuevos desafíos. Cuando los tiempos se acortan y los acontecimientos son estresantes o complejos, la ausencia de este tipo de preparación puede conducir a una toma de decisiones equivocada y, a su vez, afectar negativamente las relaciones con los demás.

Por lo tanto, el autoliderazgo emocional, junto con un adecuado entrenamiento neurocognitivo para responder ágil y acertadamente ante las diferentes situaciones que se nos van presentando, constituyen los aspectos nucleares del tipo de formación que necesitamos para ser competitivos en la época en la que nos ha tocado vivir. Sin duda, el cerebro en forma y la armonía con uno mismo y con los demás constituyen el primer paso en el camino hacia el éxito.

Ahora bien, además de lo que hemos aprendido leyendo en los casos presentados, ¿cómo se puede realizar un entrenamiento cerebral?

Del mismo modo que cuando practicamos un deporte o vamos al gimnasio ejercitamos distintos tipos de músculos, a nivel cerebral existen diferentes funciones (atención, memoria, planificación, inhibición, resolución de conflictos, velocidad de respuesta, entre otras) que pueden entrenarse.

Cada una de estas funciones responde a circuitos neuronales específicos, por lo tanto, requieren diferentes ejercicios para ser mejoradas.

Hay que comenzar por determinar el tipo de entrenamiento a aplicar. Esto se realiza mediante una evaluación neurocognitiva que nos informa el estado de cada función y permite diseñar un entrenamiento personalizado. Al mismo tiempo, se definen los objetivos, ejercicios y frecuencia del trabajo a realizar.

Existen dos tipos de entrenamiento neurocognitivo: uno manual y otro computarizado. Como el computarizado excede el marco de esta obra, proponemos algunas aplicaciones representativas para cada función cerebral dentro de la primera modalidad, con la idea de que el lector se vaya familiarizando y, al igual que Hamilton y Los Pumas, comience a transitar el camino que lo conducirá hacia un mejor desempeño de sus actividades, siempre que los complemente con un programa de autorregulación emocional.

3.1. Memoria de trabajo o memoria a corto plazo

Esta función, que es el soporte del tablero de comando cerebral operativo, se relaciona con una mayor activación de la corteza prefrontal, específicamente en la región dorsolateral. En el momento en que se escribe esta obra, hay numerosos estudios realizados con neuroimágenes que corroboran que las actividades destinadas a fomentar la memoria de trabajo producen un mayor flujo sanguíneo en esta zona del cerebro.

Recordemos que esta memoria está estrechamente ligada a la capacidad atencional, es conciente y voluntaria, y tiene un tiempo de retención máximo de un minuto[3]. Recordemos también que la memoria de trabajo es la que utilizamos cuando retenemos la información el tiempo necesario para tomar una decisión, tanto en los ámbitos de trabajo como en nuestra vida personal.

Por lo tanto, mantener en forma esta capacidad cerebral es de vital importancia, ya que permite, entre otras cosas, disminuir el nivel de saturación de información (que suele manifestarse como una sensación de bloqueo mental, dificultades para analizar muchas variables u opciones al mismo tiempo, algo así como si estuviéramos al límite de nuestra capacidad para pensar).

¿Cómo hacerlo?

En un programa de entrenamiento de la memoria de trabajo, el objetivo debe apuntar a aumentar progresivamente el nivel de dificultad de los ejercicios, en forma acorde con su capacidad de almacenamiento.

A continuación, le proponemos que comience con su propio entrenamiento mediante prácticas que requieren la manipulación simultánea de muchas variables, algo que probablemente usted haga todos los días cuando se encuentra en su oficina.

Ejercicio 1: usted es un profesional muy ocupado, consecuentemente, tiene una agenda complicada. Trate de responder la siguiente pregunta por medio de la reflexión, sin ayudarse con lápiz y papel: ¿Qué día es dos días antes al día siguiente a tres días después del día anterior al martes?

LUNES
MARTES
MIÉRCOLES
JUEVES
VIERNES
SÁBADO
DOMINGO

Ejercicio 2: usted viaja a Mendoza para visitar varias bodegas ya que planea abrir una vinoteca en su ciudad. Prueba diferentes vinos con resultados dispares. Trate de memorizar estas preferencias y luego responda la pregunta que aparece al final:

---

[3] Ver Capítulo 15, apartado 2.2.

FINCA DON DOMÉNICO, **no le gustó**
SANTA JULIA VARIETAL, **le gustó**
DOÑA PAULA ESTALE, **le gustó**
DON TIBURCIO BENEGAS, **no le gustó**

CLARA BENEGAS, **¿le gustó, o no?**

Ejercicio 3: cuente mentalmente la cantidad de puertas que hay en su oficina.

Ejercicio 4: elija un grupo, por ejemplo, todas las personas que integran el departamento o área de la organización para la que trabaja y luego ordénelas mentalmente de menor a mayor en función de su altura.

Ejercicio 5: ordene alfabéticamente los nombres de las personas que integran su equipo de trabajo.

Ejercicio 6

a. Lea la siguiente lista de palabras detenidamente una sola vez. Luego, diga en voz alta todas las que recuerde, y cuéntelas.

BANDEJA – AMIGO – DOMINGO – HABITACIÓN – TOSTADAS – TELÉFONO – OFICINA – FIESTA – TELEVISOR – COCINA – MARTES – CASA – LECHE – TARDE – PUERTA – MERIENDA – CAMA

b. Vamos a presentarle las mismas palabras de la lista anterior ubicadas con un orden lógico y dentro de un contexto. Léalas atentamente, siguiendo la historia que les da sentido e intentando visualizarla, y luego trate de recordar la mayor cantidad de palabras que le sea posible. Compare el resultado obtenido con el ensayo anterior (es esperable que en esta segunda oportunidad encuentre un beneficio notable en su recuerdo).

Es MARTES por la TARDE. Llego a CASA, cruzo la PUERTA y me dirijo directamente a la COCINA. Me preparo un vaso de LECHE con unas TOSTADAS, coloco todo en una BANDEJA y voy a mi HABITACIÓN. Enciendo el TELEVISOR, me recuesto en la CAMA y me dispongo a disfrutar de mi MERIENDA. Repentinamente suena el TELÉFONO. Es un AMIGO de la OFICINA, que me llama para invitarme a ir el DOMINGO a su FIESTA de cumpleaños.

3.2. Memoria de largo plazo

Según los conceptos que hemos analizado en el Capítulo 15 (apartado 2.3.), la memoria de largo plazo es más permanente y tiene una capacidad mucho mayor que la memoria de trabajo.

Recordemos también que el proceso de almacenamiento de información en este sistema se relaciona con la actividad del hipocampo y que dicha estructura, ubicada en el lóbulo temporal medial, se ocupa de consolidar los recuerdos que luego serán almacenados en las diferentes cortezas, según la modalidad sensorial de la información.

Dado que constantemente estamos utilizando este tipo de memoria, es muy importante recurrir a ejercicios que contribuyan a fomentar nuestra capacidad de fijación, ya que favorece tanto los procesos de aprendizaje como la retención de nuevos conocimientos y experiencias.

Para comenzar, lo invitamos a crear sus propias prácticas tomando como base los siguientes ejercicios.

1. Seleccione una imagen, por ejemplo, la etiqueta de un producto o la fotografía de un lugar que le resulte atractivo, y relaciónela con los contenidos que desea retener. De esta manera comprobará que, al evocar la imagen, recuperará más rápidamente la información por asociación.

2. Utilice acrónimos. Estos ejercicios consisten en formar, con las primeras sílabas o letras de las palabras que se quieren memorizar, una palabra o frase con sentido.
   Por ejemplo, suponga que usted tiene una reunión con una agencia de publicidad en la que le presentarán el guión de un comercial que puede molestar a la competencia. Mentalmente, piensa que es necesario verificar que todos los aspectos legales estén cubiertos. En este caso, puede fijar las sílabas VALE (verificar aspectos legales) asociándolas también con otros términos, por ejemplo, el diminutivo con el que llaman a su secretaria, que se llama Valeria.

3. Elija un texto y seleccione una estrategia para retener la información, por ejemplo, organizando categorías, dibujando mapas mentales u organizando y relacionando la información por temas.

3.2.1. Memoria priming

Este tipo de memoria se relaciona con la capacidad de recordar una palabra o un objeto con sólo identificar algo que lo connote. En otros términos, la presentación de determinados estímulos favorece (por asociación) la recuperación de otros conceptos semánticamente relacionados.

Ejercicio 1: lea atentamente las palabras de la columna izquierda una sola vez. Luego, busque las cinco palabras que se repiten en la columna de la derecha.

DIRECTOR	EMPRESA
OFICINA	DESAYUNO
VENTANA	EJECUTIVO
GERENTE	TORRE
TAXI	REUNIÓN
SECRETARIA	SISTEMA
CLIENTE	ESCRITORIO
PORTERO	LÁPIZ
AGUINALDO	LLAMADA
TELÉFONO	BILLETE
EDIFICIO	LIBRO
PRESIDENTE	MONITOR
COMPUTADORA	CARPETA
DESCUENTO	TIJERA
CUADERNO	DIETA
PIZARRA	VASO
LAPICERA	EJERCICIO
CEREBRO	TAZA
ANTEOJOS	PROGRAMA
MALETÍN	SELECCIÓN
SILLA	CAFÉ
CESTO	EMPLEADO
LÁMPARA	CABALLO
MINISTRO	ALMUERZO
AUTO	AZÚCAR
SACARINA	ENVASE
DIETA	SUELDO
CALCULADORA	LUNES
GOMA	ÍNDICE
BONIFICACIÓN	VACACIONES
TECLADO	EDIFICIO
CANDIDATO	AGUINALDO
LLAMADA	MARCA
EUROPA	PERSONAL
REGLA	LENTES
MASCOTA	PRODUCTO
UNIFORME	ETIQUETA
EXPOSICIÓN	VENTA
MARCA	VACANTE
COMPRA	BIBLIOTECA

Ejercicio 2: recuerdo facilitado

a. Lea con atención el siguiente texto:

Nuestro cerebro se divide básicamente en dos grandes hemisferios que contienen, en su totalidad, unos 100.000 millones de neuronas que, en líneas generales, a medida que envejecemos, se van perdiendo y no se renuevan.
Las neuronas se encuentran interconectadas formando lo que se conoce como "circuitos neurales" que constituyen, a su vez, la base biológica del comportamiento humano. Sin embargo, la pérdida de células nerviosas, que es propia del paso del tiempo, es una condición necesaria pero no suficiente para explicar los olvidos cotidianos que generalmente experimentan muchas personas mayores.
Un déficit en la capacidad supletoria del cerebro, llamada neuroplasticidad, aparece muchas veces en coincidencia con la llegada de la jubilación, como resultado del abandono de la práctica diaria de actividad física y mental.
Muchas investigaciones corroboran que una dieta saludable, el ejercicio físico y mantener el cerebro ocupado refuerzan las redes neurales, conformando el mejor factor protector contra la pérdida de memoria y el declive intelectual, y retrasando la aparición de procesos neurodegenerativos, como la enfermedad de Alzheimer y otras demencias.

b. Ahora, sin volver a leer el texto, trate de responder en voz alta las siguientes preguntas:

1. ¿Cuántas neuronas tenemos en el cerebro?
2. ¿Cómo se llaman los diferentes grupos de neuronas conectadas entre si?
3. ¿Qué les ocurre a muchas personas con la llegada de la jubilación?
4. Según las investigaciones científicas, ¿cuál es el mejor factor protector contra la pérdida de memoria?

3.2.2. Capacidad visoespacial

Esta capacidad está estrechamente ligada al hemisferio derecho y alude a la posibilidad de pensar en imágenes y orientarse espacialmente. Incluye, asimismo, la habilidad para transformar y rotar espacialmente los objetos en la mente, y la posibilidad de construir o agrupar objetos.

Ejercicio 1: ¿cuál de las siguientes piezas encaja en la superior para formar un círculo perfecto?

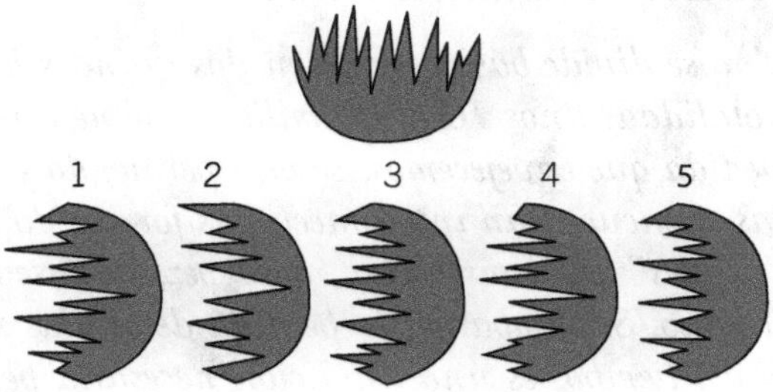

Ejercicio 2: ¿cuál de las cuatro piezas inferiores es necesaria para formar, junto con las cuatro piezas superiores, un círculo perfecto?

Ejercicio 3: ¿qué dado no puede construirse con esta plantilla?

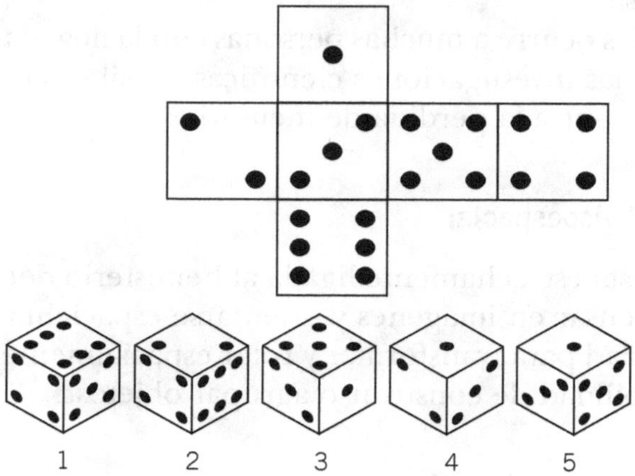

Ejercicio 4: ¿cuál de estas figuras es distinta?

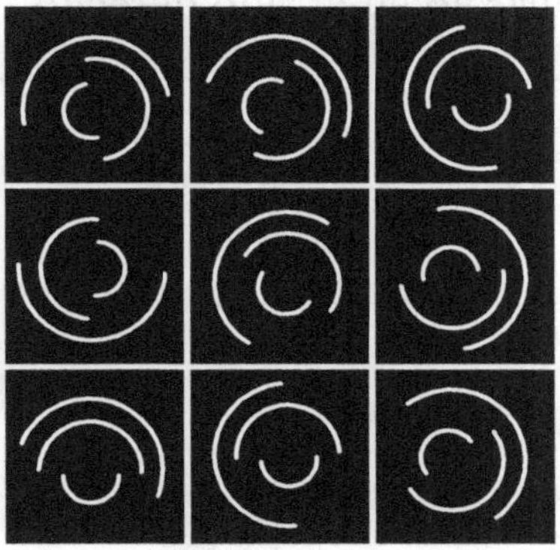

3.2.3. Memoria visual

La memoria visual facilita el registro, la retención y el recuerdo del material con modalidad de análisis visual. El entrenamiento en esta área mejora su funcionamiento, y permite la manipulación de imágenes con mayor rendimiento. Uno de los ejercicios para entrenar este tipo de memoria, consiste en recordar una serie de objetos durante un tiempo determinado.

Ejercicio 1: observe durante tres minutos las siguientes figuras tratando de memorizarlas. Luego cierre el libro y anote en un papel las que recuerda.

Ejercicio 2: observe durante unos segundos el dibujo de la izquierda y luego, sin mirar, reprodúzcalo en el lado derecho.

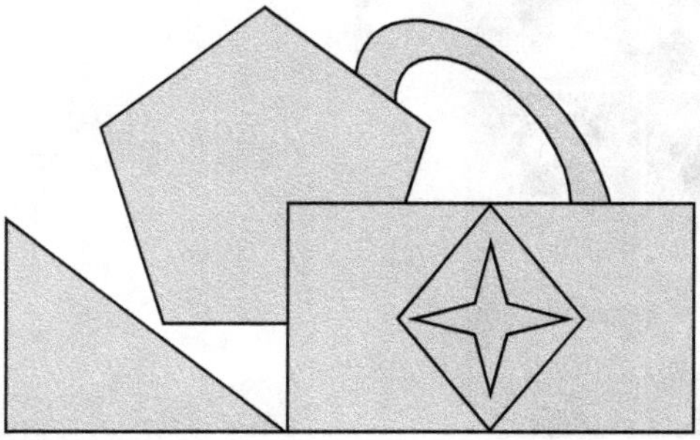	COPIA

3.2.4. Memoria asociativa

Ejercicio 1

a. Observe atentamente estos rostros durante aproximadamente durante tres minutos intentando memorizar sus nombres, profesiones y aficiones personales. Asocie la información, en la medida de lo posible, con personas conocidas, actores, personajes de novelas, etcétera.

	Nombre: FEDERICO Profesión: PUBLICISTA Afición: JUGAR AL PADDLE
Nombre: MARIANA Profesión: MODELO Afición: DISEÑO DE INDUMENTARIA	

	Nombre: DAVID Profesión: JEFE DE VENTAS Afición: VIDEOJUEGOS
Nombre: CARLA Profesión: JEFA DE RELACIONES PÚBLICAS Afición: NAVEGAR	
	Nombre: MARTÍN Profesión: ANALISTA DE SISTEMAS Afición: VOLAR EN PARAPENTE
Nombre: VERÓNICA Profesión: PROFESORA DE GIMNASIA Afición: VIAJAR	

b. Ahora intente completar con la información correcta los campos vacíos que están debajo, apelando a su memoria asociativa.

	Nombre: ____________ Profesión: ____________ Afición: ____________
Nombre: ____________ Profesión: ____________ Afición: ____________	
	Nombre: ____________ Profesión: ____________ Afición: ____________
Nombre: ____________ Profesión: ____________ Afición: ____________	

	Nombre: ____________ Profesión: ____________ Afición: ____________
Nombre: ____________ Profesión: ____________ Afición: ____________	

3.2.5. Memoria semántica: fluidez verbal, categorización

Ejercicio 1: escriba con la mayor rapidez posible, para cada categoría, al menos cinco elementos que comiencen con las letras P, F, L y M:

PRODUCTOS IMPORTADOS DE CHINA

____

____

____

____

ELEMENTOS QUE SE PUEDEN ENCONTRAR EN UNA OFICINA

____

____

____

____

HERRAMIENTAS QUE SE PUEDEN COMERCIALIZAR A TRAVÉS DE SUPERMERCADOS

____

____

NOMBRES FEMENINOS

BEBIDAS CON ALCOHOL

MARCAS COMERCIALES

PRODUCTOS QUE SE PUEDEN COMERCIALIZAR A TRAVÉS DE FARMACIAS

CIUDADES DE EUROPA Y LOS ESTADOS UNIDOS

TÉRMINOS RELACIONADOS CON SERVICIOS TURÍSTICOS

Ejercicio 2: la siguiente práctica lo ayudará a mejorar su fluidez verbal. Con la mayor rapidez posible, escriba en forma horizontal palabras en singular que comiencen con la última sílaba de la anterior, continuando con los ejemplos con los que comenzamos el cuadro:

cere**bro**	**bro**tar	**tár**taro	**ro**dar				

3.2.6. Memoria auditiva

Recordemos que este tipo de memoria permite la manipulación (registro, retención y almacenamiento) de información a través del canal auditivo. La facilidad para el manejo de datos por esta modalidad aumenta la fijación de los recuerdos, por ejemplo, de lo que se dijo en una conferencia, y los almacena en forma auditiva, más allá de las imágenes y gráficos que hayan acompañado a las palabras.

Para ejercitar la memoria auditiva, la metodología es similar a la que se utiliza en la modalidad visual, sólo que se sustituyen los dibujos y láminas por ruidos y sonidos.

Como ese método no puede presentarse a través de un libro, usted puede comenzar a ejercitarse tratando de recordar hechos importantes de su vida sólo por el canal auditivo, buscando en su memoria el recuerdo de un sonido característico de la situación.

Por ejemplo, recordar la voz de sus hijos o el sonido de los aplausos que recibió cuando dictó una conferencia, o las palabras que utilizaron para felicitarlo el día que presentó un buen proyecto.

También puede intentar "mirar una película" sólo con el sonido (retirando la imagen), identificar por su voz a quien lo llama por teléfono, o detectar estados emocionales en otros con sólo escucharlos, sin mirar sus gestos.

Recuerde que cuando el impacto sensorial es múltiple, mejora la fijación y recuperación de los recuerdos. Por eso resulta de gran utilidad aumentar el rendimiento de cada memoria.

> **La capacidad de poner atención permite centrarse en un objetivo, lo que genera nuevas conexiones neuronales y fortalece otras ya existentes.**
>
> **Una de las propiedades más importantes de esta capacidad cognitiva es la concentración, que implica enfocar la atención sobre un estímulo en particular, ya sea interno o externo, en detrimento de otros estímulos irrelevantes.**

3.3. Atención

Tal como vimos en la Parte IV de esta obra, hay varias estructuras que intervienen en los sistemas atencionales, de modo que, cuando los ejercicios apuntan al desarrollo de la atención, el cerebro aumenta su capacidad de concentración y genera un mayor potencial de aprendizaje, memoria, eficiencia y efectividad.

Los ejercicios propuestos a continuación han sido pensados para potenciar la capacidad atencional y el poder de concentración.

Ejercicio 1: con la mayor velocidad posible, coloque las figuras del modelo en la cuadrilla inferior, respetando el orden.

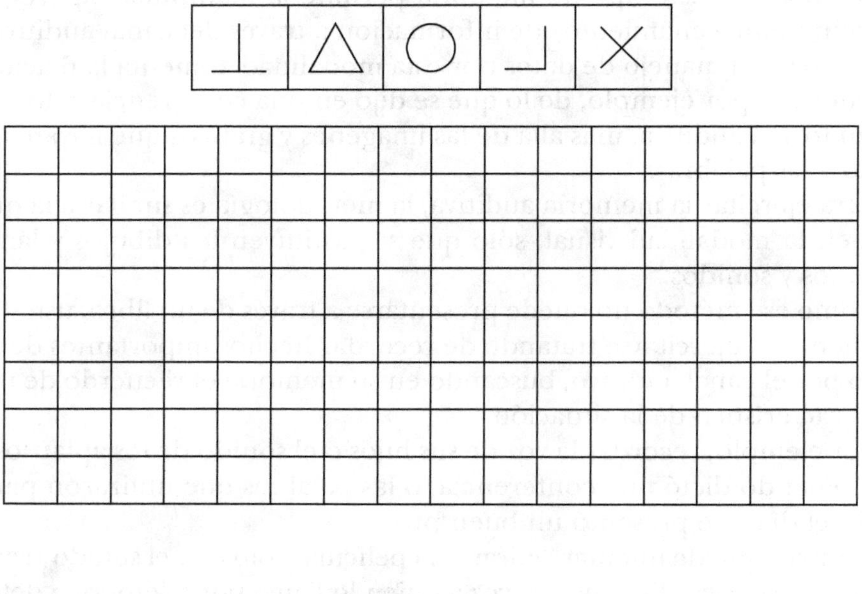

Ejercicio 2: con la mayor velocidad posible, complete la cuadrilla inferior (sin saltearse ningún casillero) con los números que corresponden según el modelo de la parte superior.

△	○	=	∪	♂	\|\|	∩	♀	×
1	2	3	4	5	6	7	8	9

Fila 1: = × ∪ \|\| ♂ ∩ △ ♀ ○ ∪ △ × \|\| ♂ ○

Fila 2: × \|\| △ ∩ ○ ♂ ♀ ∪ × = ○ = ∩ △ ×

Fila 3: ♂ ♀ × ∩ ○ ∪ = △ \|\| ♀ = ♂ ∩ ○ ♀

Fila 4: × △ ∩ = ○ = × ∪ ♀ ♂ ○ ∩ △ \|\| ×

Fila 5: ○ = \|\| × ○ ♀ △ ∩ ∪ ♂ △ × ∪ = △

Fila 6: △ = ∪ × △ ♂ ∪ ∩ △ ♀ ○ × \|\| = ○

Fila 7: ♂ = △ × ○ ∪ ♀ ∩ \|\| ∪ = ○ ∩ ♂ ×

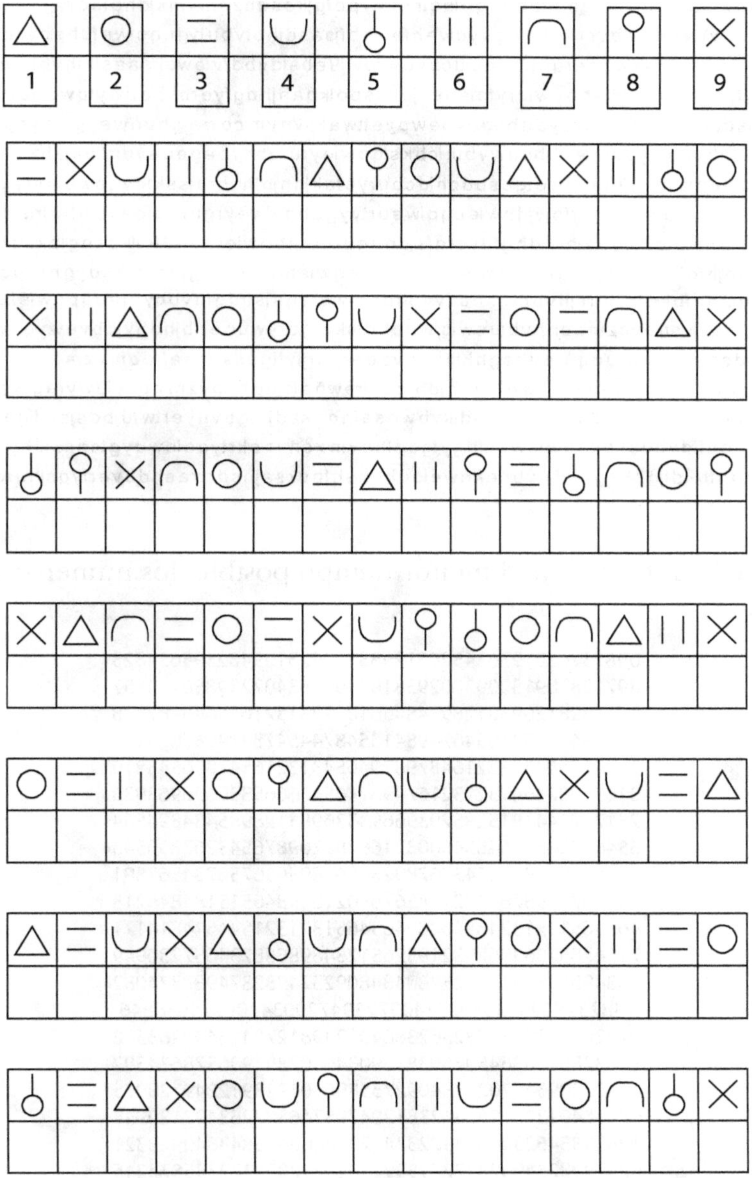

Ejercicio 3: tache, en el menor tiempo posible, la letra "e" en las líneas impares, y la letra "d" en las líneas pares.

vseoriuoiwrhgkjnvdvnbkalsdmbfndfnbñrltuyiughkjdjfbdfbhruhgwlsakdjge
wueyrtuyregrfbvgmxfdhguguiqqirieiotypdfgjkasdbzcmvmkjdhgfuerygfehf
bvewuyrgubjfbvm xoiwefguyqwehfbjehbfjsasdjhbfvbutyguqoiwefuhebvoe
vytguxhxnsxw zperuhffhdbcjdcbyewrgwiuebsjdvbdfviewqksaasjkfhvbncm
rghgiruytvzjdfibvboewiurytgiebsdjbvkspolkqaajhdgfyerbvbeuwytqwpouiiv
jksdsgfobfqwieuyruydubcoevbewoyettwakjfvnvm coweighuoweyghwyrgu
fbdsbvuewygiuwerfhbvuwvbfhjcbksjqowieyrurybcvbegoqeyurtfibkjsbzmc
vbweghoweriuoqiuwefgusbdchjdcburyetakjdhjdlriuhrdjsskfeyqoweiuytyg
hsdkfjvbuweyrfoerfbwjdnwieuqoiweurtyygdbhviweyrguregfbaksjdhgfruoff
jvbwnlshfqñ rfgoeihiojdhgfuyqrgfsjdhbgureotnbowierughdfellkdsbglaksdjh
gbgjhfdbvqoeityyugfhbvowergbjrhbgsjeqwiefhjhsdbvfgjdsvbjksdyghfi erg
hqoihdfbkjshdbdsjhvbm zxncbviufhdguwieryqajshdgfhvbcyrutroqpqwiefuf
ygdshjvshdvczm xcnhvbiuewiqiwuehdjskdfgurywuoerfbjhdbvjdbvewyguw
ejdsbvjhgewouoqwieuhsgbkjdhbvvouerpqrifyttgaskaskahdbfbvzm hvbew
ugouewgvoeygowiuqwoieuhhjdbfcvuirewñalsjdghybvzm nbcviuwyregtksj
hdfqwoeiyhthbfdsjvsdkjfvbsdjkvbwosefhgaksdjhfgbvuyertwfdjbdsjsjdfjgb
qoieuffdvbdsvbdkbwlewkrjfhgytgsdfhbvm xcnvbekrtyqoiewuygtsaskjdhgf
eurhfbkdfjghhrjgnvjfjnvbrjeknweioqirghshfbvksajhsdbvashdbverfygsjhure

Ejercicio 4: tache, en el menor tiempo posible, los números 1, 4 y 6 de esta serie.

098732630193634526512983120923109482395634823
897128309182093002938103409283407239858734657
823489812093812893484561861231321645646487978
764654321321654674984135487445478414987873132
165465464321321648798794654313216547896543210
316549874641321321674987465466665339696963936
281717144181528529396693336985128985484894564
654654365456465430032168789709876543267890543
215678907987654356789234567895656756734567891
234567809876543213456789021654846515184846213
468465132132465468894654651321321544514814171
717428529639629821952651234898658734657230949
283498123801279287304848092374982374982374082
3'4823784982364923740972394729034709275936846
973208231927498236238640124981270416498263578
356378569036459759387590346502397986578634592
634072093487029384092735896501923912849728975
687364912730983812381204798746587263497120948
128318546234657498237472304808423843840928321
029739823496234723980923029312030122345873245

Ejercicio 5: busque grupos de dos números consecutivos que al sumarlos den como resultado 5 u 8.

Número total de grupos con resultado de 5:

Número total de grupos con resultado de 8:

```
2093584587547834763874573174731741746013843019
1298432954606543941965736387265325623456873651
0928134947534653192575746969639475342875386891
6985723947539876938698576938759327693576957623
9841275295932696936992128218402809238974836593
8098237745664573747474732929292911009876454638
7393998456566754802112043575456693293209484665
5728292101202309598556637329109129238355663780
9197565656564383838382929291010487464528289219
2172566594921010295564336573688128238748756857
8318765875689995295800575586762372923238475487
8966803020942565478758350505873745467548696900
9233222334488687687302302099886766760002293475
7661132347596495409469060685866743387365366247
2835684653875868687565475389794202397676882392
9209983747436465525623248959896776647486667212
3428735698409688657586375386736543283265565238
6547846478688658566568679939393755628218192732
6254133212324242321253678493762312232338386254
9902524336754958575634323233121213141428830212
```

Ejercicio 6: tache con la mayor velocidad posible los símbolos iguales a los del modelo superior sin saltearse ninguno.

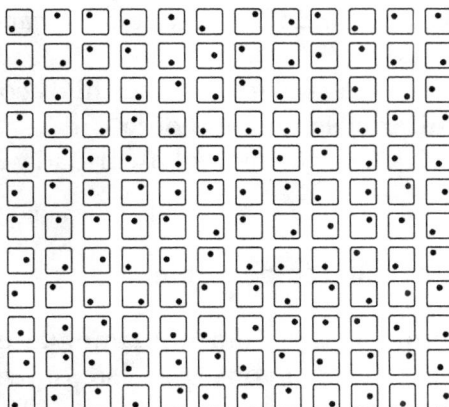

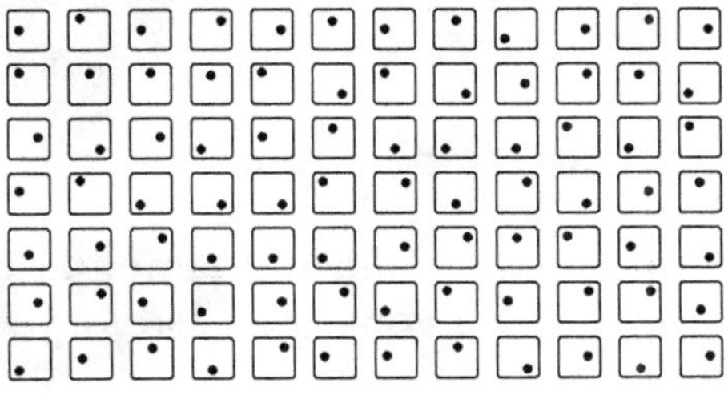

Este último ejercicio (6) es una variante del Test de Toulouse. Usted puede evaluar su capacidad atencional sobre la siguiente guía.

- **Nivel óptimo de atención:** cuando los errores (símbolos tachados erróneamente) no sobrepasan el 10% del total.
- **Nivel bajo de atención:** cuando la suma total de errores y omisiones (símbolos que no fueron tachados) es superior al 50%.
- **Déficit severo de atención:** cuando las omisiones exceden el 20% de los símbolos presentados en la plantilla.

La posibilidad de dirigir y enfocar la atención con eficacia nos permite bucear en las profundidades de un problema, así como también desencadenar una emoción específica o potenciar otra ya existente.

Ejercicio 7: en varios capítulos de esta obra, hemos visto que el pensamiento y las emociones son aspectos complementarios de la cognición, hasta tal punto que poseen sustratos neuronales diferentes, pero fuertemente interconectados.

Por lo tanto, valiéndonos de la atención, podemos (mediante algunos trucos sencillos) manipular el sistema límbico en nuestro beneficio. Le proponemos algunas actividades que le permitirán alcanzar tales resultados.

Aprenda a maximizar el sentido del olfato

- Huela intensamente durante algunos segundos su próximo almuerzo o cena, antes de empezar a comer.

Aprenda a maximizar el sentido del gusto

- Mastique lentamente un bocado, por lo menos veinte veces, con los ojos cerrados, concentrándose exclusivamente en su sabor.

Aprenda a maximizar el sentido del tacto

- Dese una ducha con los ojos cerrados, poniendo el foco de atención en el agua tibia golpeando en su cabeza, su cara y su cuerpo, y deslizándose sobre la piel.
- Acaricie suavemente a su pareja o a sus hijos con los ojos cerrados.

Aprenda a maximizar el sentido del oído

- Escuche su música favorita en total oscuridad y con los ojos cerrados.

3.4. Inhibición y automonitoreo de errores

La autorregulación emocional resulta fundamental en todos los ámbitos de la vida. Parte del trabajo para conseguir este objetivo consiste en resistir la interferencia de distintos estímulos manteniendo el foco atencional en el tema del que debemos ocuparnos.

> **La capacidad de inhibición se correlaciona específicamente con dos regiones cerebrales: cíngulo anterior y orbitofrontal.**

Esto favorece el desarrollo de un mecanismo de equilibrio emocional que también permite automonitorear la conducta, detectar errores para corregirlos y evitar, consecuentemente, caer en actitudes repetitivas e inflexibles que no permiten modificar un patrón de respuesta, aun cuando este no genere los resultados esperados. A continuación le presentamos una serie de ejercicios que apuntan a desarrollar su capacidad de inhibición.

Ejercicio 1: complete oralmente las siguientes frases de modo coherente, pero evitando una respuesta esperable. Por ejemplo, en el primer ítem, pensar una opción que no sea "cortas".

La mentira tiene patas...

El carbón es negro y la nieve...

2 x 3...

En invierno hace frío y en verano...

Al pan, pan; y al vino...

El que no corre...

A buen entendedor pocas...

Agua que no has de beber, déjala...

Al mal tiempo buena...

Cada loco con su...

Donde manda capitán, no manda...

Esta clase de ejercicios apunta a inhibir los automatismos comportamentales, es decir, todas aquellas cosas que hacemos cotidianamente sin que lleguemos a ser plenamente concientes de ellas.

La idea es combatir la fuerza de la costumbre, que nos lleva a conducirnos siempre de la misma manera, privándonos de experimentar emociones nuevas y, eventualmente, encontrar soluciones alternativas para los viejos problemas.

Como los automatismos comportamentales muchas veces son gatillados por estímulos ambientales, le proponemos que elija un día al mes para hacer cosas diferentes de las que su cerebro está habituado y que se obligue a actuar eludiendo (aunque sea transitoriamente) la zona de comodidad que genera la inercia.

Por ejemplo, vaya hasta su lugar de trabajo por una ruta distinta de la que utiliza siempre, aunque el recorrido sea más largo. Haga sus compras en otro barrio o pruebe una comida que no conozca.

La idea principal de estos sencillos ejercicios consiste en priorizar comportamientos que normalmente no se le cruzarían por la mente, por ejemplo, incursionar en actividades que hasta ahora nunca se le habían ocurrido, como un curso de fotografía, de teatro o la práctica de un nuevo deporte. Todo eso servirá por igual al propósito de inhibir los automatismos comportamentales.

Si en algún momento se siente incómodo o experimenta algún tipo desasosiego, dese tiempo. Es esperable que así sea, ya que esa es la forma en que su cerebro protestará ante la trasgresión. Lo importante es que logre un desplazamiento momentáneo de su zona de confort, en la cual sus neuronas se encuentran cómodamente adormecidas.

3.5. Prácticas para aumentar la velocidad de respuesta

Aumentar la velocidad de respuesta y los tiempos de reacción favorece la capacidad de concentración, eficiencia y eficacia.

A nivel cerebral, estos ejercicios apuntan el entrenamiento de la región prefrontal.

Ejercicio 1: encuentre, en el menor tiempo posible, la "q" dentro del siguiente esquema.

ggggggggggggggggggggggggggggggggggggggggggggggggggggggggggggggggggggggggggggg
ggggggggggggggggggggggggggggggggggggggggggggggggggggggggggggggggggggggggggggg
ggggggggggggggggggggggggggggggggggggggggggggggggggggggggggggggggggggggggggggg
ggggggggggggggggggggggggggggggggggggggggggggggggggggggggggggggggggggggggggggg
ggggggggggggggggggggggggggggggggggggggggggggggggggggggggggggggggggggggggggggg
ggggggggggggggggggggggggggggggggggggggggggggggggggggggggggggggggggggggggggggg
ggggggggggggggggggggggggggggggggggggggggggggggggggggggggggggggggggggggggggggg
gggggggggggggggggggggggggggggggggggggggggggggggggggggggggggggggggqggggggggggg
ggggggggggggggggggggggggggggggggggggggggggggggggggggggggggggggggggggggggggggg
ggggggggggggggggggggggggggggggggggggggggggggggggggggggggggggggggggggggggggggg
ggggggggggggggggggggggggggggggggggggggggggggggggggggggggggggggggggggggggggggg
ggggggggggggggggggggggggggggggggggggggggggggggggggggggggggggggggggggggggggggg
ggggggggggggggggggggggggggggggggggggggggggggggggggggggggggggggggggggggggggggg

Ejercicio 2: tache, en el menor tiempo posible, las letras "F" dentro del siguiente esquema.

JKSAGFKGFKDSBGVSBVKAGRFKASBFVKSVBSBGSAHBGFGASMBGVASMFBVASKB
GKFGWUOYTWEGBFMDSVSNFBSHPMIYRUKWFBJASMBDAGERLDHFGIRQLKJDGFL
QWSDCVZLAKDSFLASDFQWTERJTQJRTEQRLKGMNBVJKQENRVÑKJNVÑJKQEROVÑ
JKNQEKVJVNSDFNBGOINVTNDVMFXMNCVKLHQEÑRLGKHQERGQBVKFLQIKHEROI
GHMNCBVGNQERLIKGHQNRGLKQGLKJBKJHSDFKGJHIUYRUQLKJNVNSBNLKDFH
BVLKDFGLKQHERGINBFCVBNDJFBLIKLEKWRSGQMNSFMVNBVMVVMNXZCNVBNX
KJCVKJFBVSDBNFVKJNDFKJRYETKJERMNXCBKRJHOIREWOIYOIRPOIUERTWEKJV
MBNDFVMBNZXVKJHSKJHGFQOEIWRYUTOIERGIOGVLKJHLKFGKLHGFIOEWRGOA
SNDFJNSDFMNVKJNVDFBNVSDKMBVKJJKVUIWREYOTIYQREUTYKIUYERIUYEKWII
UYWERUYIOIGWEOIRUOITUOIUERTOIUVKJHDFBVKMNXMNDKNFDBGNXSÑKLJDL
KJGMNCVBJHSDBFQOEUYTIEHDJHFGDOYGQWEURHIUWHEMZXNBCDYÑASLIKDJF
UGRIYEQPOWIUREOEWYTRTAÑSDKJHFGZMNCBVPWREUTYAKSJDHQOWEYGTSDJ
BGJDFGBZMXCNBVJDFBGALSKDJGHPWEORIYGGERFKJSHBDFGHDSVGHFDVAQEB
JHQQQHDBJZBVKFJDHFHFYHEJFLKLRTIYJLTKNVNBGEIS

Ejercicio 3: lea cuidadosamente el siguiente texto, que le será muy útil también para mejorar su capacidad de *atención* y *memoria a corto plazo.*

Por ahora, sólo necesita saber que más tarde le haremos una pregunta al respecto.

Tenemos que vernos. El último mes fue muy duro y necesito que me prestes dinero. Los réditos de mi negocio disminuyeron mucho, tengo conflictos con mi mujer y mis hijos, y tres juicios pendientes sin resolución. Necesito que me guíes en este difícil momento. Te espero en mi loft el miércoles, luego del encuentro con los clientes europeos. Podemos comer juntos niños envueltos o guiso de legumbres, y luego, de postre, zumo fresco de frutos del bosque que exprimí hoy.

No te preocupes por tu hijo Willy; puede pedir un delivery en Kentucky, ese pintoresco sitio que conocimos el jueves. Luego podemos ver el segundo tiempo de los xeneizes, beber un whisky y dirimir mis inquietudes. No te preocupes por eso, sólo ven... necesito que conversemos, no te olvides.

Muy bien. Ahora aparte los ojos del libro.

El relato fue escrito utilizando absolutamente todas las letras del alfabeto, menos una. ¿Puede decir cuál es la letra que falta? Si no conoce la respuesta, vuelva a leer el texto. Esta vez concentre la atención en identificar la letra ausente.

3.6. Resolución creativa de problemas

Estas prácticas están estrechamente relacionadas con el pensamiento creativo y la búsqueda de nuevas respuestas.

El desarrollo de este tipo de procedimientos tiene como objetivo aumentar las estrategias de abordaje de los problemas, apuntando a ampliar los distintos puntos de vista para resolverlos con mayor eficacia. Desde un análisis neuro-anátomo-funcional, interviene básicamente la región prefrontal.

Ejercicio 1: imagine que usted es el propietario de un supermercado con dos sucursales de cuatro cajas cada uno. Al final del día, realiza un arqueo en el primer supermercado sumando todos los billetes. ¿Cuánto dinero se ha recaudado en la caja N° 4 si los números de los billetes han sido cambiados?

Caja 1	**$ 50**	+	**$ 10**	+	**$ 20**	+	**$ 50**	=	**$ 100**
Caja 2	**$ 20**	+	**$ 20**	+	**$ 50**	+	**$ 10**	=	**$ 90**
Caja 3	**$ 20**	+	**$ 50**	+	**$ 20**	+	**$ 20**	=	**$ 50**
Caja 4	**$ 10**	+	**$ 50**	+	**$ 50**	+	**$ 50**	=	**¿?**

Ejercicio 2: en la otra sucursal usted ha tenido el infortunio de contratar a un gerente deshonesto que, hacia el final del primer día de trabajo, se ha quedado con los billetes de mayor denominación de cada caja. Sin embargo, antes de que lo hiciera, usted pudo realizar el arqueo correspondiente y conoce la recaudación final de cada caja. Recuerde que en este caso los números de los billetes tampoco representan su valor real. ¿Cuál es el verdadero valor del billete de $ 100?

Caja 1	**$ 10**	+	**$ 50**	+	**$ 50**	+	**$ 10**	=	**$ 220**
Caja 2	**$ 50**	+	**$ 20**	+	**$ 20**	+	**$ 100**	=	**$ 130**
Caja 3	**$ 10**	+	**$ 10**	+	**$ 100**	+	**$ 50**	=	**$ 230**
Caja 4	**$ 50**	+	**$ 50**	+	**$ 100**	+	**$ 20**	=	**$ 90**

Ejercicio 3: usted puede mover solamente tres piezas de la siguiente figura para lograr que apunte hacia abajo.

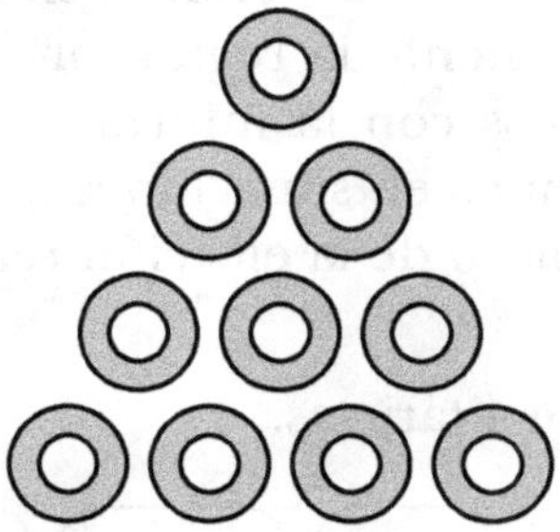

Ejercicio 4: en una sala de reuniones hay 5 gerentes de diferentes áreas de la empresa, y en el centro hay un portalápices con 5 bolígrafos. Todos los gerentes se llaman Jorge. Cada uno toma un bolígrafo y, sin embargo, continúa quedando un bolígrafo en el portalápices. ¿Cómo es posible?

Ejercicio 5: esta imagen representa una moneda dentro de una pala. El objetivo es lograr que la moneda quede fuera de la pala moviendo sólo dos palitos:

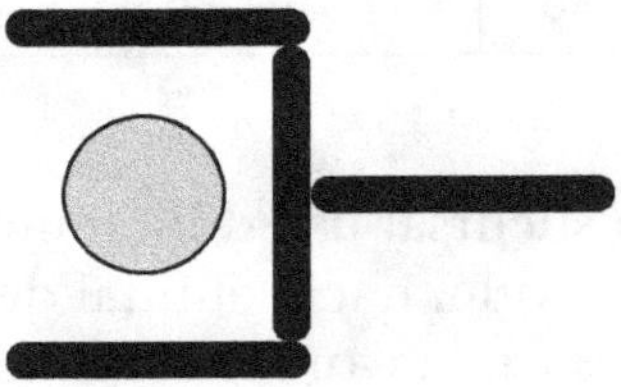

3.7. Toma de decisiones

La toma de decisiones es, básicamente, el proceso mediante el cual una persona elige una opción entre dos o más. Este proceso depende de la estimación que se hace de los resultados que se obtendrán; en otros términos, se trata de elegir en forma anticipada la mejor alternativa buscando una recompensa (que llegará si tomamos la decisión correcta).

También sabemos que, si nos equivocamos, en vez de disfrutar de una recompensa, probablemente debamos afrontar algún tipo de castigo. Esta predicción se da gracias a una serie de aprendizajes previos registrados en la memoria, que nos guían hacia la opción que elegimos.

Rememorando lo que hemos aprendido en esta obra, en la toma de decisiones interviene especialmente la región orbitofrontal del cerebro, que integra los estados somáticos con la información presente, incluyendo el aprendizaje que incorporamos en situaciones anteriores, y permite evaluar las consecuencias a largo plazo de la elección realizada.

Ejercicio 1: usted tiene 4 tarjetas.

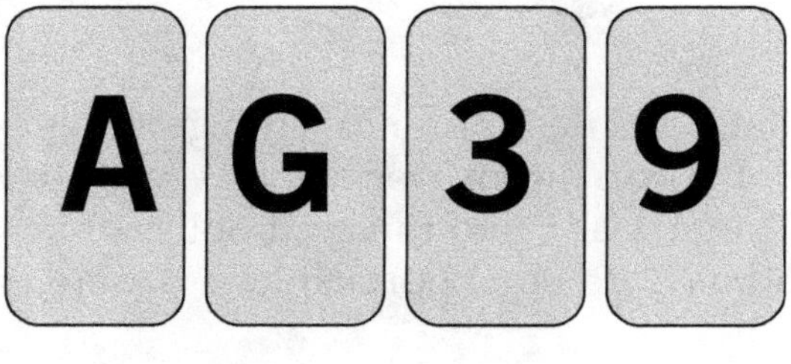

Estas tarjetas son reversibles, es decir, se pueden dar vuelta, y usted conoce la siguiente premisa: en la otra cara de cada tarjeta que tiene una letra A hay número 3.

Para confirmar la validez de esta afirmación, ¿qué cantidad de tarjetas, de manera necesaria y suficiente (mínima), debería dar vuelta?

Este ejercicio apunta a desarrollar su capacidad de reversibilidad del pensamiento, evitando respuestas lineales.

La tendencia de las personas es elegir la opción que confirma la evidencia, dejando de lado las que nieguen dicha certeza, de esta manera se pierde información importante para la toma de decisiones.

3.8. Desarrollo de la capacidad de abstracción

Para el siguiente ejercicio necesitará un compañero. Elija una persona de su aprecio y confianza a quien pueda explicarle, con la mayor precisión posible, el significado de los siguientes refranes, respetando el orden en el que son presentados, ya que han sido jerarquizados por complejidad creciente según su nivel de abstracción.

1. Al que madruga, Dios lo ayuda.
2. El hábito no hace al monje.
3. No deje para mañana lo que puede hacer hoy.
4. Mucho ruido y pocas nueces.
5. Una golondrina no hace verano.

3.9. Hemisferios cerebrales: creatividad y desarrollo de la capacidad de intuición

Ejercicio 1: si le presentáramos en este instante un grupo de letras al azar y le pidiéramos que las identificara una por una, los estímulos serían captados y analizados principalmente por el hemisferio izquierdo de su cerebro que, como vimos en el Capítulo 2, es la estructura en la que encuentra asiento anatómico el lenguaje y el procesamiento de información simbólica verbal.

Sin embargo, si en vez de letras le presentáramos una serie de dibujos o imágenes, los estímulos serían recogidos fundamentalmente por su hemisferio derecho que, entre otras funciones, se ocupa de procesar información simbólica no verbal (recordemos que este hemisferio cerebral es también el responsable de la intuición y el pensamiento creativo).

Ahora bien, ¿esta funcionalidad es aplicable a todos los casos? El siguiente ejemplo puede resultar esclarecedor: un ciudadano chino procesará un ideograma con el hemisferio izquierdo, ya que para él los ideogramas tienen significados verbales. Sin embargo, el mismo ideograma será decodificado por cualquier persona occidental (que no sea de origen chino o no domine el chino) con su hemisferio derecho.

Los primeros sistemas de escritura que aparecieron en el mundo eran ideográficos y no alfabéticos; es decir, se trataba de dibujos simples de un objeto al que pretendían representar, y no de signos arbitrarios, como las letras actuales que se utilizan para conformar palabras.

En el caso de los jeroglíficos, seguramente los egipcios primitivos los decodificaban apelando al potencial analítico del hemisferio izquierdo. Sin embargo, hoy en día, si vemos un jeroglífico y queremos interpretarlo, nuestro cerebro lo tomará como un símbolo no verbal, de manera que para entender qué significa sólo podemos guiarnos por la intuición característica del hemisferio derecho.

En el siguiente ejercicio le proponemos que observe atentamente los siguientes jeroglíficos, que son reales y se utilizaron como medio de escritura en el Antiguo Egipto. Apele a su capacidad intuitiva y trate de descubrir el significado correcto de cada uno de ellos eligiendo una entre las tres opciones que se presentan en cada caso:

1. BUITRE – ALIMENTO – HORIZONTE
2. AMISTAD – MANO – GUANTE
3. GUSANO – VÍBORA – PELIGRO
4. RECIPIENTE – FLORERO – CASA
5. NIDO – LAGO – CANASTA
6. LEÓN – GUARDIÁN – DESCANSO
7. SOGA – AGUA – MONTAÑAS
8. FLOR – LAZO – HORCA
9. TEMPLO – CASA – LABERINTO
10. MONTAÑA – BOTA – ROCA
11. ROPA TENDIDA – BASTON – SOGA
12. LUNA – PAN – COLINA
13. VALLA – PROBLEMA – CERROJO
14. NUBE – OJO – BOCA
15. BOLEADORA – BROCHE – CUERDA
16. BOTA – ZAPATO – TRONCO
17. HOMBRE – OBRERO – SOLDADO
18. MADRE – MUJER – SACERDOTISA

Ejercicio 2: empatía

Le proponemos una serie de rostros cuya expresión debe definir con la mayor precisión posible.

Trate de hallar en cada persona los sutiles matices expresivos que caracterizan cada emoción. Intente dilucidar, por ejemplo, si la seriedad de un rostro se debe a tristeza, enojo o profunda meditación; o si una expresión vivaz se debe a alegría, euforia, sorpresa o sosiego.

No hay respuestas correctas o incorrectas para este ejercicio. Procure poner en funcionamiento sus neuronas espejo y trate de empatizar con la cara que está viendo.

Ejercicio 3: creatividad

A continuación, escriba un cuento o un relato breve con introducción, desarrollo y desenlace que, fundamentalmente, sea coherente. Incluya las siguientes palabras: economía, isla, calefón, Nueva York, submarino, mermelada, gimnasia, ballena.

RESPUESTAS Y SOLUCIONES, EN EL ANEXO

Palabras finales

Ayudar a los lectores a comprender cómo es la dinámica que subyace en el funcionamiento del cerebro humano y por qué estos conocimientos tienen un enorme campo de aplicación en el desarrollo del potencial de personas, equipos de trabajo y organizaciones ha sido mi principal objetivo desde el momento en que me propuse escribir esta obra.

Apenas comencé mis investigaciones, aproximadamente veinticinco años atrás (quizá un poco más), no tuve dudas de que la optimización de las funciones del cerebro individual, mediante un trabajo sistemático de neuroplasticidad autodirigida, es el primer paso para construir un cerebro organizacional preparado para afrontar con éxito los desafíos inherentes a la gestión de nuestro tiempo.

Sin duda alguna, la riqueza de conocimientos que proporcionan las neurociencias traza una frontera definitiva entre el territorio de lo tradicional (marketing, management, liderazgo, economía) y lo avanzado: *neuromarketing, neuromanagement, neuroliderazgo, neuroeconomía.*

Esta innovación es constantemente beneficiada por la acción de varios gobiernos, que destinan sumas multimillonarias a investigaciones que van más allá de los temas estrictamente médicos, como develar los misterios del cerebro y dibujar su mapa completo (es el caso, por ejemplo, de los Estados Unidos).

Por su parte, varias instituciones especializadas –como centros académicos y universidades de prestigio– comenzaron a delinear investigaciones con objetivos de gran valor para las empresas, que contribuyeron con el aporte de capital financiero y humano. Así, uniendo estos esfuerzos a los nuestros, esto es, al de quienes llevamos años de trabajo para mejorar las actividades de conducción y gestión organizacional, se fue configurando un escenario que generó un verdadero cambio de paradigma.

Hoy no solo es posible, sino también prioritario, potenciar nuestras habilidades cognitivas y emocionales apelando a un trabajo sistemático que permita enriquecer la arborización neuronal, ya que una capacidad superior para el aprendizaje continuo nos coloca en un lugar de privilegio de cara al futuro y nos fortalece para afrontar los desafíos que nos esperan.

Sin duda, una mente preparada permite prever los cambios, adelantarnos a lo que está por ocurrir y sortear los escollos en el camino con mayor holgura. También nos permite percibir mejor las oportunidades que la vida nos ofrece y actuar en consecuencia.

Por lo tanto, quienes aspiren a formar parte del nuevo paradigma organizacional deberán cultivar su capacidad cognitiva, aprender a regular sus emociones y facilitar el acceso a su potencial creativo latente para obtener el máximo rendimiento en sus actividades.

En este sentido, es mi mayor deseo que las ideas presentadas en este libro sean los cimientos que permitan al lector alcanzar la máxima pericia profesional y lo orienten, asimismo, en la dirección adecuada de la excelencia.

En forma coherente con estas ideas, ya me encuentro trabajando junto a mi equipo en nuestra próxima obra: *Neuromanagement en la práctica,* con el objetivo de continuar avanzando en este camino tan apasionante que comenzamos a transitar luego de los descubrimientos que se precipitaron en la denominada "década del cerebro".

A manera de despedida y, al mismo tiempo, como comienzo de un nuevo punto de encuentro, lo invito a acercarse a nuestro gimnasio cerebral, *Brain Gym,* en el que podrá ampliar las prácticas que, a manera de ejemplo, hemos presentado en el Capítulo 16 y, si lo desea, participar en los posgrados que se dictan en forma conjunta con universidades de alto prestigio internacional.

Junto a mi equipo de colaboradores, integrado por doctores en neurología, neuropsicólogos e ingenieros especializados en la aplicación de nuevas tecnologías, hemos logrado crear un centro de excelencia para ayudar a personas y organizaciones a desarrollar su potencial.

Los datos de contacto se encuentran al pie de la presente.

Lo esperamos.

INFORMACIÓN DE CONTACTO:

www.braidot.com
info@braidot.com

ANEXO

Respuestas a las prácticas

Memoria de trabajo (apartado 3.1)

Ejercicio 1: miércoles.

Ejercicio 2: le gustó "Clara Benegas". El criterio es el siguiente: le gustaron todos los vinos que llevan nombre de mujer, y no le gustaron los que llevan nombres masculinos.

Capacidad visoespacial (apartado 3.2.2)

Ejercicio 1: 3
Ejercicio 2: 2
Ejercicio 3: 3
Ejercicio 4: es el último cuadrante inferior de la izquierda. Todos los demás tienen una imagen rotada que los complementa.

Resolución creativa de problemas (apartado 3.6)

Ejercicio 1: los valores reales son los siguientes:
billete de $ 50 = 20
billete de $ 10 = 50
billete de $ 20 = 10
El dinero recaudado en la caja 4 es $ 110.

Ejercicio 2: los valores reales son los siguientes:
billete de $ 10 = 100
billete de $ 20 = 50
billete de $ 50 =10
billete de $ 100 = 20

Ejercicio 3:

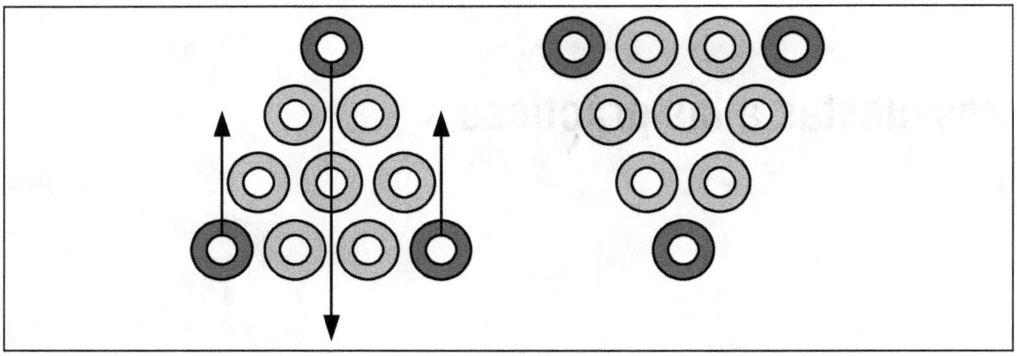

Ejercicio 4: uno de los gerentes tomó también el portalápices, con el bolígrafo adentro.

Ejercicio 5:

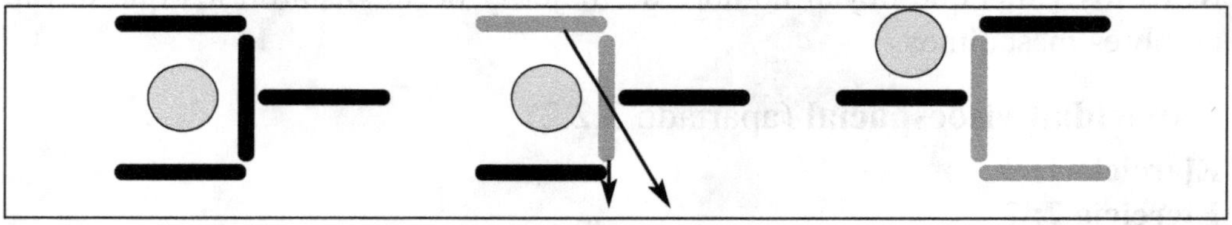

Toma de decisiones (apartado 3.7.)

Ejercicio 1: debería dar vuelta las tarjetas A y 3.

Desarrollo de la capacidad de abstracción (apartado 3.8)

Significado del refrán N° 1

Cuando se madruga, el día rinde mucho más.

Significado del refrán N° 2

Las apariencias engañan. No debe dejarse llevar por ellas.

Significado del refrán N° 3

Cuando una oportunidad se presenta, tome ventaja de ella. Haga las cosas en el momento oportuno.

Significado del refrán N° 4

Si no hay profundidad de pensamiento, la tendencia natural es a hablar mucho. La gente inteligente no tiene necesidad de alardear.

Significado del refrán Nº 5

No se deben hacer generalizaciones partiendo de un solo caso. El apuro no es aconsejable para sacar conclusiones. No es conveniente hacer predicciones partiendo de una sola experiencia.

Hemisferios cerebrales: creatividad y desarrollo de la capacidad de intuición (apartado 3.9.)

Ejercicio 1:

1. buitre	10. montaña
2. mano	11. ropa tendida
3. víbora	12. pan
4. recipiente	13. cerrojo
5. canasta	14. ojo
6. león	15. cuerda
7. agua	16. zapato
8. lazo	17. hombre
9. casa	18. mujer

Bibliografía

Ackerman, D. *Una historia natural de los sentidos*. Anagrama, Barcelona, 2000.

Abelson, R. P.: *Computer Simulation of Personality*. John Wiley & Sons, New York, 1963.

Abler, B. *et al.*: "Neural Correlates of frustration", en *Neuroreport* N° 16, 669-672, 2005.

Adams, J.: *Conceptual Blockbusting; A Guide to Better Ideas*. W. W. Norton, New York, 1996.

Aggleton, J. P.: *The Amigdala: Neurobiological Aspects of Emotion, Memory and mental Disfunction*. John Wiley & Sons, New York, 1992.

Agor Weston, H.: *El comportamiento intuitivo en la empresa*. Paidós, Buenos Aires, 1991.

Andersen, A.: *El nuevo orden tecnológico*. Macchi, Buenos Aires, 1991.

Anderson S. *et al.*.: *Humans Associative Memory*. V. H. Winston, New York, 1973.

Anderson S. y Williams J.: *The Management Scientist Version 3.0*. West Publishing CO, 1994.

Anderson, D. y Field, D.: "Online and Offline Assessment of the Television Audience", en *Responding to the Screen, Reception and Reaction Processes*, J. Bryant & D. Zillman (Eds.), Routledge, London, 1991.

Anderson, J. R.: *Rules of the Mind*. Erlbaum, New York, 1993.

____________ *The Architecture of Cognition*. Harvard University Press, Cambridge, 1983.

____________ *Language, Memory, and Thought*. Erlbaum, New York, 1976.

Anderson, N. H.: *Methods of Information Integration Theory*. Academic Press, New York, 1982.

Antonijevic, N. y Chadwick, C.: "Estrategias cognitivas y metacognición", en *Revista de Tecnología Educativa*, N° 7(4), 1982, 307-321.

Aparicio de Escorcia, B.: "La lectura como forma de acceso al conocimiento". en *Revista Lenguaje* N° 18, Universidad del Valle, Colombia, 1991.

Argyris, Ch.: *Conocimientos para la acción*. Granica, Buenos Aires, 1999.

Arieti, S.: *La creatividad. La síntesis mágica*. Fondo de Cultura Económica. México, 1993.

Aristóteles: *Obras completas*. Universidad Autónoma de México, México, 1945.

Arkes, H. R., y Hammond, K. R.: *Judgment and Decision Making: a Interdisciplinary Reader*. Cambridge University Press, London, 1986.

Aronfreed, J.: "Moral Development, From the Standpoint of a General Psychological Theory", en T. Lickona (Ed.), *Moral Development and Behavior*. Holt, Rinehart & Winston, New York, 1976.

Atkinson, M.: *Explanations in the Study of Child Language Development*. Cambridge University Press, London, 1982.

Baddeley, Alan D. *et al.: The Handbook of Memory Disorders.* John Wiley & Sons, New York, 1996.
Ballesteros, S: "¿Existen procesos afectivos no concientes? Evidencia a partir del efecto de la mera exposición y *priming* afectivo". En *Psicothema,* Vol. 10, N° 3, 1998.
Bandler, R.: *Use su cabeza para variar.* Cuatro Vientos, Santiago de Chile, 1994.
Barquero Cabrero, José D.: *Manual de relaciones públicas empresariales.* Gestión 2000, Barcelona, 1994.
Bartlett, Frederic C.: *Remembering.* Cambridge University Press, New York, 1967.
Bateson, Gregory : *Pasos hacia una ecología de la mente,* Buenos Aires, Lohlé-Lumen, 1999.
Battro, A. M., y Denham, P. J.: *La educación digital.* Emecé, Buenos Aires, 1997.
Baumgartner, T.; Esslen, M. y Jancke, L.: "From emotion perception to emotion experience: Emotions evoked by pictures and classical music", en *International Journal of Psychophysiology* N° 60, 2006, 34-43.
Bear, Mark F. y Connors, Barry W.: *Neurociencia. Explorando el cerebro.* Masson Williams y Williams, Barcelona, 1995.
Bechara, A. y Damasio, A.: "The somatic marker hypothesis: a neural theory of economic decision-making", en *Games and Economic Behavior,* N° 52, 2005, 336-372.
Berlo, D.: *El proceso de la comunicación.* El Ateneo, Buenos Aires, 1987.
Berns, G.: *Satisfaction: The Science of Finding True Fulfillment.* Henry Holt and Co., New York, 2005.
Bickerton, D.: *Lenguaje y especies.* Alianza, Madrid, 1994.
Blackmore, C.: *The Mind Machine.* BBC Books, London, 1998.
Block, P.: *El manager fortalecido.* Paidós, Buenos Aires, 1990.
Blood, A. y Zatorre, R.: "Intensely pleasurable responses to music correlate with activity in brain regions implicated in reward and emotion", 2001, en http://www.pnas.org/cgi/content/abstract/98/20/11818, 2001.
Bohm, D.: *La totalidad y el orden implicado.* Kairós, Barcelona, 1998.
Bolman, L. y Deal, T.: *Organización y liderazgo.* Addison Wesley Iberoamericana, Buenos Aires, 1995.
Bor D, Owen AM (2006) A common prefrontal-parietal network for mnemonic and mathematical recoding strategies within working memory. *Cereb Cortex,* in press.
Boring, E. G.: *A History of Experimental Psychology.* Appleton, New York, 1950.
Bourdieu, Pierre: *Sociología y cultura.* Grijalbo, México, 1990.
Bower, G. H.: "Mood and memory", en *American Psychologist,* N° 36, 1981.
Bowers, K. S. y Meichebaum, D.: *The Unconscious Reconsidered.* John Wiley & Sons, New York, 1984.
Braidot, N.: *Neuromarketing, neuroeconomía y negocios,* Puerto Norte-Sur, Madrid, 2005.
__________ *Venta inteligente.* Puerto Norte-Sur, Madrid, 2006.
Brodal, A.: *Neurological Anatomy.* Oxford University Press, New York, 1982.
Brothers, Leslie: "The social brain: a project for integrating primate behaviour and neurophysiology in a new domain", en *Neuroscience* N° 1, 1990, 27-51.
Brown, Marvin T.: *La ética en la prensa.* Paidós, Buenos Aires, 1992.
Bruneau, J. P.: *Psicoanálisis y empresa.* Granica, Barcelona, 1991.

Burt, N.: *Liderazgo visionario.* Granica, Buenos Aires, 1994.

________ *Cómo crear mapas mentales.* Urano, Barcelona, 2004.

________ *Tu mente en forma.* Urano, Barcelona, 2004.

________ *Usted es más inteligente de lo que cree.* Urano, Barcelona, 2004.

Calvin, W.: *La evolución de la inteligencia antes y ahora.* Debate, Madrid, 2001.

Calvin, William H.: *The Cerebral Code: Thinking a Thought in the Mosaics of Mind.* MIT Press, Cambridge, 1996.

________ *Cómo piensan los cerebros.* Debate, Madrid, 2001.

Candau, J: "El lenguaje natural de los olores y la hipótesis Sapir-Whorf", en *Revista de Antropología Social* N° 243, 2003.

________ "De la tenacidad olfativa al síndrome de Proust", en www.percepnet.com/perc11_02.htm

Cárdenas, F.: "El cerebro, aquella inestable matriz", 2002, en: www.psicologiacientifica.com.

Cardinali, D.: *Manual de Neurofisiología.* Editado por el autor, Buenos Aires, 2006.

Carlson, R. Neil: *Fundamentos de Psicología Fisiológica.* Prentice Hall Hispanoamericana, México, 1997.

Carrión López, S.: *Inteligencia emocional con PNL.* Edaf, México, 2001.

Carroll, J. B.: *The Human Abilities,* Cambridge Univ. Press, Cambridge, 1993.

Carter, R.: *El nuevo mapa del cerebro.* Ed. Integral, Barcelona, 1998.

Castells, M.: "¿Ingenieros o antropólogos?", en *La Vanguardia,* marzo de 2005.

Chadwick, P.: *Schizophrenia, the Positive Perspective.* Routledge, London, 1997.

Chalmers, D.: *The Conscious Mind.* Oxford University Press, New York, 1996.

Churchland, P. M.: *Matter and Consciousness.* Bradford Press, Cambridge, 1984.

Churchland, P. S.: *Neurophilosophy: Toward a Unified Science of the Mind-Brain.* MIT Press Bradford Books, Cambridge, 1996.

Classen, C.; Howes, D. y Synnott, A.: *Aroma: The Cultural History of Smell.* Routledge, London, 1994.

Classen, C.: *Worlds of Sense: Exploring the Senses in History and Across Cultures.* Routledge, London, 1993.

Claxton, G: *Cerebro de liebre, mente de tortuga. Por qué aumenta nuestra inteligencia cuando pensamos menos.* Urano, Barcelona, 1999.

Cohen, N. J. y Eichbaum, M.: *Memory, Amnesia and the Hippocampal System.* MIT Press, Cambridge, 1993.

Collins, A. y Quillian, M.: "Retrieval time from semantic memory", en *Journal of Verbal Learning and Verbal Behavior,* 1969.

Cooper, R. K.: "A new neuroscience of leadership", en *Strategy & Leadership,* Vol. 28 N° 6, 2000, 11-15.

Cortázar, J.: *Final del juego.* Sudamericana, Buenos Aires, 1964.

Covey, S.: *El liderazgo centrado en principios.* Paidós, Buenos Aires, 1993.

Crick, F.: *The Astonishing Hipothesis.* Simon and Schuster, New York, 1994.

Crucker, P. F.: *Managing in turbulents times.* Harper & Row, New York, 1980.

Cudicio, C.: *PNL y comunicación.* Granica, Buenos Aires, 1992.
Curchland, P.: *Matter and Consciouness.* MIT Press, Cambridge, 1984.
Cytowic, R.: *Synaesthesia: a Union of Senses.* Springer Verlag, New York, 1989.
Damasio, A.: *El error de Descartes: la razón de las emociones.* Andrés Bello, Madrid, 1999.
Damasio, H. y Damasio, A. R.: *Lesion Analisis in Neuropsychology,* Oxford University Press, New York, 1989.
Dávila, J.: "Percepción, ¿realidad o ficción?", en: http://www.encuentros.uma.es, Facultad de Ciencias de la Universidad de Málaga, 2007.
Davis, K. y Newstrom, J.: *Comportamiento humano en el trabajo.* McGraw-Hill, México, 1991.
Davitz, H.J.: *The Language of Emotion.* Academic Press, London, 1969.
De Bono, Edward: *El pensamiento lateral. Manual de creatividad,* Paidós, Barcelona, 1993.
De Sousa, R.: *The Rationality of Emotion.* MIT Press, Cambridge, 1991.
Dienes, Z. y Perner J.: "A theory of implicit and explicit knowledge", en *Behavioral and Brain Sciences* N° 22 (5), 1991, 735-808.
Dilts, R., y Hallabom, T.: *PNL: identificación y cambio de creencias.* Urano, Barcelona, 2002.
Dixon, N.F.: *The Subliminal Perception.* John Wiley & Sons, New York, 1971.
Dourado, Phil: "Open Source Leadership: Building a collaborative leadership community that learns from each other. A new approach to leadership development", en *The Leadership Hub,* London, junio 2007.
Dreyfus, H. y Dreyfus, S.: *Mind over machine: the power of human intuition and expertise in the area of the computer.* The Free Press, New York, 1991.
Drucker, P.: *La comunidad del futuro.* Granica, Barcelona, 1999.
__________ *La gerencia en tiempos difíciles.* El Ateneo, Buenos Aires, 1985.
__________ *La innovación y el empresario innovador.* Sudamericana, Buenos Aires, 1987.
Dudai, Y.: *The Neurobiology of Memory: Concepts, Findings, Trends.* Oxford University Press, Oxford, 1989.
Eccles, John: *The Evolution of the Brain: Creation of the Self.* Routlege, London, 1989.
Edelman, G.: *The Remembered Present: a Biological Theory of Consciussness.* Basic Books, New York, 1989.
__________ *Neural Darwinism: The Theory of Neuronal Group Selection.* Basic Books, New York, 1992.
Edwards, B.: *Aprender a dibujar con el lado derecho del cerebro.* Urano, Barcelona, 1994.
Ehrenberg, Miriam y Ehrenberg, Otto: *Cómo desarrollar una máxima capacidad cerebral.* Edaf, Madrid, 1986.
Ekman, P.: *Emotions Revealed: Recognizing Faces and Feelings to Improve Communication and Emotional Life.* Phoenix (Orion), London, 2004.
Erderlyi, M.H.: *Psychoanalisis Cognitive Psychology.* Freeman, New York, 1992.
Etkin, J.: *Paradigmas del orden y la complejidad en administración.* Tesis, Buenos Aires, 1989.
Everding, G.: "Brain region learns to anticipate risk, provides early warnings, suggests new study in *Science*". En: http://news-info.wustl.edu/tips/page/normal/4804.html
Frackowiak, R. *et al.*: *Human Brain Function.* Academic Press, New York, 1998.

Franzen, G. y Bouwman, M.: *The Mental World of Brands.* World Advertising Research Center, 2001.

Franzini, L. y Grossberg, J.: *Eccentric and Bizarre Behaviours.* John Wiley & Sons, New York, 1995.

Freeman, Walter J.: *Societies of Brains: A Study in the Neurosciences of Love and Hate.* Lawrence Erlbaum Associates, Hillsdale, 1995.

Gamon, D.: *Potencia tu fuerza mental: ejercicios para desarrollar las seis zonas de la inteligencia.* Susaeta Ediciones, Madrid, 2003.

Gamon, D., y Bragdon, A.: *Potencia tu fuerza mental.* Tikal, Madrid, 1992.

García Rodríguez, F.: *El sistema humano y su mente.* Díaz de Santos, Madrid, 1992.

Gardner, H.: *Frames of mind. The theory of multiple intelligences,* Basic Books, New York, 1983.

_________ *Arte, mente y cerebro. Una aproximación cognitiva a la creatividad.* Paidós, Buenos Aires, 1987.

_________ *Mentes creativas.* Paidós, Barcelona, 1993.

_________ *Multiple intelligences: the theory in practice.* Basic Books, New York, 1993.

_________ *Estructuras de la mente. La teoría de las inteligencias múltiples.* Fondo de Cultura Económica, México, 1994.

_________ *Mentes creativas. Una anatomía de la creatividad humana.* Paidós, Barcelona, 1995.

_________ con Emma Laskin: *Mentes líderes. Una anatomía del liderazgo.* Paidós, Barcelona, 1998.

_________ *La inteligencia reformulada. Las inteligencias múltiples en el siglo XXI.* Paidós Ibérica, Barcelona, 2001.

_________ *Las cinco mentes del futuro.* Paidós, Barcelona, 2005.

Gardner, Howard *et al.*: *Buen trabajo. Cuando ética y excelencia convergen.* Barcelona, Paidós, 2003.

Gathercole, S. E. y Baddeley, A. D.: *Working memory and language.* Hove, Erlbaum, England, 1993.

Gawain, S.: *Visualización creativa,* Sirio, Málaga, 1990.

Gazzaniga, Michael S.: *Nature's Mind: the Biological Roots of Thinking, Emotion Sexuality, Language and Intelligence.* Basic Books, New York, 1992.

_________ y LeDoux, J. E.: *The Integrated Mind.* Plenum Press, New York, 1978.

Gelb, M.: *Inteligencia genial.* Norma, Bogotá, 1999.

Gerard, R.W.: "The Biological Basis of the Imagination". En: *The Scientific Monthly,* Volume 62, 477-499.

Golberg, Philip: *Las ventajas de la intuición.* Diana, México, 1990.

Goldbert, E.: *El cerebro ejecutivo.* Crítica, Barcelona, 2004.

Goleman, D. *El punto ciego.* Plaza & Janés, Madrid, 1997.

_________ *Emociones destructivas.* Kairós, Barcelona, 2003.

_________ *La inteligencia emocional.* Javier Vergara Editor, Buenos Aires, 1996.

_________ *La inteligencia emocional en la empresa.* Javier Vergara Editor, Buenos Aires, 1998.

_________ *Inteligencia social. La nueva ciencia de las relaciones humanas.* Kairós, Barcelona, 2006.

Greenfield, S.: *The Human Mind Explained: the Control Centre of the Living Machine.* Cassell, London, 1996.

Greenspan, Stanley L.: El *crecimiento de la mente y los ambiguos orígenes de la inteligencia.* Paidós, Barcelona, 1997.

Gregory, R. L.: *The Oxford Companion of the Mind.* Oxford University Press, Oxford, 1997.

Grindler, J. y Bandler, R.: *The Structure of Magic.* Cuatro Vientos, Santiago de Chile, 1975.

Guyton, A. C.: *Anatomía y fisiología del sistema nervioso: neurociencia básica.* Editorial Médica Panamericana, Madrid, 1974.

Hall, E.: *El lenguaje silencioso,* Madrid, Alianza, 1989.

Hamel, G., y Prahalad C. K.: *Compitiendo por el futuro.* Ariel, Barcelona, 1994.

Hardy, L. y Jackson, Harris R.: *Aprendizaje y cognición.* Prentice-Hall, Madrid, 1998.

Hart, L.: *Human Brain and Human Learning.* Books for Educators, Kent, 1998.

Hebb, D.: *The organization of behavior; a neuropsychological theory.* John Wiley & Sons, New York, 1949.

Hernstein, R. J. y Murray, C.: *The Bell Curve. Intelligence and Class Structure in American Life.* Free Press Paperbacks, New York, 1994.

Howard Hughes Institute: "Descifrando el código de los colores", publicación basada en trabajos de J. Nathans, 1997.

Howes, David: *Empire of the Senses: The Sensual Culture Reader.* Berg Publishers, Oxford, 2005.

_________ "El olor es el resultado de la dieta y los occidentales olemos a mantequilla", en http://www.consumer.es, 2006.

_________ "Cross-Talk between the Senses", en *The Senses & Society,* 1(3), 2006, 381-390.

Hubel, D.: *Eye, Brain, and Vision.* Scientific American Library, New York, 1988.

Humphrey, N.: *A History of the Mind: Evolution and the Birth of Consciousness.* Simon & Schuster, New York, 1992.

Izard, C.E.; Kagan, J. y Zajonc, R.B.: *Emotion, Cognition and Behaviour.* Cambridge University Press, New York, 1984.

Jáuregui, J.: *Cerebro y emociones.* Maeva, Madrid, 1997.

Johnson, M.: *The Body in the Mind: the Bodily Basis of Meaning, Imagination, and Reason.* University of Chicago Press, Chicago, 1957.

Kagan, J.: *Unstable Ideas: Temperament, Cognition, and Self.* Cambridge University Press, New York, 1989.

Kandel, E.: *En busca de la memoria: el nacimiento de una nueva ciencia de la mente.* Katz, Madrid, 2007.

_________ "The neurobiology of behaviour", en *Principles of neural science.* McGraw-Hill, London, 2000.

_________; Jessell, T. y Schwartz, J.: *Neurociencia y conducta.* Prentice Hall, Madrid, 1997.

_________ *Essentials of Neural Science and Behavior.* McGraw-Hill, London, 1995.

Katz, D. y Katz K.: *The Flavor Point Diet: The Delicious, Breakthrough Plan to Turn off your Hunger and Lose the Weight for Good.* Random House, USA, 2005.

Keen, S.: *El lenguaje de las emociones.* Paidós, Buenos Aires, 1994.

Khalfa, J. *¿Qué es la inteligencia?* Madrid, Alianza, 1995.

Knight, R.T.: "Contribution of human hippocampal region to novelty detection", en *Nature* N° 38, 1996, 256-259.

Knutson, B.; Rick, S.; Wimmer, G.; Prelec, D. y Loewenstein, G.: "Neural predictors of purchase", en *Neuron* N° 53, 2006, 147-156.

Koenig, O.: "Hemispheric Asymmetry in the Analysis of Stroop Stimuli: a Developmental Approach", en *Developmental Neuropsychology* N° 5, 1989, 245-260.

Kofman, F.: *Metamanagement.* Granica, Buenos Aires, 2001.

Kolb, B. y Whishaw, I. Q.: *Fundamentals of Human Neuropsychology.* W. H. Freeman, New York, 1985.

Kolers, P. A.: "Perception and Representation", en *Annual Review of Psychology* N° 34, 1983, 129-166.

Kosslyn, Stephen M.: *Image and Mind.* Harvard University Press, Cambridge, 1980.

_________ *Ghosts In the Mind's Machine.* W. W. Norton, New York, 1983.

_________ *Fundamentals of Human Neuropsychology.* W. H. Freeman, New York, 1990.

_________ "A Cognitive Neuroscience of Visual Mental Imagery: Further Developments", en R. Logie (Ed.), *Advances In Mental Imagery Research.* Erlbaum, New York, 1991.

_________ y Koenig Oliver: *Wet Mind the New Cognitive Neuroscience.* Free Press, New York, 1992.

Kristensen P., Bjerkedal T. *et al. Science,* 316. 1717, 2007.

Kuhn, T.: *La estructura de las revoluciones científicas.* México, Fondo de Cultura Económica. 2006.

Lakoff, G.: *Women, Fire and Dangerous Things: What Categories Reveal about the Mind.* University of Chicago Press, Chicago, 1987.

Lapp, D. C.: *Potencie su memoria.* Plaza & Janés, Barcelona, 1996.

Le Vay, S.: *The sexual brain.* MIT Press, Massachusetts, 1993.

LeDoux, J.: *The Emotional Brain.* Simon and Schuster, New York, 1996.

_________ *El cerebro emocional.* Planeta, Barcelona, 1999.

Lezak, Muriel, *et al.: Neuropsychological assessment.* Oxford University Press, Oxford, 2004.

Lieberman, P.: *Human Language and our Reptilian Brain.* MIT Press, Massachusetts, 2002.

Llinás, Rodolfo R.: *El cerebro y el mito del yo.* Norma, Bogotá, 2003.

Loftus, E.: "The reality of repressed memories", en *American Psychologist* N° 48, 1993.

_________ *The Myth of Repressed Memory.* St. Martins Press, New York, 1994.

Luria, A.: *The Mind of a Mnemonist.* Jonathan Cape, London, 1969.

Martínez, Yaiza: "Descubren el mecanismo cerebral de la creatividad", en *tendencias21.net.*

Masters, R.: *Neurocomunicación.* Urano, Barcelona, 1996.

Maturana, H.: *El sentido de lo humano.* Dolmen, Santiago de Chile, 1993.

_________ *La realidad ¿objetiva o construida?* Anthropos, México, 1996.

Maturana, H.: *Emociones y lenguaje en educación y política.* Dolmen, Santiago de Chile, 1997.

Miller, J.: *States of Mind.* Pantheon Books, New York, 1983.

Milner, P.M.: "A model for visual shape recognition", en *Psychol Review* N° 81, 1974, 521-535.

Milts, Philip J.: *Memory's Ghost: The Nature of Memory and the Strange of Mr. M.* Simond and Schuster, New York, 1996.

Monserrat, J.: "El libre albedrío", en: http://www.tendencias21.net.

Moore, C. y Frye, D.: *The acquisition and utility of theories of mind.* Lawrence Erlbaum Associates, New York, 1991.

Neisser, U.: "The Limits of Cognition", en Peter Jusczyk y Raymond Klein (Eds.), *The Nature of Thought,* Erlbaum, Nueva Jersey, 1980.

Neisser, U. y Harsch, N.: "Phantom flashbulbs: False recollections of hearing the news about Challenger". In E. Winograd y U. Neisser (eds), *Affect and accuracy in recall: studies of "flashbulb memories".* Cambridge University Press, New York, 1992.

Nickerson, R.: "Kinds of Thinking Taught in Currents Programs", en *Educational Leadership* N° 42 (1), 1984, 26-36.

O'Connor, J. y Seymour, J.: *Introducción a la PNL.* Urano, Barcelona, 1994.

Oliverio, A.: *La memoria, el arte de recordar.* Alianza, Madrid, 2000.

Ornstein, R.: *La evolución de la conciencia; los límites del pensamiento racional.* Emecé, Barcelona, 1994.

________ *The Nature of Human Consciousness.* W. H. Freeman, San Francisco, 1973.

Paivio, A.: *Mental representation: a dual-coding approach.* Oxford University Press, New York, 1986.

Parkin, Alan J.: *Explorations in Cognitive Neuropsycology.* Blackwell, Oxford, 1996.

Peace, Allan y Peace, Barbara: *Por qué los hombres no escuchan y las mujeres no entienden los mapas.* Amat, Barcelona, 2001.

Penfield, W.: *The Mystery of the Mind: A Critical Study of Consciousness and the Human Brain.* Princeton University Press, 1975.

Penrose, Roger: *The Emperor's New Mind.* Oxford University Press, Oxford, 1989.

Perazzo R.: *De cerebros mentes y máquinas.* Fondo de Cultura Económica, Buenos Aires, 1994.

Perrotin, Roger y Victor, Chantal: *Mieux acheter avec la PNL.* Les Éditions d'Organisation, 1994. En español: *Cómo comprar mejor con la PNL,* Granica, Buenos Aires, 1994.

Peters, T.: *Liberation Management.* Atlántida, Buenos Aires, 1992.

Phillips, M.L. *et al.*: "A specific neural substrate for perceiving facial expressions of disgust", en *Nature,* 389:650, 1997, 495-497.

Piatelli-Palmarini, M.: *Inevitable Illusions.* John Wiley & Sons, New York, 1994.

Pine, J. y Gilmore, J.: "The Experience Economy", en *Harvard Business Review* N° 76 (4) 1998, 97-106.

Pinker, S.: *How the mind works.* W.W. Norton, New York, 1999.

Pitluk, R. y Rao, O.: *El poder del propio pensar.* Troquel, Buenos Aires, 2004.

Poincaré, H.: *Ciencia y método.* Espasa Calpe, Buenos Aires, 1944.

Popper, K. y Eccles, J.: *El yo y su cerebro.* Labor, Barcelona, 1993.

Posner, M. y Raichle, M. *Images of Mind.* W. H. Freeman., New York, 1994.
Postrel, V.: *The Substance of Style: How the Rise of Aesthetic Value is Remaking Commerce, Culture, and Consciousness.* Harper Collins, New York, 2003.
Pribram, K.H. y Luria, A. *Psychophysiology of the Frontal Lobe.* Academic Press, New York,
Puertas M.A. y Vega L.: *Arquímedes: El método.* Alianza, Madrid, 1986.
Puente, A.: *Memoria semántica, teorías y modelos.* McGraw-Hill, Caracas, 1995.
Pueyo, A.: *Manual de Psicología Diferencial,* McGraw-Hill, Madrid, 1997.
Purves, Dale A. *et al.*: *Invitación a la neurociencia.* Editorial Médica Panamericana, Madrid, 2001.
Redfield Jamison, Kay: *Touched with fire: Manic Depressive Illness and the Artistic Temperament,* Free Press, New York, 1995.
Reig, E.: *Modelos de motivación,* McGraw-Hill, México, 1996.
Restak, R.: *Brains Capes: and Instruction to What Neuroscience has Learned about the Structure, Function and Ability.* Hyperion, New York, 1995.
Ribeiro, L.: *La comunicación eficaz.* Urano, Barcelona, 1994.
Ricarte José M.: *Creatividad y comunicación persuasiva,* publicado por Universitat de Valencia, España, 1988.
Robbins, A.: *Poder sin límites.* Grijalbo, Buenos Aires, 1988.
Rock, D. y Schwartz, J.: "The Neuroscience of Leadership", en *Strategy and Business Magazine,* 2006.
Rolls, E.: "Taste, olfactory, and food texture processing in the brain, and the control of food intake", en: *Physiology & Behavior* N° 85, 2005, 45-56.
Rose, C. y Nicholl, M.: *Aprendizaje acelerado para el siglo XXI.* Omega, Barcelona, 1999.
Rose, S.: *The Making of Memory: from Molecules to Mind.* Bantam Press, London, 1993.
Ruiz, J.C.; García Ferrer, S. y Fuentes, I.: "La relevancia de la cognición social en la esquizofrenia", en *Apuntes de Psicología* N° 24 (1-3), 2006, 137-155.
Rumelhart, D.E.: "The building blocks of cognition", en R. Spiro, B.C. Bruce y W.F. Brewer, *Theoretical issues in reading comprehension.* Erlbaum, New York, 1980.
Rumelhart, D. y McClelland, J. L.: *Introducción al procesamiento distribuido en paralelo.* Alianza Psicología, Madrid, 1992.
Sacks, O.: *The Man who Mistook his Wife for a Hat.* Summinit Books, New York, 1985.
_________ *Seeing Voices.* Picador, London, 1991.
Samuelson, Paul y Nordhaus, William: *Economía.* McGraw-Hill, Buenos Aires, 2003.
Schank, R. y Abelson, R.: *Scripts, plans, goals, and understanding.* Erlbaum, New York, 1997.
Schultz, W.: "Multiple reward signals in the brain", en *Nature Reviews of Neuroscience* N° 1(3), 2000, 199-207.
Schwartz, J., Stapp, H. y Beauregard, M.: "Quantum theory in neuroscience and psychology: a neurophysical model of mind/brain interaction", en *Lawrence Berkeley National Laboratory.* Paper LBNL-56291, 2004.
Searle, J. R.: *The Rediscovery of the Mind.* Bradford Books, MIT Press, Cambridge, 1992.

Shacter, D.: *Memory Distortion: How Minds, Brains and Societies Reconstruct the Past.* Harvard University Press, Cambridge, 1995.

Shallice, Tim: *From Neuropsychology to Mental Structure.* Cambridge University Press, New York, 1989.

Shapiro, L. E.: *La inteligencia emocional en los niños.* Javier Vergara Editor, Buenos Aires, 1997.

Shone, R.: *Visualización creativa.* Edaf, Madrid, 1984.

Shorter, Edward A.: *A History of Psychiatry: From the Era of the Asylum to the Age of Prozac.* John Wiley & Sons, New York, 1998.

Sierrafitzgerald, O.: "The Theory of Multiple Intelligences: A Suitable Neurocognitive Context for the Neuropsychological Hypotheses on the Factors and Mechanisms of Superiority", en *Rev Neurol* 2001 N° 33 (11), 1060-1064.

Silk, Kenneth R.: *Biological and Neurobehavioral Studies of Borderline Personality Disorder.* American Psychiatric Press, Washington, 1994.

Smith, E. *et al.*: "Structure and process in semantic memory: a featural model for semantic decisions", en: *Psychological Review,* 1974.

Soler, J. y Conangla, M.: *La ecología emocional.* RBA Libros, Barcelona, 2007.

Springer, S. y Deutsch, G. (Eds.): *Left Brain, Right Brain,* W.H. Freeman, New York, 1993.

Squire, L.R. y Knowlton, B.J.: *Memory, hippocampus and brain systems; the cognitive neurosciences.* MIT Press, Cambridge, 1995.

Sternberg, R.: *Inteligencia exitosa.* Paidós, Buenos Aires, 2000.

_________ y Detterman, D. K.: *¿Qué es la inteligencia?* Pirámide, Madrid, 1988.

Talavera, K.: "Heat activation of TRPM5 underlies thermal sensitivity of sweet taste", en *Nature* 438, 2005.

The Blackwell Dictionary of Neuropsycology. Blackwell, Oxford, 1997.

Tocquet, Robert: *Biodinámica del cerebro.* Tikal Ediciones, Madrid, 1994.

Todd JJ, Marois R (2004) Capacity limit of visual short-term memory in human posterior parietalcortex. *Nature* 428:751-754.

Tomasello, M.: *The Cultural Origins of Human Cognition.* Harvard University Press, Cambridge, 1999.

Tomatis, A.: *Pourquoi Mozart?* Robert Laffont, Paris, 1991.

Turner, J.: *On the Origins of Human Emotions.* Standford University Press, 2000.

Vallejo Nágera, A. y Colom Marañón, R.: *Tu inteligencia: cómo entenderla y mejorarla.* Aguilar, Madrid, 2004.

Valls, A.: *Inteligencia emocional en la empresa.* Gestión 2000, Barcelona, 1997.

Verdilhac, Monique de: *Utilice su cerebro al cien por cien.* Susaeta Ediciones, Madrid, 1994.

Vos Savant, M.: *Gimnasia cerebral en acción.* Edaf, Madrid, 1995.

Watzlawick, P., *et al.*: *Teoría de la comunicación humana.* Herder, Barcelona, 1981.

Weisberg, R.: *Creatividad, el genio y otros mitos.* Labor, Barcelona, 1986.

Weiskranttz, L.: *Blind Sight: A Case Study and its Implications.* Clarendon Press, Oxford, 1986.

Westcott, M.: *Toward a Contemporary Psychology of Intuition.* Holt, Rinehart & Winston, New York, 1968.

Wheatley, M.: *El liderazgo y la nueva ciencia.* Granica, Barcelona, 1994.

Wheeler, R. y Carelli, M.: "The Neuroscience of Pleasure. Focus on Ventral Pallidum Firing Codes Hedonic Reward: When a Bad Taste Turns Good", en: *Neurophysiol* 96, 2006, 2175–2176.

Xu Y, Chun MM (2006) Dissociable neural mechanisms supporting visual short-term memory for objects. *Nature* 440:91-95.

Zaltman, G.: *Cómo piensan los consumidores.* Urano, Barcelona, 2004.

Zeki, S.: *Una visión del cerebro.* Ariel, Barcelona, 1995.

Acerca del autor

Néstor Braidot

nestor@braidot.com
www.nestorbraidot.com

Néstor Braidot es conferenciante, académico, investigador, consultor y escritor. Ha dedicado la mayor parte de su vida profesional a estudiar y a aplicar los avances de las neurociencias en ámbitos de su especialidad: neuromarketing, neuroeconomía, neuromanagement y neuroliderazgo.

Durante los últimos veinticinco años, sobre la base de sus conocimientos acerca del funcionamiento del cerebro humano, creó importantes aplicaciones para la vida organizacional y el desarrollo del potencial individual. Sus trabajos han obtenido importantes reconocimientos internacionales y se llevan a la práctica en organizaciones de avanzada, ubicadas en varios países.

Ha sido pionero y fundador de una escuela de pensamiento interdisciplinaria y es autor de libros que formaron a varias generaciones de empresarios y ejecutivos, entre ellos: *Cómo funciona tu cerebro*, Planeta, España (2013), *Sácale partido a tu cerebro*, Gestión 2000 (2011) y Granica (2012), *Tu cerebro lo es todo* (Plataforma Editorial, Madrid, 2012 –en colaboración–), *Neuromarketing en acción*, Granica (2011), *Neuroventas*, Granica (2013), *Neuromarketing*, Gestión 2000 (2009), *Neuromanagement*, Granica (2008), *Venta Inteligente*, Puerto Norte-Sur (2007), *Neuromarketing, neuroeconomía y negocios*, Puerto Norte-Sur (2006). Actualmente, se encuentra escribiendo una obra focalizada en el neuroliderazgo de la mujer.

Durante varios años se desempeñó como catedrático en varias universidades de prestigio internacional, entre ellas: Universidad de Salamanca, Universidad de León, Universidad de Oviedo, Universidad de Santiago de Compostela y Universidad Autónoma de Madrid (España), Universidad de Economía de Viena (Austria), Centre de Développement du Management y Lyon Graduate School of Business (Francia), Université Catholique de Louvain (Bélgica), Universitá Bocconi (Italia), Université de Genève (Suiza), Uppsala Universitet (Suecia), Universidad CESA y Pontificia Universidad Javeriana (Colombia), University of California at Berkeley (Estados Unidos), Unibe, Panamerican Business School y ADEN Business Shool (América Latina y el ITESM (Instituto Tecnológico de Estudios Superiores de Monterrey, México). En la Argentina ha desempeñado funciones en la UAI (Universidad Abierta Interamericana), Universidad Nacional de La Plata, I.T.B.A. (Instituto Tecnológico Buenos Aires) y Universidad Favaloro, entre otras.

Esta trayectoria está avalada por una sólida formación académica: es doctor en Ciencias de la Administración, máster en Psicobiología del Comportamiento y en Neurociencias Cognitivas, máster en Economía, licenciado en Administración de Empresas, contador público nacional, licenciado en Cooperativismo, máster en Programación Neurolingüística y trainer en rediseño conductual.

En el ámbito académico, actúa también como director del Centro de Investigaciones en Neurociencias Aplicadas y Prospectiva de la Universidad Nacional de La Plata (CINAP) y del Brain Decision Braidot Centre, entidad de la que es, asimismo, fundador.

En el ámbito de la consultoría, es director de Braidot Business & Neuroscience International Network, organización que cuenta con su propio centro de entrenamiento cerebral.

www.ingramcontent.com/pod-product-compliance
Lightning Source LLC
Chambersburg PA
CBHW071941220326
41599CB00031BA/5841
* 9 7 8 9 5 0 6 4 1 8 0 3 8 *